2025 13th Edition

경영지도사

중소기업관계법령 해설편

▌**김 창 환**

- 경영지도사(재무관리), 자산관리사(FP)
- 現 AIFA 경영아카데미 중소기업법령 전임강사
- 現 한국지식산업혁신재단 중소기업법령 전임강사
- 現 중소벤처기업부 비즈니스지원단 현장클리닉 자문위원
- 前 소상공인시장진흥공단 소상공인컨설팅 컨설턴트
- 前 소상공인시장진흥공단 생활혁신형 창업지원사업 평가위원
- 前 소상공인시장진흥공단 신사업창업사관학교 멘토
- 前 경기중소기업종합지원센터 기업SOS지원센터 컨설턴트
- 前 중소기업 기술개발 지원사업 평가위원
- 한국산업단지공단, 동국대학교, 한양대학교 외 다수 강의
■ 소상공인컨설팅 「우수사례」 장려상 수상(2014. 11, 2018. 12)
■ 비즈니스지원단 현장클리닉 「세무·회계」 부문 우수사례 선정(2015. 11)
■ 소상공인방송(yestv.or.kr) 「소상공인 매거진 – 컨설팅토크」 출연(2017. 11)
■ 인사 · 노무관리 시스템 인사맨(InsaMan) 개발(since 2018~)

저서
〈고용보험의 사업주 지원제도(2012)〉, 〈중소기업관련법령 문제편(2018)〉

2025 13th Edition
경영지도사

중소기업관계법령 해설편

1판 1쇄 발행	2013년 1월 15일
13판 1쇄 발행	2025년 1월 01일
엮은이	김 창 환
펴낸이	손 형 국
펴낸곳	(주)북랩
출판등록	2004. 12. 1(제2012-000051호)
주소	153-786 서울시 금천구 가산디지털 1로 168, 우림라이온스밸리 B동 B113, 114호
홈페이지	www.book.co.kr
전화번호	(02)2026-5777
팩스	(02)2026-5747

ISBN 979-11-7224-439-2 13320 (종이책) 979-11-7224-440-8 15320 (전자책)

2025
13th Edition

경영지도사

중소기업관계 법령

해 설 편

김창환 엮음

북랩

제13판 머리말

2024년에는 소폭의 개정만 있어 과거에 비해 내용에 큰 차이가 없다. 다만, 벤처법과 기술법에서 의미 있는 개정이 있었는데 구체적으로 살펴보면 아래와 같다.

기본법 : 중소기업 적용기간이 확대됐다. 과거 중소기업 확인 후 3년간 유효했던 기간이 5년으로 확대되었다.

벤처법 : 벤처법 제호가 기존 "벤처기업 육성에 관한 특별조치법"에서 "벤처기업 육성에 관한 특별법"으로 변경되었다. 이를 통해 10년 단위로 존속을 평가하던 특별법에서 일반법화되어 계속 존속하게 되었다.
성과조건부 주식 부여 제도를 도입함으로써 기존 주식매수선택권과 함께 비금전적 보상에 대한 유연함을 더하게 되었다. 이론상 주식매수선택권은 보상이 확정적이지 않지만 성과조건부 주식은 부여 순간 이익이 확정되는 차이점을 갖고 있다.

소상공인법 : 백년소상공인 규정이 신설되었다. 이를 통해 기존에 시행되던 백년가게 및 백년소공인 사업이 명확한 근거를 갖추게 되어 해당 사업의 지속성과 지원이 확대되었다.

기술법 : 기술혁신추진위원회 규정이 삭제되었다. 위원회 구성 및 운영규정에도 불구하고 위원회 활동 실적이 미미하여 행정 효율화 측면에서 해당 위원회 관련 규정이 삭제되었다.

2024년 12월 3일 대한민국 대통령은 내란의 목적으로 비상계엄을 선포했다. 1979년 10월 이후 45년 만의 비상계엄 선포로 그간 피로 쌓아올린 대한민국의 민주주의는 중대한 도전에 직면했다.
과거 계엄을 경험해 본 세대와 경험하지 않은 세대 모두 분노와 민주주의 위기를 느꼈을 것이나 경험한 세대는 이에 더해 진한 공포와 다시 과거로 퇴행할 수 없다는 절박함을 느꼈다.
이 서문을 작성하고 있는 시점 여전히 내란은 진행 중이다. 어떤 희생을 더 치루어야 할지 모르지만 대한민국의 민주주의는 반드시 지켜질 것이고, 국민을 향해 총부리를 겨눈 자들은 응당한 죗값을 치루게 될 것이다.
부디 그 시간이 길지 않고, 이 과정에서 국민이 희생되는 일이 없기를 간절히 바랄 뿐이다.

2025년 1월
김창환

초판 머리말

　경영지도사 및 기술지도사 자격 제도가 시행된 지 2013년으로 28회를 맞게 된다. 어느덧 장년의 세월이 흘렀음에도 여전히 1차 시험과목의 하나인 중소기업관계법령에 대한 제대로 된 해설서가 없다는 것은 참으로 아이러니컬한 일이 아닐 수 없다. 중소기업관계법령은 지도사 1차 시험과목 중에서 과락이 가장 많기로 유명한 과목이고 법 과목 특성상 학습이 쉽지 않음에도 불구하고 기존의 교재는 법과 시행령의 단순한 편집에 그쳐 아쉬움이 컸다.

　이로 인해 지도사 자격시험을 준비하는 수험생은 법제처에서 법과 시행령을 다운로드 받아 법령 교재를 직접 만들어 학습하는 경우가 많다. 법 자체가 가장 중요한 텍스트임은 자명한 사실이지만 법학을 전공하지 않은 비전공자의 입장에서 제대로 된 해설서가 없다는 것은 여간 곤혹스러운 일이 아닐 수 없다. 저자 또한 이와 같은 방식으로 혼자 중소기업관계법령을 해석하면서 학습했던 기억이 새롭다. 단조로움의 연속인 법 해석 과정과 보고 또 보아도 이해가 되지 않는 수고로움은 차치하더라도 자기 나름대로의 해석이 과연 올바른 해석인가에 대한 회의는 학습하는 내내 떨쳐버릴 수 없는 고민이 아닐 수 없었다.

　이제는 지도사 자격시험의 중소기업관계법령에 대한 해설다운 해설서가 등장해야 하는 것이 아닌가 하는 사명과 함께 의욕을 갖게 되었다. 누군가 해야 할 일이라면 저자가 이에 기여하고 싶은 의욕이 세상에 의미 없는 책 한 권 더 보태는 것이 아닌가 하는 자괴감을 극복케 해주었고, 1년에 걸친 몰입을 가능케 해주었다.

　저자가 학습 시에 느낀 곤혹스러움은 비단 저자만의 경험은 아닐 것이다. 이 책은 중소기업관련 법과 시행령의 단순한 편집에서 탈피하여 조문 순서에 구애받지 않고 논리적 연관성에 따라 재구성하고 충실한 해석을 달았다. 10개 법령에 대한 유기적 해석을 통해 유사 법조문은 비교학습이 가능하도록 많은 비교테이블을 추가했으며, 법 과목 특성상 암기에 혼동을 초래하는 부분은 별도로 정리하여 학습의 효율을 꾀했다. 이러한 문제의식에 따라 중소기업관계법령 각각의 출제비중과 난이도를 고려하여 "강-약-중"의 순서로 편집되었는데 구체적으로는 다음과 같다.

　첫째, 중소기업기본법은 중소벤처기업부에서 발간한 중소기업 범위해설집(2012)을 참고하고 도해를 곁들임으로써 직관적 이해가 가능하도록 했으며, 중소기업 창업지원법과 벤처기업육성에 관한 특별조치법을 순서대로 배치하여 두 법의 유사성이 반복 학습되도록 했다. 벤처투자회사와 창투조합 및 벤처조합의 유사 조문에 대해서는 비교 테이블을 제시하여 비교에 따른 효율적 학습이 가능하도록 했고, 이후 중소기업 진흥에 관한 법률을 배치함으로써 현실적으로 중소기업관계법령 시험에서 가장 큰 비중을 차지하는 네 개의 법령을 먼저 학습토록 했다.

　둘째, 소기업 및 소상공인 지원을 위한 특별조치법과 여성기업 지원에 관한 법률 및 장애인기업활동 촉진법을 순서대로 배치했는데 이는 선행 학습 과정에서의 학습 부담을 상쇄시키기 위한 의도적 배치이기도 하다. 여성기업 지원에 관한 법률과 장애인 기업활동 촉진법은 동일한 법체계를 갖고 있다. 따라서 이들을 별개의 장으로 구분하지 않고 하나의 장으로 통폐합하고 비교설명 함으로써 한 번의 노력으로 두 개의 법을 학습할 수 있도록 했다.

셋째, 다음으로 중소기업 기술혁신 촉진법, 중소기업 인력지원 특별법, 중소기업 사업전환 촉진에 관한 특별법을 배치했는데 이들 세 개 법의 출제비중을 고려했을 때 중간 정도의 비중을 갖고 있기 때문이다. 따라서 전반부의 학습을 거쳤다면 이들 세 개의 법은 상대적으로 수월한 학습이 가능할 것이라 생각한다.

넷째, 이 책의 각 장 말미에 최신 출제경향이 반영된 연습문제를 두어 중소기업관계법령 시험 준비를 위한 충실한 교재가 될 수 있도록 했다. 매해의 출제경향을 반영하여 기존의 연습문제를 지속적으로 교체하거나 추가할 계획이다.

법 특성상 해마다 소소한 개정이 있기 마련이다. 학습자의 입장에서 최신 법령이 즉시 반영되기를 바라는 것은 인지상정이겠으나 출판시스템 상 그와 같은 기대에 부응하기는 쉽지 않다. 그러나 법 개정이란 매일의 일이 아닌 것이며, 이 책의 수요를 떠나 1년 주기로 개정 조문을 이 책에 반영할 계획이다. 또한 저자가 이 책의 출간에 최선의 관심을 기울였다 해도 어쩔 수 없는 미흡함이 존재함을 인정하지 않을 수 없다. 이와 같은 출판시스템의 한계는 별도의 장(場)을 마련하여 부족하나마 기대에 부응할 계획이다.

이제 이 책을 세상에 내보일 시간이 되니 후련한 마음 한켠에 두려운 마음도 상존하고 있음을 고백하지 않을 수 없다. 이 책의 미흡한 점은 오롯이 저자의 책임임을 밝히며 이에 대해서는 독자 여러분의 충고와 비판을 겸허히 수용하여 더 나은 책으로 거듭날 것을 약속드린다. 네이버 카페(http://cafe.naver.com/smblaw)를 통해 이 책에 대한 독자 여러분의 비판과 질책을 받고, 책 내용에 대한 질문에 성실한 답변을 제공할 계획이다.

끝으로 이 책이 세상에 나오기까지 격려와 도움을 아끼지 않으신 많은 분들께 이 자릴 빌어 감사의 말씀을 드린다. 또한 이 일을 끝까지 해낼 수 있을까 하는 회의와 고통의 순간에 송희의 응원과 격려가 큰 힘이 되었다. 송희에게 각별한 고마움을 전하고 싶다. 무엇보다 저자의 뒤에서 든든한 지지를 보내준 가족들에게 감사의 마음을 전함과 아울러 저자의 영원한 후원자이신 부모님께 그간의 죄스러움을 모두 담아 이 책을 헌정한다.

2013년 1월
김창환

약어표시

기본법	중소기업 기본법
기본령	중소기업 기본법 시행령
벤처법	벤처기업 육성에 관한 특별법
벤처령	벤처기업 육성에 관한 특별법 시행령
벤처칙	벤처기업 육성에 관한 특별법 시행규칙
투자법	벤처투자 촉진에 관한 법률
투자령	벤처투자 촉진에 관한 법률 시행령
투자칙	벤처투자 촉진에 관한 법률 시행규칙
진흥법	중소기업 진흥에 관한 법률
진흥령	중소기업 진흥에 관한 법률 시행령
진흥칙	중소기업 진흥에 관한 법률 시행규칙
소기본법	소상공인 기본법
소기본령	소상공인 기본법 시행령
소상공인법	소상공인 보호 및 지원에 관한 법률
소상공인령	소상공인 보호 및 지원에 관한 법률 시행령
소상공인칙	소상공인 보호 및 지원에 관한 법률 시행규칙
기술법	중소기업 기술혁신 촉진법
기술령	중소기업 기술혁신 촉진법 시행령
기술칙	중소기업 기술혁신 촉진법 시행규칙
인력법	중소기업 인력지원 특별법
인력령	중소기업 인력지원 특별법 시행령
인력칙	중소기업 인력지원 특별법 시행규칙
전환법	중소기업 사업전환 촉진에 관한 특별법
전환령	중소기업 사업전환 촉진에 관한 특별법 시행령
구매법	중소기업제품 구매촉진 및 판로지원에 관한 법률
구매령	중소기업제품 구매촉진 및 판로지원에 관한 법률 시행령
구매칙	중소기업제품 구매촉진 및 판로지원에 관한 법률 시행규칙
중기법	중소기업관계법령
창업법	중소기업창업지원법
중기부	중소벤처기업부
중기부령	중소벤처기업부령
중진공	중소벤처기업 진흥공단
소진공	소상공인시장 진흥공단

2025년 13th Edition 수록 법령정보

법 령	최신 개정 및 시행일
기본법('66.12.06)	[시행 2024. 8. 28.] [법률 제20362호, 2024. 2. 27., 일부개정]
기본법 시행령	[시행 2024. 8. 28.] [대통령령 제34850호, 2024. 8. 20., 일부개정]
시행규칙	×
벤처법('97.08.28)	[시행 2024. 9. 20.] [법률 제20398호, 2024. 3. 19., 일부개정]
시행령	[시행 2024. 9. 20.] [대통령령 제34657호, 2024. 7. 2., 일부개정]
시행규칙	[시행 2024. 7. 10.] [중소벤처기업부령 제88호, 2024. 7. 10., 일부개정]
투자법('20.08.12)	[시행 2024. 7. 10.] [법률 제19990호, 2024. 1. 9., 타법개정]
시행령	[시행 2024. 7. 10.] [대통령령 제34657호, 2024. 7. 2., 타법개정]
시행규칙	[시행 2024. 7. 10.] [중소벤처기업부령 제88호, 2024. 7. 10., 타법개정]
진흥법('94.12.22)	[시행 2024. 7. 10.] [법률 제19990호, 2024. 1. 9., 타법개정]
시행령	[시행 2024. 11. 1.] [대통령령 제34940호, 2024. 10. 8., 일부개정]
시행규칙	[시행 2024. 11. 1.] [중소벤처기업부령 제93호, 2024. 10. 14., 일부개정]
소기본법('21.02.05)	[시행 2021. 3. 9.] [법률 제17623호, 2020. 12. 8., 일부개정]
시행령	[시행 2021. 12. 30.] [대통령령 제32274호, 2021. 12. 28., 타법개정]
시행규칙	×
소상공인법('97.04.10)	[시행 2024. 9. 20.] [법률 제20454호, 2024. 9. 20., 일부개정]
시행령	[시행 2024. 10. 22.] [대통령령 제34957호, 2024. 10. 22., 일부개정]
시행규칙	[시행 2024. 7. 17.] [중소벤처기업부령 제89호, 2024. 7. 17., 일부개정]
기술법('01.05.24)	[시행 2024. 7. 10.] [법률 제19990호, 2024. 1. 9., 타법개정]
시행령	[시행 2024. 7. 10.] [대통령령 제34657호, 2024. 7. 2., 타법개정]
시행규칙	[시행 2024. 11. 1.] [중소벤처기업부령 제93호, 2024. 10. 14., 일부개정]
인력법('03.09.29)	[시행 2024. 3. 15.] [법률 제19730호, 2023. 9. 14., 일부개정]
시행령	[시행 2024. 8. 21.] [대통령령 제34850호, 2024. 8. 20., 타법개정]
시행규칙	[시행 2017. 7. 26.] [중소벤처기업부령 제1호, 2017. 7. 26., 타법개정]
전환법('06.03.03)	[시행 2024. 8. 28.] [법률 제20363호, 2024. 2. 27., 일부개정]
시행령	[시행 2024. 8. 28.] [대통령령 제34851호, 2024. 8. 20., 일부개정]
시행규칙	×
구매법('09.05.21)	[시행 2024. 8. 21.] [법률 제20345호, 2024. 2. 20., 일부개정]
시행령	[시행 2024. 11. 1.] [대통령령 제34940호, 2024. 10. 8., 타법개정]
시행규칙	[시행 2023. 8. 8.] [중소벤처기업부령 제76호, 2023. 8. 8., 일부개정]

차 례

제2장 벤처기업 육성에 관한 특별조치법____79

제5장 소상공인 기본법____277

제7장 중소기업 기술혁신 촉진법____341

제9장 중소기업 사업전환 촉진에 관한 특별법___423

제10장 중소기업제품 구매촉진 및 판로지원에 관한 법률 ____459

제1장 중소기업 기본법

제1절	**총 칙**

1.1 목적과 책무   1.2 용어의 정의
  1. 목적   1.3 친족 · 혈족 · 인척
  2. 정부와 지방자치단체의 책무
  3. 중소기업자 등의 책무

1.1 목적과 책무

1. 목적

이 법은 중소기업이 나아갈 방향과 중소기업을 육성하기 위한 시책의 기본적인 사항을 규정하여 창의적이고 자주적인 중소기업의 성장을 지원하고 나아가 산업 구조를 고도화하고 국민경제를 균형 있게 발전시키는 것을 목적으로 한다.(기본법 제1조)

2. 정부와 지방자치단체의 책무

정부는 중소기업의 혁신역량과 경쟁력 수준 및 성장성 등을 고려하여 지원대상의 특성에 맞도록 기본적이고 종합적인 중소기업시책을 세워 실시해야 하며, 지방자치단체는 정부의 중소기업시책에 따라 관할 지역의 특성을 고려하여 그 지역의 중소기업시책을 세워 실시해야 한다. 또한 정부와 지방자치단체는 상호간의 협력과 중소기업시책의 연계를 통하여 중소기업에 대한 지원의 효과를 높일 수 있도록 노력해야 한다.

정부와 지자체가 상호간 협력해야 한다는 규정은 다분히 선언적 규정이라 하겠으나 정부와 지방자치단체의 책무가 다르다는 것은 간과하지 않아야 한다.

3. 중소기업자 등의 책무

중소기업자는 기술개발과 경영혁신을 통하여 경쟁력을 확보하고 투명한 경영과 기업의 사회적 책임을 다하여 국가경제의 발전과 국민의 후생 증대에 이바지할 수 있도록 노력하여야

제
1
장

하며, 중소기업자와 그 사업에 관하여 중소기업과 관련되는 자는 정부와 지방자치단체의 중소기업시책 실시에 협력하여야 한다.(기본법 제4조) 2013, 2016, 2021 기출

1.2 용어의 정의

가. "창업일"이란? 2015 기출
① 법인인 기업: 법인설립등기일
② 법인이 아닌 사업자[1]: 「소득세법」 제168조나 「부가가치세법」 제8조에 따라 사업자등록을 한 날

나. "합병일 또는 분할일"이란? 2022 기출
① 법인인 기업: 합병 또는 분할로 설립된 법인의 설립등기일이나 합병 또는 분할 후 존속하는 법인의 변경등기일
② 법인이 아닌 사업자: 공동 사업장에 대한 사업자등록을 한 날이나 공동 사업장을 분리하여 사업자등록을 한 날

다. "주식 등"이란?
주식회사의 경우에는 발행주식(의결권이 없는 주식은 제외한다) 총수, 주식회사 외의 기업인 경우에는 출자총액을 말한다. 2015, 2022 기출

라. "친족"이란?
배우자(사실상 혼인관계에 있는 자를 포함), 6촌 이내의 혈족 및 4촌 이내의 인척을 말한다. 친족, 혈족, 인척에 관해서는 중소기업 관련 법령의 학습에 필수적인 개념은 아니지만 학습을 떠나 상식 차원에서라도 민법 상 규정을 이해하는 것은 도움이 될 것이므로 별도로 정리한다. 2015, 2022 기출

마. "임원"이란?
① 주식회사 또는 유한회사: 등기된 이사(사외이사는 제외한다) 2015, 2018, 2022 기출
② 위 ① 외의 기업: 무한책임사원[2] 또는 업무집행자[3] 2015, 2018 기출

---
1) 일반적으로 칭하는 "개인사업자"라 이해하면 된다.
2) 무한책임사원은 합자회사 또는 합명회사에서 회사 채권자에 대하여 직접 그리고 연대하여 무한책임을 지는 사원을 말한다. 이에 반하여 유한책임사원은 유한회사의 사원으로서 자기 출자액의 범위 내에서만 책임을

1.3 친족 · 혈족 · 인척

민법에 규정된 친족은 중소기업관계 법령의 학습에 필수적으로 선행돼야 할 사항은 아니지만 상식 차원에서, 법률 용어에 대한 정확한 이해 측면에서 도움이 될 것이므로 별도의 항목으로 설명한다. 민법에 따른 친족 관련 법조문을 보면 아래와 같다.

민법의 친족 규정

제767조 (친족의 정의) 배우자, 혈족 및 인척을 친족으로 한다.

제768조 (혈족의 정의) 자기의 직계존속과 직계비속을 직계혈족이라 하고 자기의 형제자매와 형제자매의 직계비속, 직계존속의 형제자매 및 그 형제자매의 직계비속을 방계혈족이라 한다.

제769조 (인척의 계원) 혈족의 배우자, 배우자의 혈족, 배우자의 혈족의 배우자를 인척으로 한다.

제770조 (혈족의 촌수의 계산) ① 직계혈족은 자기로부터 직계존속에 이르고 자기로부터 직계비속에 이르러 그 세수를 정한다. ② 방계혈족은 자기로부터 동원의 직계존속에 이르는 세수와 그 동원의 직계존속으로부터 그 직계비속에 이르는 세수를 통산하여 그 촌수를 정한다.

제771조 (인척의 촌수의 계산) 인척은 배우자의 혈족에 대하여는 배우자의 그 혈족에 대한 촌수에 따르고, 혈족의 배우자에 대하여는 그 혈족에 대한 촌수에 따른다.

제777조 (친족의 범위) 친족관계로 인한 법률상 효력은 이 법 또는 다른 법률에 특별한 규정이 없는 한 다음 각 호에 해당하는 자에 미친다.

1. 8촌 이내의 혈족 2. 4촌 이내의 인척 3. 배우자

민법에 따르면 "친족"은 ① 배우자 ② 혈족 및 ③ 인척을 말한다. 여기서 혈족이란 피를 나눈 친족을 말하며 직계존속과 직계비속을 말한다.(친가, 외가를 포함한다) 직계존속이란 나를 기준으로 윗세대를 칭하는 말이고, 직계비속이란 역시 나를 기준으로 후대를 칭하는 표현이다.

아버지와 할아버지(할머니), 증조할아버지(증조할머니) 등의 윗세대를 직계존속이라 하며 아들(딸) 손자(손녀) 등을 직계비속이라 이해하면 된다. 인척이란 피를 나누지는 않았지만 혼인 관계를 통해서 친족이 되는 대상을 말한다. 그러나 민법 제777조 규정에 따라 모든 혈족과 인척이 친족에 포함되는 것이 아니라 8촌 이내의 혈족과 4촌 이내의 인척만 법률상 효력이 미치는 친족의 범위로 한정하고 있다. 이를 정리하면 다음과 같다.

지는 사원(출자자)을 말한다.

3) 합명회사의 경우 무한책임사원으로만 구성되나 합자회사의 경우 무한책임사원과 유한책임사원이 모두 존재한다. 무한책임사원의 경우 자동으로 "임원"이 되지만, 합자회사의 경우 유한책임사원이지만 실제 업무집행권을 행사하고 있다면 업무집행자로서 "임원"이 된다.

친족의 이해는 민법 상 규정과 기본법에서 규정하는 친족의 범위가 다르므로 기본법을 중심으로 설명한다. 배우자는 생략하고 혈족과 인척에 대해서만 설명한다.

(1) 6촌 이내 혈족

민법에서는 8촌 이내 혈족을 친족의 범위로 하나, 기본법에서는 6촌 이내 혈족을 친족의 범위로 한다는 점에서 다르다.

혈족은 비교적 이해하기 쉬운 만큼 민법 제770조 규정에 따라 사촌의 촌수가 어떻게 계산되어지는가를 이해하면 될 것이다.

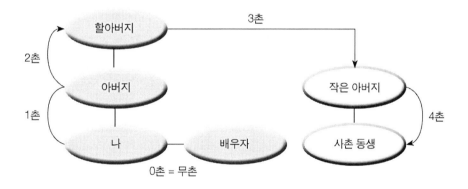

혈족의 촌수계산은 대상 혈족과의 공통 조상(위에서는 할아버지)까지 거슬러 올라가면서 세수를 계산한 뒤 다시 거슬러 내려오면서 세수를 더하여 최종 촌수를 결정하게 된다. 형제자매의 경우 공통 조상인 아버지로 거슬러 올라간 뒤 다시 거슬러 내려오게 되므로 2촌이 된다.

(2) 4촌 이내 인척

인척은 세 가지로 구분되어지며 혈연에 의한 친족이 아니므로 각 구분에 따른 이해가 선행되어야 한다.

가. 혈족의 배우자

나를 기준으로 아버지의 여자 형제는 고모이며 고모는 혈족이다. 이때 고모부는 혈족인 고모의 배우자이므로 인척이 되며, 혈족의 배우자에 대하여는 그 혈족에 대한 촌수에 따른다 했으므로 고모부는 나와 고모와의 촌수를 그대로 적용하여 3촌이 된다. 마찬가지로 어머니의 여자 형제는 이모이며 나와 혈족의 관계이다. 따라서 이모부 또한 인척으로서 나와 3촌이 된다.

나. 배우자의 혈족

나를 기준으로 배우자의 아버지(장인 또는 시아버지)가 여기에 해당한다. 또한 배우자의 형제자매는 당연히 배우자의 혈족이므로 처형 또는 시아주버니는 나와 인척의 관계가 되며 배우자의 혈족에 대하여는 배우자의 그 혈족에 대한 촌수에 따른다 했으므로 배우자의 아버지(어머니)는 나와 1촌 관계이고, 처형 또는 시아주버니는 2촌이 된다.

다. 배우자의 혈족의 배우자

나를 기준으로 배우자의 혈족인 처제(시동생)의 배우자 즉 동서는 배우자의 혈족의 배우자로서 인척이 된다. 이때의 촌수는 "배우자의 혈족"에 대한 촌수를 적용하여 계산한다. 배우자와 처제(시동생)는 2촌이므로 나와 처제(시동생) 또한 2촌이 된다.

기본법 상의 친족은 민법과 동일한 관계이나 포함되는 촌수에서 차이가 있음을 인지해야 할 것이다. 또한 인척 부분에서는 "배우자의 혈족의 배우자"는 인척이지만 "혈족의 배우자의 혈족"은 인척이 아니라는 점을 명심해야 한다. 재혼 관계에서 이 둘의 차이는 극명하게 갈리게 되는데 도해하면 아래와 같다.

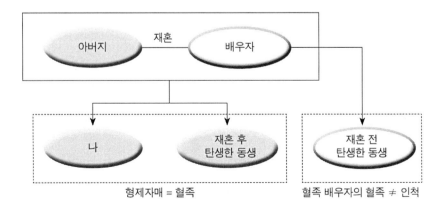

형제자매 = 혈족   혈족 배우자의 혈족 ≠ 인척

제2절　중소기업자 범위

　　기본법 학습에 있어 가장 중요하고도 핵심이 되는 내용이다. 중소기업 관계 법령은 "중소기업"을 그 대상으로 하는 법체계이며 중소기업을 육성하기 위한 시책의 대상이 되는 중소기업자를 규정(기본법 제2조)하고 있으므로 중소기업 해당 기준에 대한 확실한 이해가 필수적이다. 따라서 이 절의 내용은 학습의 관점에서 뿐 아니라 실무적 관점에서도 중요하다.

2.1　중소기업의 판단

　　일반적으로 중소기업이란 규모가 작은 기업을 지칭하는데 기본법과 기본령에서 이에 대해 평균매출액 등을 기준으로 중소기업에 해당되는 규모를 구체적으로 명시하고 있다.

　　더욱이 2014년 4월 14일 기본령 개정(2015년 1월 1일 시행)을 통해 기존의 상시근로자 수 기준에서 업종별 평균매출액 단일 기준으로 변경되었다. 중소기업을 판단할 때 크게 ①영리 기업(상법상 회사 및 법인이 아닌 개인사업자)과 ②비영리 사회적기업 및 ③협동조합 등으로 구분하여 각각에 대해 규모기준(외형적 판단기준)과 독립성 기준을 적용하고 있다.

　　규모기준(외형적 판단기준)이란 업종별 평균매출액 등이 시행령에서 정한 규모 이하일 것을 요구하는 기준을 말하며, 독립성 기준(계열관계에 따른 판단기준)이란 규모기준을 충족하는 중소기업이라 할지라도 그 기업이 공시대상기업집단[4]에 속하는 기업의 경우 규모기준을 충족한다 해도 독립성을 갖춘 중소기업으로 보지 않는다는 규정이다. 이에 대한 구체적인 내용은 항목별로 살펴볼 것이다.

1. 영리기업

기본법에서 규정한 영리기업은 상법상 회사[5] 및 법인이 아닌 개인사업자를 말하며 비영리기업(단체)은 기본적으로 중소기업이 될 수 없다. 예외적으로 비영리기업이지만 사회적 기업(비영리 사회적 기업)에 대해서는 별도의 규모 기준과 독립성 기준을 적용하여 중소기업자가 될 수 있고 중소기업자 의제 규정에 따라 중소기업협동조합 등이 추가로 중소기업자가 된다.

영리 사회적 기업은 영리기업이므로 당연히 영리기업의 규모기준과 독립성 기준을 적용하여 판단한다.

(1) 규모기준(외형적 판단기준)

중소기업자로 판단받기 위해서는 ①업종별 평균매출액 등이 기본령 별표 1의 기준에 부합하고 ②자산총액이 5,000억 원 미만이어야 한다.(기본령 제3조 ①항 제1호)

개정 전에는 4개 항목(상시근로자수, 자기자본, 평균매출액, 자산총액)에 대해 상한기준을 설정했으나 개정 후에는 "자산총액이 5,000억 원 미만일 것"만 요구하고 있으므로 본서에서는 이를 자산총액 기준이라 표현한다.

자산총액 기준의 의미는 평균매출액 등이 규모기준에 부합한다 할지라도 자산총액이 5,000억 원 이상인 기업은 중소기업자로 판단 받지 못하게 된다는 뜻이다.

아래의 "주된 업종별 평균매출액 등의 규모기준"을 학습의 관점에서 접근한다면 암기량이 상당하겠으나 최소한 대분류(분류기호 A,B,C,D,E...) 만큼은 학습할 것을 권한다. 2015 기출

---

4) 기업 간 상호출자가 제한된 기업집단을 말한다. 상호출자란 회사 간 주식을 서로 투자하고 상대회사 주식을 상호 보유하는 출자 형태를 말하는데, 상호출자를 통해 자산의 가공적 증대 및 가공의결권을 형성하게 되므로 특정 기업집단에 속하는 국내회사들의 자산총액 합계액이 5조 원을 초과하는 경우 상호출자를 제한하는 기업집단으로 지정하여 규제하고 있으며, 이는 매년 공정거래위원회에서 정하여 발표한다.

5) 제170조(회사의 종류) 회사는 합명회사, 합자회사, 유한책임회사, 주식회사와 유한회사의 5종으로 한다.

[기본령 별표 1]　　　　　주된 업종별 평균매출액 등의 중소기업 규모기준

해당 기업의 주된 업종[6]	분류기호	규모 기준
의복, 의복액세서리 및 모피제품 제조업	C14	평균매출액 등 1,500억 원 이하
가죽, 가방 및 신발 제조업	C15	
펄프, 종이 및 종이제품 제조업 / 가구 제조업	C17, C32	
1차 금속 제조업	C24	
전기장비 제조업	C28	
식료품 제조업, 담배 제조업	C10, C12	평균매출액 등 1,000억 원 이하
섬유제품 제조업(의복 제조업은 제외한다)	C13	
목재 및 나무제품 제조업(가구 제조업은 제외한다)	C16	
코크스, 연탄 및 석유정제품 제조업	C19	
화학물질 및 화학제품 제조업(의약품 제조업은 제외)	C20	
고무제품 및 플라스틱제품 제조업	C22	
금속가공제품 제조업(기계 및 가구 제조업은 제외한다)	C25	
전자부품, 컴퓨터, 영상, 음향 및 통신장비 제조업	C26	
자동차 및 트레일러 제조업	C30	
그 밖의 운송장비 제조업, 그 밖의 기계 및 장비 제조업	C31, C29	
건설업	F	
광업	B	
농업, 임업 및 어업	A	
도매 및 소매업	G	
전기, 가스, 증기 및 공기조절 공급업 + 수도업	D, E36	
음료 제조업	C11	평균매출액 등 800억 원 이하
인쇄 및 기록매체 복제업	C18	
의료용 물질 및 의약품 제조업	C21, C33	
비금속 광물제품 제조업, 그 밖의 제품 제조업	C23	
의료, 정밀, 광학기기 및 시계 제조업	C27	
정보통신업	J	
운수 및 창고업	H	
수도, 하수 및 폐기물 처리, 원료재생업(수도업은 제외한다)	E(E36 제외)	
산업용 기계 및 장비 수리업	C34	평균매출액 등 600억 원 이하
전문, 과학 및 기술 서비스업	M	
사업시설관리, 사업지원 및 임대서비스업(임대업은 제외한다)	N(N76 제외)	
예술, 스포츠 및 여가 관련 서비스업	R	
보건업 및 사회복지 서비스업	Q	
수리(修理) 및 기타 개인 서비스업	S	
숙박 및 음식점업	I	평균매출액 등 400억 원 이하
교육 서비스업	P	
부동산업	L	
임대업	N76	
금융 및 보험업	K	

[6] 해당 기업의 주된 업종과 분류기호는 「통계법」 제22조에 따라 통계청장이 고시한 한국표준산업분류에 따르는데 산업분류표 체계에 대해서는 2.2.1 주된 업종의 판단을 참고하기 바란다.

(2) 독립성기준(소유와 경영의 실질적 독립성)

대기업에서 출자하여 설립된 소규모 기업은 형식적으로는 중소기업이나 실질적으로는 대기업 집단의 일원으로 볼 수 있으므로 이러한 기업은 중소기업에서 제외시킴으로써 중소기업을 육성하기 위한 시책이 실질적 중소기업에 집중될 수 있도록 하자는 취지이다.

규모기준을 충족하는 기업이라 해도 아래의 어느 하나에 해당하는 경우에는 중소기업자가될 수 없다.

① 「독점규제 및 공정거래에 관한 법률」 제31조제1항[7])에 따른 공시대상기업집단에 속하는 회사 또는 같은 법 제33조의3에 따라 공시대상기업집단의 소속회사로 편입·통지된 것으로 보는 회사

② 자산총액이 5천억 원 이상인 법인이(외국법인을 포함하되, 비영리법인과 벤처투자회사 등 지배·종속 관계로 보지 않는 투자회사는 제외한다) 주식 등의 30% 이상을 직접 또는 간접적[8])으로 소유한 경우로서 최다출자자인 기업 *2017 기출*

③ 관계기업에 속하는 기업의 경우 관계기업의 평균매출액 산정기준에 따라 산정된 평균매출액 등이 규모기준에 맞지 않는 기업

위 ②항의 규정에서 보듯 자산총액 5천억 원 이상인 법인이 출자했다고 해서 모두 독립성을 갖추지 못한 것은 아니다. 최소 30% 이상 투자 – 직접 또는 간접 – 하면서 그 출자법인이 해당 기업의 최다출자자가 되는 경우를 말한다. 이때 최다출자자란 해당기업에 출자한 개인주주(단독 또는 친족과 합산) 또는 법인주주(출자법인 단독 또는 출자법인의 임원과 합산)로서 해당 기업의 주식 등을 가장 많이 소유한 자를 말한다. 이의 판정 기준에 대해서는 아래에 도식화한다.

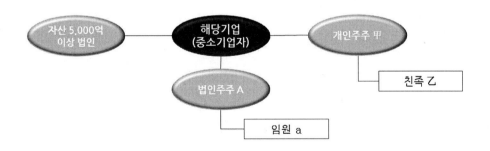

---

7) 이에 따라 「독점규제 및 공정거래에 관한 법률」 시행령 제21조 ①항에 구체적인 지정 기준이 규정돼 있는데 공시대상기업집단이란 "지정 직전사업연도 대차대조표상의 자산총액의 합계액이 5조 원 이상인 기업집단"을 말한다.

8) 주식 등의 간접소유비율에 관하여는 「국제조세조정에 관한 법률 시행령」 제2조 제2항을 준용한다.(기본령 제3조 ①항 제2호 나목)

해당기업의 최다출자자 여부를 판정하기 위해서는 위의 도식에서와 같이 해당기업의 모든 법인주주(임원과 합산)와 개인주주(친족과 합산)의 주식소유비율을 비교하여 최다출자자 여부를 판정한다.

위 ③항의 "관계기업의 평균매출액 산정기준에 따라 산정된 평균매출액 등"에 대한 구체적 내용은 "2.4.2. 관계기업의 평균매출액 등의 산정"에서 자세히 설명한다.

2. 비영리 사회적기업

비영리법인(단체)은 본래 중소기업자가 될 수 없었으나 2011년 7월 25일 개정을 통해 비영리법인(단체)이라도 사회적기업 인증을 받으면 중소기업자가 될 수 있게 되었다. 그러나 사회적기업 인증을 받지 않은 비영리법인(단체)은 여전히 중소기업자가 될 수 없다.

「사회적 기업육성법」 제2조 제1호에 따른 사회적기업[9]을 말하며 동법에서는 사회적 목적에 따라 5개 유형으로 나뉘지만 크게 영리 사회적기업과 비영리 사회적기업으로 나뉘는데 기본법에서는 "영리 사회적기업"은 영리기업에 대한 중소기업 판단기준과 동일한 기준을 적용하여 판단하고, "비영리 사회적기업"에 대해서만 별도의 기준을 적용하여 중소기업 여부를 판단한다.

참고사항 비영리기업의 중소기업자 판단

비영리 기업은 기본법상 중소기업자가 될 수 없었다. 그러나 2012년 1월 26일 법 개정에 따라 비영리 기업이라도 사회적기업 인증을 받은 경우에는 중소기업이 될 수 있게 되었다.

의료법인은 의료법 시행령 규정에서 비영리성을 규정하고 있으므로 중소기업자가 될 수 없으나 개인사업자가 운영하는 의원, 병원, 한의원 등은 영리 개인사업자이므로 중소기업자가 될 수 있다.

(1) 규모기준(외형적 판단기준)

영리기업에 대한 규모기준과 동일하게 ①업종별 평균매출액이 기본법 시행령 별표 1의 기준에 부합하고 ②자산총액이 5,000억 원 미만이어야 한다.

---

9) 「사회적 기업육성법」 제2조(정의) "사회적기업"이란 취약계층에게 사회서비스 또는 일자리를 제공하거나 지역사회에 공헌함으로써 지역주민의 삶의 질을 높이는 등의 사회적 목적을 추구하면서 재화 및 서비스의 생산·판매 등 영업활동을 하는 기업으로서 제7조에 따라 인증받은 자를 말한다. 사회적기업의 인증요건 및 인증절차는 동법 제8조의 규정에 따른다.

(2) 독립성기준(계열관계에 따른 판단기준)

역시 영리기업과 기본적으로 동일하나 적용항목에 있어 영리기업에 비해 관계기업 관련 항목을 제외한 두 가지 항목만 적용한다. 2017 개정

① 「독점규제 및 공정거래에 관한 법률」에 따른 공시대상기업집단[10]에 속하는 회사 또는 같은 법에 따라 공시대상기업집단의 소속회사로 편입·통지된 것으로 보는 회사

② 자산총액이 5천억 원 이상인 법인이(외국법인을 포함하되, 비영리법인과 벤처투자회사 등 지배·종속 관계로 보지 않는 투자회사는 제외한다) 주식 등의 30% 이상을 직접 또는 간접적으로 소유한 경우로서 최다출자자인 기업

3. 협동조합 등

「협동조합기본법」에 따른 협동조합, 협동조합연합회, 사회적협동조합, 사회적협동조합연합회, 이종(異種)협동조합연합회[11](중소기업을 회원으로 하는 경우로 한정한다)와 「소비자생활협동조합법」 제2조에 따른 조합, 연합회, 전국연합회 및 「중소기업협동조합법」 제3조에 따른 협동조합, 협동조합연합회, 사업협동조합을 말하며 이들에 대한 중소기업 기준은 비영리 사회적기업의 중소기업 기준과 정확히 일치한다.(기본령 제3조 ③, ④항)

이상과 같이 영리기업과 비영리 사회적기업 및 협동조합 등으로 나누어 중소기업을 판단하는 세부 기준을 살펴보았다. 영리기업, 비영리 사회적기업, 협동조합 등 모두 독립성기준이 적용되나 명칭만 동일할 뿐 그 구체적인 내용은 다르므로 주의해야 한다. 이를 정리하면 아래와 같다.

기준	규모기준	독립성기준
영리기업	업종별 평균매출액 이하 & 자산총액 5,000억 미만	① 공시대상기업집단에 속하는 회사 또는 공시대상기업집단의 소속회사로 편입·통지된 것으로 보는 회사가 아닐 것 ② 자산총액 5천억 이상 법인이 주식 등의 30% 이상 소유하고, 최다출자자로 있는 기업이 아닐 것 ③ 관계기업 산정기준에 따라 산정된 평균매출액 등이 규모기준을 초과하지 않을 것
비영리 사회적기업		위 ①, ②번 항목만 적용
협동조합 등		

10) 이에 따라 「독점규제 및 공정거래에 관한 법률」 제31조 ①항 및 동 법 시행령 제38조 ①항에 구체적인 지정기준이 규정돼 있는데 공시대상기업집단이란 "지정 직전사업연도 대차대조표상의 자산총액의 합계액이 5조 원 이상인 기업집단"을 말한다.

11) 협동조합기본법 제2조 제5호에 따르면 "이종(異種)협동조합연합회"란 협동조합기본법 또는 다른 법률에 따른 협동조합이 공동이익을 도모하기 위하여 설립한 연합회를 말한다.

※ 협동조합기본법에 따른 협동조합 등 : 협동조합, 협동조합연합회, 사회적협동조합, 사회적협동조합연합회,
　이종(異種)협동조합연합회(중소기업을 회원으로 하는 경우로 한정한다)
※ 소비자생활협동조합법에 따른 협동조합 등 : 조합, 연합회, 전국연합회
※ 중소기업협동조합법에 따른 협동조합 등 : 협동조합, 협동조합연합회, 사업협동조합, 중소기업중앙화
※ 중소기업협동조합법에 따른 중소기업중앙회는 기본법에서 말하는 협동조합 등의 범위에 포함되지 않는다.

4. 소기업과 중기업 구분

소기업(小企業)은 중소기업 중 해당 기업이 영위하는 주된 업종별 평균매출액등의 소기업 규모기준(별표 3)에 맞는 기업으로 하며, 중기업(中企業)은 중소기업 중 소기업을 제외한 기업으로 한다.(기본법 제2조 ②항)

기본법상 중소기업이란 기본적으로 규모기준을 충족하는 기업이지만 이 규모기준을 세분화하여 중소기업을 중기업과 소기업으로 나누고 있다. 이를 통해 기업 규모에 따른 차별화된 정책을 시행할 수 있게 된다. 기본법에서는 소기업과 중기업의 구분에 그치지만 「소상공인기본법」에서는 가장 규모가 작은 소상공인에 대해 규정하고 있는바 소상공인, 소기업, 중기업 기준을 명확히 구분하여 이해할 필요가 있다.

개정[12] 전에는 업종별 상시근로자 수를 기준으로 중소기업을 중기업과 소기업으로 구분하였으나 개정 후에는 업종별 평균매출액 등 단일기준을 적용하여 중기업과 소기업을 구분하고 있다. 2015, 2017, 2018 기출

[기본령 별표 3]　　　　　주된 업종별 평균매출액 등의 소기업 규모기준

해당 기업의 주된 업종	분류기호	규모 기준
의복, 의복액세서리 및 모피제품 제조업	C14	평균매출액 등 120억 원 이하
가죽, 가방 및 신발 제조업 / 가구 제조업	C15, C32	
1차 금속 제조업	C24	
전기장비 제조업	C28	
코크스, 연탄 및 석유정제품 제조업	C19	
화학물질 및 화학제품 제조업(의약품 제조업은 제외한다)	C20	
금속가공제품 제조업(기계 및 가구 제조업은 제외한다)	C25	
전자부품, 컴퓨터, 영상, 음향 및 통신장비 제조업	C26	
의료용 물질 및 의약품 제조업	C21	
음료 제조업	C11	
식료품 제조업	C10	

12) 기본령 2015.06.30. 개정, 2016.01.01. 시행

비금속 광물제품 제조업	C23	
자동차 및 트레일러 제조업	C30	
그 밖의 기계 및 장비 제조업	C29	
전기, 가스, 증기 및 공기조절 공급업	D	
수도업	E36	
펄프, 종이 및 종이제품 제조업	C17	평균매출액 등 80억 원 이하
담배 제조업	C12	
섬유제품 제조업(의복 제조업은 제외한다)	C13	
목재 및 나무제품 제조업(가구 제조업은 제외한다)	C16	
고무제품, 및 플라스틱제품 제조업	C22	
인쇄 및 기록매체 복제업	C18	
의료, 정밀, 광학기기 및 시계 제조업	C27	
그 밖의 운송장비 제조업	C31	
그 밖의 제품 제조업	C33	
건설업	F	
광업	B	
농업, 임업 및 어업	A	
운수 및 창고업	H	
금융 및 보험업	K	
정보통신업	J	평균매출액 등 50억 원 이하
도매 및 소매업	G	
전문·과학 및 기술 서비스업	M	평균매출액 등 30억 원 이하
사업시설관리, 사업지원 및 임대서비스업	N	
예술, 스포츠 및 여가 관련 서비스업	R	
수도, 하수 및 폐기물 처리, 원료재생업(수도업은 제외한다)	E (E36 제외)	
부동산업	L	
숙박 및 음식점업	I	평균매출액 등 10억 원 이하
교육 서비스업	P	
보건업 및 사회복지 서비스업	Q	
수리(修理) 및 기타 개인 서비스업	S	

학습의 관점에서 중소기업 기준과 중기업·소기업 기준을 모두 암기한다는 것은 상당한 부담이 아닐 수 없다. 그러나 제조업의 중분류 기준을 제외한다 하더라도 나머지 대분류 기준에 대해서는 학습할 것을 권한다.

중소기업	해당 기업의 주된 업종		소기업
1,500억 원 이하	종이, 의복, 모피·가죽, 가방·신발, 가구, 전기장비 제조업	전기, 가스, 증기 및 공기조절 공급업 + 수도업(E36)	120억 원 이하
1,000억 원 이하	건설업	건설업	80억 원 이하
	광업	광업	
	농업, 임업 및 어업	농업, 임업 및 어업	
	도매 및 소매업	운수 및 창고업	
	전기, 가스, 증기 및 공기조절 공급업 + 수도업(E36)	금융 및 보험업	
800억 원 이하	정보통신업	정보통신업	50억 원 이하
	운수 및 창고업	도매 및 소매업	
	수도, 하수 및 폐기물처리, 원료재생업(수도업 제외)	–	
600억 원 이하	전문·과학 및 기술 서비스업	전문·과학 및 기술 서비스업	30억 원 이하
	사업시설관리, 사업지원 및 임대서비스업(임대업 제외)	사업시설관리, 사업지원 및 임대서비스업	
	예술, 스포츠 및 여가 관련 서비스업	예술, 스포츠 및 여가 관련 서비스업	
	보건업 및 사회복지 서비스업	수도, 하수 및 폐기물처리, 원료재생업(수도업 제외)	
	수리(修理) 및 기타 개인 서비스업	부동산업	
400억 원 이하	숙박 및 음식점업	숙박 및 음식점업	10억 원 이하
	교육 서비스업	교육 서비스업	
	부동산업(L), 임대업(N76)	보건업 및 사회복지 서비스업	
	금융 및 보험업	수리(修理) 및 기타 개인 서비스업	

5. 중소기업 의제

중소기업시책별 특성에 따라 특히 필요하다고 인정하면 해당 법률에서 정하는 바에 따라 법인·단체 등을 중소기업자로 할 수 있다.(기본법 제2조 ④항)

2.2 평균매출액 등의 산정

1. 주된 업종의 판단

하나의 기업이 둘 이상의 서로 다른 업종을 영위하는 경우에는 기본령 제7조에 따라 산정한 평균매출액의 비중이 가장 큰 업종을 주된 업종으로 보며, 관계기업의 경우에는 지배기업과 종속기업 중 평균매출액등이 큰 기업의 주된 업종을 지배기업과 종속기업의 주된 업종으로 본다.(기본령 제4조)

위에서 말하는 "기본령 제7조에 따라 산정한 매출액"에 대한 사항은 "2.2.3 평균매출액" 부분에서 상술한다.(기본령 제4조 ①항)

이 때 "업종" 분류는 통계청에서 고시하는 한국표준산업분류표에 따르며 해당 업종이 포함된 "대분류"를 적용한다.

한국표준산업분류표 체계는 "대분류〉중분류〉소분류〉세분류〉세세분류"로 구성되는데 이 중 대분류를 기준으로 주된 업종을 판단한다는 의미가 된다. 예를 들어 소주 제조의 세세분류는 #11122이고, 맥주 제조의 세세분류는 #11112로 서로 다르지만 둘의 대분류는 모두 제조업(C)이므로 업종별 규모기준 적용 시 제조업 기준을 적용하게 된다.

> **한국표준산업분류표 체계의 이해**
>
> 분류구조는 대분류(알파벳 문자 사용 / Sections), 중분류(2자리 숫자 사용 / Divisions), 소분류(3자리 숫자 사용 / Groups), 세분류(4자리 숫자 사용 / Classes), 세세분류(5자리 숫자 사용 / Sub-Classes)의 다섯 단계로 구성된다.
>
> ▶ 소주와 맥주의 분류구조
>
> | 대분류 | 중분류 | 소분류 | 세분류 | 세세분류 |
> |---|---|---|---|---|
> | 제조업(C) | 음료제조업 (11) | 알콜음료 제조업 (111) | 발효주 제조업 (1111) | 맥아 및 맥주 제조업 (11112) |
> | | | | 증류주 및 합성주 제조업 (1112) | 소주 제조업 (11122) |

2. 평균매출액 등의 산정

평균매출액 등을 산정하는 경우 매출액은 일반적으로 공정·타당하다고 인정되는 회계관행에 따라 작성한 손익계산서상의 매출액을 말한다. 다만, 업종의 특성에 따라 매출액에 준하는 영업수익 등을 사용하는 경우에는 영업수익 등을 말한다.(기본령 제7조 ①항)

가. 직전 3개 사업연도의 총 사업기간이 36개월인 경우

직전 3개 사업연도의 총매출액을 3으로 나눈 금액

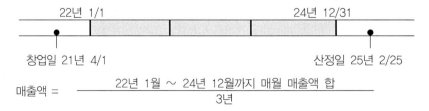

나. 직전 사업연도 말일 현재 총 사업기간이 12개월 이상이면서 36개월 미만인 경우

사업기간이 12개월인 사업연도의 총매출액을 사업기간이 12개월인 사업연도 수로 나눈 금액

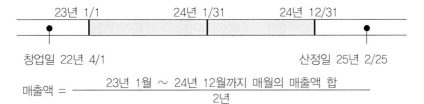

$$\text{매출액} = \frac{\text{23년 1월} \sim \text{24년 12월까지 매월의 매출액 합}}{\text{2년}}$$

※ 직전 사업연도에 창업(합병, 분할)하거나 창업(합병, 분할)일부터 12개월 이상이 지난 경우는 제외한다. "다"의 경우도 창업한지 12개월이 지났으나 직전 연도에 창업 후 12개월이 지난 경우이므로 "나"의 경우에 해당하지 않는다.

다. 창업(합병, 분할 포함)한 지 12개월 이상이 지난 경우

산정일이 속하는 달의 직전 달부터 역산하여 12개월이 되는 달까지 기간의 월 매출액을 합한 금액

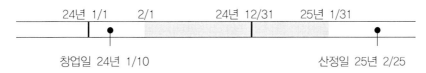

$$\text{매출액} = \text{24년 2월} \sim \text{25년 1월까지 매월의 매출액 합}$$

※ 위 "나"의 경우에 해당하지 않는 경우를 말한다. 즉, 창업한지 12개월 이상 지났다는 점에서는 "나"와 "다"가 동일하나 "나"는 "직전 사업연도 이전 창업 후 12개월 이상 된 경우"를 말하고, "다"는 "직전 사업연도에 창업 후 12개월 이상 된 경우"를 말한다.

라. 창업(합병, 분할)일부터 12개월이 되지 아니한 경우

창업(분할, 합병)일이 속하는 달의 다음 달부터 산정일이 속하는 달의 직전 달까지의 기간의 월 매출액을 합하여 해당 월수로 나눈 금액에 12를 곱한 금액

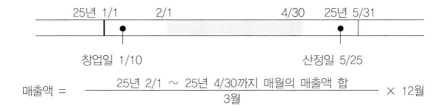

$$\text{매출액} = \frac{\text{25년 2/1} \sim \text{25년 4/30까지 매월의 매출액 합}}{\text{3월}} \times 12\text{월}$$

마. 산정일이 창업(합병, 분할)일이 속하는 달에 포함되는 경우

창업(합병, 분할)일부터 산정일까지의 기간의 매출액을 합한 금액을 해당 일수로 나눈 금액에 365를 곱한 금액

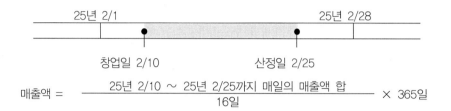

$$매출액 = \frac{25년\ 2/10 \sim 25년\ 2/25까지\ 매일의\ 매출액\ 합}{16일} \times 365일$$

바. 산정일이 창업(합병, 분할)일이 속하는 달의 다음 달에 포함되는 경우 : "마"와 동일

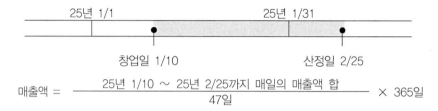

$$매출액 = \frac{25년\ 1/10 \sim 25년\ 2/25까지\ 매일의\ 매출액\ 합}{47일} \times 365일$$

사례별로 6개의 케이스를 정리하면 아래와 같다.

36개월 이상	$\dfrac{직전\ 3개\ 사업연도\ 총매출}{3년}$	
12개월 이상 ~ 36개월 미만	$\dfrac{사업기간이\ 12개월인\ 사업연도\ 총매출}{해당연도}$	
12개월 이상[1]	산정일 전월부터 역산하여 12개월간 총매출	
12개월 미만	$\dfrac{창업일\ 다음\ 달 \sim 산정일\ 전달까지\ 총매출}{해당\ 개월\ 수}$	× 12월
산정일 = 창업일 산정일 = 창업일 다음 달	$\dfrac{창업일 \sim 산정일까지\ 총매출}{해당\ 일수}$	× 365일

1) 직전 연도에 창업하고 12개월 이상인 경우를 말한다.

3. 자산총액 산정

자산총액은 회계관행에 따라 작성한 직전 사업연도 말일 현재 재무상태표상의 자산총계로 하되, 해당 사업연도에 창업하거나 합병 또는 분할한 기업의 자산총액은 창업일이나 합병일 또는 분할일 현재의 자산총액으로 한다.(기본령 제7조의2 ①, ②항)

외국법인의 경우 적용환율을 무엇으로 하는가에 따라 자산총액이 달라질 수 있다. 이때 적용환율로는 직전 5개 사업연도의 평균환율을 적용한다.(기본령 제7조의2 ③항) 5개 사업연도의 평균환율을 적용하는 이유는 단기적으로 급격한 환율변동에 따른 변동성을 최소화하기 위해서이다.

2.3 중소기업 적용기간 및 유예기간

가. 중소기업 적용기간

중소기업 여부의 판단은 전술한 바의 기준에 따라 판단하되 기본원칙은 업종별 평균매출액 등을 기준으로 판단한다. 이 기준에 따라 중소기업으로 판정된 경우 어느 기간 동안 중소기업으로 인정되는가 하는 문제가 발생하는데 이에 관한 규정이 중소기업 여부의 적용기간이다.(기본령 제3조의3)

중소기업 여부의 적용기간은 직전 사업연도 말일에서 3개월이 경과한 날부터 1년간으로 한다. 다만, 관계기업에 속하는 기업으로서 평균매출액 등이 규모기준에 맞지 아니하여 중소기업에서 제외된 기업이 직전 사업연도 말일이 지난 후 주식 등의 소유현황이 변경되어 중소기업에 해당하게 된 경우 중소기업 여부의 적용기간은 그 변경일부터 해당 사업연도 말일에서 3개월이 지난 날까지로 한다. 2017 기출

위의 규정은 직전 사업연도 사업기간이 12개월 이상인 경우에 적용되는 일반적 규정이고, 직전 사업연도 사업기간이 12개월 미만인 경우(직전 또는 해당 사업연도에 창업했거나 합병·분할한 경우)는 중기부장관이 따로 정한다.[13]

나. 중소기업 적용 유예기간

중소기업이 그 규모의 확대 등으로 중소기업에 해당하지 않게 된 경우 그 사유가 발생한 연도의 다음 연도부터 5년간은 중소기업으로 본다. 이는 현실적으로 당연한 규정이다. 중소기업이 계속 성장하여 규모기준을 초과하게 되고 이에 따라 중소기업으로서의 혜택이 일시에 제거된다면 그 충격은 막대할 것이다. 따라서 이러한 성장 충격을 최소화하기 위한 규정이라 할 수 있다.(기본법 제2조 ③항, 기본령 제9조)

단, 다음의 사유에 대해서는 유예기간을 적용하지 않는다. 2017 기출

① 공시대상기업집단에 속하는 회사 또는 공시대상기업집단의 소속회사로 편입·통지된 것으로 보는 회사
② 중소기업 외의 기업과 합병한 회사
③ 중소기업으로 보는 기간(유예기간) 중에 있는 기업을 흡수합병한 경우로서 중소기업으로 보는 기간 중에 있는 기업이 당초 중소기업에 해당하지 아니하게 된 사유가 발생한 연도의 다음 연도부터 5년이 지난 경우

---

13) 중소기업 범위 및 확인에 관한 규정(중소벤처기업부고시 제2024-19호)

④ 중소기업 유예기간 중에 있던 기업이 중소기업이 되었다가 그 평균매출액 등의 증가 등으로 다시 중소기업에 해당하지 아니하게 된 경우

위 ④ 항의 규정은 유예기간을 1회만 적용한다는 의미가 된다. "중소기업 → 유예(중견기업) → 중소기업 → 유예(중견기업)"와 같이 계속해서 유예 규정이 적용되지 않는다.

2.4 관계기업

학습의 관점에서 "2.4 관계기업" 부분은 건너 뛰어도 무방하다.

관계기업이란 지배·종속 관계에 있는 두 회사를 지칭하는 표현이나 지배·종속관계에 있다고 모두 관계기업이 되는 것은 아니며, 관계기업이라 해서 모두 중소기업이 될 수 없는 것도 아니다. 관계기업 제도의 취지는 다른 회사 주식 등을 보유함으로써 그 회사에 대한 중요한 지배력을 행사할 수 있는 경우 두 회사를 독립된 두 회사로 보지 않고 하나의 기업으로 간주하여 평균매출액 등을 산정할 때 소유비율 만큼 합산하여 중소기업 여부를 판단하고자 하는 데 있다.

1. 관계기업의 성립

관계기업에서 지배 또는 종속의 관계란 ①기업이 직전 사업연도 말일 현재 다른 국내기업을 지배하는 경우 그 기업(이하 "지배기업"이라 한다)과 그 다른 국내기업(이하 "종속기업"이라 한다)의 관계와 ②「자본시장과 금융투자업에 관한 법률」에 따른 주권상장법인으로서 「주식회사의 외부감사에 관한 법률」 및 같은 법 시행령에 따라 연결재무제표를 작성하여야 하는 기업과 그 연결재무제표에 포함되는 국내기업도 지배기업과 종속기업의 관계를 말한다.

따라서 외부감사대상기업이 아닌 기업이 지배하거나, 외부감사대상기업이지만 주식 등을 30% 미만 소유하거나 최다출자자가 아닌 경우 관계기업으로 보지 않는다.

또한, 지배·종속 관계는 국내기업에 대해서 성립하는 것으로 외국기업을 지배하는 것에 대해서는 관계기업이 성립하지 않는다.

여기서 쟁점이 되는 것은 지배기업이 단독 또는 다른 자와 합산하여 종속기업의 주식 등을

30% 이상 보유하면서 최다출자자인가를 판단하는 문제라 할 수 있다. 또한 국내기업이란 국내법의 적용을 받는 모든 기업을 말하며, 외국기업이란 국내법 적용을 받지 않는 기업을 말하는데 외국기업이 국내에 진출하지 않고 국내기업에 직접 투자하는 경우를 상정할 수 있다.

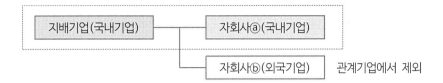

기업이 다음의 어느 하나에 해당하는 경우에는 각각의 구분에 따른 날을 기준으로 지배 또는 종속의 관계를 판단한다.(기본령 제3조의 ②항)

① 기업이 직전 사업연도 말일이 지난 후 창업, 합병, 분할 또는 폐업한 경우 : 창업일, 합병일, 분할일 또는 「부가가치세법 시행령」 제7조에 따른 폐업일

② 관계기업에 속하는 기업으로서 평균매출액 등이 규모기준을 초과하여 중소기업에서 제외된 기업이 직전 사업연도 말일이 지난 후 주식 등의 소유현황이 변경된 경우 : 주식등의 소유현황 변경일

지배기업과 종속기업이 상호간 의결권 있는 주식 등을 소유하고 있는 경우에는 그 소유비율 중 많은 비율을 해당 지배기업의 소유 비율로 본다.(기본령 제7조의4 ②항)

이하 위에서 언급된 각 상황별로 구체적인 예시를 들어 지배·종속관계 성립 여부를 어떻게 판단하는지 설명한다.

가. 지배기업이 단독으로 또는 그 지배기업의 특수관계자와 합산하여 종속기업의 주식 등을 30% 이상 보유하면서 최다출자자인 경우(기본령 제3조의2 ①항 제1호)

종속기업의 주식 등을 30% 이상 보유하는가를 판단하는 경우 종속기업에 대한 지배기업 단독 보유분만 고려하는 것이 아니라 지배기업의 특수관계자가 보유한 주식 등의 비율까지 합산하여 30% 이상이 되는지 또한 둘이 합산한 보유비율이 종속기업의 최다출자자가 되는지를 판단하게 되며 이를 도시하면 아래와 같다.

참고사항 특수관계자란?

친족(배우자, 6촌 이내 혈족 및 4촌 이내 인척)과 합산하여 해당 기업의 주식을 30% 이상 보유하면서 최다출자자인 개인과 그 개인의 친족을 말한다. 법령에서는 특수관계자라는 용어를 사용하지 않고 있으나 이해를 돕기 위해 이 용어를 사용한다.

예시-1

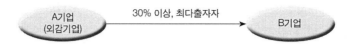

A기업이 단독으로 B기업의 주식 등을 30% 이상 소유하면서 B기업의 최다출자자이므로 지배·종속 관계가 성립하고 A기업이 외감기업이므로 관계기업이 성립한다.

예시-2

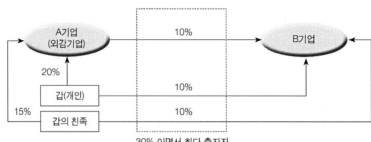

A기업 단독으로는 B기업 주식 등을 30% 이상 소유하지 못하지만 A기업의 특수관계자와 합산하여 B기업 주식 등을 30% 이상 소유하면서 B기업의 최다출자자가 되므로 지배·종속 관계가 성립하며 A기업이 외감기업이므로 관계기업이 된다. 이때 A기업의 특수관계자란 갑(개인)이 단독 또는 친족과 합산하여 A기업의 주식 등을 30% 이상 소유하면서 최다출자자인 자를 말한다.

예시-3

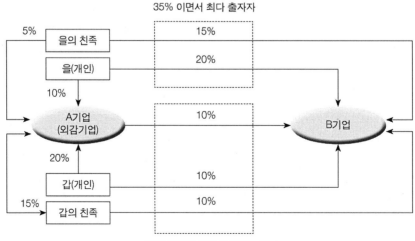

개인주주 갑과 갑의 친족이 합산하여 지배기업의 주식 등을 30% 이상 소유하면서 최다출자자이므로 갑과 갑의 친족은 지배기업의 특수관계자이지만, 을과 을의 친족은 지배기업의 특수관계자가 아니다. 따라서 지배기업 + 갑 + 갑의 친족이 소유한 종속기업의 주식 등을 합산하여 판정하되 이들이 보유한 종속기업 주식 등은 30% 이상이지만 B기업의 최다출자자는 아니므로 지배·종속 관계가 성립하지 않으며 관계기업 역시 성립하지 않는다.

나. 지배기업이 자회사와 합산하거나 특수관계자와 공동으로 합산하여 종속기업의 주식 등을 30% 이상 소유하면서 최다출자자인 경우(기본령 제3조의2 ①항 제2호)

"가"에서 살펴본 경우와 기본적인 논리는 동일하다. 다만 "가" 규정에서는 지배기업과 그 지배기업의 특수관계자가 소유한 B기업의 주식 등을 합산하여 판정했지만, "나"의 경우 지배기업의 특수관계자뿐 아니라 지배기업의 자회사가 소유한 주식 등 까지 합산하여 판정한다는 점이 추가된 것뿐이다.

예시-1

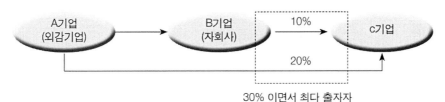

B기업은 단독으로 C기업을 지배하지 못하지만 모기업인 A기업과 합하여 C기업의 주식 등을 30% 이상 소유하면서 최다출자자이므로 이들 기업 간에는 지배·종속관계가 성립하고 관계기업 역시 성립한다. 따라서 이들 세 기업 모두 관계기업이 된다.

예시-2

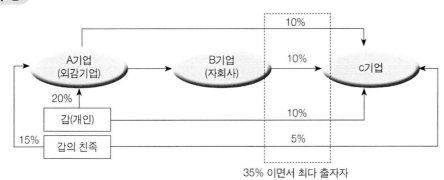

지배기업은 단독 소유분 외에 자회사뿐만 아니라 자신의 특수관계자가 보유한 C기업에 대

한 주식 등을 모두 합산하여 지배·종속관계를 판정한다. 이 사례에서 모두 합산한 소유지분이 30%를 넘고 C기업의 최다출자자이므로 세 기업은 지배·종속관계가 성립하고 관계기업역시 성립한다.

다. 자회사가 단독으로 또는 다른 자회사와 합산하여 종속기업의 주식 등을 30% 이상 소유하면서 최다출자자인 경우(기본령 제3조의2 ①항 제3호)

역시 기본 논리는 같다. 다만 합산 대상이 달라졌을 뿐이다.

예시-1

A기업은 직접적으로 C기업의 주식 등을 소유하고 있지 않지만 자회사가 단독으로 C기업의주식 등을 30% 이상 소유하면서 최다출자자이므로 B기업(자회사)은 C기업의 지배회사가 되며, B기업은 또한 A기업의 종속회사이므로 이들 세 회사는 모두 관계기업이 된다.

예시-2

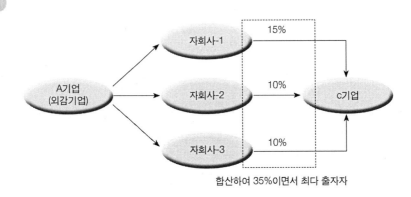

A기업은 직접적으로 C기업 주식 등을 소유하고 있지 않지만 A기업의 자회사가 보유한 C기업의 주식 등 소유비율의 합이 35%이면서 최다출자자 이므로 A기업은 C기업의 지배회사가되며 이들 기업은 모두 관계기업이 된다.

라. 지배기업의 특수관계자와 자회사가 합산하여 종속기업의 주식 등을 30% 이상 소유하면서 최다출자자인 경우(기본령 제3조의2 ①항 제4호)

역시 기본 논리는 같다.

예시-1

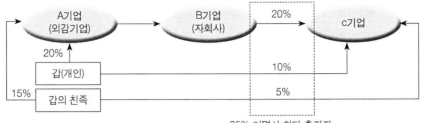

A기업은 직접 C기업 주식 등을 소유하고 있지 않으나 A기업의 특수관계자(갑과 갑의 친족)가 소유한 C기업의 주식 등과 자회사가 소유한 C기업의 주식 등을 합산하여 35%를 소유하면서 최다출자자 이므로 A기업은 C기업의 지배기업이 되고, 이들 기업은 모두 관계기업이 된다.

마. 주권상장법인으로서 연결재무제표를 작성해야 하는 기업과 그 연결재무제표에 포함되는 국내기업(기본령 제3조의2 제①항)

지금까지 설명한 기업 간 주식 소유관계에 따르지 않더라도 주권상장법인으로서 연결재무제표를 작성해야 하는 기업과 그 연결재무제표에 포함되는 기업은 주식 등 소유비율에 관계없이 지배·종속관계가 성립하는 것으로 본다.

바. 지배·종속관계로 보지 않는 경우(기본령 제3조의2 제②항) 2020 기출

아래의 자가 다른 국내기업의 주식 등을 소유하고 있는 경우 지배·종속관계로 보지 않는다.

① 「벤처투자 촉진에 관한 법률」에 따른 벤처투자회사
② 「여신전문금융업법」에 따른 신기술사업금융업자
③ 「벤처기업육성에 관한 특별조치법」에 따른 신기술창업전문회사
④ 「산업교육진흥 및 산학연협력촉진에 관한 법률」에 따른 산학협력기술지주회사[14]
⑤ 기타 위에 준하는 경우로서 중소기업 육성을 위하여 중기부장관이 정하여 고시하는 자

2. 관계기업 평균매출액 등의 산정

지금까지는 관계기업 여부를 판정하는 기준에 대해 살펴보았는데 이번에는 관계기업이 성립하는 경우 관계기업을 구성하고 있는 기업들 - 지배기업, 자회사, 손자회사 - 각각의 소유비율에 따른 평균매출액 산정기준에 대해 살펴보도록 하겠다.

---

14) 「산업교육진흥 및 산학연협력촉진에 관한 법률」 개정(2011. 7. 25)으로 산학협력기술지주회사가 산학연협력기술지주회사로 명칭 변경되었는데 기본법에는 이 내용이 반영되지 않고 있다.

(1) 용어의 정의

① "직접 지배"란 지배기업이 자회사(지배기업의 종속기업을 말한다.) 또는 손자회사(자회사의 종속기업을 말하며, 지배기업의 종속기업으로 되는 경우를 포함한다.)의 주식 등을 직접 소유하고 있는 것을 말한다.

② "간접 지배"란 지배기업이 손자회사의 주식 등을 직접 소유하지 않지만 손자회사의 주주인 자회사의 주식 등을 직접 소유하고 있는 것을 말한다.

③ "형식적 지배"란 지배기업이 종속기업의 주식 등을 50% 미만으로 소유하면서 지배하고 있는 형태를 말한다.

④ "실질적 지배"란 지배기업이 종속기업의 주식 등을 50% 이상으로 소유하면서 지배하고 있는 형태를 말한다.

직접지배	지배기업이 자회사 또는 손자회사의 주식 등을 직접 소유
간접지배	지배기업이 자회사를 통해 손자회사 주식 등을 소유
실질적 지배	지배기업이 종속기업의 주식 등을 50% 이상 소유
형식적 지배	지배기업이 종속기업 주식 등을 50% 미만 소유

(2) 평균매출액 등 산정

가. 직접지배 + 실질적 지배

지배기업 또는 종속기업의 평균매출액 등으로 보아야 할 평균매출액 등(이하 "전체 평균매출액 등"이라 한다)은 그 지배기업의 평균매출액 등에 종속기업의 평균매출액 등을 합산한다.

지배기업 평균매출액 = 지배기업 평균매출액 + 종속기업 평균매출액

종속기업 평균매출액 = 종속기업 평균매출액 + 지배기업 평균매출액

예시-1 **지배기업이 종속기업을 직접지배 하면서 실질적 지배**

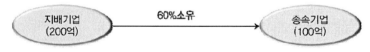

- 지배기업의 평균매출액 = 200억 + 100억 = 300억 원
- 종속기업의 평균매출액 = 100억 + 200억 = 300억 원

나. 직접지배 + 형식적 지배

지배기업 또는 종속기업의 전체 평균매출액 등은 자신의 평균매출액에 상대기업 평균매출액의 소유비율 만큼 더한 수치를 각각의 전체 평균매출액으로 한다. 이때 주의할 점은 관계기업 성립 여부의 판단 시에는 지배회사의 특수관계자가 소유한 종속회사 소유비율과 합산하

여 관계기업 여부를 판단하지만 관계기업의 평균매출액 등의 산정 시에는 "지배회사의 종속회사 소유비율"만큼 곱한 값을 더한다 했으므로 특수관계자의 종속기업에 대한 소유비율은 제외하고 지배회사의 소유비율만 고려하여 계산해야 한다.

- 지배기업 평균매출액 = 지배기업 평균매출액 + 종속기업 평균매출액 × 지배기업의 종속기업 소유비율
- 종속기업 평균매출액 등 = 종속기업 평균매출액 + 지배기업 평균매출액 × 지배기업의 종속기업 소유비율

예시-1 **지배기업이 종속기업을 직접지배하면서 형식적 지배**

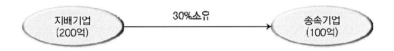

- 지배기업의 평균매출액 = 200억 + 100억×30% = 230억 원
- 종속기업의 평균매출액 = 100억 + 200억×30% = 160억 원

예시-2 **지배기업이 특수관계자와 함께 종속기업을 직접지배하면서 형식적 지배**

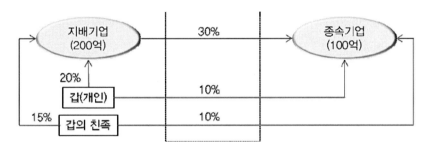

- 지배기업의 평균매출액 = 200억 + 100억×30% = 230억 원
- 종속기업의 평균매출액 = 100억 + 200억×30% = 160억 원

※ 지배기업의 특수관계자가 소유하고 있는 종속기업에 대한 소유비율은 제외하고 계산된다는 점에 유의해야 한다.

다. 간접지배

간접지배는 지배기업과 자회사, 자회사와 손자회사 사이에는 존재할 수 없으며 지배기업과 손자회사 사이에서만 존재하게 된다. 지배기업이 자회사를 통해 손자회사를 간접지배 하는 경우 자신의 평균매출액과 손자기업의 평균매출액에 "간접 소유비율"을 곱한 수치를 더해 전체 평균매출액으로 한다.

직접지배 하면서 형식적으로 지배하는 경우와 같은 논리이나 직접소유비율 대신 간접 소유비율을 적용한다는 점에서 차이가 있음을 유의해야 하고 관건은 간접소유비율을 산정하는 것이라 할 수 있다. 간접지배 시에는 지배기업, 자회사, 손자회사 각각의 관계를 고려해야 하는데 지배기업과 자회사 사이에는 실질적 지배 또는 형식적 지배 관계에 따라 합산해줘야 하고, 지배기업과 손자회사 사이에는 간접 소유비율에 따라 합산해줘야 한다.

※ 간접 소유비율
① 지배기업이 자회사를 실질적으로 지배: 간접소유비율은 자회사의 손자회사에 대한 소유비율을 적용한다.

• 간접소유비율 = 자회사의 손자회사에 대한 소유비율 = 30%

② 지배기업이 자회사를 형식적으로 지배: 간접소유비율로 지배기업의 자회사에 대한 소유비율에 자회사의 손자회사에 대한 소유비율을 곱한 값을 적용한다.

• 간접소유비율 = 30% × 60% = 18%

③ 지배기업이 둘 이상의 자회사를 통해 지배: 자회사가 둘 이상인 경우에는 각 자회사별로 계산한 소유비율을 합한 비율로 한다. 이 역시 지배기업이 자회사를 실질적으로 지배하는가 형식적으로 지배하는가 하는 문제와 동일한 기준으로 계산되나 차이점은 자회사별로 위 ①, ②의 규정에 따라 계산된 소유비율을 합산한다는 점만 다르다.

• 자회사 A를 통한 간접소유비율 = 100% × 30% = 30%
• 자회사 B를 통한 간접소유비율 = 30% × 30% = 9%
• 지배기업의 손자회사에 대한 간접소유비율 = 30% + 9% = 39%

라. 간접지배 + 실질적 지배

"지배기업-자회사-손자회사"의 관계에서 지배기업은 손자회사를 간접지배하면서 자회사를 실질적으로 지배하는 경우를 말하며 자회사가 손자회사를 실질적으로 지배하는 경우를 말하는 것이 아니다.

예시-1 지배기업이 자회사를 실질적으로 지배

- 간접소유비율 = 100% × 30% = 30%
- 지배기업의 평균매출액 = 300억 + 200억×100% + 100억×30% = 530억 원
- 자회사의 평균매출액 = 200억 + 300억×100% + 100억×30% = 530억 원
- 손자회사의 평균매출액 = 100억 + 200억×30% + 300억×30% = 250억 원

마. 간접지배 + 형식적 지배

지배기업이 손자회사를 간접지배하면서 자회사를 형식적으로 지배 하는 경우로서 형식적 지배 여부의 판단은 지배기업과 자회사 사이의 관계에 따라 판단하는 것이지 자회사와 손자회사 사이의 관계로 판단하는 것이 아니다.

예시-2 지배기업이 자회사를 형식적으로 지배

- 간접소유비율 = 30% × 60% = 18%
- 지배기업의 평균매출액 = 300억 + 200억×30% + 100억×18% = 378억 원
- 자회사의 평균매출액 = 200억 + 300억×30% + 100억×100% = 390억 원
- 손자회사의 평균매출액 = 100억 + 200억×100% + 300억×18% = 354억 원

마. 관계기업의 주된업종

관계기업의 경우에는 지배기업과 종속기업 중 평균매출액등이 큰 기업의 주된 업종을 지배기업과 종속기업의 주된 업종으로 본다.(기본령 제4조 ②항)

<table>
<tr><td colspan="2">제3절</td><td colspan="4">정부 등의 시책</td></tr>
</table>

3.1 종합계획과 연차보고

1. 종합계획

정부는 창의적이고 자주적인 중소기업의 성장을 지원하기 위하여 중소기업 육성에 관한 종합계획(이하 "종합계획"이라 한다)을 3년마다 수립·시행하여야 하며, 종합계획을 수립하거나 변경하는 경우에는 국무회의의 심의를 거쳐야 한다. 다만, 대통령령[15]으로 정하는 경미한 사항을 변경하는 경우에는 그러하지 아니하다.(기본법 제19조의2) 2018, 2019, 2024 기출

종합계획에는 다음의 사항이 포함되어야 하며 그 밖에 종합계획의 수립·시행에 필요한 사항은 대통령령[16]으로 정한다. 2017 기출

① 중소기업 육성 정책의 기본목표와 추진방향

② 중소기업 육성과 관련된 제도 및 법령의 개선

③ 중소기업의 경영 합리화와 기술 향상에 관한 사항

---

15) 2024년 12월 현재 시행령에 별도의 규정은 없다.
16) 2024년 12월 현재 시행령에 별도의 규정은 없다.

학습의 관점에서 ③항 이후의 내용은 인용을 생략한다.

2. 육성계획

중기부장관은 종합계획에 따라 매년 정부와 지방자치단체가 중소기업을 육성하기 위하여 추진할 중소기업시책에 관한 계획(이하 "육성계획"이라 한다)을 수립하기 위하여 육성계획 수립지침을 마련하고, 이를 매년 12월 31일까지 관계 중앙행정기관의 장에게 통보하여야 한다.

관계 중앙행정기관의 장은 육성계획 수립지침에 따라 해당 연도의 육성계획과 관련 예산을 매년 1월 31일까지 중기부장관에게 제출하여야 한다.

정부는 육성계획을 수립하여 관련 예산과 함께 3월까지 국회에 제출하여야 한다.(기본법 제20조 제①항, 기본령 제10조의2)

이를 정리하면 아래의 일정에 따라 시행하게 된다. 2013, 2015, 2019 기출

12월 31일까지	1월 31일까지	3월까지
중기부장관이 육성계획 수립지침을 관계 중앙행정기관장에 통보	관계 중앙행정기관장이 육성계획과 관련 예산을 중기부장관에 제출	정부가 육성계획과 관련 예산을 국회에 제출

육성계획을 수립하는 중앙행정기관의 장은 필요한 경우 관계 중앙행정기관과 지방자치단체의 장에게 협조를 요청할 수 있다. 이 경우 협조를 요청받은 자는 특별한 사유가 없으면 그 요청에 적극 협조하여야 한다.

3. 연차보고

관계 중앙행정기관의 장은 육성계획 수립지침에 따라 전년도의 육성계획의 실적과 성과를 매년 7월 31일까지 중기부장관에게 제출하여야 하며, 중기부장관은 전년도 육성계획의 실적과 성과를 평가하고 그 평가 결과를 반영하여 중소기업정책에 관한 연차보고서를 정기국회 개회[17] 전까지 국회에 제출하여야 한다.(기본법 제20조 ②항, 기본령 제10조의2 ②항)

7월 31일까지	정기국회(9월 1일) 전
관계 중앙행정기관장이 전년 육성계획 실적과 성과를 중기부장관에 제출	중기부장관이 연차보고서를 국회에 제출

---

17) 현행 국회법상 정기국회는 100일의 회기로 매년 9월 1일 열리고 있다.

위에 따라 평가를 실시하는 중기부장관은 필요한 경우 관계 중앙행정기관과 지방자치단체의 장에게 협조를 요청할 수 있다. 이 경우 협조를 요청받은 자는 특별한 사유가 없으면 그 요청에 적극 협조하여야 한다.(기본법 제20조 ③항)

3.2 실태조사

가. 실태조사의 범위

정부는 중소기업의 활동현황, 자금, 인력 및 경영 등 실태를 파악하기 위하여 매년 정기적으로 실태조사를 실시하고 그 결과를 공표해야 한다. 이 경우 정부는 해당 실태조사와 유사하거나 관련 있는 사안에 필요한 경우에는 실태조사를 통합하여 실시할 수 있다.(기본법 제21조) 2021 기출

기술법 상 기술통계는 통합실시 대상이나 기술법 제8조의2에 따른 실태조사 및 통계조사, 제13조의3에 따른 실태조사(기술혁신 지원사업에 관한 실태조사)는 통합실시 대상이 아니란 점에 유의해야 한다. 다음에 나열된 각각의 실태조사는 통합실시 할 수 있다.

① 「소상공인기본법」 제9조에 따른 실태조사: 소상공인 보호 · 육성에 필요한 시책을 효율적으로 수립 · 시행하기 위하여 매년 실시

② 「여성기업지원에 관한 법률」 제7조에 따른 실태조사: 여성기업의 활동 현황 및 실태를 파악하기 위하여 2년마다 실시

③ 「장애인기업활동 촉진법」 제7조에 따른 실태조사: 장애인기업의 활동 현황 및 실태를 파악하기 위하여 2년마다 실시

④ 「중소기업기술혁신 촉진법」 제8조에 따른 중소기업 기술혁신 촉진계획을 효율적으로 수립 · 추진하기 위하여 중소기업 기술통계를 작성하기 위한 조사

⑤ 「중소기업인력지원 특별법」 제7조에 따른 중소기업 인력 및 인식개선에 관한 실태조사

⑥ 「중소기업 사업전환 촉진에 관한 특별법」 제7조에 따른 사업전환 실태조사: 사업전환촉진계획의 수립과 성과관리 등을 위하여 2년마다 실시

⑦ 기타 중소기업의 활동현황, 자금, 인력 및 경영 등의 실태를 파악하기 위하여 중기부장관이 실시하는 조사

중기법 체계에 포함되어 있는 각종 계획과 실태조사 등을 일별해보면 다음과 같다.

법령	계획명	수립주기	조사명	실시주기
기본법	종합계획	3년	실태조사	매년·정기적
벤처법	벤처기업 육성계획	3년	실태조사	매년
투자법	×		실태조사	–
소기본법	소상공인 지원 기본계획	3년	실태조사	매년
소상공인	×		×	
기술법	기술혁신 촉진계획	5년	기술통계	–
			실태조사	매년·정기적
			통계조사	–
인력법	인력지원 기본계획	5년	실태조사	–
전환법	사업전환 촉진계획	2년	실태조사	2년
구매법	×		실태조사	2년

나. 실태조사의 방법 및 절차

중소기업 실태조사에는 다음의 사항이 포함되어야 한다.(기본령 제12조)

① 중소기업의 지역별·업종별·규모별 경영일반에 관한 사항

② 중소기업의 공장보유 여부, 자재 구매, 설비투자, 재무구조에 관한 사항

③ 중소기업의 제품판매, 수탁거래·위탁거래, 고용 및 정보화에 관한 사항

④ 그 밖에 중소기업의 실태를 파악하기 위하여 필요한 사항

정부는 실태조사를 중소기업중앙회, 중소기업 관련 단체 또는 중소기업 관련 기관에 위탁할 수 있다. 실태조사를 통합하여 실시하는 때에는 중소기업자, 중소기업 관련 단체 및 기관, 관계 중앙행정기관, 통계 관련 전문가 등의 의견을 수렴하여 매년 중소기업 실태조사 통합 실시계획을 수립하여 이에 따라 실태조사를 해야 한다.

실태조사 통합 실시계획을 수립할 때에는 다음의 사항을 종합적으로 고려해야 한다.

① 조사의 목적, 성격, 내용, 방식 및 조사 주기 등에 관한 사항

② 조사대상의 공동활용, 조사항목의 단순화, 조사 시기의 단일화, 조사 결과의 대표성·신뢰성 확보, 조사 결과의 공표 등에 관한 사항

③ 조사기획, 표본설계, 결과분석 등에 필요한 인력 및 비용에 관한 사항

④ 조사기관의 지정에 관한 사항

⑤ 그 밖에 조사대상 중소기업의 부담을 줄이기 위한 사항

3.3 중소기업 정책심의회

1. 중소기업 정책심의회

가. 심의회 구성

중소기업 보호·육성과 관련된 주요 정책 및 계획과 그 이행에 관한 사항을 심의·조정하기 위하여 중기부에 중소기업정책심의회(이하 "심의회"라 한다)를 둔다.(기본법 제20조의4)

심의회는 위원장 1명을 포함하여 30명 이내의 위원으로 구성하고 위원장은 중기부장관이 되며, 위원은 다음의 사람이 된다. 2019, 2024 기출

① 기획재정부차관, 과학기술정보통신부차관, 법무부차관, 행정안전부차관, 문화체육관광부차관, 농림축산식품부차관, 산업통상자원부차관, 환경부차관, 고용노동부차관, 여성가족부차관, 국토교통부차관, 해양수산부차관, 공정거래위원회 부위원장 및 금융위원회 부위원장

② 위원장이 안건 심의를 위하여 필요하다고 인정하는 관계 중앙행정기관의 차관 또는 차관급 공무원(위원장이 지정하는 심의 사항에 대해서만 위원의 자격을 가진다.)

③ 중소기업 및 경제·산업 등의 분야에 관한 경험과 전문지식이 풍부한 사람 중에서 중기부장관이 위촉하는 사람

위 ③항에 따라 위촉된 민간위원의 임기는 2년으로 하며, 한 차례만 연임할 수 있다.

나. 중소기업 정책심의회 업무

심의회는 다음의 사항을 심의·조정한다.

① 중소기업 보호·육성을 위한 주요 정책 및 계획의 수립 등 중소기업 정책 운영 전반에 관한 사항

② 둘 이상의 중앙행정기관이 관련된 주요 중소기업 보호·육성 정책에 관한 사항

③ 종합계획의 수립·시행에 관한 사항

학습의 관점에서 ③항 이후의 내용은 인용을 생략한다.

다. 심의회 운영

위원장은 심의회를 대표하며, 심의회의 업무를 총괄한다. 또한 위원장은 심의회의 회의를 소집하고, 그 의장이 된다.

위원장이 부득이한 사유로 직무를 수행할 수 없을 때에는 위원장이 미리 지명한 위원이 그 직무를 대행하며, 위원장이 심의회의 회의를 소집하려는 경우에는 회의 개최일 7일 전까지 회의의 일시·장소 및 심의 안건을 각 위원에게 통지해야 한다. 다만, 긴급한 사정이나 그 밖의 부득이한 사유가 있는 경우에는 그렇지 않다.

심의회의 회의는 재적위원 과반수의 출석으로 개의(開議)하고, 출석위원 과반수의 찬성으로 의결하며 심의회는 회의록을 작성하여 갖추어 두어야 한다. 이를 위해 심의회에 간사 1명을 두며, 간사는 중기부 소속 공무원 중에서 위원장이 지명하는 사람이 된다.

심의회의 회의에 참석한 위원에게는 예산의 범위에서 수당을 지급할 수 있다. 다만, 공무원인 위원이 그 소관 업무와 직접 관련되어 참석하는 경우에는 그렇지 않다.

위에서 규정한 사항 외에 심의회의 운영 등에 필요한 사항은 심의회의 의결을 거쳐 위원장이 정한다.

라. 실무조정회의

심의회에 상정되는 심의·조정 안건의 협의를 효율적으로 지원하기 위하여 실무조정회의를 두며, 실무조정회의는 위원장 1명을 포함하여 20명 이내의 위원으로 구성한다.

실무조정회의 위원장은 중기부 차관이 되고, 위원은 심의회 위원이 소속된 중앙행정기관의 고위공무원단에 속하는 일반직공무원 중에서 해당 기관의 장이 지명하는 사람이 된다.

실무조정회의 위원장은 필요하다고 인정하는 경우 위원이 아닌 중앙행정기관의 고위공무원단에 속하는 일반직공무원을 회의에 출석하여 발언하게 할 수 있으며, 실무조정회의는 다음의 사항을 협의·조정한다.
① 심의회의 안건에 대한 사전 실무 협의 및 조정이 필요한 사항
② 그 밖에 심의회의 위원장이 실무 조정을 요구하는 사항

실무조정회의의 운영에 관하여는 심의회의 운영규정을 준용한다. 이 경우 "심의회"는 "실무조정회의"로, "위원장"은 "실무조정회의 위원장"으로 본다.

마. 전문위원회

실무조정회의는 소관 사항을 전문적으로 검토하기 위하여 분과별 전문위원회를 둘 수 있으며 전문위원회는 각각 위원장 1명을 포함하여 15명 이내의 위원으로 구성한다.

전문위원회의 위원은 다음의 사람이 되며, 전문위원회 위원장은 아래 ①항에 따른 위원 중

에서 호선(互選)한다. *2024 기출*

① 중소기업 관련 전문지식과 경험이 풍부한 사람 중에서 전문 분야와 성별을 고려하여 실무조정회의 위원장이 위촉하는 사람

② 중기부 및 각 전문위원회 운영과 관련된 중앙행정기관 소속의 4급 이상 일반직공무원 중에서 소속 기관의 장이 지명하는 사람

바. 위원의 해촉

중기부장관은 심의회의 민간위원이 다음의 어느 하나에 해당하는 경우에는 해당 위원을 해촉(解囑)할 수 있다.

① 직무와 관련된 비위사실이 있는 경우

② 직무태만, 품위손상이나 그 밖의 사유로 인하여 위원으로 적합하지 않다고 인정되는 경우

③ 심신장애로 인하여 직무를 수행할 수 없게 된 경우

④ 위원 스스로 직무를 수행하는 것이 곤란하다고 의사를 밝히는 경우

실무조정회의 위원장은 위촉한 민간위원이 위 해촉사유의 어느 하나에 해당하는 경우에는 해당 위원을 해촉할 수 있다.(기본령 제10조의11)

지금까지 설명한 심의회, 실무조정회의, 전문위원회 구성을 살펴보면 아래와 같다.

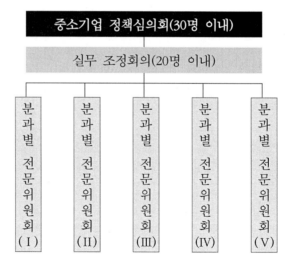

2. 협의 및 조정

중앙행정기관의 장과 지방자치단체의 장은 중소기업 지원사업을 신설하거나 변경할 경우 신설 또는 변경의 타당성, 기존 제도와의 중복성 여부, 수혜자 선정 등 전달체계에 미치는

영향과 운영방안 등에 대하여 대통령령으로 정하는 바에 따라 중기부장관과 협의하여야 한다.(기본법 제20조의5)

위에 따른 협의가 이루어지지 아니한 경우 심의회가 이를 조정하며, 중소기업 지원사업의 신설 또는 변경 협의와 관련하여 필요한 사항은 대통령령으로 정한다.

3.4 중소기업 옴부즈만

1. 임기 및 자격

중소기업 옴부즈만 제도는 미국의 옴부즈만 제도를 참고하여 기본법에 근거를 두고 만들어진 제도이며 "옴부즈만"이란 스웨덴어 ombudsman에서 유래하는데 대리인(agent)·대표자를 의미하고, 영국·미국에서는 민정관·호민관이란 뜻으로도 쓰인다. 그 내용을 보면 정부나 의회에 의해 임명된 관리로서 시민들에 의해 제기된 각종 민원을 해결해주는 사람을 뜻한다.

중소기업에 영향을 주는 기존규제의 정비 및 중소기업 애로사항의 해결을 위하여 중기부장관 소속으로 중소기업 옴부즈만을 둔다.(기본법 제22조 ①항) 2014, 2015, 2017, 2020 기출

가. 옴부즈만의 자격
중소기업 및 규제 분야의 학식과 경험이 많은 자 중에서 위촉하는데 학식과 경험이 많은 자란 아래 요건을 충족하는 자를 말한다.(기본령 제13 제②항) 2013, 2022 기출
① 「정부조직법」에 따른 중앙행정기관의 장, 특별시·광역시·특별자치시·도·특별자치도의 장 또는 이에 상당하는 공무원의 직에 있거나 있었던 사람
② 「고등교육법」 제2조[18](같은 조 제7호는 제외한다)에 따른 학교나 공인된 연구기관에서 부교수 이상의 직 또는 이에 상당하는 직에 있거나 있었던 사람
③ 중소기업의 대표자나 상근 임원의 직에 5년 이상 있거나 있었던 사람
④ 판사, 검사 또는 변호사의 직에 10년 이상 있거나 있었던 사람
⑤ 중소기업 또는 행정규제 관련 단체에서 10년 이상 근무한 경력이 있는 사람
⑥ 그 밖에 중소기업 및 규제분야 학식과 경험이 많다고 중기부장관이 인정하는 사람

---

18) 제2조(학교의 종류) 고등교육을 실시하기 위하여 다음 각 호의 학교를 둔다.
　　1.대학 2.산업대학 3.교육대학 4.전문대학 5.방송대학·통신대학·방송통신대학 및 사이버대학(이하 "원격대학"이라 한다) 6.기술대학 7.각종학교

나. 옴부즈만의 임기와 위촉

옴부즈만의 임기는 3년으로 하되 한 번만 연임할 수 있으며, 국회의원 또는 지방의회의원의 직을 겸할 수 없다.(기본령 제13 제①, ④항) 옴부즈만은 중소기업 및 규제 분야의 학식과 경험이 많은 자 중에서 중기부장관의 추천과「행정규제기본법」제23조에 따른 규제개혁위원회(이하 "규제개혁위원회"라 한다)의 심의를 거쳐 국무총리가 위촉한다(기본법 제22조 제③항) 2014, 2017, 2022, 2024 기출

다. 옴부즈만의 해촉

옴부즈만은 다음의 어느 하나에 해당하는 경우를 제외하고는 그 의사에 반하여 해촉되지 아니한다.(기본령 제13 제③항) 2022 기출

① 금고[19] 이상의 형의 선고를 받은 경우

② 직무수행과 관련하여 금품이나 향응을 받은 사실이 확인된 경우

③ 고의로 업무수행을 게을리 하거나 기피하는 경우 등 그 밖에 직무를 수행하기 어려운 중대한 사유가 발생한 경우

④ 장기간의 심신쇠약으로 직무를 수행할 수 없게 된 경우

2. 옴부즈만의 직무

가. 직무

옴부즈만은 다음의 업무를 독립하여 수행한다.(기본법 제22조 제②항) 2016 기출

① 중소기업에 영향을 미치는 규제의 발굴 및 개선

② 정부 및 지방자치단체,「공공기관의 운영에 관한 법률」제4조에 따른 공공기관, 중소기업정책자금 운용기관(이하 "업무기관"이라 한다)과 관련하여 제기되는 애로사항의 해결

③ 불합리한 규제와 애로사항에 따른 중소기업의 고충처리

학습의 관점에서 ③항 이후의 업무는 인용을 생략한다.

옴부즈만의 업무수행과 관련한 조사 및 의견청취, 법적지위 등에 대하여는「행정규제기본법」제30조 및 제32조를 준용한다. 이 경우 "위원회" 또는 "위원회의 위원"은 "중소기업 옴부즈만"으로 본다.(기본법 제22조 ⑤항)

---

19) 형벌은 경중에 따라 사형, 징역, 금고, 자격상실, 자격정지, 벌금, 구류, 과료, 몰수의 순으로 정해져 있으며 구치소에 구금하는 점에서 징역과 금고는 동일하나 징역은 노역을 강제하고, 금고는 본인의 의사에 반하여 노역에 복무하지 않는다는 점에서 차이가 있다.(형법 제41조)

나. 개선권고

중소기업 옴부즈만은 업무처리 결과에 따라 필요한 경우 업무기관의 장에게 관련 사항의 개선을 권고할 수 있다. 이 경우 업무기관의 장은 권고를 받은 날부터 30일 이내에 이행계획을 중소기업 옴부즈만에게 제출하여야 하며, 그 권고의 내용을 이행하지 아니할 경우에는 그 이유를 통지하여야 한다.(기본법 제22조 ⑥항) 2017, 2021 기출

옴부즈만은 이에 따른 개선 권고에 대한 이행실태를 점검하고, 권고를 받은 업무기관이 정당한 사유 없이 권고를 이행하지 아니하는 경우 그 내용 등을 공표하여야 한다.(기본법 제22조 ⑦항)

다. 직무결과의 공표 및 활동의 보고

옴부즈만은 업무 수행의 내용과 그 처리결과를 공표할 수 있다. 다만, 「공공기관의 정보공개에 관한 법률」 제9조에 따른 비공개 대상에 해당하는 경우에는 그러하지 아니하다. 2022 기출

옴부즈만은 업무에 관한 활동 결과보고서를 작성하여 매년 1월 말까지 규제개혁위원회와 국무회의 및 국회에 보고하여야 한다.(기본법 제22조 ④항, 기본령 제14 제②항) 2017, 2019, 2021, 2024 기출

라. 의견제출 등

중소기업자·이해관계자와 관련 단체의 장은 옴부즈만의 업무와 관련하여 옴부즈만에게 의견을 제출할 수 있다. 이 경우 의견을 제출하는 방법 및 처리절차에 관하여는 「행정규제기본법」 제17조 및 「행정절차법」 제44조를 준용한다.(기본법 제23조 ①항)

의견 제출과 관계된 행정기관은 규제개선 등에 관한 의견을 제출하였다는 이유로 그 의견을 제출한 자에게 불이익을 주거나 차별해서는 안 된다. 옴부즈만은 의견을 제출한 자가 그 의견을 제출하였다는 이유로 관계 행정기관으로부터 불이익이나 차별을 받았다는 내용의 진정 등을 제기한 경우에는 그 진정 등을 제기한 자를 대리하여 국민권익위원회에 고충민원을 신청할 수 있다.(기본법 제23조 ②항, ③항)

적극적인 규제개선을 위한 직무집행으로 인하여 발생한 위법행위 등을 이유로 담당공무원 등을 징계하는 경우 중소기업 옴부즈만은 해당 징계권자에게 그 징계의 감경 또는 면제를 건의할 수 있다.(기본법 제23조 ④항) 2017 기출

3. 행정지원

옴부즈만의 업무처리와 활동을 지원하기 위하여 중기부에 사무기구[20]를 둔다.

중기부장관은 옴부즈만의 활동 지원을 위하여 필요하다고 인정하면 국가기관, 지방자치단체, 「공공기관의 운영에 관한 법률」 제4조에 따른 공공기관 또는 관련 법인·단체에 그 소속 공무원이나 직원의 파견을 요청할 수 있으며, 옴부즈만의 운영에 필요한 행정적·재정적 지원을 할 수 있다.(기본법 제24조)

중기부장관은 옴부즈만의 원활한 업무 수행에 필요하다고 인정하면 그 소속 공무원 또는 파견받은 공무원이나 직원으로 사무처리를 지원하거나, 예산의 범위에서 수당, 여비, 그 밖에 필요한 경비와 사무실 등을 지원할 수 있다.(기본령 제14조 ③항)

4. 전문위원

중기부장관은 옴부즈만의 업무 수행에 필요한 전문적인 조사 및 연구를 지원하기 위하여 학계, 중소기업 관련 기관 및 단체 등의 전문가를 전문위원으로 둘 수 있다. 전문위원은 중기부장관이 중소기업 옴부즈만의 의견을 들어 임명하거나 위촉[21]한다. 전문위원이 업무를 적극적으로 수행하는 데 필요한 수당 및 여비, 연구조사비 등 필요한 경비를 예산의 범위에서 지원할 수 있다.(기본령 제15조)

3.5 전문연구평가기관 등

1. 전문연구평가기관

중기부장관은 중소기업시책의 수립 등에 필요한 조사, 연구 및 평가를 수행하는 전문연구평가기관을 지정하여 운영할 수 있으며 조사와 연구를 수행하는 데에 필요한 경비를 예산의 범위에서 출연하거나 보조할 수 있다.(기본법 제25조)

---

20) 개정 전에는 규제영향평가과 소속의 옴부즈만실로 운영되었으나 개정(2013. 8. 6)을 통해 옴부즈만의 업무처리와 활동을 지원하기 위한 사무기구 설치 근거가 명확해졌고 이후 중기부 차관 직속의 독립 과로 옴부즈만 지원단이 설치 운영되고 있다.

21) 위촉과 임명은 "맡긴다"라는 의미에서는 동일하나 위촉은 본래의 직책이 따로 있는 상태에서 일시적으로 다른 일을 부탁한다는 의미가 강하고, 임명은 정식 직책의 일을 맡긴다는 의미에서 차이가 있다.

가. 지정요건

전문연구평가기관으로 지정받으려는 자는 다음의 요건을 모두 충족해야 한다.

① 법인일 것

② 법인의 주된 설립 목적이 중소기업에 대한 연구를 하는 것으로 정관에 명시돼 있을 것

③ 중소기업 연구 전문인력(박사학위를 취득한 후 ②항에 해당하는 법인에서 상근직으로 5년 이상 중소기업 연구업무에 종사한 경력이 있는 사람)을 15명 이상 보유할 것

④ 중소기업 지원사업 평가 업무를 수행할 수 있는 전담 조직과 인력을 보유할 것

나. 지정신청

전문연구평가기관으로 지정받으려는 자는 다음의 서류를 갖추어 중기부장관에게 제출해야 한다.(기본령 제16조)

① 최근 3년간 중소기업 관련 연구 실적(실적이 있는 경우만 해당한다)

② 중소기업 전문연구인력 보유 현황

③ 그 밖에 중소기업 정책 연구에 필요한 사항

중기부장관은 이에 따른 신청을 받은 경우에는 위의 요건을 모두 갖추었는지를 검토하여 지정 여부를 결정해야 하며, 지정 여부를 결정할 때에는 최근 3년간의 중소기업 관련 연구 및 평가 실적을 고려할 수 있다.(기본령 제16조 ③, ④항)

중기부장관은 전문연구평가기관을 지정한 경우에는 그 사실을 중기부 인터넷 홈페이지에 게시하여야 하며, 전문연구평가기관의 지정기간은 지정된 날부터 3년 이내로 한다.

다. 지정취소

중기부장관은 제1항에 따라 지정한 전문연구평가기관이 다음의 어느 하나에 해당하는 경우 그 지정을 취소할 수 있다. 다만, ①항에 해당하는 경우에는 그 지정을 취소하여야 한다.(기본법 제25조 ③항)

① 거짓이나 그 밖의 부정한 방법으로 전문연구평가기관으로 지정받은 경우

② 지정기준에 적합하지 아니하게 된 경우

중기부장관은 전문연구평가기관이 위 취소사유 ②항에 해당하는 경우에는 30일 이내의 기간을 정하여 위반사항을 시정하도록 할 수 있으며, 이 기간 내에 지정기준을 갖추지 않는 경우에는 전문연구평가기관의 지정을 취소할 수 있다.(기본령 제16조 ⑦, ⑧항)

중기부장관은 전문연구평가기관의 지정을 취소하고자 하는 경우에는 청문을 하여야 하고, 지정이 취소된 전문연구평가기관은 지정이 취소된 날부터 2년 이내에는 지정을 받을 수 없다.(기본법 제25조 ④, ⑤항)

2. 중소벤처기업연구원

가. 연구원 설립

정부는 중소기업·벤처기업 관련 시책의 수립 등에 필요한 조사, 연구, 교육 및 평가를 추진하기 위하여 중소벤처기업연구원(이하 "연구원"이라 한다)을 설립한다. 연구원은 법인으로 하며, 정관으로 정하는 바에 따라 임원과 직원을 둔다.(기본법 제25조의2)

연구원에 대하여 이 법과 「공공기관의 운영에 관한 법률」에서 규정한 것 외에는 「민법」 중 재단법인에 관한 규정을 준용한다.

중기부장관은 연구원의 업무를 지도·감독하며, 이 법에 따른 연구원이 아닌 자는 중소벤처기업연구원 또는 이와 유사한 명칭을 사용하지 못한다.

나. 연구원 업무

연구원은 설립목적을 달성하기 위하여 다음의 사업을 수행한다.
① 중소기업·벤처기업의 육성·발전을 위한 조사, 연구 및 정책 건의
② 중소기업·벤처기업 지원정책의 분석, 평가 및 교육
③ 국내외 연구기관, 국제기구, 민간단체와의 교류 및 연구협력사업
학습의 관점에서 ③항 이후의 사업내용은 생략한다.

정부는 연구원의 운영 등에 필요한 경비를 예산의 범위에서 출연하거나 보조할 수 있다.

3.6 빅데이터 플랫폼

1. 빅데이터 플랫폼 구축 및 운영

중기부장관은 중소기업 지원사업에 대한 중소기업의 신청·접수 현황, 지원이력 등의 자료·정보를 통합 관리하고 중소기업 지원 관련 빅데이터 활용을 활성화하기 위하여 중소기업

지원사업 빅데이터 플랫폼(이하 "빅데이터 플랫폼"이라 한다)을 구축·운영할 수 있다.(기본법 제20조의2) 2015, 2021 기를

가. 자료·정보의 요청

중기부장관은 빅데이터 플랫폼의 구축·운영을 위하여 필요한 경우에는 중앙행정기관의 장, 지방자치단체의 장 또는 종합신용정보집중기관 등 관련 기관·단체의 장(이하 "중앙행정기관의 장 등"이라 한다)에게 다음에 해당하는 자료·정보의 제공을 요청하고 제공받은 목적의 범위에서 그 자료·정보를 보유·이용할 수 있다. 2020 기를

① 중소기업자 확인을 위한 주민등록번호

② 「신용정보의 이용 및 보호에 관한 법률」에 따른 신용정보

③ 중소기업시책에 참여하는 기업의 지원효과 분석을 위한 과세정보로서 당사자의 동의를 받은 다음의 정보 : 국세청장

　㉠ 기업의 소재지, 업종, 개업일·휴업일·폐업일

　㉡ 자산총액, 부채총액, 납입자본금, 매출액, 영업이익, 당기순이익

　㉢ 현금영수증가맹점별 현금영수증 결제금액, 신용카드 가맹점별 신용카드 결제금액

　㉣ 전자계산서 발급액, 전자세금계산서 발급액 및 전자지급거래액

　㉤ 신성장·원천기술연구개발비 및 일반연구·인력개발비

④ 중소기업시책에 참여하는 기업의 지원효과 분석을 위한 「관세법」에 따른 과세정보 중 당사자의 동의를 받은 정보로서 신고한 수출 물품의 품명, 품목 번호, 총 신고가격, 목적지, 신고일 : 관세청장

⑤ 중소기업시책에 참여하는 기업의 지원효과 분석을 위한 고용정보로서 다음의 정보 : 고용노동부장관

　㉠ 「고용보험법」 제2조제1호에 따른 피보험자 수

　㉡ 중소기업시책에 참여하는 기업에 종사하는 전체 근로자 등에 대하여 「고용보험 및 산업재해보상보험의 보험료징수 등에 관한 법률」 제16조의3제2항에 따라 산정된 월평균보수를 합산한 금액

⑥ 중소기업 지원사업에 대한 자료·정보를 통합 관리하기 위한 재정정보로서 다음의 정보

　㉠ 「국가재정법」에 따라 공개하는 중앙관서의 세출예산 운용상황 및 기금관리주체의 기금 운용상황 : 각 중앙관서의 장 및 기금관리주체

　㉡ 「지방재정법」에 따라 공시하는 세출예산 운용상황 : 각 지방자치단체의 장

⑦ 중소기업시책에 참여하는 기업의 지원효과 분석을 위하여 법령 등에 의한 해당 기업의 인증·확인 정보

⑧ 그 밖에 중기부장관이 빅데이터 플랫폼의 구축 · 운영을 위하여 필요하다고 인정하는
   자료 · 정보

위에 따라 자료 · 정보의 제공을 요청받은 중앙행정기관의 장 등은 특별한 사유가 없는 한
이에 협조하여야 한다.(기본법 제20조의2 ③항, 기본령 제10조의3 ③항)

중기부장관은 제공받는 자료 또는 정보의 최신성과 정확성 유지를 위하여 필요한 의견을
해당 중앙행정기관의 장 등에게 제출할 수 있다.(기본령 제10조의3 ④항)

중기부장관은 중소기업 지원사업을 수행하는 중앙행정기관의 장 등에게 빅데이터 플랫폼
의 자료 · 정보(과세정보와 관세정보에 해당하는 자료 · 정보는 제외한다)를 제공할 수 있다.
(기본법 제20조의2 ④항, 기본령 제10조의3 ⑤항)

중기부장관은 빅데이터 플랫폼을 통하여 통합 관리하고 있는 중소기업 지원이력에 관한
자료 · 정보를 통계적 목적 또는 정책수립을 위하여 관련 기관 또는 단체에 제공할 수 있다.
이 경우 그 사용 목적에 맞는 범위에서 개별 기업의 정보를 직접적 또는 간접적 방법으로
확인할 수 없는 상태로 가공하여 제공하여야 한다.(기본법 제20조의2 ⑤항)

중기부장관은 빅데이터 플랫폼의 구축 · 운영을 위해 보유 · 이용하는 자료 · 정보의 보호를
위하여 필요한 시책을 마련하여야 한다.(기본법 제20조의2 ⑥항)

나. 빅데이터 플랫폼의 수행업무

중기부장관이 빅데이터 플랫폼을 통하여 수행하는 업무는 다음과 같다.

① 중소기업 지원사업 관련 정보의 제공

② 중소기업 지원사업의 신청 · 접수 현황 및 지원 이력의 관리

③ 중소기업 지원사업의 진행 현황의 관리

④ 중소기업 지원사업 관련 통계의 생성 및 관리

⑤ 그 밖에 중소기업 지원사업의 효율적인 수행을 위하여 필요한 업무

중기부장관은 빅데이터 플랫폼을 통하여 관리하게 되는 중소기업 지원사업의 범위를 매년
3월 31일까지 중소기업 지원사업을 수행하는 관계 중앙행정기관의 장 및 지방자치단체의 장
과 협의하여 정한다.(기본령 제 10조의3 ②항)

종합계획	3년마다 수립 · 시행	중기부장관 수립 → 국무회의 심의
육성계획 수립지침	매년 12월 31일까지	중기부장관 작성 → 관계중앙행정기관 통보
육성계획·예산	매년 1월 31일까지	관계중앙행정기관 → 중기부장관에 제출
육성계획·예산	매년 3월 31일까지	정부 → 국회에 제출
전년 실적·성과	매년 7월 31일까지	관계중앙행정기관 → 중기부장관에 제출
연차보고	정기국회 전	중기부장관 → 국회에 제출
옴부즈만 활동결과	매년 1월 31일까지	옴부즈만 → 규제개혁위, 국무회의, 국회
빅데이터 플랫폼 지원사업 범위 협의	매년 3월 31일까지	지원사업 시행 기관장 ↔ 중기부장관 협의

2. 빅데이터 플랫폼 전담기구의 지정 및 운영

중기부장관은 빅데이터 플랫폼의 구축 · 운영을 위하여 전담기구를 설치 · 운영할 수 있다.
(기본법 제20조의2 ⑦항)

가. 운영기관 요건

중기부장관은 다음의 요건을 모두 갖춘 자를 빅데이터 플랫폼을 운영하는 자(이하 "운영기관"이라 한다)로 지정할 수 있다.

① 인적요건 : 다음에 해당하는 사람을 각각 1명 이상 보유할 것

　　㉠ 중소기업 연구 전문인력

　　㉡ 정보시스템의 개발, 관리 및 운영 업무에 3년 이상 종사한 경력이 있는 사람

② 물적요건 : 정보시스템의 운영, 통계 분석 및 정보보안과 관련하여 중기부장관이 정하는 기준에 맞는 설비를 갖출 것

※ 중소기업 연구 전문인력이란 박사학위를 취득한 후 법인의 주된 설립 목적이 중소기업에 대한 연구를 하는 것으로 정관에 명시되어 있는 법인에서 상근직으로 5년 이상 중소기업 연구업무에 종사한 경력이 있는 사람을 말하며 이는 전문연구평가기관의 전문인력 요건과 동일하다.

전문연구평가기관	운영기관
① 법인일 것 ② 법인의 주된 설립 목적이 중소기업에 대한 연구를 하는 것으로 정관에 명시되어 있을 것 ③ 중소기업 연구 전문인력 15명 이상 보유 ④ 중소기업 지원사업 평가 업무를 수행할 수 있는 전담 조직과 인력을 보유할 것	■인적요건 ① 중소기업 연구 전문인력 1명 이상 ② 정보시스템의 개발 · 관리 · 운영 업무에 3년 이상 종사한 경력이 있는 사람 1명 이상 ■물적요건 정보시스템 운영 · 통계 분석 · 정보보안 관련 중기부장관 정하는 기준에 맞는 설비

나. 운영기관의 업무

운영기관으로 지정받은 자는 다음의 업무를 수행한다.(기본령 제10조의4 ②항)

① 통합관리시스템의 기능 개선 및 관리

② 통합관리시스템에 수집된 자료 또는 정보의 관리 및 제공

③ 중소기업 지원사업의 운영에 필요한 정보 및 통계자료의 생산 및 분석

④ 그 밖에 통합관리시스템의 유지 및 관리를 위하여 필요하다고 중기부장관이 인정하는 업무

중기부장관은 운영기관의 운영에 필요한 비용의 전부 또는 일부를 지원할 수 있으며, 운영 기관의 요건과 업무 외에 운영기관의 지정 및 감독 등에 관한 세부적인 사항은 중기부장관이 정하여 고시한다.(기본령 제10조의4 ③, ④항)

3. 중소기업 지원사업 분석 및 효율화

중기부장관은 빅데이터 플랫폼을 통하여 관리하는 중소기업 지원사업에 대한 현황조사, 분석 · 평가 및 효율화(이하 "효율화"라 한다)를 위하여 다음의 사항을 추진하여야 한다.

① 중소기업 지원사업의 범위, 분류, 분석 및 평가기준의 마련

② 중소기업 지원사업 간 역할 분담 및 연계성 강화

③ 중소기업 지원사업에 대한 현황조사 및 분석 · 평가

학습의 관점에서 ③항 이후의 내용은 생략한다.

중기부장관은 효율화를 위하여 빅데이터 플랫폼의 자료 · 정보를 최대한 활용하고, 필요한 경우 중앙행정기관의 장들에게 관련 자료 · 정보의 제공을 요청할 수 있다. 이 경우 중앙행정 기관의 장 등은 특별한 사유가 없으면 이에 협조하여야 한다.(기본법 제20조의3 ②항)

중기부장관은 효율화 방안을 심의회의 심의를 거쳐 확정하며, 중앙행정기관의 장 등은 그 방안을 중소기업 지원사업에 반영하여야 한다.(기본법 제20조의3 ③항)

중기부장관은 중소기업 지원사업 효율화 방안을 수립한 경우 지체 없이 중앙행정기관의 장등에게 통보해야 한다.(기본령 제10조의5)

3.7 기타 시책

기본법에는 중소기업 관련 준거법답게 중소기업 관련 시책에 관한 사항을 포괄적으로 규정하고 있다. 이에 따라 이들 각각에 대한 세부 규정으로 여러 법령이 입법화 되었으므로 본서에서는 각 규정에 대한 해설은 생략하고 법조문을 인용함으로써 편의를 제공할 뿐이다. 다만, 출제경향에 따르면 기본법 상에 규정된 지원시책을 묻고 있으므로 마냥 생략할 대상은 아니다. 이하의 번호는 기본법 상의 조문번호를 말한다. 2018 기출

제4조의2(중소기업 보호 · 육성 업무의 총괄 · 조정) 중기부장관은 정부 및 지방자치단체가 행하는 중소기업 보호 및 육성에 관한 업무를 총괄 · 조정한다.

제4조의3(다른 법률과의 관계) 중소기업 보호 · 육성에 관한 다른 법률을 제정하거나 개정할 때에는 이 법의 목적에 맞도록 하여야 한다.

제5조(창업 촉진과 기업가정신의 확산) ① 정부는 중소기업의 설립을 촉진하고 중소기업을 설립한 자가 그 기업을 성장 · 발전시킬 수 있도록 필요한 시책을 실시해야 한다. ② 정부는 중소기업자나 창업을 준비하는 자가 건전한 기업가정신과 자긍심을 가질 수 있도록 필요한 시책을 실시해야 한다.
  ▸ 이에 관한 세부 규정은 창업법에서 구체화되나 해당 법률은 지도사 시험범위가 아니다.

제6조(경영 합리화와 기술 향상) ①정부는 중소기업 경영 관리의 합리화와 기술 및 품질의 향상을 위하여 경영 및 기술의 지도 · 연수, 기술 개발의 촉진 및 표준화 등 필요한 시책을 실시해야 한다. ②정부는 중소기업의 생산성을 향상시키기 위하여 생산 시설의 현대화와 정보화의 촉진 등 필요한 시책을 실시해야 한다.
  ▸ 이에 관한 세부 규정은 진흥법 및 기술법에서 구체화된다.

제7조(판로 확보) ①정부는 정부, 지방자치단체, 공공단체 및 정부투자기관 등이 물품 또는 용역을 조달(調達)할 때에는 중소기업자의 수주(受注) 기회를 증대시키기 위하여 필요한 시책을 실시해야 한다. ②정부는 중소기업 제품의 판로(販路) 확대를 위하여 유통 구조의 현대화와 유통 사업의 협동화 등 유통의 효율화에 필요한 시책을 실시해야 한다.
  ▸ 이에 관한 세부 규정은 주로 진흥법에서 구체화 되나 다른 법률에서도 폭넓게 규정되어 있다.

제8조(중소기업 사이의 협력) 정부는 중소기업의 집단화 및 협동화 등 중소기업 사이의 협력에 필요한 시책을 실시해야 한다.
  ▸ 이에 관한 세부 규정은 진흥법에서 구체화된다.

제9조(기업 구조의 전환) 정부는 중소기업의 구조를 고도화하기 위하여 중소기업의 법인 전환, 사업 전환이나 중소기업 사이의 합병 등을 원활히 할 수 있도록 필요한 시책을 실시해야 한다.
  ▸ 이에 관한 세부 규정은 전환법에서 구체화된다.

제10조(공정경쟁 및 동반성장의 촉진) 정부는 중소기업이 중소기업이 아닌 기업 등 다른 기업과의 공정경쟁과 협력 및 동반성장을 촉진할 수 있도록 필요한 시책을 실시해야 한다.
  ▸ 이 규정은 2011년 7월 25일 개정으로 반영된 항목이며 최근의 화두인 동반성장에 대한 사항을 선언적으로 언급하고 있는 것이며, 구체적인 사항은 대·중소기업 상생협력 촉진에 관한 법률에서 구체화되나 해당 법률은 지도사 시험범위가 아니다.

제11조(사업 영역의 보호) 정부는 중소기업자의 사업 영역이 중소기업 규모로 경영하는 것이 적정한 분야에서 원활히 확보될 수 있도록 필요한 시책을 실시해야 한다.

제12조(공제제도의 확립) 정부는 중소기업자가 서로 도와 도산을 막고 공동 구매 및 판매 사업 등의 기반을 조성할 수 있도록 하기 위한 공제(共濟)제도의 확립에 필요한 시책을 실시해야 한다.

제13조(중소기업자의 조직화) 정부는 중소기업자가 서로 도와 그 사업의 성장·발전과 경제적 지위의 향상을 기할 수 있도록 중소기업협동조합 등 단체의 조직 촉진과 그 운영의 합리화에 필요한 시책을 실시해야 한다.
  ▸ 이에 관한 세부 규정은 주로 중소기업협동조합법에서 구체화된다.

제14조(국제화의 촉진) ①정부는 중소기업의 국제화를 촉진하기 위하여 중소기업의 수출입 진흥과 외국 기업과의 협력 증진 등 필요한 시책을 실시해야 한다. ②정부는 중소기업이 국내외 경제 환경의 변화에 능동적으로 대응할 수 있도록 중소기업에 대한 정보 제공 등 필요한 시책을 실시해야 한다.
  ▸ 이에 관한 세부 규정은 진흥법에서 구체화된다.

제15조(인력 확보의 지원) 정부는 중소기업이 필요한 인력을 원활히 확보할 수 있도록 인력 양성과 공급, 근로환경 개선과 복지수준 향상, 중소기업에 대한 인식개선 등 필요한 시책을 실시해야 한다.

▶ 이에 관한 세부 규정은 인력법에서 구체화된다.

제16조(소기업 대책) 정부는 소기업에 대하여 그 경영의 개선과 발전을 위하여 필요한 시책을 실시해야 한다.

▶ 이에 관한 세부 규정은 진흥법의 "소기업에 대한 지원"에서 구체화된다.

제17조(지방 소재 중소기업 등의 육성) 정부는 지방에 있는 중소기업을 육성하고, 청년·여성·장애인의 중소기업 활동을 촉진하기 위하여 필요한 시책을 실시하여야 한다.

제18조(법제 및 재정 조치) 정부는 중소기업시책을 실시하기 위하여 필요한 법제 및 재정(財政) 조치를 취해야 한다.

제18조의2(중소기업 육성을 위한 지원과 투자) ① 정부는 중소기업을 육성하는 데에 필요한 재원을 지속적이고 안정적으로 확보하여야 한다. ② 정부는 중소기업 육성을 위한 지원과 투자를 지속적으로 확대하도록 노력하여야 한다.

제19조(금융 및 세제 조치) ①정부는 중소기업자에 대한 자금 공급을 원활히 하기 위하여 재정 및 금융자금 공급의 적정화(適正化)와 신용보증제도의 확립 등 필요한 시책을 실시해야 한다. ②정부는 중소기업시책을 효율적으로 실시하기 위하여 조세에 관한 법률에서 정하는 바에 따라 세제상의 지원을 할 수 있다.

제4절   보 칙

1. 중소기업 확인방법	4. 중소기업 주간
2. 중소기업 확인자료 제출	5. 과태료
3. 규제의 재검토	

1. 중소기업 확인방법

중기부장관은 중소기업 해당 여부를 확인하기 위하여 필요하다고 인정하면 그 확인에 관한 사항을 따로 정하여 고시할 수 있다.(기본령 제10조)

2. 중소기업 확인자료 제출 2016 기출

중소기업시책에 참여하려는 중소기업자는 중소기업자에 해당하는지를 확인할 수 있는 자료를 중소기업시책을 실시하는 중앙행정기관 및 지방자치단체에 제출해야 하며, 중기부장관이 필요하다고 인정하는 경우에는 금융위원회, 국세청 등 관계 중앙행정기관 및 지방자치단체, 공공단체 등에 대하여 그 확인에 필요한 자료의 제출을 요청할 수 있다.

중기부장관은 이에 따라 국세청장에게 과세정보의 제출을 요청할 경우에는 다음의 사항을 명시하여 문서로 해야 한다. 2013, 2016, 2020 기출
① 상시근로자수
② 매출액
③ 납입자본금, 자본잉여금
④ 자기자본(자산총액-부채총액)
⑤ 자산총액
⑥ 주주현황 및 다른 법인에 대한 출자현황
자료의 제출을 요청받은 자는 특별한 사유가 없으면 그 요청에 따라야 한다.

3. 규제의 재검토

중기부장관은 중소기업 유예 제외 사유에 대하여 2014년 1월 1일을 기준으로 5년마다(매 5년이 되는 해의 1월 1일 전까지를 말한다) 그 타당성을 검토하여 개선 등의 조치를 하여야 한다.(기본령 제17조의2)

4. 중소기업 주간

중소기업자의 자긍심을 고양하고 국민경제에서의 역할과 중요성에 대한 인식을 높이기 위하여 매년 5월의 셋째 주를 중소기업 주간(週間)으로 하며 중소기업 주간에는 다음의 행사를 할 수 있다.(기본법 제26조, 기본령 제17조 ①항)
① 중소기업 유공자 표창
② 중소기업 관련 기념행사
③ 그 밖에 중소기업 진흥에 관한 행사

중기부장관은 필요한 경우 예산의 범위에서 위에 따른 행사를 지원할 수 있다.(기본령 제 17조 ②, ③항)

5. 과태료

가. 500만 원 이하의 과태료
중소기업자가 아닌 자가 중소기업에 해당하는지를 확인할 수 있는 자료를 거짓으로 제출하여 중소기업시책에 참여한 자에게는 500만 원 이하의 과태료를 부과하며, 과태료는 중소기업시책실시기관의 장이 부과·징수한다. 2016 기출

나. 100만 원 이하의 과태료
중소벤처기업연구원 또는 이와 유사한 명칭을 사용한 자에게는 100만 원 이하의 과태료를 부과하며, 과태료는 중기부장관이 부과·징수한다. 2016, 2023 기출

위반행위 횟수에 따른 과태료 차등 부과 기준이 기본령 별표-4에 규정돼 있으나 이의 인용은 생략한다.

기출 및 연습문제

01 중소기업기본법령상 용어와 그 뜻의 연결이 옳지 않은 것은? 2022 기출

① 유한회사의 임원 – 이사(사외이사를 포함)

② 법인인 기업의 합병일 또는 분할일 – 합병 또는 분할로 설립된 법인의 설립등기일이나 합병 또는 분할 후 존속하는 법인의 변경등기일

③ 주식등 – 주식회사의 경우에는 발행주식(의결권이 없는 주식은 제외) 총수, 주식회사외의 기업인 경우에는 출자총액

④ 법인인 기업의 창업일 – 법인설립등기일

⑤ 친족 – 배우자(사실상 혼인관계에 있는 자를 포함), 6촌 이내의 혈족 및 4촌 이내의 인척

해설 ① 사외이사는 제외한다.

02 중소기업기본법 시행령 별표1의 "업종별 평균매출액 등의 규모기준"에 대한 설명으로 옳은 것은?

① 농업은 평균매출액 등이 1,500억 원 이하일 것

② 음식점업은 평균매출액 등이 1,000억 원 이하일 것

③ 정보통신업은 평균매출액 등이 800억 원 이하일 것

④ 창고업은 평균매출액 등이 600억 원 이하일 것

⑤ 도매업은 평균매출액 등이 400억 원 이하일 것

해설 ③ 시행령 별표1의 내용 중 제조업 외의 대분류 업종을 기준으로 정리하면 다음과 같다.

해당 업종	평균매출액 등
건설업·광업	1,000억 원 이하
농업, 임업 및 어업	
도매 및 소매업	
전기, 가스, 증기 및 공기조절 공급업 / 수도업	
운수 및 창고업	800억 원 이하
수도, 하수 및 폐기물 처리, 원료재생업(수도업 제외)	
정보통신업	
전문, 과학 및 기술 서비스업	600억 원 이하
사업시설관리, 사업지원 및 임대 서비스업(임대업 제외)	
보건업 및 사회복지 서비스업	
예술, 스포츠 및 여가관련 서비스업	
수리 및 기타 개인 서비스업	
숙박 및 음식점업 / 교육 서비스업	400억 원 이하
부동산업 / 임대업 / 금융 및 보험업	

03 중소기업기본법에 따른 소기업에 해당하는 기업은?

① 공기조절 공급업을 영위하는 기업으로서 평균매출액이 150억 원인 기업

② 정보통신업을 영위하는 기업으로서 평균매출액이 120억 원인 기업

③ 임업을 영위하는 기업으로서 평균매출액이 100억 원인 기업

④ 여가관련 서비스업을 영위하는 기업으로서 평균매출액이 80억 원인 기업

⑤ 소매업을 영위하는 기업으로서 평균매출액이 50억 원인 기업

해설 ⑤ 대분류 업종을 기준으로 시행령 별표3의 "소기업 규모기준"을 정리하면 다음과 같다.

해당 업종	평균매출액 등
전기, 가스, 증기 및 및 공기조절 공급업(수도업 포함)	120억 원 이하
건설업 / 광업	80억 원 이하
농업, 임업 및 어업	
운수 및 창고업 / 금융 및 보험업	
도매 및 소매업	50억 원 이하
정보통신업	
전문 · 과학 및 기술 서비스업	30억 원 이하
사업시설관리, 사업지원 및 임대서비스업(임대업 포함)	
예술, 스포츠 및 여가 관련 서비스업	
수도, 하수 · 폐기물 처리 및 원료재생업(수도업 제외)	
부동산업	
숙박 및 음식점업	10억 원 이하
보건업 및 사회복지 서비스업 / 교육 서비스업	
수리(修理) 및 기타 개인 서비스업	

04 중소기업기본법 상 평균매출액 등의 산정기준에 대한 설명으로 옳지 않은 것은?

① 직전 3개 사업연도의 총 사업기간이 36개월인 경우에는 직전 3개 사업연도의 총매출액을 3으로 나눈 금액

② 직전 사업연도 말일 현재 총 사업기간이 12개월 이상이면서 36개월 미만인 경우(직전 사업연도에 창업한 경우로서 창업일부터 12개월 이상이 지난 경우는 제외한다)에는 사업기간이 12개월인 사업연도의 총매출액을 사업기간이 12개월인 사업연도 수로 나눈 금액

③ 창업일부터 12개월 이상이 지난 경우(직전 사업연도에 창업한 경우를 포함한다)에는 산정일이 속하는 달의 직전 달부터 역산하여 12개월이 되는 달까지의 기간의 월 매출액을 합한 금액

④ 창업일부터 12개월이 되지 아니한 경우에는 창업일이 속하는 달부터 산정일이 속하는 달의 직전 달까지의 기간의 매월 매출액을 합하여 해당 월수로 나눈 금액에 12를 곱한 금액

⑤ 산정일이 창업일이 속하는 달의 다음 달에 포함되는 경우에는 창업일부터 산정일까지 기간의 매출액을 합한 금액을 해당 일수로 나눈 금액에 365를 곱한 금액

해설 ④ 창업일이 속하는 달의 다음 달부터 산정일이 속하는 달의 전달까지의 매출액을 합산하여 해당 월수로 나눈 금액에 12를 곱한 금액.

05 중소기업기본법상 중소벤처기업부장관이 중소기업시책에 참여하려는 중소기업자에 해당하는 지를 확인하기 위하여 국세청장에게 과세정보의 제출을 요청할 경우 그 요청 서면의 명시 사항이 아닌 것은? 2022 기출

① 상시근로자 수
② 매출액
③ 주요 거래처
④ 자산총액
⑤ 주주현황 및 다른 법인에 대한 출자현황

해설 ③ 주요 거래처는 국세청장에 요청할 수 있는 자료의 종류가 아니다.

06 중소기업기본법령상 중소기업 옴부즈만에 관한 설명으로 옳은 것은? 2022 기출

① 중소기업 옴부즈만의 임기는 3년으로 하되, 두 번까지 연임할 수 있다.
② 중소벤처기업부장관은 중소기업 옴부즈만에 대하여 사무 처리나 필요한 경비를 지원할 수 없다.
③ 중소기업 옴부즈만은 장기간의 심신쇠약으로 직무를 수행할 수 없게 된 경우에도 그 의사에 반하여 해촉될 수 없다.
④ 중소기업 옴부즈만은 업무 수행의 내용과 그 처리결과를 공표할 수 있지만, 「공공기관의정보공개에 관한 법률」에 따른 비공개 대상에 해당하는 경우에는 그러하지 아니하다.
⑤ 중소기업 옴부즈만은 지방의회의원의 직을 겸할 수 있다.

해설 ④
① 한 번만 연임할 수 있다.
② 필요 경비와 사무실 등을 지원할 수 있다.
③ 해촉사유에 해당한다.
⑤ 옴부즈만은 국회의원 또는 지방의회의원의 직을 겸할 수 없다.

07 중소기업기본법에 대한 설명으로 옳지 않은 것은?

① 중소기업 보호·육성과 관련된 주요 정책 및 계획과 그 이행에 관한 사항을 심의·조정하기 위하여 중소벤처기업부에 중소기업정책심의회(이하 "심의회"라 한다)를 둔다.
② 심의회는 위원장 1명을 포함하여 20명 이내의 위원으로 구성한다.
③ 중앙행정기관의 장과 지방자치단체의 장은 중소기업 지원사업을 변경할 경우 신변경의 타당성, 기존 제도와의 중복성 여부, 수혜자 선정 등 전달체계에 미치는 영향과 운영방안 등에 대하여 중기부장관과 협의하여야 한다. 단, 협의가 이루어지지 아니한 경우 심의회가 이를 조정한다.
④ 심의회에 상정되는 안건의 협의를 효율적으로 지원하기 위하여 실무조정회의를 둔다.
⑤ 실무조정회의는 소관 사항을 전문적으로 검토하기 위하여 분과별 전문위원회를 둘 수 있다.

해설 ② 심의회는 위원장 1명을 포함하여 30명 이내의 위원으로 구성된다.

08 중소기업기본법상 중소기업자가 아닌 자로서 중소기업 확인자료를 거짓으로 제출하여 중소기업시책에 참여한 자에게 부과하는 벌칙으로 옳은 것은? 2016 기출

① 500만원 이하의 과태료
② 1천만원 이하의 과태료
③ 500만원 이하의 벌금
④ 1천만원 이하의 벌금
⑤ 1천만원 이하의 과징금

> 해설 ① 500만원 이하의 과태료를 부과한다.

정답

01 ①	02 ③	03 ⑤	04 ④	05 ③
06 ④	07 ②	08 ①		

제2장 # 벤처기업 육성에 관한 특별법

<table>
<tr><td>

1.1 목적과 정의
　　1. 목적
　　2. 용어의 정의
1.2 벤처기업
　　1. 적용 제외업종
　　2. 벤처기업 요건
　　3. 벤처기업 확인과 취소
　　4. 소셜벤처기업

</td><td>

1.3 벤처기업 육성 추진체계 구축
　　1. 육성계획
　　2. 실태조사
　　3. 종합관리시스템 구축·운영
　　4. 벤처기업 성장촉진 지원사업
　　5. 벤처기업지원 전문기관

</td></tr>
</table>

벤처법은 지난 1997년에 10년 한시법으로 제정 된 뒤 2007년과 2017년에 각각 10년간 추가연장 되어 2027년까지 존속하게 됐으나 결국 2024년 1월 9일 개정을 통해 기존의 「벤처기업육성에 관한 특별조치법」을 「벤처기업육성에 관한 특별법」으로 제명을 변경함과 아울러 유효기간을 삭제함으로써 지속하게 되었다.

1.1 목적과 정의

1. 목적

이 법은 기존 기업의 벤처기업으로의 전환과 벤처기업의 창업을 촉진하여 우리 산업의 구조조정을 원활히 하고 경쟁력을 높이는 데에 기여하는 것을 목적으로 한다.

2. 용어의 정의

가. "투자"란?

"투자"란 투자법 제2조제1호에 따른 투자[1]를 말한다. 2014, 2016, 2019 기출

나. "전략적제휴"란?

벤처기업이 생산성 향상과 경쟁력 강화 등을 목적으로 기술·시설·정보·인력 또는 자본 등의 분야에서 다른 기업의 주주 또는 다른 벤처기업과 협력관계를 형성하는 것을 말한다. *2015, 2016, 2019 기출*

다. "신기술창업전문회사"란?

대학이나 연구기관이 보유하고 있는 기술의 사업화와 이를 통한 창업 촉진을 주된 업무로 하는 회사로서 벤처법 제11조의2에 따라 등록된 회사를 말한다. *2016 기출*

라. "신기술창업집적지역"이란?

대학이나 연구기관이 보유하고 있는 교지나 부지로서 창업기업과 벤처기업 등에 사업화 공간을 제공하기 위하여 벤처법 제17조의2에 따라 지정된 지역을 말한다.

마. "벤처기업육성촉진지구"란?

벤처기업의 밀집도가 다른 지역보다 높은 지역으로 집단화·협업화(協業化)를 통한 벤처기업의 영업활동을 활성화하기 위하여 벤처법 제18조의4에 따라 지정된 지역을 말한다.

바. "벤처기업집적시설"이란?

벤처기업 및 대통령령으로 정하는 지원시설을 집중적으로 입주하게 함으로써 벤처기업의 영업활동을 활성화하기 위하여 벤처법 제18조에 따라 지정된 건축물을 말한다.

사. "실험실공장"이란?

벤처기업의 창업을 촉진하기 위하여 대학이나 연구기관이 보유하고 있는 연구시설에 「산업집적활성화 및 공장설립에 관한 법률」 제28조에 따른 도시형공장에 해당하는 업종의 생산시설을 갖춘 사업장을 말한다.

아. "소셜벤처기업"이란?

사회적 가치와 경제적 가치를 통합적으로 추구하는 기업으로서 제16조의10제1항에 따른 요건을 갖춘 기업을 말한다.

---

1) 본서 제3장 투자법 용어의 정의 편을 참고하기 바란다.

1.2 벤처기업

벤처기업의 기본요건은 기본법 제2조에 따른 "중소기업"이어야 한다. 이를 기본 요건으로 하고 벤처기업 유형에 따라 개별 요건이 적용된다.

벤처기업은 그 유형에 따라 각기 벤처기업 요건을 달리하고 있으므로 유형별로 요건을 정리하는 것이 학습에 효율적이다. 과거 벤처기업을 연구개발유형, 벤처투자유형, 기술평가 보증·대출유형으로 구분했으나 2020년 2월 11일 개정으로 기존 기술평가 보증·대출유형이 삭제되고 벤처기업 확인기관으로부터 기술혁신성과 사업의 성장성이 우수한 것으로 평가받은 기업이 새로이 벤처기업으로 확인받을 수 있게 되었다. 이하 각 유형별 구체적인 요건을 살펴본다.

1. 적용 제외업종

과거 "벤처기업에 포함되지 않는 업종"은 주거용 건물 임대업, 이용업 등 총 23개 업종으로 정하고 있었으나, 정보통신기술의 발전과 융합으로 고객 맞춤형 서비스 기술의 적용이 다양한 업종에서 가능해짐에 따라 앞으로는 주점업, 기타 사행시설 관리 및 운영업 등 유흥 또는 사행성 관련 업종을 제외한 모든 업종을 벤처기업에 포함하도록 개정[2])되었다.(벤처법 제3조, 벤처령 별표-1) 2016, 2017, 2023 기출

벤처법 제외업종	투자법 제외업종	한국표준산업분류 업종코드
1. 일반 유흥 주점업	좌동	56211
2. 무도 유흥 주점업	좌동	56212
3. 기타 주점업	×	56219
4. 블록체인 기반 암호화 자산 매매 및 중개업	×	63999-1
5. 기타 사행시설 관리 및 운영업	좌동	91249
6. 무도장 운영업	×	91291

2. 벤처기업 요건

(1) 벤처투자 유형

① 아래의 벤처투자기관으로부터의 투자금액 합계가 5천만 원 이상일 것
② 자본금 대비 투자금액 합계의 비율이 10% 이상일 것
　　단, 「문화산업진흥기본법」 제2조제12호[3])에 따른 법인인 제작자인 경우 7%

---

2) 2018. 5. 29 벤처령 별표1 개정

③ 벤처기업확인기관으로부터 위의 요건을 갖춘 것으로 평가받은 기업일 것

➥ 벤처투자기관

벤처투자회사, 벤처투자조합, 한국벤처투자, 신기술사업금융업자, 신기술사업투자조합, 신기술창업전문회사, 개인투자조합, 창업기획자(액셀러레이터), 산학연협력기술지주회사

중소벤처기업진흥공단, 기술보증기금, 신용보증기금, 한국산업은행, 중소기업은행, 「은행법」 제2조제1항제2호에 따른 은행, 기관전용 사모집합투자기구, 공공연구기관첨단기술지주회사, 농식품투자조합

「자본시장과 금융투자업에 관한 법률」 제117조의10에 따라 온라인소액투자중개의 방법으로 모집하는 해당 기업의 지분증권에 투자하는 자, 전문성과 국제적 신인도 등에 관하여 중기부장관이 정하여 고시하는 기준을 갖춘 외국투자회사(벤처령 제2조의3 ②항)

(2) 연구개발 유형

① 다음의 어느 하나에 해당하는 연구조직을 갖출 것
  ㉠ 「기초연구진흥 및 기술개발지원에 관한 법률」에 따라 인정받은 기업부설연구소 또는 연구개발전담부서
  ㉡ 「문화산업진흥 기본법」에 따라 인정받은 기업부설창작연구소 또는 기업창작전담부서
② 연간 연구개발비가 5천만 원 이상일 것
③ 연간 총매출액에 대한 연구개발비의 합계 비율이 5% 이상으로서 중기부장관이 고시하는 업종별 비율 이상일 것
④ 벤처기업확인기관으로부터 성장성이 우수한 것으로 평가받을 것. 성장성 평가기준은 제품 및 서비스의 경쟁력, 시장의 크기 및 전망 등으로 하되, 구체적인 평가기준과 평가방법은 중기부장관이 정하여 고시한다.

단, 창업 후 3년이 지나지 아니한 기업에 대하여는 위 ③항의 연구개발비 비율을 적용하지 않는다.

연구개발비와 총매출액은 아래의 적용기준에 따라 산정한다.(벤처령 제2조의3 ⑥항)
① 벤처기업에 해당하는지에 관하여 확인을 요청한 경우에는 그 요청한 날이 속하는 분기의 직전 4개 분기의 연구개발비와 총매출액
② 벤처기업 확인을 취소하는 경우에는 벤처기업확인기관의 장이 벤처기업으로 하여금 자

---

3) 제2조(정의) 12. "제작자"란 문화상품을 제작하는 개인·법인·투자조합 등을 말한다.

료를 제출하게 한 날이 속하는 분기의 직전 4개 분기의 연구개발비와 총매출액

(3) 혁신성장 유형

벤처기업확인기관으로부터 기술의 혁신성과 사업의 성장성이 우수한 것으로 평가받은 기업(창업 중인 기업을 포함한다)

기술의 혁신성과 사업의 성장성 평가기준은 기술의 우수성, 제품 및 서비스의 경쟁력, 시장의 크기 및 전망 등으로 하되, 구체적인 평가기준과 평가방법은 중기부장관이 정하여 고시한다.(벤처령 제2조의3 ⑪항)

벤처기업 유형별 요건을 정리하면 다음과 같다.

벤처기업 유형	요 건
벤처투자 유형	① 투자금액 합계가 5천만 원 이상일 것 ② 자본금 대비 투자금액 합계의 비율이 10% 이상일 것(문화콘텐트 제작자는 7%)
연구개발 유형	① 기업부설연구소(연구개발전담부서, 기업부설창작연구소, 기업창작전담부서 포함) 보유 ② 연간 연구개발비가 5천만 원 이상일 것 ③ 연간 연구개발비가 총매출액의 5% 이상일 것 단, 창업 후 3년이 지나지 않은 기업은 비율요건 제외 ④ 성장성 평가 우수
기술혁신 유형	① 벤처기업 확인기관으로부터 기술의 혁신성과 사업의 성장성이 우수한 것으로 평가받을 것

참고사항 유형별 벤처기업 등록 현황

2024년 12월 현재 벤처기업으로 등록된 사업체 수는 총 40,081개 사이며 유형별로는 벤처투자(17.3%), 연구개발(17.3%), 혁신성장(64.8%), 예비벤처(0.7%)의 분포를 보이고 있다.

3. 벤처기업 확인과 취소

벤처법을 통해 막대한 인적·물적 지원을 받기 위해서는 벤처기업 요건을 갖추어야 함은 물론 이를 벤처법에서 정하는 기관(벤처기업 확인기관)으로부터 벤처기업임을 확인 받아야 3년의 유효기간 동안 벤처기업의 지위를 갖게 된다. 이때 벤처기업 확인기관의 장은 확인에 소요되는 비용을 벤처기업 확인을 요청하려는 자에게 부담하게 할 수 있다. 이 경우 비용의 산정 및 납부에 필요한 사항은 중기부장관이 정하여 고시[4]한다. *2022 개*

---

4) 벤처기업확인요령(중소벤처기업부고시 제2024-19호) 제22조(벤처확인 수수료) ① 신청기업은 벤처기업 확인 및 평가에 소요되는 수수료를 납부하여야 한다. 수수료의 금액(70만원 이내 범위에서 정한다), 납부 방법 및 절차 그 밖에 세부사항은 세부지침으로 정한다.

(1) 벤처기업 확인기관

가. 지정

중기부장관은 벤처기업 확인 업무의 효율적인 수행을 위하여 다음에서 정하는 요건을 갖춘 기관 또는 단체를 벤처기업확인기관(이하 "확인기관"이라 한다)으로 지정할 수 있다.

① 「민법」에 따른 비영리법인일 것

② 벤처기업 지원을 전담하는 조직을 갖추고 최근 3년 이상 계속하여 벤처기업 지원 관련 업무를 수행하였을 것

③ 상시근로자를 20명 이상 보유할 것. 이 경우 투자심사업무 등의 경력[5]을 합산한 경력이 10년 이상인 전문인력을 5명 이상 포함해야 한다.

확인기관으로 지정[6]받으려는 자는 중기부령[7]으로 정하는 바에 따라 중기부장관에게 신청하여야 한다.(벤처법 제25조의3 ②항)

나. 벤처기업 확인위원회

확인기관은 다음의 사항을 공정하고 객관적으로 심의하기 위하여 민간 전문가 등으로 구성된 벤처기업확인위원회(이하 "위원회"라 한다)를 둔다.

① 벤처기업 해당 여부 확인

② 벤처기업 확인 취소

③ 그 밖에 벤처기업 확인 및 확인 취소에 필요한 사항

위원회는 위원장을 포함한 50명 이내의 위원으로 구성하며, 위원 7명 이상의 출석으로 개의하고 출석위원의 3분의 2 이상의 찬성으로 의결한다.

위원장은 위원회를 대표하고 위원회의 업무를 총괄하며, 위원회의 위원은 벤처기업 관련 기술·사업 등의 분야에 관한 학식과 경험이 풍부한 자 중에서 확인기관의 장이 위촉한다.

확인기관의 장은 위원회의 위원이 다음의 어느 하나에 해당하는 경우에는 해당 위원을 해촉할 수 있다.(벤처칙 제12조)

① 직무와 관련된 비위사실이 있는 경우

② 직무태만, 품위손상이나 그 밖의 사유로 인하여 위원으로 적합하지 않다고 인정되는 경우

③ 심신장애로 인하여 직무를 수행할 수 없게 된 경우

---

5) 벤처투자회사, 한국벤처투자, 신기술사업금융업자, 벤처투자조합, 신기술사업투자조합 등의 기관 또는 단체에서 투자심사업무에 종사한 경력 또는 벤처기업이나 창업자의 발굴·육성·투자·보육 등을 주업무로 하는 기업·기관·단체에서 벤처기업이나 창업자 지원 업무에 종사한 경력을 말하는데 조문의 인용은 생략한다.

6) 23년 6월 (사)벤처기업협회가 확인기관으로 재지정되어 해당업무를 수행하고 있다.

7) 벤처칙(시행규칙) 제9조(벤처기업확인기관의 지정 등)에 규정되어 있으나 조문의 인용은 생략한다.

④ 제척사유에 해당함에도 불구하고 회피하지 않은 경우

기타 위원회의 구성 및 운영에 필요한 사항은 중기부령[8]으로 정한다.

다. 확인기관 지정 취소

중기부장관은 확인기관이 다음의 어느 하나에 해당하는 경우에는 확인기관의 지정을 취소하거나 3개월 이내의 범위에서 기간을 정하여 시정하도록 명령할 수 있으며, 이를 이행하지 않은 경우 6개월 이내의 범위에서 기간을 정하여 업무의 전부 또는 일부를 정지할 수 있다. 단, 제 ①항에 해당하는 경우에는 지정을 취소해야 한다.

① 거짓이나 그 밖의 부정한 방법으로 지정을 받은 경우
② 지정요건을 갖추지 못하게 된 경우
③ 지정받은 사항을 위반하여 업무를 수행한 경우

중기부장관은 확인기관의 지정을 취소하려면 청문을 실시해야 하며, 지정이 취소된 확인기관은 그 취소일부터 3년간 확인기관 지정을 신청할 수 없다.

확인기관의 지정, 시정명령, 업무정지 및 지정취소의 절차·방법에 관하여 필요한 사항은 중기부령[9]으로 정한다.

(2) 벤처기업 확인

가. 벤처기업 확인 및 확인서 유효기간

벤처기업으로서 이 법에 따른 지원을 받으려는 기업은 벤처기업 해당 여부에 관하여 확인기관의 장에게 확인을 요청할 수 있다.(벤처법 제25조)

확인기관의 장은 벤처기업 확인 요청을 받은 날부터 중기부령[10]으로 정하는 기간 내에 위원회의 심의를 거쳐 벤처기업 해당 여부를 확인하고 그 결과를 요청인에게 알려야 한다. 이 경우 그 기업이 벤처기업에 해당될 때에는 벤처기업확인서를 발급하여야 하며 벤처기업확인서의 유효기간은 확인일부터 3년으로 한다. 2017, 2022, 2023 기출

나. 벤처기업 정보공개

확인기관의 장은 벤처기업 확인의 투명성을 확보하기 위하여 다음의 정보를 종합관리시스

---

8) 벤처칙(시행규칙) 제10조(벤처기업확인위원회의 구성 및 운영 등), 제11조(위원의 제척·기피·회피), 제12조(위원의 해촉)에서 규정되고 있으나 조문의 인용은 생략한다.
9) 벤처칙(시행규칙) 제9조(벤처기업확인기관의 지정 등)에 규정되어 있으나 조문의 인용은 생략한다.
10) 제8조(벤처기업 해당 여부의 확인 절차) 제2항 벤처투자 유형에 해당하는 경우 30일, 기타 유형에 해당하는 경우 45일

템을 통해 공개할 수 있다.(벤처령 제18조의5 ①항)

① 일반정보: 상호, 업종, 등기부상의 법인등록번호, 주소, 전화번호, 주요 제품 및 그 변경
사항

② 재무정보: 대차대조표와 손익계산서

③ 투자 관련 정보: 벤처투자기업의 경우 투자받은 금액, 투자시기 및 그 변경사항

④ 벤처기업확인서: 발급일, 유효기간 및 그 변경사항

위 항에 대한 공개의 구체적인 방법은 중기부장관이 정하여 고시하되, 다음의 정보는 공개
해서는 안 된다.(벤처법 제25조 ③항, 벤처령 제18조의5 ②항) 2022 기출

① 「부정경쟁방지 및 영업비밀보호에 관한 법률」 제2조제2호에 따른 영업비밀

② 대표자의 주민등록번호 등 개인에 관한 사항

(3) 벤처기업 확인의 취소

확인기관의 장은 벤처기업이 다음의 어느 하나에 해당하면 위원회의 심의를 거쳐 그 확인
을 취소할 수 있다. 단, ①항에 해당하는 경우에는 확인을 취소해야 한다.(벤처법 제25조의2)

① 거짓이나 그 밖의 부정한 방법으로 벤처기업임을 확인받은 경우

② 벤처기업 요건을 갖추지 않게 된 경우

③ 휴업·폐업 또는 파산 등으로 6개월 동안 기업활동을 하지 않는 경우

④ 대표자·최대주주 또는 최대출자사원 등이 기업재산을 유용(流用)하거나 은닉하는 등
기업경영과 관련하여 주주·사원 또는 이해관계인에게 피해를 입힌 경우로서 중기부장
관의 허가를 받아 설립된, 벤처기업을 구성원으로 하는 비영리법인이 벤처기업확인기관
의 장에게 벤처기업의 확인 취소를 요청하는 경우[11]

확인기관의 장은 위에 따라 벤처기업의 확인을 취소하려면 청문을 실시해야 한다.

(4) 벤처기업 확인결과 통지에 관한 이의신청 특례

벤처기업 확인 결과를 통지받은 자가 그 결과에 불복하는 경우에는 통지받은 날부터 30일
이내에 확인기관의 장에게 문서로 이의신청을 할 수 있다. 2022 기출

벤처기업확인기관의 장은 이의신청을 받은 날부터 30일(다만, 신청인이 벤처투자유형에 해

---

11) 비영리 사단·재단법인은 민법 제32조에 따라 주무관청의 허가를 얻어 설립된다. 이에 따라 벤처기업을
구성원으로 하여 설립된 "(사)벤처기업협회"가 벤처확인기관에 취소 요청하는 경우를 상정할 수 있다.

당하는 기업인 경우에는 20일을 말한다) 이내에 이의신청에 대한 심의 결과를 신청인에게 통지하여야 한다. 다만, 부득이한 사유로 정해진 기간 이내에 통지하기 어려운 경우에는 그 기간을 만료일 다음 날부터 기산하여 15일 이내의 범위에서 한 차례 연장할 수 있다.(벤처법 제25조의5 ②항)

벤처기업의 확인이나 확인의 취소에 대하여는「행정심판법」에 따른 행정심판을 청구할 수 있다. 이 경우 벤처기업의 확인·확인 취소에 대한 감독행정기관은 중기부장관으로 한다.(벤처법 제30조의3) *2022 기출*

(4) 공무원의제

벤처기업의 확인 및 확인의 취소 업무에 종사하는 벤처기업 확인기관의 임직원은「형법」 제129조부터 제132조까지의 규정을 적용할 때에는 공무원으로 본다.

다음의 어느 하나에 해당하는 자는「형법」제129조부터 제132조까지의 규정을 적용할 때에는 공무원으로 본다.(벤처법 제30조의2)
① 벤처기업의 확인 및 확인의 취소 업무에 종사하는 확인기관의 임직원
② 벤처기업확인위원회의 위원

4. 소셜 벤처기업

소셜벤처기업은 2021년 4월 20일 개정으로 신설된 규정이며 벤처기업 중 아래의 요건을 충족하는 기업을 소셜벤처기업이라 한다.

가. 요건
소셜벤처기업은 사회성, 혁신성장성 등 아래에서 정하는 요건을 갖추어야 한다.
① 기업이 추구하는 사회적 가치가 구체적이고 실현가능성이 있을 것
② 기업이 보유한 기술의 혁신성과 시장 전망 등에 따른 사업의 성장성이 충분할 것
③ 그 밖에 소셜벤처기업이 갖추어야 할 기업의 사회성 또는 혁신성장성과 관련된 것으로서 중기부장관이 정하여 고시하는 요건을 갖출 것

소셜벤처기업의 요건에 관한 구체적인 내용은 중기부장관이 정하여 고시[12]한다.

---

12) 소셜벤처기업 지원제도 운영요령(중소벤처기업부고시 제2024-57호)

나. 지원

중기부장관은 소셜벤처기업에 다음의 지원을 할 수 있다.

① 소셜벤처기업에 대한 기술보증 및 투자

② 소셜벤처기업 예비창업기업 또는 창업기업의 발굴·육성

③ 그 밖에 소셜벤처기업 활성화를 위하여 필요한 사항

중기부장관은 소셜벤처기업을 체계적으로 육성하고 지원하기 위하여 실태조사를 실시할 수 있다. 이 경우 실태조사를 위한 관계 중앙행정기관의 장 등에 대한 자료의 제출이나 의견의 진술 요청 등에 관하여는 실태조사 관련 규정을 준용한다.(벤처법 제16조의10)

1.3 벤처기업 육성 추진체계 구축

1. 육성계획

중기부장관은 벤처기업을 육성하기 위하여 3년마다 벤처기업 육성계획(이하 "육성계획"이라 한다)을 관계 중앙행정기관의 장과 협의를 거쳐 수립·시행하여야 하며, 육성계획에는 다음의 사항이 포함되어야 한다.(벤처법 제3조의2 ①항) 2018, 2019 기출

① 벤처기업의 육성을 위한 정책의 기본방향

② 벤처기업의 창업지원에 관한 사항

③ 벤처기업 육성을 위한 기반조성에 관한 사항

학습의 관점에서 ③항 이후의 사업내용은 생략한다.

중기부장관은 육성계획의 수립과 시행을 위하여 필요한 경우에는 관계 중앙행정기관의 장과 벤처기업 육성에 관련된 기관 또는 단체 대표자 등에 대하여 자료의 제출이나 의견의 진술을 요청할 수 있다. 이 경우 요청을 받은 관계 중앙행정기관의 장 등은 특별한 사정이 없으면 요청에 따라야 한다.(벤처법 제3조의2 ②항)

2. 실태조사 2018 기출

중기부장관은 벤처기업을 체계적으로 육성하고 육성계획을 효율적으로 수립·추진하기 위하여 매년 벤처기업의 활동현황 및 실태 등에 대한 조사를 하고 그 결과를 공표하여야 한다.

중기부장관은 실태조사를 하기 위하여 필요한 경우에는 관계 중앙행정기관의 장, 지방자치
단체의 장, 「공공기관의 운영에 관한 법률」에 따른 공공기관의 장, 벤처기업 대표자 또는 관
련 단체 대표자 등에 대하여 자료의 제출이나 의견의 진술 등을 요청할 수 있다. 이 경우
요청을 받은 관계 중앙행정기관의 장 등은 특별한 사정이 없으면 요청에 따라야 한다.

3. 종합관리시스템 구축 · 운영

중기부장관은 벤처기업 관련 정보를 종합적으로 관리하고 벤처기업 간의 협력기반을 구축
하여 벤처기업 활동에 유용한 정보를 제공하기 위하여 종합관리시스템을 구축 · 운영할 수
있다.(벤처법 제3조의4) 2018 개별

중기부장관은 종합관리시스템의 구축 · 운영을 위하여 필요한 경우 다음의 자료 또는 정보
의 제공을 다음의 구분에 따른 자에게 요청할 수 있다. 이 경우 요청을 받은 자는 특별한
사유가 없으면 그 요청에 따라야 한다.(벤처법 제3조의4 ②항)
   ① 국세청장 : 「국세기본법」에 따른 과세정보로서 당사자의 동의를 받은 다음의 정보
      ㉠ 개업일, 휴업일 및 폐업일
      ㉡ 벤처투자유형의 경우 : 자본금
      ㉢ 연구개발유형의 경우 : 연간 총매출액, 해당 연도에 발생한 신성장 · 원천기술 연구
         개발비 및 일반연구 · 인력개발비
   ② 고용노동부장관 : 「고용보험법」제2조 제1호[13])에 따른 피보험자 수
   ③ 관계 중앙행정기관 장, 지방자치단체 장, 공공기관 장 : 벤처기업의 창업 및 성장 촉진
      을 위해 수행하는 정책 또는 사업에 관한 자료 또는 정보
      ㉠ 해당 정책 또는 사업의 규모
      ㉡ 해당 정책 또는 사업의 지원대상 및 지원내용

4. 벤처기업 성장촉진 지원사업

중기부장관은 벤처기업의 혁신과 성장을 촉진하기 위하여 다음의 사항에 관한 사업을 추진
하거나 필요한 시책을 수립 · 시행할 수 있다.(벤처법 제3조의5)

---

13) 1. "피보험자"란 다음 각 목에 해당하는 사람을 말한다.
  가. 「고용보험 및 산업재해보상보험의 보험료징수 등에 관한 법률」(이하 "보험료징수법"이라 한다) 제5조제
    1항 · 제2항, 제6조제1항, 제8조제1항 · 제2항에 따라 보험에 가입되거나 가입된 것으로 보는 근로자
  나. 보험료징수법 제49조의2제1항 · 제2항에 따라 고용보험에 가입하거나 가입된 것으로 보는 자영업자(이하
    "자영업자인 피보험자"라 한다)

① 벤처기업의 발굴·육성 및 그에 대한 지원

② 벤처기업의 기술혁신과 사업화 촉진 지원

③ 벤처기업의 판로개척 및 해외진출 지원

학습의 관점에서 ③항 이후의 사업내용은 생략한다.

5. 벤처기업지원 전문기관

중기부장관은 벤처기업 성장촉진 지원사업 및 소셜벤처기업 지원사업을 효율적으로 지원하기 위하여 전문인력 및 전담조직 등 다음에서 정하는 기준을 갖춘 기관을 벤처기업지원전문기관(이하 "전문기관"이라 한다)으로 지정할 수 있다.(벤처법 제3조의6, 벤처령 제2조의7 ①, ②항)

(1) 전문기관 지정

가. 기관요건
① 공공기관

② 정부출연연구기관

③ 기타 성장촉진 지원사업, 소셜벤처기업 지원사업을 수행하는 기관·단체 또는 법인

나. 조직요건
① 벤처기업이나 창업자 지원 업무에 종사한 경력이 있는 전문인력을 10명 이상 보유하고 있을 것

② 지원사업을 수행할 수 있는 전담조직을 보유할 것

③ 지원사업 수행에 필요한 전용 업무공간과 시설을 갖추고 있을 것

전문기관으로 지정받으려는 자는 중기부령으로 정하는 지정신청서를 중기부장관에게 제출해야 하며, 중기부장관은 지정된 전문기관의 명단을 종합관리시스템에 게시하여야 한다.

중기부장관은 지정된 전문기관이 업무를 수행하는 데에 필요한 경비를 예산의 범위에서 지원할 수 있으며, 이에 따른 지원을 받은 전문기관은 별도의 계정을 설정하여 관리하여야 한다.(벤처법 제3조의6 ②, ③항)

전문기관은 해당 연도의 사업계획 및 전년도의 추진실적을 매년 1월 31일까지 중기부장관

에게 보고해야 한다.

(2) 지정 취소

중기부장관은 전문기관이 다음의 어느 하나에 해당하는 경우에는 그 지정을 취소하거나 6개월 이내의 기간을 정하여 업무의 전부 또는 일부의 정지를 명할 수 있다. 다만, ①항에 해당하면 그 지정을 취소하여야 한다.(벤처법 제3조의6 ④항)

① 거짓이나 그 밖의 부정한 방법으로 지정을 받은 경우

② 지정기준에 적합하지 아니하게 된 경우

③ 지정받은 사항을 위반하여 업무를 행한 경우

제2절 자금공급 원활화

2.1 신기술창업전문회사
  1. 등록요건
  2. 등록 · 변경등록 및 등록의 취소
  3. 전문회사 업무와 행위제한
  4. 전문회사 특례

2.2 기타 지원 사업
  1. 우선적 신용보증
  2. 기금의 우선지원
  3. 지식재산권 출자 특례
  4. 외국인 주식취득 제한 특례
  5. 벤처기업인 유한회사 특례
  6. 조세특례

2.1 신기술창업전문회사

신기술창업전문회사(이하 전문회사)는 대학이나 연구소가 보유한 기술을 활용하여 직접 영리활동을 할 수 있는 회사를 설립하고 지원하기위해 마련된 규정이다. 이를 통해 대학 · 연구소는 출자(현금) 및 보유기술의 현물출자를 통해 영리기업을 설립할 수 있다.

1. 등록요건

대학이나 연구기관이 전문회사를 설립하여 등록신청을 하는 경우 중기부장관은 아래의 (1) 물적요건과 (2) 인적요건을 충족하지 못하는 경우를 제외하고는 등록을 해 주어야 한다.

(1) 인적요건

가. 전문인력 요건

전문회사는 아래의 어느 하나에 해당하는 1명 이상의 상근(常勤) 전문인력을 확보해야 한다. 2015 기출

경영분야	기술분야
① 등록한 경영지도사 ② 변호사 · 공인회계사 ③ 경영학 분야의 박사학위 소지자 ④ 대학 또는 전문대학에서 경영학 분야를 강의하는 조교수 이상의 교원	① 등록한 기술지도사 ② 변리사 ③ 자연과학 분야의 박사학위 소지자 ④ 대학 또는 전문대학에서 자연과학 분야를 강의하는 조교수 이상의 교원 ⑤ 다음의 연구기관에서 5년 이상 연구를 한 경력이 있는 자 　　㉠ 국 · 공립 연구기관 　　㉡ 과학기술분야 정부출연연구기관 중 기초기술분야, 산업기술 분야의 정부출연연구기관 　　㉢ 특정연구기관
⑤ ①호부터 ④호까지에 정한 자와 동등한 경력이 있다고 중기부장관이 인정하는 자	⑥ ①호부터 ⑤호까지에 정한 자와 동등한 경력이 있다고 중기부장관이 인정하는 자

다. 임원 결격 사유

전문회사 임원은 다음 각 항목의 어느 하나에 해당하지 않아야 한다.

① 피성년후견인 또는 피한정후견인

② 파산선고를 받고 복권되지 아니한 사람

③ 금고 이상의 실형을 선고받고 그 집행이 끝나거나(끝난 것으로 보는 경우를 포함한다) 집행을 받지 아니하기로 확정된 후 5년이 지나지 아니한 사람

④ 금고 이상의 형의 집행유예를 선고받고 그 유예기간이 끝난 날부터 2년이 지나지 아니한 사람

⑤ 금고 이상의 형의 선고유예를 받고 그 유예기간 중에 있는 사람

⑥ 법원의 판결 또는 다른 법률에 따라 자격이 상실되거나 정지된 사람

(2) 물적요건 2019, 2024 기출

가. 전문회사를 설립할 수 있는 대학 및 연구소 2013, 2018, 2019, 2020, 2023 기출

① 대학(산학협력단을 포함한다)

② 국공립연구기관

③ 정부출연연구기관[14]

---

14) 2024년 12월 현재 벤처법 상에는 단순히 "정부출연연구기관"으로만 규정하고 있어 이것이 「과학기술분야 정부출연연구기관 등의 설립 · 운영 및 육성에 관한 법률」 및 「정부출연연구기관 등의 설립 · 운영 및 육성에 관한 법률」에 따른 연구기관을 모두 포함하는지 모호하다. 다만, 정부출연연구기관을 두 법률에 따른 연구기관 모두를 포괄하는 것으로 해석하는 것이 타당할 것이며 중기부의 견해 또한 이와 같다. 향후 벤처법 개정에 반영되어 보다 명확히 표현되어질 필요가 있다.

④ 전문생산기술연구소

⑤ 민법상 비영리법인으로서 과학 또는 산업기술 분야 연구기관

나. 기타요건

① 「상법」에 따른 주식회사일 것

② 전문회사의 업무를 수행하기 위한 독립된 전용공간을 갖추고 있을 것

전용공간에 대해서는 현재 업무공간이 몇㎡ 이상 되어야 한다는 규정은 없다.

2. 등록 · 변경등록 및 등록의 취소

(1) 등록 · 변경등록

전문회사를 설립하는 경우 대학 또는 연구기관은 중기부령(제4조의2)으로 정하는 등록신청서에 다음의 서류를 첨부하여 중기부장관에게 제출하여 등록해야 하며, 변경하는 경우에도 또한 같다.(벤처법 제11조의2 ②항, 벤처령 제4조의2 ②, ③항) 2024 기출

① 정관

② 사업계획서(출자비율, 출자내용, 보유인력 및 보유시설에 관한 사항을 포함한다)

③ 임원의 이력서

전문회사는 다음의 사항이 변경된 날부터 7일 이내에 중기부령으로 정하는 변경등록신청서에 변경된 사실을 증명하는 서류를 첨부하여 중기부장관에게 제출해야 한다.(벤처령 제4조의2 ③항)

① 상호 · 임원 · 본점의 소재지

② 보유인력

③ 보유시설

④ 의결권 있는 발행주식총수의 30% 이상을 소유한 주주

(2) 등록 취소

중기부장관은 전문회사가 다음의 어느 하나에 해당하면 그 등록을 취소할 수 있다. 단, ①항에 해당하는 경우에는 그 등록을 취소해야 한다. 2019 기출

① 거짓이나 그 밖의 부정한 방법으로 등록한 경우

② 등록요건을 충족하지 못하게 된 경우. 단, 임원결격 사유에 해당하게 된 임원을 그 사유가 발생한 날부터 3개월 이내에 그 사유를 해소한 경우는 제외한다.

③ 행위제한 규정 위반

3. 전문회사의 업무와 행위제한

(1) 전문회사 업무

전문회사는 다음의 업무를 영위한다.(벤처법 제11조의2 ④항)

① 대학·연구기관 또는 전문회사가 보유한 기술의 사업화

② 전문회사가 보유한 기술의 산업체 등으로의 이전

③ 대학·연구기관이 보유한 기술의 산업체 등으로의 이전 알선

④ ①항에 따른 기술사업화를 위한 자회사 설립. 단, 대학은 자회사를 설립할 수 없다.

⑤ 창업보육센터의 설립·운영

⑥ 대학·연구기관의 교원·연구원 등이 설립한 회사에 대한 경영·기술 지원

⑦ 벤처투자조합, 신기술사업투자조합 또는 개인투자조합에 대한 출자

⑧ 개인투자조합 재산의 운용

⑨ ①항부터 ⑧항까지의 규정에 부수되는 사업으로 중기부장관이 정하는 사업

대학이나 연구기관은 해당 기관이 설립한 전문회사의 발행주식총수의 10% 이상을 보유해야 하며, 전문회사를 설립할 때나 그 전문회사가 신주(新株)를 발행할 때 지식재산권 등(특허권·실용신안권·디자인권·저작권, 그 밖에 이에 준하는 기술과 그 사용에 관한 권리)의 현물이나 현금으로 출자할 수 있다. 단, 대학이 현금만을 출자하여 전문회사를 설립할 경우에는 전문회사에 보유기술을 이전해야 한다.(벤처법 제11조의3 ①, ②항) 2019, 2024 기출

전문회사는 그 사업을 수행하기 위하여 필요하면 정부, 정부가 설치하는 기금, 국내외 금융기관, 외국정부 또는 국제기구로부터 자금을 차입할 수 있다.(벤처법 제11조의3 ③항) 2024 기출

전문회사는 주주총회의 특별결의15)에 의해서만 자회사를 설립할 수 있다.

(2) 전문회사 행위제한 등

전문회사는 다음의 어느 하나에 해당하는 행위를 해서는 안 된다.(벤처법 제11조의6 ①항)

---

15) 보통결의와 대비되는 개념으로 정관변경 등 특히 중요한 사항에 대해 주주총회에 출석한 주주 의결권의 3분의 2 이상의 수와 발행주식총수의 3분의 1 이상의 수가 찬성하는 주주총회의 결의를 말한다.(상법 434조)

① 「유사수신행위의 규제에 관한 법률」 제3조를 위반하여 출자자나 투자자 모집 행위

② 해당 전문회사가 설립한 자회사와의 채무보증·담보제공 행위 단, 인수·합병 등 정당한 목적이 있는 거래행위는 제외한다. *2017, 2020 기출*

③ 그 밖에 설립목적을 해치는 것으로서 대통령령으로 정하는 행위[16]

대학이나 연구기관은 전문회사에 대한 투자나 출자로 발생한 배당금·수익금과 잉여금을 대학이나 연구기관의 고유목적사업이나 연구개발 및 산학협력 활동 등 다음에 정하는 용도로 사용해야 한다.(벤처법 제11조의6 ③항, 벤처령 제4조의3 ②항)

① 대학이나 연구기관의 고유목적사업

② 연구개발 및 산학협력 활동에 필요한 경비

③ 해당 전문회사에 대한 재투자

④ 기술개발과 사업화에 이바지한 인력과 부서에 대한 보상금

4. 전문회사 특례

가. 교육공무원 등의 휴직 특례

대학이나 연구기관의 교원·연구원 또는 직원이 전문회사의 대표나 임직원으로 근무하기 위하여 휴직할 수 있다.(벤처법 제11조의5 ①항, 벤처법 제16조)

이에 따른 휴직 기간은 5년(창업 준비기간 6개월을 포함한다) 이내로 하되, 소속 기관의 장이 필요하다고 인정하면 1년 이내에서 휴직 기간을 연장할 수 있다. 이 경우 대학교원의 휴직 기간은 「교육공무원법」 제45조제2항[17]에도 불구하고 임용기간 중의 잔여기간을 초과할 수 있다.(벤처법 제16조 ②항)

위에 따라 대학의 교원이나 공공연구기관의 연구원이 6개월 이상 휴직하는 경우에는 휴직일부터 그 대학이나 공공연구기관에 그 휴직자의 수에 해당하는 교원이나 연구원의 정원이 따로 있는 것으로 본다.(벤처법 제16조 ③항)

교원이나 공공연구기관의 연구원 등이 휴직한 후 복직하는 경우 해당 소속 기관의 장은 그 휴직으로 인하여 신분 및 급여상의 불이익을 주어서는 아니 된다.

※ 이 규정은 비단 전문회사에만 적용되는 규정이 아니다. 벤처법 제16조의 교육공무원 등에 관한 규정을

---

16) 2024년 12월 현재 이에 대해 시행령에 별도의 규정은 없다.

17) 「교육공무원법」 제45조 ②항: 대학에 근무하는 교원인 경우에 제1항의 휴직기간은 임용기간 중의 남은 기간을 초과할 수 없다.

전문회사가 준용하고 있는 것이며, 인력법에도 동일한 규정이 있는 만큼 휴직사유와 겸임·겸직 사유는 물론 이 규정이 적용되는 대상기관 또한 미세하지만 모두 다르다. 이에 대한 비교는 "3.3 교육공무원 등 특례" 부분에서 상세히 언급한다.

나. 교원·연구원 등의 겸임·겸직 특례

교육공무원 등 - 전문회사 설립 가능한 대학·연구기관의 교원·연구원 또는 직원 -은 그 소속 기관의 장의 허가를 받아 전문회사의 대표자나 임직원을 겸임·겸직할 수 있다.

다만, 다음의 어느 하나에 해당하는 경우에는 겸임·겸직할 수 없다.
① 전공, 보유기술 및 직무경험 등과 무관한 분야에 겸임·겸직하고자 하는 경우
② 공무원으로서 직무상의 능률을 저해할 우려가 있는 경우

다. 지식재산권 현물출자 평가 특례

대학이나 연구기관이 전문회사에 현물을 출자할 경우 지식재산권 등(특허권·실용신안권·디자인권·저작권, 그 밖에 이에 준하는 기술과 그 사용에 관한 권리)에 대한 가격의 평가와 감정은 벤처법 제6조 ②항[18]을 준용한다. (벤처법 제11조의5 ②항)

라. 산업재산권 사용특례

대학이나 연구기관은 공공기술을 이용하려는 기업에 균등한 기회를 보장해야 한다는 규정에도 불구[19]하고 전문회사에 대하여 특허권, 실용신안권, 디자인권, 그 밖에 이에 준하는 기술과 그에 사용하는 권리(이하 "산업재산권 등"이라 한다)의 이용을 허락할 때 전용실시권을 부여할 수 있다.(벤처법 제11조의5 ④항)

벤처법에서 언급하는 지식재산권과 산업재산권의 범위는 다르다.

지식재산권	특허권·실용신안권·디자인권·저작권, 그 밖에 이에 준하는 기술과 그 사용에 관한 권리
산업재산권	특허권, 실용신안권, 디자인권,　　　　　그 밖에 이에 준하는 기술과 그에 사용하는 권리

마. 공익법인 연구기관 특례

「공익법인의 설립·운영에 관한 법률」에 따른 공익법인인 연구기관이 전문회사를 등록한 경우에는 30일 이내에 주무관청에 신고해야 한다. 신고를 한 경우에는 같은 법 제4조제3항에 따른 주무관청의 승인을 받은 것으로 본다.(벤처법 제11조의5 ③항)

---

18) 벤처법 제6조 ②항: 대통령령으로 정하는 기술평가기관이 지식재산권 등의 가격을 평가한 경우 그 평가 내용은 「상법」 제299조의2와 제422조에 따라 공인된 감정인이 감정한 것으로 본다.
19) 「기술의 이전 및 사업화 촉진에 관한 법률」 제24조 ④항 및 ⑤

2.2 기타 지원 사업

1. 우선적 신용보증

기술보증기금은 벤처기업과 신기술창업 전문회사에 우선적으로 신용보증 해야 한다.

2. 기금의 우선지원

중소기업 창업 및 진흥기금을 관리하는 자는 전문회사에 우선적으로 지원할 수 있다.

3. 지식재산권 출자 특례

벤처기업에 대한 현물출자 대상에는 특허권 · 실용신안권 · 디자인권 · 저작권, 그 밖에 이에 준하는 기술과 그 사용에 관한 권리(이하 "지식재산권등"이라 한다)를 포함한다. 2019, 2023 기출

다음의 기술평가기관[20]이 산업재산권 등의 가격을 평가한 경우 「상법」[21]에 따라 공인된 감정인이 감정한 것으로 본다.(벤처법 제6조) 2013, 2017, 2018 기출
　① 한국산업기술진흥원, 한국산업기술기획평가원
　② 한국과학기술연구원, 한국과학기술정보연구원
　③ 정보통신산업진흥원
　④ 국가기술표준원
　⑤ 한국환경공단(환경기술에 대한 기술평가만 해당한다)
　⑥ 기술보증기금
　⑦ 기타 지식재산권 등의 가격 평가에 필요한 전문인력을 갖춘 기관 또는 단체로서 중기부
　　장관이 정하여 고시하는 기관 또는 단체

4. 외국인 주식취득 제한 특례

외국인(대한민국에 6개월 이상 주소나 거소를 두지 않은 개인을 말한다) 또는 외국정부 · 외국지자체 · 외국공공단체(이하 외국법인 등)에 의한 벤처기업의 주식 취득 시 「자본시장과

---

20) 벤처기업의 연구개발 유형에서 사업성평가기관 중의 하나인 「기술의 이전 및 사업화 촉진에 관한 법률」 제35조에 따른 기술평가기관과는 다르다.
21) 상법 제299조의2 (현물출자 등의 증명), 제422조(현물출자의 검사)

금융투자업에 관한 법률」에 따른 취득한도 제한 규정을 적용하지 않는다.

이에 따른 외국인 또는 외국법인 등에 의한 벤처기업의 주식 취득에 관하여는 그 벤처기업의 정관으로 정하는 바에 따라 제한할 수 있다.(벤처법 제9조) 2019, 2020 기출

5. 벤처기업인 유한회사 특례

유한회사인 벤처기업은 정관에서 정하는 바에 따라 「상법」 제580조[22])에도 불구하고 사원총회의 결의로 이익배당에 관한 기준을 따로 정할 수 있다.(벤처법 제16조의8)

상법 제580조	이익배당 기준은 사원의 출자좌수에 따른다.
벤처법 제16조의5 ③항	이익배당 기준은 사원총회로 따로 정할 수 있다.

6. 조세특례

가. 조세감면

국가나 지방자치단체는 벤처기업을 육성하기 위하여 「조세특례제한법」, 「지방세특례제한법」, 그 밖의 관계 법률로 정하는 바에 따라 소득세·법인세·취득세·재산세 및 등록면허세 등을 감면할 수 있다.(벤처법 제14조 ①항) 2013, 2024 기출

나. 세제지원

다음의 경우에는 조세에 관한 법률로 정하는 바에 따라 세제지원을 할 수 있다.
① 주식회사인 벤처기업과 다른 주식회사의 주주 또는 주식회사인 다른 벤처기업이 주식교환을 하는 경우
② 주식회사인 벤처기업과 다른 주식회사가 합병을 하는 경우

주식교환에 대하여 세제지원을 받으려는 자는 관련 자료를 첨부하여 중기부장관에게 세제지원대상 주식교환의 확인을 요청할 수 있으며, 확인요청을 받은 중기부장관은 그 주식교환이 벤처법에 따른 주식교환에 해당하면 주식교환 확인서를 발급하여야 한다.

중기부장관은 세제지원대상 주식교환의 확인을 받은 자가 주식교환을 한 날부터 1년 이내에 그 주식을 타인에게 양도한 사실을 확인하면 지체 없이 그 사실을 소득세 등의 원천징수의무자, 납세조합 또는 세무서장에게 알려야 한다.

---

22) 제580조(이익배당의 기준) 이익의 배당은 정관에 다른 정함이 있는 경우 외에는 각사원의 출자좌수에 따라 하여야 한다.

<table>
<tr><td>1. 주식교환 등 특례</td><td>5. 교육공무원 등 특례</td></tr>
<tr><td>2. 주식매수선택권</td><td>6. 인수합병지원센터</td></tr>
<tr><td>3. 성과조건부주식 교부계약</td><td>7. 벤처기업에 대한 정보제공</td></tr>
<tr><td>4. 복수의결권 주식</td><td></td></tr>
</table>

1. 주식교환 등 특례

주식교환·합병·영업양수 등에 대한 특례 규정은 벤처법에만 적용되는 것이 아니라 벤처법의 준용규정[23]을 통해 창업법에도 적용되고 있다. 따라서 창업자에게도 벤처법의 주식교환 등 특례규정이 동일하게 적용된다.

전환법에도 이와 유사한 "주식교환 등 특례규정"이 있으므로 필히 이와 비교하여 정확히 이해할 것을 권한다.

주식교환 등의 요건과 절차에 대해서는 상법에 규정되어 있다. 상법 규정을 기본으로 하고, 그에 대한 간소화 규정으로 벤처법의 주식교환 등을 비교하여 이해하는 것이 효율적일 것이므로 상법 관련 규정을 함께 서술한다.

더불어 벤처법과 전환법 상 규정이 일치하는 규정에 대해서는 전환법에서만 언급한다.

(1) 주식교환

주식교환의 목적과 대상만 다를 뿐 전환법 규정과 정확히 일치한다. 벤처법에서는 "전략적 제휴"를 위해 주식교환이 허용되지만 전환법에서는 "사업전환"을 위해 주식교환이 허용된다는 점만 다르다.

---

23) 벤처법 제15조의12(준용규정): 벤처법 제15조, 제15조의2부터 제15조의11까지, 제24조제1항제4호는 창업기업에 관하여 준용한다. 이 경우 "벤처기업"은 "창업기업"으로 본다.

주식회사인 벤처기업(증권시장에 상장된 법인은 제외한다. 이하 같다)은 전략적제휴를 위하여 정관으로 정하는 바에 따라 자기주식을 다른 주식회사의 주요주주(해당 법인의 의결권 있는 발행주식 총수의 100분의 10 이상을 보유한 주주를 말한다. 이하 같다) 또는 주식회사인 다른 벤처기업의 주식과 교환할 수 있다.(벤처법 제15조)

따라서 이 규정은 전환법 해당 규정을 참고할 것을 권하며 추가적인 언급은 생략한다. 다만, 벤처법에 따른 주식교환에 대해서는 전환법과 달리 세제지원이 가능한데 다음과 같다.

주식교환에 대하여 세제지원을 받으려는 자는 관련 자료를 첨부하여 중기부장관에게 세제지원대상 주식교환의 확인을 요청할 수 있으며, 주식교환의 확인요청을 받은 중기부장관은 그 주식교환이 벤처법 규정에 따른 주식교환에 해당하면 주식교환 확인서를 발급하여야 한다.

중기부장관은 위에 따라 세제지원대상 주식교환의 확인을 받은 자가 주식교환을 한 날부터 1년 이내에 그 주식을 타인에게 양도한 사실을 확인하면 지체 없이 그 사실을 소득세 등의 원천징수의무자, 납세조합 또는 세무서장에게 알려야 하며, 그 밖에 세제지원대상 주식교환의 확인 방법 및 절차 등에 관하여 필요한 사항은 중기부장관이 정하여 고시한다.(벤처법 제14조 ③항, 벤처령 제6조의2, 조특법 제46조의2)

(2) 신주발행 주식교환

현물출자한 주식을 평가하는 공인평가기관이 다를 뿐 전환법의 내용과 동일하므로 추가적인 언급은 생략한다.

주식교환을 통하여 다른 주식회사의 주요주주가 보유한 주식이나 주식회사인 다른 벤처기업이 보유한 주식을 벤처기업에 현물로 출자하는 경우 아래의 공인평가기관이 그 주식의 가격을 평가한 때에는 「상법」 제422조제1항에 따라 검사인이 조사를 한 것으로 보거나 공인된 감정인이 감정한 것으로 본다.

① 「자본시장과 금융투자업에 관한 법률」에 따른 투자매매업자와 투자중개업자(증권의 인수 · 중개 · 주선 또는 대리업무의 인가를 받은 자만 해당한다)
② 신용평가업인가를 받은 신용평가회사
③ 회계법인으로서 소속 공인회계사가 100명 이상인 회계법인
④ 기술보증기금

⑤ 한국산업기술진흥원

⑥ 그 밖에 주식의 가격 평가에 필요한 전문인력을 갖춘 기관 또는 단체로서 중기부장관이 정하여 고시하는 기관 또는 단체

(3) 주식교환 특례

전환법 해당 규정을 참고할 것을 권하며 추가적인 언급은 생략한다.

(4) 합병절차 간소화

전환법 해당 규정을 참고할 것을 권하며 추가적인 언급은 생략한다. 다만, 벤처법에 따른 합병절차에 대해서는 전환법과 달리 세제지원이 가능한데 다음과 같다.

주식회사인 벤처기업과 다른 주식회사가 합병을 하는 경우 조세에 관한 법률로 정하는 바에 따라 세제지원을 할 수 있다는 규정(벤처법 제14조 ③항 제2호)은 있으나 주식교환(신주 발행 주식교환 포함) 시 세제지원과 달리 대통령령을 통해 세부적인 절차나 구체적인 지원내용은 규정되어 있지 않다.

(5) 간이합병 특례

가. 주주총회 승인 특례

주식회사인 벤처기업이 다른 주식회사와 합병을 하는 경우 합병 후 존속하는 회사가 소멸회사의 발행주식 총수 중 의결권 있는 주식의 80%[24] 이상을 보유하는 경우 그 소멸하는 회사의 주주총회 승인은 이사회의 승인으로 갈음할 수 있다.(벤처법 제15조의10 ①항) 2020 기출

나. 반대주주의 주식매수 청구권

합병으로 인하여 소멸하는 회사는 합병계약서를 작성한 날부터 2주 내에 주주총회 승인을 얻지 않고 합병을 한다는 뜻을 공고하거나 통지해야 한다.(상법 제527조의2 ②항) 간이합병에 반대하는 주주는 간이합병 공고 또는 통지를 한 날부터 2주 내에 회사에 대하여 서면으로 합병에 반대하는 의사를 통지하고, 그 기간이 경과한 날부터 20일 이내에 주식의 종류와 수를 기재한 서면으로 회사에 대하여 자기가 소유하고 있는 주식의 매수를 청구할 수 있다.

---

24) 벤처법 개정(2013. 8. 9)으로 벤처법에서의 간이합병 요건은 완화(90%→80%) 되었지만, 전환법은 개정되지 않았으므로 80%가 아니라 90%가 적용되고 있다.

회사는 매수청구를 받은 날부터 2월 이내에 그 주식을 매수해야 한다.(벤처법 제15조의10 ②항, 상법 제522조의3 제②항[25])

상법 제527조의2 ①항 (상법 상 간이합병)	총주주 동의 또는 90%이상 인수 시 이사회 갈음
상법 제527조의2 ②항 (상법·중기법 간이합병 반대)	계약 후 2주 내 공고·통지
상법 제522조의3 ②항 (상법·중기법 간이합병 반대)	공고·통지 2주 내 서면반대, 20일 내 주식매수 청구

벤처법 상 간이합병 반대주주의 주식매수청구에 대해 그 청구일로부터 2월 이내에 매수해야 한다는 규정은 명시되어 있지 않다. 그러나 간이합병 규정이 기본적으로 상법 제10절의 합병 규정을 기본으로 하고 있으므로 벤처법에서 특례로 규정된 것 외의 절차에 대해서는 상법을 준용해야 한다.

상법 제10절의 마지막 부분에 별도의 준용규정을 두어 합병 규정 전체에 대해 반대주주의 주식매수청구권 규정(상법 제374조의2 제②항)을 준용하고 있으므로 벤처법 상의 간이합병 규정에도 동일하게 적용되어야 마땅하다. 결국 벤처법 상 간이합병에 대해서도 2개월 내에 매수규정이 적용된다 할 것이다.

같은 논리로 상법에 규정된 주식매수가액 결정 규정 또한 벤처법 간이합병 규정에 적용된다고 봄이 타당하다.

(6) 소규모합병 특례 2022 개툴

주식회사인 벤처기업이 다른 주식회사와 합병을 하는 경우 「상법」 제527조의3제1항[26]에도 불구하고 합병 후 존속하는 회사가 합병으로 인하여 발행하는 신주의 총수가 그 주식회사의 발행주식총수의 20%[27] 이하인 때에는 그 존속하는 회사의 주주총회의 승인은 이사회의 승인으로 갈음할 수 있다.

---

25) 제522조의3(합병반대주주의 주식매수청구권) ② 제527조의2제2항의 공고 또는 통지를 한 날부터 2주내에 회사에 대하여 서면으로 합병에 반대하는 의사를 통지한 주주는 그 기간이 경과한 날부터 20일 이내에 주식의 종류와 수를 기재한 서면으로 회사에 대하여 자기가 소유하고 있는 주식의 매수를 청구할 수 있다.

26) 제527조의3(소규모합병) ① 합병 후 존속하는 회사가 합병으로 인하여 발행하는 신주의 총수가 그 회사의 발행주식총수의 100분의 10을 초과하지 아니하는 때에는 그 존속하는 회사의 주주총회의 승인은 이를 이사회의 승인으로 갈음할 수 있다. 다만, 합병으로 인하여 소멸하는 회사의 주주에게 지급할 금액을 정한 경우에 그 금액이 존속하는 회사의 최종 대차대조표상으로 현존하는 순자산액의 100분의 5를 초과하는 때에는 그러하지 아니하다.

27) 2013년 벤처법 개정(2013. 8. 9)으로 소규모합병 요건이 완화(10→20%) 되었다.

다만, 합병으로 인하여 소멸하는 회사의 주주에게 지급할 금액을 정하고, 그 금액이 존속하는 회사의 최종 대차대조표상으로 현존하는 순자산액의 5%를 초과하는 때에는 그렇지 않다. 소규모 합병에 반대하는 주주의 주식매수청구권은 인정하지 않는다.(벤처법 제15조의9) 2019 기출

상법 제527조의3 ①항	10% 미만 시 이사회 갈음
벤처법	20% 미만 시 이사회 갈음

(7) 간이영업양도 특례

간이영업양도 특례와 다른 주식회사의 영업양수 특례를 비교하여 학습하는 것이 좋다. 이를 영업양수 특례와 영업양도 특례로 정리한다면 양수 특례는 양수하는 회사 입장에서의 간소화 규정이고, 양도 특례는 양도하는 회사 입장에서의 간소화 규정이다. 양수 특례의 경우 소규모 양수(순자산가의 10% 이하)인 경우 이사회 결의로 갈음하는 내용이고, 양도 특례의 경우 대부분 양도(90% 이상 양도)인 경우 이사회 결의로 갈음할 수 있다는 내용임을 비교하여 정리하는 것이 효율적이다.

	간이영업양도	다른 주식회사 영업양수 특례
사 유	의결권 있는 주식의 90% 이상 양도	순자산액 10% 이하 양수
특 례	이사회 의결로 갈음	이사회 의결로 갈음
반대주주 주식매수 청구권	인정	불인정

※ 벤처법의 간이합병 규정이 개정(2013.8.9)되면서 기존에 90%에서 80%로 완화되었지만, 간이영업양도 규정은 개정되지 않고 종전과 동일하게 90% 요건을 규정하고 있으므로 학습에 주의를 요한다.

가. 주주총회 승인 특례

주식회사인 벤처기업이 영업의 전부 또는 일부를 다른 주식회사에 양도하는 경우 「상법」 제374조[28])에도 불구하고 영업을 양도하는 회사의 ① 총주주의 동의가 있거나 ② 영업을 양도하는 회사의 발행주식 총수 중 의결권 있는 주식의 90% 이상을 다른 주식회사가 보유하는 경우에는 영업을 양도하는 회사의 주주총회의 승인은 이사회의 승인으로 갈음할 수 있다.(벤처법 제15조의11 ①항)

---

28) 제374조(영업양도, 양수, 임대 등) ① 회사가 다음 각 호의 어느 하나에 해당하는 행위를 할 때에는 제434조에 따른 결의가 있어야 한다. 1. 영업의 전부 또는 중요한 일부의 양도 2. 영업 전부의 임대 또는 경영위임, 타인과 영업의 손익 전부를 같이 하는 계약, 그 밖에 이에 준하는 계약의 체결·변경 또는 해약 3. 회사의 영업에 중대한 영향을 미치는 다른 회사의 영업 전부 또는 일부의 양수(상법 434조: 출석한 주주 의결권의 3분의 2 이상, 발행주식총수의 3분의 1 이상 찬성으로 결의한다.)

나. 영업양도·양수계약서 작성 및 공고

간이영업양도의 경우에는 영업양도·양수계약서에 영업을 양도하는 회사에 관하여는 주주총회의 승인을 받지 아니하고 벤처기업의 영업의 전부 또는 일부를 양도할 수 있다는 뜻을 적은 영업양도·양수계약서를 작성하고, 작성한 날부터 2주 이내에 다음의 사항을 공고하거나 주주에게 알려야 한다.(벤처법 제15조의11 ②항, ③항) 2015 기출

① 영업양도·양수계약서의 주요 내용

② 주주총회의 승인을 받지 아니하고 영업을 양도한다는 뜻

다. 반대주주의 주식매수 청구권

간이영업양도에 반대하는 주주는 영업양도에 관한 공고 또는 통지를 한 날부터 2주 이내에 회사에 대하여 서면으로 영업양도에 반대하는 의사를 통지해야 하고, 반대의사를 통지한 주주는 그 2주의 기간이 지난날부터 20일 이내에 주식의 종류와 수를 기재한 서면으로 회사에 대하여 자기가 소유하고 있는 주식의 매수를 청구할 수 있으며 회사는 청구를 받은 날부터 2월 이내에 그 주식을 매수하여야 한다.

상법 제522조의3 ①항 (상법 상 합병 반대)	주총 전 서면반대, 주총 결의 후 20일 내 주식매수 청구
상법 제522조의3 ②항 (상법·중기법 간이합병 반대)	공고·통지 2주 내 서면반대, 그 2주 후 20일 내 주식매수 청구
상법 제374조의2 ②항 (상법·중기법 간이영업양도 반대)	공고·통지 2주 내 서면반대, 그 2주 후 20일 내 주식매수 청구, 청구일부터 2월 내 매수
중기법 상 합병간소화	주총 전 서면반대 및 주식매수 청구

라. 주식 매수가액 결정

반대주주 주식청구에 따른 주식의 매수가액 결정에 관하여는 「상법」 제374조의2제3항부터 제5항까지의 규정을 준용한다.

① 주식의 매수가액은 주주와 회사 간 협의에 의해 결정한다.

② 청구를 받은 날부터 30일 이내에 협의가 이루어지지 아니한 경우에는 회사 또는 주식의 매수를 청구한 주주는 법원에 대하여 매수가액의 결정을 청구할 수 있다.

③ 법원이 주식의 매수가액을 결정하는 경우에는 회사의 재산 상태 그 밖의 사정을 참작하여 공정한 가액으로 이를 산정해야 한다.(상법 제374조의2 ③~⑤항)

(8) 다른 주식회사의 영업양수 특례

전환법 해당 규정을 참고할 것을 권하며 추가적인 언급은 생략한다.

(9) 주식교환 등 경과규정

주식회사인 벤처기업이 더 이상 "벤처기업"에 해당되지 않는 경우 벤처기업이었던 당시에 이루어졌던 다음의 행위는 계속 유효한 것으로 본다.(벤처법 제24조)

① 지식재산권 등의 출자 행위

② 외국인의 주식취득 제한에 대한 특례 규정에 따라 취득한 행위

③ 주식교환 등 특례규정에 따른 주식교환 등의 행위

④ 주식매수선택권을 부여한 행위

⑤ 벤처기업인 유한회사 특례규정에 따라 사원 수를 사원을 50명 이상 300명 이하로 하여 설립한 행위

⑥ 복수의결권주식을 발행한 행위

⑦ 벤처기업집적시설에 입주하였던 주식회사인 창업자가 더 이상 "주식회사인 창업자"에 해당하지 아니하게 된 경우에도 계속하여 벤처기업집적시설에 입주할 수 있다.

2. 주식매수선택권

주식매수선택권은 스톡옵션을 말한다. 주식매수선택권(Stock Option)제도란 회사가 임직원의 근로의욕을 고취시키고, 우수인력의 확보를 통하여 기술혁신 및 생산성향상을 도모하고자 회사의 임직원 등에게 자기주식을 미리 정해진 가격에 따라 일정기간 내 매수할 수 있는 권리를 부여하는 것으로써 이에 대해서는 이미 상법에 자세히 규정되어 있으나 벤처법에서는 상법에 비해 주식매수선택권 부여 대상 및 부여한도 등을 확대하여 규정하고 있다.

벤처법 상 주식매수선택권 관련 규정의 적용은 주권상장 · 코스닥상장 되지 않은 비상장, 미등록 벤처기업에 대해 적용한다.

(1) 부여대상 및 부여한도

가. 부여대상

주식회사인 벤처기업은 정관으로 정하는 바에 따라 주주총회의 결의로 해당 기업의 설립 또는 기술 · 경영의 혁신 등에 기여하였거나 기여할 능력을 갖춘 다음의 자에게 해당 기업의 주식을 매수할 수 있는 권리(이하 "주식매수선택권"이라 한다)를 부여할 수 있다. 이 경우 주주총회 특별결의[29]를 거쳐야 한다. *2014, 2015 기출*

---

29) 상법 제434조에 따른 주주총회 특별결의로서 "특별결의는 출석한 주주의 의결권의 3분의 2 이상의 수와 발행주식총수의 3분의 1 이상의 수로써 하여야 한다."의 규정을 말한다.

① 벤처기업의 임직원. 단, 최대주주[30] · 주요주주[31] 및 그 특수관계인은 제외한다.

② 벤처기업이 인수한 기업(해당 기업 발행주식 총수의 100분의 30을 초과하는 주식을 가진 벤처기업의 경우에만 해당한다)의 임직원. 단, 최대주주 · 주요주주 및 그 특수관계인은 제외한다.

③ 해당 기업이 필요로 하는 전문성을 보유한 아래의 사람. 단, 최대주주 · 주요주주 및 그 특수관계인은 제외한다.

  ㉠ 변호사, 공인회계사, 기술사 등 중기부령[32]으로 정하는 전문자격을 갖춘 자

  ㉡ 벤처기업이 필요로 하는 분야에서 10년 이상의 실무경력을 갖춘 자

  ㉢ 벤처기업이 필요로 하는 분야에서 박사학위를 취득한 자 또는 석사학위 취득 후 5년 이상의 실무경력을 갖춘 자

  ㉣ 중기부령[33]으로 정하는 외국법인의 임직원 또는 외국 연구소의 연구원

  ㉤ 국공립 연구기관 등 중기부령[34]으로 정하는 연구기관 또는 연구소

나. 부여한도

상법 상 일반기업은 발행주식총수의 10% 이내에서, 주권상장 및 코스닥상장 기업은 발행주식총수의 15% 이내에서 부여할 수 있으나 미등록 · 미상장[35] 벤처기업은 발행주식 총수의 100분의 50을 초과하여 부여할 수 없다. 다만, 부여대상 ③항(전문성 보유한 자)에 해당하는 경우에는 회사의 발행주식 총수의 100분의 10을 초과할 수 없다.(벤처법 16조의3 ②항) 2015 기출

---

30) 상법 542조의8 ②항 5호: 본인과 특수관계인이 합하여 주식 수가 가장 많은 경우 그 본인 및 특수관계인

31) 상법 542조의8 ②항 6호: 누구의 명의로 하든지 자기의 계산으로 의결권 없는 주식을 제외한 발행주식총수의 100분의 10 이상의 주식을 소유하거나 이사 · 감사의 선임과 해임 등 상장회사의 주요 경영사항에 대하여 사실상의 영향력을 행사하는 주주 및 그의 배우자와 직계 존속 · 비속

32) 벤처칙 제4조의3 ①항: 등록한 경영지도사 또는 기술지도사, 등록한 공인노무사, 등록한 공인회계사, 기술사 자격을 취득한 사람, 등록한 변리사, 등록한 변호사, 등록한 세무사, 면허를 받은 수의사, 면허를 받은 약사 또는 한약사, 면허를 받은 의사, 치과의사 또는 한의사, 그 밖에 중기부장관이 정하여 고시하는 전문직 종사자

33) 벤처칙 제4조의3 ②항 : 1. 자본금의 100분의 30 이상을 출자하고 최다출자자로 있는 외국법인의 임직원 2. 자본금 또는 출자총액의 100분의 30 이상을 출자하고 최다출자자로 있는 법인의 기술혁신을 위한 연구개발 활동을 하는 외국 연구소의 연구원

34) 벤처칙 제4조의3 ③항 : 국공립 연구기관(한국과학기술원과 광주과학기술원을 포함한다), 벤처령 제11조의2 각 호에 따른 연구기관(연구원의 겸임이나 겸직이 허용되는 연구기관), 「민법」에 따라 설립된 비영리법인으로서 과학 또는 산업기술 분야 연구기관, 전문생산기술연구소

35) 주권상장 및 코스닥 시장에 등록되지 않은 것을 말한다.

(2) 부여방법 및 평가

주식매수선택권은 다음의 어느 하나에 해당하는 방법으로 부여한다.(벤처법 제16조의3 ②항)

① 신주 인수권[36] : 미리 정한 가격(이하 "행사가격"이라 한다)으로 신주를 인수할 수 있는 권리

② 자기주식 매수권 : 행사가격으로 자기주식을 매수할 수 있는 권리

③ 현금 수급권 : 주식매수선택권의 행사가격과 주식매수선택권을 행사한 날을 기준으로 평가한 해당 주식의 시가와의 차액(행사가격이 시가보다 낮은 경우의 차액을 말한다)을 현금으로 지급받거나 그 차액에 상당하는 벤처기업의 자기주식을 지급받을 수 있는 권리

가. 행사가격

주식매수선택권의 행사가격은 다음의 구분에 따른 가액 이상이어야 한다.(벤처법 제16조의3 ④항)

① 신주 인수권의 방법으로 부여하는 경우에는 주식매수선택권의 부여일을 기준으로 한 주식의 시가와 주식의 권면액 중 높은 금액

② 자기주식 매수권, 현금 수급권의 방법으로 부여하는 경우에는 부여일을 기준으로 한 주식의 시가

위 규정에도 불구하고 부여대상 ①항 및 ②항(벤처기업 임직원 등)에게 신주를 발행하는 경우로서 주식매수선택권을 부여받는 자가 부여일을 기준으로 한 주식의 시가보다 낮은 행사가격으로 부여받았거나 부여받을 각 주식매수선택권에 대하여 다음 계산식에 따라 계산한 금액의 합계가 5억원 이하인 경우에는 시가보다 낮은 가격(다만, 권면액 이상이어야 한다)으로 정할 수 있다.(벤처법 제16조의3 ③항, 벤처령 제11조의3 ⑤항)

> (부여일 기준 주식의 시가 − 행사가격) × 주식매수선택권 행사 대상 주식 수

나. 시가

주식매수선택권의 행사가격 설정(주식매수선택권을 부여한 후 그 행사가격을 조정하는 경우를 포함한다)에 필요한 주식의 시가와 주식매수선택권을 행사한 날을 기준으로 한 주식의 시가는 「상속세 및 증여세법」[37]의 재산가액 평가기준을 준용하여 평가한다.(벤처령 제11조의3 ②항)

---

36) "신주 인수권", "자기주식 매수권", "현금 수급권" 은 법정 용어가 아니라 저자가 학습의 편의를 위해 사용하는 표현에 불과하다.

37) 상속세 및 증여세법 제60조 및 같은 법 시행령 제49조

(4) 부여절차

가. 정관에의 사전 규정

주식매수선택권에 관한 정관의 규정에는 다음의 사항을 포함하여야 한다.(벤처법 제16조의
4 ①항) 2015, 2019, 2022 기출

① 일정한 경우 주식매수선택권을 부여할 수 있다는 뜻

② 주식매수선택권을 부여받을 자의 자격 요건

③ 주식매수선택권의 행사로 교부할 주식의 종류와 수

④ 주식매수선택권의 행사 기간

⑤ 일정한 경우 주식매수선택권의 부여를 이사회 결의에 의하여로 취소할 수 있다는 뜻

나. 주주총회 특별결의

주주총회의 특별결의에서는 다음의 사항을 정하여야 한다.(벤처법 제16조의4 ②항)

① 주식매수선택권의 부여 방법

② 주식매수선택권을 부여받을 자의 성명이나 명칭

③ 주식매수선택권을 부여받을 자 각각에 대하여 주식매수선택권의 행사로 내줄 주식의
  종류와 수

④ 주식매수선택권의 행사 가격과 행사 기간

정관에의 사전규정은 포괄적인 사항을 정하고 있으며, 주총 특별결의에서 그 세부적인 사
항을 규정하고 있으므로 아래와 같이 그 차이를 정리한다.

정관에의 사전규정	주총 특별결의
부여할 수 있다는 뜻	×
×	부여방법
부여받을 자 자격 요건	부여받을 자의 성명이나 명칭
교부할 주식의 종류 · 수량	부여받을 자 각각에 대한 교부주식의 종류 · 수량
행사 기간	행사 가격과 행사 기간
이사회 결의로 취소할 수 있다는 뜻	×

다. 이사회 결의 특례

주총 특별결의 규정에도 불구하고 정관에 규정된 교부주식 총수의 20% 이내에 해당하는
주식을 해당 벤처기업의 임직원 외의 자(부여대상 ③항(전문성 보유한 자))에게 부여하는 경
우에는 주주총회의 특별결의로 ① 부여받을 자의 성명이나 명칭 ② 부여받을 자 각가에게
내줄 주식의 종류와 수를 이사회에서 정하게 할 수 있다. 이 경우 주식매수선택권을 부여한

후 처음으로 소집되는 주주총회의 승인을 받아야 한다.(벤처법 제16조의4 ③항)

라. 부여계약

벤처기업은 주식매수선택권을 부여하는 경우에는 그 주식매수선택권을 부여받는 자와 계약을 체결하고 상당한 기간 내에 그에 관한 계약서를 작성해야 하고, 해당 계약서를 주식매수선택권의 행사기간이 종료할 때까지 본점에 비치하고 주주로 하여금 영업시간내에 이를 열람할 수 있도록 하여야 한다.

마. 신고

주식매수선택권을 부여하거나 취소 또는 철회하려는 벤처기업은 주주총회 특별결의 또는 이사회 결의를 한 경우 중기부령으로 정하는 신고서에 다음의 서류를 첨부하여 중기부장관에게 제출해야 한다.(벤처법 제16조의6 ①항, 벤처령 제11조의5 ①항)

① 벤처기업의 정관
② 주주총회 의사록
③ 이사회 의사록 (벤처법 제16조의6 ①항)

벤처기업은 주식매수선택권의 취소 또는 철회에 관하여 신고를 하려는 경우에는 중기부령으로 정하는 신고서를 제출해야 한다. (벤처령 제11조의5 ②항)

(5) 보유의무 및 양도제한

가. 보유의무

주식매수선택권을 부여받은 자는 주주총회 결의일 또는 이사회에서 성명·명칭, 주식의 종류와 수량을 정한 날부터 2년 이상 재임하거나 재직하여야 이를 행사할 수 있다.

벤처기업의 임직원 외의 자(부여대상 ③항(전문성 보유한 자)에게 부여된 주식매수선택권은 그 결의가 있는 날 또는 이사회에서 정한 날부터 2년이 경과하고 주식매수선택권을 부여받은 자가 벤처기업과 주식매수선택권의 부여와 관련된 용역계약을 체결하고 이를 이행한 경우에만 이를 행사할 수 있다.

단, 벤처기업이 정당한 사유 없이 일방적으로 용역계약을 취소하는 등 주식매수선택권을 부여받은 자의 책임 없는 사유로 용역계약을 이행하지 못한 경우에는 용역계약을 이행한 것으로 본다.(벤처법 제16조의5 ①항, 벤처령 제11조의4 ③항, ④항)

나. 행사보장

위 보유의무 규정에도 불구하고 주식매수선택권을 부여받은 자가 사망하거나 그 밖에 본인의 책임이 아닌 사유로 퇴임 또는 퇴직한 경우에는 행사할 수 있다. 이 경우 정년에 따른 퇴임 또는 퇴직은 본인의 책임이 아닌 사유에 포함되지 않는다.(벤처령 제11조의4 ①항)

벤처기업은 주식매수선택권의 행사기한을 임직원의 퇴임일 또는 퇴직일까지로 정하는 경우 그 임직원이 본인의 책임이 아닌 사유로 퇴임 또는 퇴직한 때에는 그 퇴임일 또는 퇴직일부터 3개월 이상의 행사기간을 추가로 부여해야 한다.(벤처령 제11조의4 ②항)

다. 양도제한

주식매수선택권은 타인에게 양도할 수 없다. 다만, 주식매수선택권을 부여받은 자가 사망한 때에는 그 상속인이 이를 부여받은 것으로 본다.(벤처법 제16조의5 ②항) 2016, 2019 기출

(6) 부여취소

주식매수선택권을 부여한 벤처기업은 다음의 어느 하나에 해당하는 경우 정관에서 정하는 바에 따라 이사회 결의에 의하여 주식매수선택권의 부여를 취소할 수 있다.(벤처령 제11조의6 ③항, 상법 시행령 제30조 ⑥항)

① 주식매수선택권을 부여받은 자가 본인의 의사에 따라 사임·사직한 경우
② 주식매수선택권을 부여받은 자가 고의· 과실로 회사에 중대한 손해를 입힌 경우
③ 해당 회사의 파산 등으로 주식매수선택권 행사에 응할 수 없는 경우
④ 주식매수선택권을 부여받은 자와 체결한 주식매수선택권 부여계약에서 정한 취소사유가 발생한 경우

(7) 상법 준용

주식매수선택권 규정은 이미 상법에 자세히 규정되어 있고 벤처법은 이중 필요한 부분을 준용하고 있으나 상법 규정의 구체적 조문은 생략한다.

주식매수선택권의 행사로 신주를 발행하는 경우에는 「상법」 제350조제2항(전환의 효력발생), 제351조(전환의 등기), 제516조의9제1항·제3항·제4항 및 제516조의10 전단(신주인수권의 행사)을 준용한다.

벤처기업의 주식매수선택권에 관하여는 「상법」 제340조의2부터 제340조의5까지에 우선하여 이 법을 적용하되, 이 법에서 규정하지 아니한 사항에 관하여는 「상법」을 적용한다.

3. 성과조건부주식 교부계약

2024년 1월 9일 개정으로 추가된 규정인데 일면 "주식매수선택권"과 유사한 측면이 있다. 그러나 "주식매수선택권"은 미래의 주식 가치에 따라 행사기간 중 시가가 행사가격 보다 낮으면 행사를 하지 않음으로써 이익 실현이 안될 수 있으나 "성과조건부주식 교부계약"은 미래가치와 관계없이 교부계약 수량 만큼 이익이 실현[38]된다는 점에서 차이가 있다.

주식회사인 벤처기업은 정관으로 정하는 바에 따라 주주총회의 결의로 벤처기업 임직원 중 기업의 설립 또는 기술·경영의 혁신 등에 기여하였거나 기여할 능력을 갖춘 자와 무상으로 자기주식을 교부하는 계약(이하 "성과조건부주식교부계약"이라 한다)을 체결할 수 있다. 이 경우 주주총회의 결의에 관하여는 「상법」 제434조를 준용한다.(벤처법 제16조의17 ① 항)

성과조건부주식 교부계약에 관하여 이 법에서 규정하지 아니한 사항에 관하여는 「상법」을 적용한다.(벤처법 제16조의19 ②항)

(1) 계약절차

가. 정관에의 사전 규정

성과조건부주식 교부계약에 관한 정관의 규정에는 다음의 사항이 포함되어야 하며, 정관에 규정한 사항을 등기하여야 한다.(벤처법 제16조의17 ②, ⑦항)

① 일정한 경우 성과조건부주식 교부계약을 체결할 수 있다는 뜻
② 성과조건부주식 교부계약을 체결할 자의 자격 요건
③ 성과조건부주식 교부계약에 의하여 교부하는 주식의 종류와 수
④ 성과조건부주식 교부계약에서 회사가 정하는 일정한 제한과 조건의 내용
⑤ 일정한 경우 성과조건부주식 교부계약을 해지 또는 해제할 수 있다는 뜻

---

[38] 주식매수선택권은 "행사가격"이 존재하고, 미래 특정 시기(행사기간)에 행사가격으로 자사 주를 매입한 뒤 시가로 판매함으로써 이익이 실현되는데 행사기간의 자사 주 시가가 행사가격(매입하는가격) 보다 낮은 경우 옵션에 따라 이를 행사하지 않음으로써 손실을 회피할 수 있다. 그러나 성과조건부주식 교부계약은 행사가격 개념이 없고 계약 실행 시점에 자사 주 가치 만큼 이익 실현이 보장된다.

주식매수선택권 부여 시 정관 사전규정과 비교하면 아래와 같다.

주식매수선택권	성과조건부주식 교부계약
부여할 수 있다는 뜻	교부계약 체결할 수 있다는 뜻
부여받을 자의 자격 요건	교부계약 체결할 자의 자격 요건
교부할 주식의 종류 · 수량	교부하는 주식의 종류 · 수량
행사 기간	회사가 정하는 일정한 제한과 조건의 내용
이사회 결의로 취소할 수 있다는 뜻	교부계약 해지 또는 해제할 수 있다는 뜻

나. 주주총회 특별결의

주주총회의 결의에서는 다음의 사항을 정하여야 한다.(벤처법 제16조의17 ③항)

① 성과조건부주식 교부계약을 체결할 자의 성명

② 성과조건부주식 교부계약을 체결한 자 각각에 대하여 교부할 주식의 종류와 수

③ 성과조건부주식 교부계약에서 정하는 제한 및 조건

주식매수선택권과 성과조건부주식 교부계약의 주총결의 관련 규정을 비교하면 아래와 같다.

주식매수선택권	성과조건부주식 교부계약
부여방법	×
부여받을 자의 성명이나 명칭	교부계약 체결할 자의 성명
부여받을 자 각각에 대한 교부주식의 종류 · 수량	교부계약 체결한 자 각각에 대해 교부할 주식의 종류 · 수량
행사 가격과 행사 기간	교부계약에서 정하는 제한 및 조건

다. 계약체결 및 경과

주식회사인 벤처기업은 주주총회 결의에 의하여 성과조건부주식 교부계약에 따라 주식을 교부받을 자와 계약을 체결하고 상당한 기간 내에 그에 관한 계약서를 작성하여야 하며, 성과조건부주식 교부계약을 체결한 자는 주주총회 결의일로부터 2년 이상 재임 또는 재직하여야 자기주식을 취득하거나 양도할 수 있다.(벤처법 제16조의17 ④, ⑤항)

(2) 계약체결 방법

성과조건부주식 교부계약은 다음의 어느 하나에 해당하는 방법으로 체결한다.(벤처령 제11조의12 ①항)

① 자기주식의 선지급 방법 : 주식회사인 벤처기업이 해당 벤처기업의 임직원에게 양도가 제한된 자기주식을 교부하고, 성과조건의 달성 여부에 따라 양도제한을 해제하거나 교부된 주식을 환수하는 방법

114

② 자기주식의 후지급 방법 : 주식회사인 벤처기업이 해당 벤처기업의 임직원에게 성과조건을 제시하고 임직원이 성과조건을 달성하면 자기주식을 교부하는 방법

주식회사인 벤처기업은 계약서를 성과조건부주식 교부계약 당사자가 자기주식을 취득하거나 양도할 때까지 본점에 비치하고 주주로 하여금 영업시간 내에 이를 열람할 수 있도록 하여야 하며, 정관에 규정한 사항을 등기하여야 한다.

(3) 계약의 해지 · 해제

주식회사인 벤처기업은 체결한 성과조건부주식 교부계약을 정관의 규정에 따라 해지 또는 해제하는 경우에는 이미 교부된 주식을 환수할 수 있다.(벤처령 제11조의12 ②항)

(4) 계약의 신고

주식회사인 벤처기업은 다음의 어느 하나에 해당하는 경우 중기부장관에게 그 내용을 신고하여야 한다.(벤처법 제16조의19 ①항)

① 성과조건부주식 교부계약을 체결한 경우
② 성과조건부주식 교부계약을 해지 또는 해제한 경우
③ 성과조건부주식 교부계약을 이행하기 위해 자기주식을 취득한 경우

주식회사인 벤처기업은 위 사유에 해당하여 그 내용을 신고하려는 경우에는 중기부령(벤처칙)으로 정하는 신고서에 다음의 서류를 첨부하여 중기부장관에게 제출하여야 한다. 다만, 성과조건부주식 교부계약을 해지 또는 해제하여 신고하는 경우에는 다음의 서류를 첨부하지 않을 수 있다.(벤처령 제11조의12 ③항)

① 벤처기업의 정관
② 주주총회 의사록

(5) 자기주식 취득 특례

주식회사인 벤처기업은 성과조건부주식 교부계약을 이행하기 위하여 필요한 경우에는 「상법」 제341조에도 불구하고 자기주식을 취득할 수 있다.

위에 따라 자기주식을 취득할 경우 「상법」 제341조제1항[39]에 따라 취득하여야 한다.

---

39) 상법 제341조(자기주식의 취득) ① 회사는 다음의 방법에 따라 자기의 명의와 계산으로 자기의 주식을 취득할 수 있다. 다만, 그 취득가액의 총액은 직전 결산기의 대차대조표상의 순자산액에서 제462조제1항 각 호의 금액을 뺀 금액을 초과하지 못한다.
1. 거래소에서 시세(時勢)가 있는 주식의 경우에는 거래소에서 취득하는 방법

주식회사인 벤처기업이 자기주식을 취득할 경우에는 「상법」 제460조[40]를 적용하지 아니한다. 즉, 「상법」 제460조에도 불구하고 이익준비금과 자본준비금을 자기주식 취득에 사용할 수 있다.(벤처법 제16조의18 ⑧항)

가. 취득제한 및 배상책임

자기주식을 취득하는 경우 성과조건부주식 교부계약에 따라 장래에 교부하여야 하는 자기주식의 총 수를 초과하지 아니한다.(벤처법 제16조의18 ②항)

자기주식 취득가액의 총액은 직전 결산기의 대차대조표상의 순자산액에서 자본금을 뺀 금액을 초과하지 못하며, 주식회사인 벤처기업은 해당 영업연도의 결산기에 대차대조표상의 순자산액이 자본금에 미치지 못할 우려가 있는 경우에는 자기주식을 취득 해서는 안된다.

참고사항 대차대조표상의 순자산액에서 자본금을 뺀 금액

"순자산액에서 자본금을 뺀 금액"을 이해하기 위해서는 재무상태표 상의 자본구조를 이해해야 한다.

순자산은 "자산 – 부채"로 구할 수 있는데 이해를 돕기 위해 순자산을 자본으로 가정하면 그 결과는 아래의 예시와 같다.

여기서 문제는 순자산(=아래 예시의 자본)을 구성하는 자본의 구성이 복잡하다는 데 있다. 즉 순자산(=자본)에서 "자본금"을 제외한 나머지 크기에 해당하는 규모 내에서 자기주식 취득가액이 결정된다.

자산	부채	
	자본	자본금
		자본잉여금[41]
		이익잉여금

이상의 설명을 정리하면 위 도식의 음영표시 되지 않은 영역 범위 내에서 자기주식을 취득할 수 있다는 의미가 된다.

---

2. 제345조제1항의 주식의 상환에 관한 종류주식의 경우 외에 각 주주가 가진 주식 수에 따라 균등한 조건으로 취득하는 것으로서 대통령령으로 정하는 방법

40) 상법 제460조(법정준비금의 사용) 제458조 및 제459조의 준비금은 자본금의 결손 보전에 충당하는 경우 외에는 처분하지 못한다.

41) 액면가 천 원인 주식이 있는데 해당 기업의 프리미엄이 있어 이 주식을 취득하는 투자자는 액면가에 프리미엄을 더한 천 오백 원에 한 주를 살 수 있다. 이 경우 액면가 천 원은 "자본금"으로 계상되고 나머지 오백 원은 "자본잉여금"으로 계상된다.

해당 영업연도의 결산기에 대차대조표상의 순자산액이 자본금에 미치지 못함에도 불구하고 주식회사인 벤처기업이 위에 따라 주식을 취득한 경우 이사는 주식회사인 벤처기업에 대하여 연대하여 그 미치지 못한 금액을 배상할 책임이 있다. 다만, 이사가 이상의 우려가 없다고 판단하는 때에 주의를 게을리하지 아니하였음을 증명한 경우에는 그러하지 아니하다.

나. 자기주식 취득을 위한 주총결의

자기주식을 취득하려는 주식회사인 벤처기업은 미리 주주총회의 결의로 다음의 사항을 결정하여야 한다.

① 취득 상대방
② 취득하려는 주식의 종류 및 수
③ 1년을 초과하지 아니하는 범위에서 자기주식을 취득할 수 있는 기간

다. 자기주식 처분

주식회사인 벤처기업은 취득한 자기주식을 다음의 방법으로 처분하여야 하며, 이 규정을 위반하여 자기주식을 처분한 경우 「상법」 제399조[42]를 준용한다.

① 성과조건부주식 교부계약에 따른 교부
② 「상법」 제342조[43]에 따른 처분
③ 「상법」 제438조부터 제446조까지에 따른 소각

4. 복수의결권주식

복수의결권주식이란 1주당 최대 10배의 의결권을 행사할 수 있는 주식으로 벤처기업 창업주가 투자를 유치하는 과정에서 창업주 지분이 희석되는 문제를 해결하여 벤처기업 창업주의 안정적인 경영권 행사를 돕기 위한 규정으로 2023년 5월 16일 벤처법 개정으로 2023년 11월 17일부터 시행되었다.

---

[42] 상법 제399조(회사에 대한 책임) ① 이사가 고의 또는 과실로 법령 또는 정관에 위반한 행위를 하거나 그 임무를 게을리한 경우에는 그 이사는 회사에 대하여 연대하여 손해를 배상할 책임이 있다.
②전항의 행위가 이사회의 결의에 의한 것인 때에는 그 결의에 찬성한 이사도 전항의 책임이 있다.
③전항의 결의에 참가한 이사로서 이의를 한 기재가 의사록에 없는 자는 그 결의에 찬성한 것으로 추정한다.
[43] 상법 제342조(자기주식의 처분) 회사가 보유하는 자기의 주식을 처분하는 경우에 다음 각 호의 사항으로서 정관에 규정이 없는 것은 이사회가 결정한다.
1. 처분할 주식의 종류와 수
2. 처분할 주식의 처분가액과 납입기일
3. 주식을 처분할 상대방 및 처분방법

(1) 복수의결권주식의 발행

가. 발행요건

주식회사인 벤처기업은 다음의 요건을 모두 갖춘 경우 「상법」 제369조에도 불구하고 존속기간을 10년 이내의 범위에서 정관으로 정하는 바에 따라 주주총회의 결의로 복수의 의결권이 있는 주식(이하 "복수의결권주식"이라 한다)을 발행할 수 있다.(벤처법 제16조의11 ①항)

① 창업주와 특수관계인[44](이 경우 특수관계인 해당 여부는 주식회사인 벤처기업이 투자를 받을 당시를 기준으로 판단한다.)에 해당하지 아니하는 자로부터 창업 이후 100억원 이상의 투자를 받았을 것

② 위 요건을 충족하는 투자를 받는 경우 가장 나중에 받은 투자가 50억원 이상일 것

③ 위에 따른 투자를 받음에 따라 복수의결권주식을 받을 창업주가 해당 벤처기업 설립 당시부터 가장 나중의 투자를 받기 전까지 계속하여 유지하고 있던 지분율 미만이 될 것[45]

나. 정관에의 사전 규정

주식회사인 벤처기업이 복수의결권주식을 발행하려는 때에는 다음의 사항을 정관으로 정하여야 한다.(벤처법 제16조의11 ②항)

① 일정한 경우 복수의결권주식을 발행할 수 있다는 뜻

② 복수의결권주식을 받을 자의 자격 요건

③ 복수의결권주식의 발행 절차

④ 발행할 복수의결권주식의 총수

⑤ 복수의결권주식의 1주당 의결권의 수

⑥ 복수의결권주식의 존속기간

⑦ 일정한 경우 복수의결권주식은 보통주식으로 전환된다는 뜻

복수의결권주식의 의결권의 수는 1주마다 1개 초과 10개 이하의 범위에서 정관으로 정하여야 하며, 정관의 변경은 의결권 있는 발행주식 총수의 4분의 3 이상의 수로써 하여야 한다.

---

44) 「상법 시행령」 제34조제4항 각 호의 어느 하나에 해당하는 자 : 배우자(사실상의 혼인관계에 있는 사람을 포함한다), 6촌 이내의 혈족, 4촌 이내의 인척 등의 관계가 있는 자를 말한다. 해당 조문의 나머지 항목의 인용은 생략한다.

45) 복의결권주식 발행 대상 창업주가 되기 위해서는 "주식회사인 벤처기업 설립 당시부터 가장 나중의 투자를 받기 전까지 계속하여 의결권 있는 발행주식 총수의 100분의 30 이상으로서 가장 많은 주식을 소유한 자일 것" 요건을 충족해야 하는데 복수의결권주식을 받게 되는 경우 이 요건에 따른 지분율 미만으로 낮아져야 함을 의미한다.

다. 주주총회 결의

주주총회의 결의에서는 다음의 사항을 정하여야 한다.

① 복수의결권주식을 받을 자의 성명

② 복수의결권주식을 받을 자에 대하여 발행할 수량

③ 복수의결권주식 1주의 금액

④ 복수의결권주식의 납입에 관한 사항

주주총회의 결의는 의결권 있는 발행주식 총수의 4분의 3 이상의 수로써 하여야 한다.

라. 복수의결권주식의 발행 대상

복수의결권주식은 다음의 요건을 모두 갖춘 주주(이하 "창업주"라 한다)에게 발행한다.

① 주식회사인 벤처기업 설립 당시 정관에 기재된 발기인일 것

② 주주총회에서 선임되고 복수의결권주식 발행 당시 회사의 상무[46]에 종사하는 이사일 것

③ 금고 이상의 실형을 선고받고 그 집행이 끝나거나(끝난 것으로 보는 경우를 포함한다) 면제된 날부터 2년이 지나지 아니한 자에 해당하지 아니할 것

④ 주식회사인 벤처기업 설립 당시부터 가장 나중의 투자를 받기 전까지 계속하여 의결권 있는 발행주식 총수의 100분의 30 이상으로서 가장 많은 주식을 소유한 자일 것. 단, 위의 요건을 모두 갖춘 자가 둘 이상인 경우에는 그들이 소유한 주식을 합산하여 주식회사인 벤처기업 설립 당시부터 가장 나중의 투자를 받기 전까지 계속하여 의결권 있는 발행주식 총수의 100분의 50 이상으로서 가장 많은 주식을 소유한 경우에는 각각을 창업주로 본다.

마. 보고

주식회사인 벤처기업은 복수의결권주식을 발행한 때에는 아래에서 정하는 사항을 중기부장관에게 보고하여야 하며, 아래에서 정하는 중요한 사항을 변경한 때에도 또한 같다.

① 발행 보고

　㉠ 정관으로 정한 사항

　㉡ 복수의결권주식을 받은 자의 성명

　㉢ 복수의결권주식의 발행일 및 발행수량

② 변경 보고

　㉠ 정관으로 정한 사항 중 변경 사항

---

46) 상무(常務)란 회사의 영업활동 과정에서 일상적으로 행해지는 업무를 말한다. 법적 용어는 아니지만 상무이사는 이사 중에서 회사의 일상적인 업무를 수행하는 이사를 지칭하는 말로 사용되고 있다.

ⓛ 복수의결권주식을 받은 자의 성명

ⓒ 복수의결권주식의 발행일 및 발행수량

ⓔ 복수의결권주식이 보통주식으로 전환된 경우 그 전환에 관한 사항

주식회사인 벤처기업은 위에 따라 보고하거나 변경보고를 하려는 경우에는 중기부령으로 정하는 보고서에 다음의 서류를 첨부하여 중기부장관에게 제출해야 한다.

① 정관

② 주주총회 의사록

③ 주주명부

보고 및 변경보고와 비치 및 공시는 그 사유가 발생한 날부터 1개월 이내에 해야 하며, 중기부장관은 보고를 한 벤처기업의 명단을 관보에 고시하여야 한다.

바. 공시

주식회사인 벤처기업은 복수의결권주식을 발행한 때에는 복수의결권주식의 발행 내역 등을 본점과 지점에 비치 및 공시하여야 하며, 비치 및 공시는 그 사유가 발생한 날부터 1개월 이내에 해야 한다. 이 경우 비치의 기한은 복수의결권주식의 존속기간이 만료할 때까지로 한다.

사. 특례

복수의결권주식을 발행한 주식회사인 벤처기업에 대하여 「자본시장과 금융투자업에 관한 법률」 제133조제3항 및 제5항과 제147조제1항 및 제2항을 적용하는 경우에는 "주식등의 총수"는 "의결권의 총수"로, "주식등의 수"는 "의결권의 수"로 본다.

(2) 복수의결권주식에 대한 납입

창업주는 주주총회에서 총주주의 동의로 결의한 경우에는 보통주식으로 복수의결권주식에 대한 납입을 할 수 있다. 이 경우 복수의결권주식의 인수가액을 납입하려는 경우에는 다음의 사항을 이행해야 한다.(벤처법 제16조의11 ⑧항, 벤처령 제11조의8 ④항)

① 납입하려는 보통주식의 수량, 납입기일 등이 포함된 납입의뢰서를 주식회사인 벤처기업에 제출할 것

② 주주총회에서 결의한 복수의결권주식의 인수가액에 상당하는 보통주식을 납입기일 내에 주식회사인 벤처기업에 인도할 것

(3) 복수의결권주식의 전환 등

가. 복수의결권주식의 전환

복수의결권주식은 다음의 어느 하나에 해당하는 경우에는 해당 사유에서 정한 날에 같은 수의 보통주식으로 전환된다.

① 복수의결권주식의 존속기간이 만료된 경우 : 만료일의 다음 날

② 창업주가 복수의결권주식을 상속하거나 양도한 경우 : 상속일이나 양도일

③ 창업주가 복수의결권주식 발행 당시 회사의 상무(常務)에 종사하는 이사의 직을 상실한 경우 : 상실일

④ 주식회사인 벤처기업이 증권시장에 상장된 경우 : 해당 벤처기업이 상장된 날부터 3년이 지난 날(복수의결권주식의 존속기간이 그 전에 만료되는 경우에는 그 만료일의 다음 날로 한다)

⑤ 주식회사인 벤처기업이 공시대상기업집단 지정 사실의 통지를 받거나 공시대상기업집단 국내 계열회사 편입의 통지(공시대상기업집단의 국내 계열회사 또는 특수관계인으로 편입·통지된 것으로 보는 경우를 포함한다)를 받은 경우 : 통지일

⑥ 주식회사인 벤처기업이 공시대상기업집단의 국내 계열회사로 편입되어야 할 사유가 있음에도 불구하고 동일인이 지배하는 기업집단의 범위에서 제외된 경우에 해당하여 제외 통지를 받은 경우 : 통지일

복수의결권주식이 허위 또는 부정한 방법으로 발행된 경우에는 그 발행일에 같은 수의 보통주식으로 발행된 것으로 본다.

나. 전환 사실의 통지

주식회사인 벤처기업은 복수의결권주식이 보통주식으로 전환되거나 복수의결권주식의 발행일에 같은 수의 보통주식으로 발행된 것으로 보는 경우 해당 사유 발생일부터 2주일 이내에 다음의 구분에 따른 사항을 주주에게 서면으로 통지하거나 각 주주의 동의를 받아 전자문서로 통지해야 한다. 다만, 주식회사인 벤처기업이 상장회사인 경우에는 전자공시시스템을 통한 공고로 갈음할 수 있다.(벤처령 제11조의9 ②항)

① 복수의결권주식이 보통주식으로 전환된 경우

　　㉠ 보통주식으로 전환된 날짜와 전환된 수량

　　㉡ 보통주식으로 전환된 사유

② 복수의결권주식이 보통주식으로 발행된 것으로 보는 경우

　　　㉠ 복수의결권주식의 발행일과 발행수량

　　　㉡ 복수의결권주식이 허위 또는 부정한 방법으로 발행되어 그 발행일에 같은 수의 보통
　　　주식으로 발행된 것으로 본다는 뜻

(4) 복수의결권주식의 의결권 제한

　복수의결권주식은 다음의 어느 하나에 해당하는 사항을 결의하는 경우 1주마다 1개의 의결권만을 가진다.(벤처법 제16조의13)

　　① 복수의결권주식의 존속기간 변경을 위한 정관의 변경에 관한 사항

　　② 「상법」에 따른 이사의 보수에 관한 사항

　　③ 「상법」에 따른 이사의 회사에 대한 책임의 감면에 관한 사항

　　④ 「상법」에 따른 감사의 선임 및 해임에 관한 사항

　　⑤ 「상법」에 따른 자본금 감소의 결의에 관한 사항

　　⑥ 「상법」에 따른 이익배당에 관한 사항

　　⑦ 「상법」에 따른 해산의 결의에 관한 사항

　　⑧ 「상법」에 따른 감사위원회위원의 선임 및 해임에 관한 사항

(5) 위반행위의 인지 · 신고 등

　중기부장관은 이 법의 규정(복수의결권주식에 관한 규정으로 한정한다)에 위반한 혐의가 있다고 인정한 때에는 직권으로 필요한 조사를 할 수 있고, 위반 혐의가 있다고 인정한 벤처기업으로 하여금 관련 사항을 보고하게 하거나 소속 공무원으로 하여금 그 사무소 · 사업장, 그 밖에 필요한 장소에 출입하여 장부 · 서류 등 필요한 사항에 대해 조사하게 할 수 있다.

　중기부장관은 위에 따라 조사를 한 경우에는 그 결과를 해당 사건의 당사자에게 문서로 알려야 한다.

　누구든지 이 법의 규정(복수의결권주식에 관한 규정으로 한정한다)에 위반되는 사실이 있다고 인정할 때에는 그 사실을 중기부장관에게 신고할 수 있으며, 다음의 사항을 적은 서류를 중기부장관에게 제출해야 한다.

　　① 신고인의 성명 및 주소

　　② 피신고인의 상호, 주소 및 대표자 성명

　　③ 피신고인의 위반행위 내용

　　④ 그 밖에 위반행위의 내용을 명백히 할 수 있는 사항

5. 교육공무원 등 특례

교육공무원 등 특례는 벤처법 제16조 및 제16조의2에 규정되어 있으나 벤처법 제11조의5 규정을 통해 전문회사에도 준용되고 있다.

가. 교육공무원 등의 휴직

아래의 대학이나 국공립연구기관의 교원·연구원(이하 "교육공무원 등"이라 한다.)은 벤처 기업 또는 창업기업의 대표자나 임원으로 근무[47]하기 위하여 휴직할 수 있다.(벤처법 제16 조) 2024 기출

① 고등교육법에 따른 대학(다른 법률에 따라 설치된 대학을 포함한다)의 교원(부설연구소 포함)

② 국공립연구기관(한국과학기술원법 제15조, 광주과학기술원법 제14조 및 대구경북과학 기술원법 제12조의3 및 울산과학기술원법 제8조에 따른 교원 및 연구원 포함[48])

③ 과학기술분야 정부출연연구기관 및 정부출연연구기관의 연구원(부설연구소의 연구원을 포함한다.)

④ 전문생산기술연구소 연구원

⑤ 지방자치단체 출연기관[49]의 연구원

⑥ 연구개발 목적 공공기관[50]

나. 공공기관 직원 등의 휴직

다음의 어느 하나에 해당하는 자(이하 "공공기관직원 등"이라 한다)는 그 소속 기관의 장의 허가를 받아 벤처기업 또는 창업기업의 대표자나 임원으로 근무하기 위하여 휴직할 수 있다.

① 「공공기관의 운영에 관한 법률」에 따른 공공기관의 직원(과학기술분야 정부출연연구기 관 및 정부출연연구기관의 연구원은 제외한다)

---

[47] 2013년 3월 휴직사유가 확대되는 쪽으로 개정되었다. 개정 전에는 "창업하거나 벤처기업 임원으로 근무하 기 위해" 휴직이 허용되었으나 개정 후에는 "벤처기업 또는 창업자의 대표자나 임원으로 근무하기 위해" 휴직이 허용되고 있다.

[48] 각각 한국과학기술원(KAIST: Korea Advanced Institute of Science and Technology), 광주과학기술원 (GIST: Gwangju Institute of Science and Technology), 대구경북과학기술원(DGIST: Daegu Gyeongbuk Institute of Science & Technology)의 교원·연구원을 말한다.

[49] 벤처령 제11조(연구원의 휴직이 허용되는 연구기관의 범위) 「지방자치단체 출자·출연 기관의 운영에 관 한 법률」 제5조에 따라 지정·고시된 출연기관 중에서 중소벤처기업부장관이 행정안전부장관과 해당 지방 자치단체의 장(같은 조에 따른 지방자치단체의 장을 말한다)의 의견을 들어 과학기술분야 연구를 주된 목 적으로 수행하는 기관으로 정하여 고시하는 기관을 말한다.

[50] 「공공기관의 운영에 관한 법률 시행령」 제7조의2제2항에 따라 연구개발을 목적으로 하는 기관으로 지정 된 기타공공기관의 연구원

② 전문생산기술연구소의 직원(연구원은 제외한다)

③ 지방자치단체 출연기관[51]의 직원(연구원은 제외한다)

이에 따른 휴직 기간은 7년(창업 준비기간 6개월 및 소속 기관의 장의 허가를 받아 연장한 휴직 기간을 모두 포함한다) 이내로 한다. 이 경우 대학교원의 휴직 기간은 「교육공무원법」 제45조제2항[52]에도 불구하고 임용기간 중의 잔여기간을 초과할 수 있다.(벤처법 제16조 ②항)

위에 따라 교육공무원 등 또는 공공기관 직원 등이 6개월 이상 휴직하는 경우에는 휴직일부터 그 대학이나 연구기관·공공기관에 그 휴직자의 수에 해당하는 교육공무원 등이나 공공기관직원 등의 정원이 따로 있는 것으로 본다.(벤처법 제16조 ③항)

교원이나 공공연구기관·공공기관의 연구원 등이 휴직한 후 복직하는 경우 해당 소속 기관의 장은 그 휴직으로 인하여 신분 및 급여상의 불이익을 주어서는 아니 된다.

다. 교원·연구원 등의 겸임·겸직

교육공무원 등 또는 다음 연구기관의 연구원은 그 소속 기관의 장의 허가를 받아 벤처기업 또는 창업기업의 대표자나 임직원을 겸임·겸직할 수 있다.(벤처법 제16조의2)

① 교육공무원 등(휴직 가능 대학 연구기관의 교원·연구원)

② 과학기술분야 정부출연연구기관 및 정부출연연구기관의 연구원(국방분야의 연구기관은 제외한다)

③ 「방사선 및 방사성동위원소 이용진흥법」 제13조의2에 따른 한국원자력의학원의 연구원

④ 「한국원자력안전기술원법」에 따른 한국원자력안전기술원의 연구원

⑤ 「과학기술기본법」 제20조에 따른 한국과학기술기획평가원의 연구원

다만, 다음의 어느 하나에 해당하는 경우에는 겸임·겸직할 수 없다.

① 전공, 보유기술 및 직무경험 등과 무관한 분야에 겸임·겸직하고자 하는 경우

② 공무원으로서 직무상의 능률을 저해할 우려가 있는 경우

---

51) 벤처령 제11조(연구원의 휴직이 허용되는 연구기관의 범위) 「지방자치단체 출자·출연 기관의 운영에 관한 법률」 제5조에 따라 지정·고시된 출연기관 중에서 중소벤처기업부장관이 행정안전부장관과 해당 지방자치단체의 장(같은 조에 따른 지방자치단체의 장을 말한다)의 의견을 들어 과학기술분야 연구를 주된 목적으로 수행하는 기관으로 정하여 고시하는 기관을 말한다.

52) 「교육공무원법」 제45조 ②항: 대학에 근무하는 교원인 경우에 제1항의 휴직기간은 임용기간 중의 남은 기간을 초과할 수 없다.

전문회사에 적용되는 휴직·겸임·겸직 규정(벤처법 제11조의5 준용규정)과 벤처기업 일반에 적용되는 규정(벤처법 제16조, 벤처법 제16조의2), 인력법 상 휴직·겸임·겸직 규정은 다르다.

라. 산업재산권의 사용에 관한 특례

대학, 연구기관 또는 공공기관은 공공기술을 이용하려는 기업에 균등한 기회를 보장해야 한다는 규정에도 불구[53]하고 휴직하거나 겸임·겸직을 승인받은 교육공무원 등 또는 공공기관직원 등에게 직무발명에 따른 산업재산권 등의 이용을 허락할 때 전용실시권을 부여할 수 있다. 단, 국가, 지방자치단체 또는 공공기관이 연구개발 경비를 지원하여 획득한 성과로 얻어지는 발명에는 적용되지 아니한다.

휴직·겸직 이후 완성한 직무발명에 대하여는 해당 교육공무원 등 또는 공공기관직원 등이 희망할 경우 정당한 대가에 대한 상호 합의를 거쳐 우선적으로 전용실시권을 부여하여야 한다.(이상 벤처법 16조의9)

6. 인수합병지원센터

중기부장관은 중소벤처기업의 인수합병을 효율적으로 지원하기 위하여 중소기업지원 관련 기관·단체를 중소벤처기업 인수합병 지원센터(이하 "지원센터"라 한다)로 지정할 수 있다. 지원센터로 지정받으려는 자는 중기부장관이 정하여 고시하는 바에 따라 중기부장관에게 지정신청을 해야 하며 지원센터를 지정한 경우 중기부장관은 이를 고시해야 한다.

(1) 지원센터 요건 및 지정신청 절차

가. 물적요건
① 법인일 것 2024 기출
② 업무 내용에 중소벤처기업 인수합병에 관한 업무가 포함되어 있을 것
③ 중소벤처기업의 인수합병을 지원할 수 있는 전담조직을 갖추고 있을 것

나. 인적요건
다음의 어느 하나에 해당하는 전문인력을 3명 이상 보유할 것
① 변호사 또는 회계사

---

[53] 「기술의 이전 및 사업화 촉진에 관한 법률」 제24조 ④항 및 ⑤

② 경영지도사로서 기업의 인수합병 업무에 3년 이상 종사한 경력이 있는 사람

③ 세무사로서 기업의 인수합병 업무에 3년 이상 종사한 경력이 있는 사람

④ 금융회사 등 또는 기업구조조정전문회사에서 기업의 인수합병 업무에 3년 이상 종사한 경력이 있는 사람

⑤ 위 ①~④까지에서 규정한 자와 동등한 자격이 있다고 중기부장관이 인정하는 사람

※ 대부분의 요건에서 전문인력 2명을 요하지만 지원센터의 경우 3명을 보유해야 하며, 전문회사는 1명의 전문인력을 요한다.

다. 지정신청 절차

지원센터로 지정받으려는 중소기업지원 관련 기관 또는 단체는 중기부장관이 정하여 고시하는 바에 따라 중기부장관에게 지정신청을 하여야 한다. 중기부장관은 지원센터를 지정한 경우에는 이를 고시하여야 한다.(벤처령 제7조 ②, ③항)

(2) 지원센터의 지정취소

중기부장관은 지원센터가 다음의 어느 하나에 해당하는 경우에는 그 지정을 취소할 수 있으며 취소 시 청문을 실시해야 한다. 다음의 ①항에 해당하는 경우에는 그 지정을 취소해야 한다.(벤처법 제15조의14, 제29조 2024 기출

① 거짓이나 그 밖의 부정한 방법으로 지정을 받은 경우

② 지정기준에 미달하게 되는 경우

③ 지정받은 업무를 정당한 사유 없이 1개월 이상 수행하지 아니한 경우

(3) 지원센터 업무 등

가. 지원센터 업무

지원센터는 다음의 업무를 수행한다.(벤처법 제15조의13 ②항) 2018 기출

① 인수합병계획의 수립 지원에 관한 사항

② 인수합병을 위한 기업정보의 수집·제공 및 컨설팅 지원에 관한 사항

③ 기업가치평가모델의 개발 및 보급에 관한 사항

학습의 관점에서 ③항 이후의 업무는 생략한다.

나. 계획과 실적의 보고

지원센터로 지정받은 기관 또는 단체는 해당 연도의 사업계획과 전년도의 사업추진 실적을 매년 1월 31일까지 중기부장관에게 제출해야 한다.(벤처령 제7조 ④항)

다. 지원센터에 대한 지원

중기부장관은 지원센터의 운영에 드는 경비의 전부 또는 일부를 지원할 수 있다.

7. 벤처기업에 대한 정보제공

정부는 벤처기업의 창업 및 영업활동과 관련된 투자·자금·인력·기술·판로 및 입지 등에 관한 정보를 제공하거나 그 밖에 벤처기업의 정보화를 촉진하기 위한 지원을 할 수 있다. 중기부장관은 중앙행정기관의 장, 지방자치단체의 장 또는 공공기관의 장에게 정보 제공에 필요한 자료를 요청할 수 있다.

중기부장관은 벤처기업에 대한 개인이나 개인투자조합의 투자를 촉진하기 위하여 중기부령으로 정하는 바에 따라 벤처기업의 투자가치에 관한 정보 등 필요한 정보를 개인 등에게 제공할 수 있다.(벤처법 제16조의7)

제
2
장

4.1 신기술창업집적지역

　신기술창업집적지역(이하 "집적지역"이라 한다)이란 대학이나 연구기관이 소유한 교지나 부지의 일정 지역에 대하여 창업기업·벤처기업 등의 생산시설 및 그 지원시설을 집단적으로 설치할 수 있도록 지정된 지역을 말한다. 중기부장관은 집적지역의 지정·운영에 관한 지침을 수립하여 고시해야 한다.(벤처법 17조의5)

1. 지정 요건 및 지정의 취소

(1) 지정요건

　집적지역은 다음의 요건을 갖추어야 한다.(벤처법 17조의3, 벤처령 제11조의14) 2023 기출
　① 지정 면적이 3,000㎡ 이상일 것
　② 보유한 교지·부지의 연면적에 대한 지정면적의 비율이 30% 이하일 것
　③ 집적지역개발계획이 실현 가능할 것

　중기부장관은 집적지역의 지정을 요청받으면 위 지정 요건에 맞는지를 검토하여 집적지역으로 지정할 수 있다. 이 경우 대통령령[54]으로 정하는 바에 따라 그 내용을 고시하여야 한다.

---

54) 벤처령 제11조의13 ③항 : 중기부장관은 집적지역을 지정하였을 때에는 그 집적지역의 명칭, 위치 및 지정

(2) 지정절차

가. 지정신청

대학이나 연구기관의 장은 해당 기관이 소유한 교지나 부지의 일정 지역에 대하여 창업기업·벤처기업 등의 생산시설 및 그 지원시설을 집단적으로 설치하는 집적지역의 지정을 중기부장관에게 요청할 수 있으며, 집적지역의 지정을 요청할 때 다음의 사항을 포함하는 집적지역개발계획을 제출해야 한다.

① 집적지역의 명칭, 위치 및 지정 면적

② 해당 기관이 보유한 교지나 부지의 연면적

③ 주요 시설의 배치계획

나. 지정 시 협의

중기부장관은 집적지역의 지정을 요청받으면 지정요건에 맞는지를 검토하여 집적지역으로 지정하는 경우 시장·군수 또는 구청장(자치구의 구청장[55]을 말한다.)과 협의해야 한다. 단, 지정 면적이 1만㎡ 이상이면 집적지역이 속하는 특별시장·광역시장·특별자치시장·도지사·제주특별자치도지사(이하 "시·도지사"라 한다)와 협의해야 한다. 다만, 집적지역이 「지방자치법」에 따른 인구 100만 이상 대도시의 관할 구역 안에 있는 경우에는 그 대도시의 장과 협의하여야 한다.(벤처법 제17조의2)

(3) 지정의 취소

중기부장관은 집적지역이 다음의 어느 하나에 해당하면 그 지정을 취소할 수 있다.

① 사업 지연, 관리 부실 등의 사유로 지정목적을 달성할 수 없는 경우

② 지정 요건을 충족하지 못한 경우

2. 집적지역에 대한 지원

국가나 지방자치단체는 집적지역의 조성 및 설치에 필요한 시설비의 전부 또는 일부를 지원할 수 있다.(벤처법 제20조)

면적 등을 관보에 고시하여야 한다.

55) 자치구란 특별시·광역시에 소속된 기초 자치단체로서의 구(區)를 말한다. 이에 비해 기초 자치단체인 일반 시의 구는 자치 기능이 부여되지 않은 행정구이다. 예를 들어 서울시(특별시)에 소속된 송파구는 자치구가 되지만, 경기 성남시(기초 자치단체)의 분당구는 자치구가 아닌 일반 행정구가 된다. 자치구는 선거로 구청장을 선출하고, 행정구는 시장이 구청장을 임명한다.

(1) 입지규제완화

집적지역은 「국토의 계획 및 이용에 관한 법률」 제76조에도 불구하고 같은 법 제36조에 따른 지역 중 보전녹지지역 등 대통령령으로 정하는 지역 외의 지역에 지정할 수 있다.

국토법에서는 용도지역별로 설치 가능한 산업과 건축물에 대해서 세세하게 규제하고 있으며, 통상 대학과 연구소를 설립할 수 있는 용도지역과 집적지역이 설치될 수 있는 용도지역이 상충됨으로써 국토법의 규정대로라면 대학이나 연구소 내에 집적지역을 설치하지 못할 수도 있다. 따라서 벤처법 상 규정은 국토법의 제한 규정에도 불구하고 기존 법규상 규제를 완화시켜 대학 또는 연구소 내에 집적지역을 설치할 수 있게 하는 특례규정이라 할 수 있다.

구체적으로는 벤처령에서 정하는 다음의 용도지역 외에서는 국토법 규정에 관계없이 집적지역을 설치할 수 있다.(벤처령 제11조의15 ①항)
① 보전관리지역, 농림지역 및 자연환경보전지역
② 전용주거지역(제1종·제2종 전용주거지역), 유통상업지역 및 보전녹지지역

국토법은 국토를 크게 네 개의 용도지역으로 구분하고, 용도지역별로 세분하여 관리토록 하고 있다. 국토법 상 용도지역 구분에 대한 아래의 도식에서 음영처리된 용도지역을 제외한 나머지 지역에 대해서 집적지역을 설치할 수 있다.

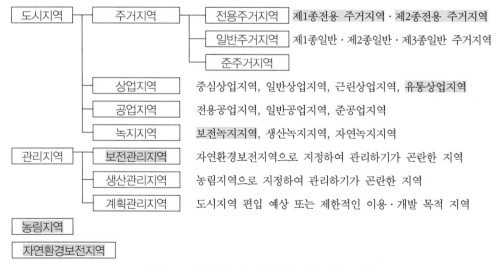

〈국토법 상 용도지역 중 집적지역 지정 가능 지역〉

(2) 도시형 공장 설치 및 공장등록 특례

국토법 제76조 ①항 규정에 따라 용도지역별로 건축할 수 있는 건축물이 규제되고 있고, 건축법 제19조 ①항의 규정에 따라 용도별 건축기준이 상세히 규제되고 있다. 이에 따르면 집적지역 내에서 필요한 시설을 설치할 수 없는 일이 발생할 수 있으므로 이에 대한 특례규정을 두어 국토법과 건축법 규정에도 불구하고 창업기업이나 벤처기업이 집적지역 내에서 구조안전에 지장만 없다면 도시형공장[56]과 이와 관련된 업무시설을 해당 대학이나 연구기관의 장의 승인을 받아 설치할 수 있다.

이 경우 「산업집적활성화 및 공장설립에 관한 법률」 제13조에 따른 공장설립 등의 승인이나 같은 법 제14조의3에 따른 제조시설 설치승인을 받은 것으로 본다.(벤처법 제17조의4)

시장 · 군수 또는 구청장은 집적지역의 창업기업이나 벤처기업으로부터 위에 따른 공장등록신청을 받으면 공장등록대장에 등록해야 한다.(벤처법 제17조의4 ⑨항)

(3) 도시첨단산업단지 의제

집적지역 중 지정 면적이 1만㎡ 이상이고 도시지역에 지정된 경우 그 집적지역은 도시첨단산업단지로 본다. 이로써 집적지역도 도시첨단산업단지로서 공장설립 절차가 완화되고 조세지원 근거가 마련된다. 이때 중기부장관은 관리권자[57]가 되고, 대학이나 연구기관은 동법 제30조제2항[58]에 따른 관리기관이 된다.(벤처법 제17조의4 ③~⑤항)

"산업입지 및 개발에 관한 법률"에 따른 산업단지를 살펴보면 다음과 같다.

국가산업단지	국가기간산업, 첨단과학기술산업 등을 육성하거나 개발 촉진이 필요한 낙후지역이나 둘 이상의 특별시 · 광역시 또는 도에 걸쳐 있는 지역을 산업단지로 개발하기 위해 지정된 산업단지
일반산업단지	산업의 적정한 지방 분산을 촉진하고 지역경제의 활성화를 위해 지정된 산업단지
도시첨단산업단지	지식산업 · 문화산업 · 정보통신산업, 그 밖의 첨단산업의 육성과 개발 촉진을 위해 도시지역에 지정된 산업단지
농공단지	농어촌지역에 농어민의 소득 증대를 위한 산업을 유치 · 육성하기 위해 지정된 산업단지

---

56) 「산업집적활성화 및 공장설립에 관한 법률 시행령」 제34조 제1호에 따른 도시형공장을 말한다. 이 규정에 따른 도시형공장이란 특정대기유해물질을 배출하는 대기오염물질배출시설을 설치하는 공장 또는 특정수질유해물질을 배출하는 폐수배출시설을 설치하는 공장을 말한다.

57) 「산업집적활성화 및 공장설립에 관한 법률」 제30조제1항에 따른 관리권자

58) 산업집적활성화 및 공장설립에 관한 법률 제30조 ②항: 관리기관은 다음 각 호와 같다. 1. 관리권자 2. 관리권자로부터 관리업무를 위임받은 지방자치단체의 장 3. 관리권자로부터 관리업무를 위탁받은 공단 또는 제31조제2항의 산업단지관리공단 4. 관리권자로부터 관리업무를 위탁받은 제31조제2항의 입주기업체협의회 5. 관리권자로부터 관리업무(일반산업단지, 도시첨단산업단지 및 농공단지의 관리업무만 해당한다)를 위탁받은 기관으로서 대통령령으로 정하는 기관

(4) 교지 · 부지 임대 특례

국유재산과 공유재산 및 학교법에 따른 재산에는 영구시설물을 설치할 수 없다. 이 규정은 이에 대한 특례규정이며 구체적으로는 다음과 같다.

가. 영구시설물 축조

대학이나 연구기관의 장은 「국유재산법」 제18조[59])와 제27조, 「공유재산 및 물품 관리법」 제13조와 제20조, 「고등교육법」 및 「사립학교법」에도 불구하고 창업기업 · 벤처기업 또는 지원시설을 설치 · 운영하려는 자가 집적지역에 건물(공장용 건축물을 포함한다)이나 그 밖의 영구시설물을 축조하려는 경우에는 집적지역의 일부를 임대할 수 있다.

이 경우 임대계약(갱신되는 경우를 포함한다) 기간이 끝나면 그 시설물의 종류 · 용도 등을 고려하여 해당 시설물을 대학이나 연구기관에 기부하거나 교지나 부지를 원상으로 회복하여 되돌려 주어야 한다.(벤처법 제17조의4 ⑥항)

나. 임대료와 임대기간 특례

국유재산의 임대에 따른 연간 사용료는 국유재산법 규정에도 불구하고 재산가액의 1% 이상의 요율을 곱한 금액을 임대료로 할 수 있다.

국유재산의 연간 임대료는 「국유재산법 시행령」 제29조제1항에 따른 사용료율과 사용료 산출방법에 따라 산출한 금액에 1천분의 10 이상을 곱한 금액으로 하되, 월 단위로 나누어 낼 수 있다.(벤처령 제13조 ①항)

국유재산을 계속하여 두 해 이상 임차하는 경우로서 산출한 연간 임대료가 전년도 임대료의 100분의 10 이상 오르는 경우에는 「국유재산법 시행령」 제31조에 따른 사용료의 조정 방법에 따라 산출한 금액을 그 임대료로 한다.(벤처령 제13조 ②항)

국유재산의 임대기간은 20년 이하로 하며, 이 임대기간은 갱신할 수 있다. 이 경우 갱신기간은 갱신할 때마다 20년을 초과할 수 없다.(벤처령 제13조 ③~④항)

---

59) 제18조(영구시설물의 축조 금지) ① 국가 외의 자는 국유재산에 건물, 교량 등 구조물과 그 밖의 영구시설물을 축조하지 못한다. 다만, 다음 각 호의 어느 하나에 해당하는 경우에는 그러하지 아니하다. 1. 기부를 조건으로 축조하는 경우 2. 다른 법률에 따라 국가에 소유권이 귀속되는 공공시설을 축조하는 경우 2의2. 제50조제2항에 따라 매각대금을 나누어 내고 있는 일반재산으로서 대통령령으로 정하는 경우

(5) 부담금 면제

집적지역에 대하여는 다음의 부담금을 면제한다. *2020 기출*
① 「개발이익환수에 관한 법률」 제5조에 따른 개발부담금
② 「산지관리법」 제19조에 따른 대체산림자원조성비
③ 「농지법」 제38조에 따른 농지보전부담금
④ 「초지법」 제23조에 따른 대체초지조성비
⑤ 「도시교통정비 촉진법」 제36조에 따른 교통유발부담금
⑥ 「문화예술진흥법」 제9조에 따른 미술작품 설치

4.2 벤처기업 집적시설

1. 지정 요건 및 지정의 취소

벤처기업집적시설이란 도심 내 벤처기업의 입주공간 확보가 용이하도록 일정요건을 갖춘 건축물을 집적시설로 지정하여 각종 지원을 실시하는 제도로써 시·도지사가 벤처기업을 지원하기 위하여 필요하다고 인정하면 집적시설을 직접 설치하거나 기존의 건축물을 집적시설로 지정하여 벤처기업과 그 지원시설을 입주하게 할 수 있다. 또한 집적시설을 설치하거나 기존의 건축물을 집적시설로 사용하려는 자는 시·도지사(특별시·광역시·특별자치시를 제외한 인구 50만 이상 대도시의 경우 그 시장)으로부터 그 지정을 받을 수 있다.

(1) 지정요건

집적시설은 "先지정 - 後요건충족" 제도로 건물이 건축되지 않은 상태에서도 지정신청이 가능하며, 건물의 일부도 집적시설로 지정받을 수 있다.

가. 사전요건

전용면적이 600㎡ 이상[60]인 건축물이어야 하며, 건물의 일부를 지정받고자 하는 경우 지정받으려는 각 층 연면적의 50% 이상이 포함돼야 한다.(벤처령 제11조의17 ①항)

나. 사후요건

집적시설은 지정받은 날(건축 중인 건축물은 건축물의 사용승인을 받은 날)부터 1년 이내에 다음의 요건을 갖추어야 한다.(벤처법 제18조 ②항, 벤처령 제11조의17 ②항)

---

60) 2015년 11월 개정으로 기존 1,200㎡에서 600㎡로 완화되었다.

① 다음의 기업(이하 벤처기업 등이라 한다.)이 입주하게 하되, 입주한 기업 중에서 벤처기업이 4개 이상(수도권 외의 지역은 3개 이상)일 것

　㉠ 벤처기업

　㉡ 「조세특례제한법 시행령」 제6조제6항에 따른 지식기반산업을 경영하는 중소기업

　㉢ 지식산업 또는 정보통신산업을 경영하는 중소기업

　㉣ 창업보육센터에 3년 이상 입주한 경력이 있는 중소기업

　㉤ 벤처기업집적시설에 입주하였던 벤처기업이 벤처기업에 해당하지 아니하게 된 경우에도 계속하여 벤처기업집적시설에 입주하고 있는 기업

② 연면적의 70%(수도권 외의 지역은 50%) 이상을 벤처기업 등이 사용하게 할 것

③ 지정 면적 중 벤처기업 등이 사용하지 않는 나머지 면적은 다음의 시설이 사용하게 할 것

　㉠ 지원시설

　㉡ 업무활동과 관련된 시설 : 공용회의실·공동이용장비실 및 전시장 등

　㉢ 종업원을 위한 후생복지시설 : 휴게실·구내식당 및 체력단련실 등

위 ③항 ㉠의 지원시설이란 창업보육센터, 상담회사, 벤처투자회사, 은행, 신용보증기금·기술보증기금·지역신용보증재단, 지도사 사무소 등을 말하는데 구체적인 인용은 생략한다(벤처령 제2조)

(2) 지정 및 변경지정

집적시설로 지정받으려는 자는 중기부령으로 정하는 바에 따라 시·도지사(서울특별시·광역시 및 특별자치시를 제외한 인구 50만 이상 대도시의 경우에는 그 시장을 말한다)에게 집적시설의 지정신청을 해야 한다. 지정받은 사항을 변경하려는 경우에도 또한 같다.(벤처법 제18조 ①항)

시·도지사는 위에 따라 집적시설 지정신청을 받은 건축물이 사전요건에 해당하면 집적시설로 지정하고, 중기부령으로 정하는 바에 따라 집적시설 지정서를 발급해야 한다.

(3) 지정 취소

시·도지사는 집적시설이 다음의 어느 하나에 해당하면 그 지정을 취소할 수 있다. 단, ①항에 해당하는 경우에는 그 지정을 취소해야 한다.

① 거짓이나 그 밖의 부정한 방법으로 지정받은 경우

② 사전·사후 지정 요건에 맞지 아니하게 된 경우

시·도지사는 위에 따라 집적시설의 지정을 취소하려면 청문을 해야 한다.

2. 집적시설에 대한 지원

국가나 지방자치단체는 집적시설의 조성 및 설치에 필요한 시설비의 전부 또는 일부를 지원할 수 있다.(벤처법 제20조)

(1) 입지규제완화 특례

집적시설은 「국토의 계획 및 이용에 관한 법률」 제76조①항에도 불구하고 같은 법 제36조에 따른 지역 중 전용주거지역, 제1종일반주거지역 및 녹지지역 외의 지역에 건축할 수 있다.(벤처법 제21조 ②항, 벤처령 제14조 ①항)

> **국토의 계획 및 이용에 관한 법률에서의 용도지역**
>
> 위 법에서는 국토를 크게 네 개의 용도지역으로 구분하고, 용도지역별로 세분하여 관리토록 하고 있다. 우선 이에 따른 국토의 분류를 살펴보고 벤처법에서 규정하고 있는 집적시설 설치 가능한 지역에 대한 이해를 돕는다.
>
> 아래 국토법 상 용도지역 구분에 대한 도식에서 음영처리된 용도지역을 제외한 나머지 지역에 대해서 집적시설을 설치할 수 있다. 현행 벤처법 규정대로라면 관리지역, 농림지역, 자연환경보전지역에 집적시설을 설치할 수 있다고 해석할 수 있다. 그러나 집적시설 규정 취지가 도시지역에서 벤처기업이 집단적으로 입주할 수 있게 하여 입지문제를 해결하고자 하는 것이므로 도시지역을 대상으로 설치 제외지역을 규정하고 있다고 이해하는 것이 좋을 듯하다.

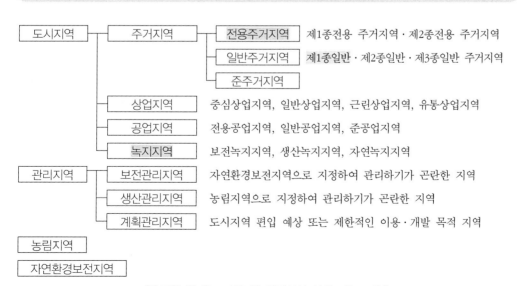

〈국토법 상 용도지역 중 집적시설 설치 가능 지역〉

(2) 도시형 공장 설치 및 공장등록 특례

국토법 제76조 ①항 규정에 따라 용도지역별로 건축할 수 있는 건축물이 규제되고 있고, 건축법 제19조 ①항의 규정에 따라 용도별 건축기준이 상세히 규제되고 있다. 그러나 이에 대한 특례규정을 두어 국토법과 건축법 규정에도 불구하고 집적시설에 입주한 자는 집적시설 내에서 구조안전에 지장만 없다면 공장건축면적(건축물 각 층의 바닥면적과 옥외공작물의 수평투영면적을 더한 면적을 말한다)이 2,000㎡ 이하인 도시형공장을 설치할 수 있다.

이 경우 「산업집적활성화 및 공장설립에 관한 법률」 제13조에 따른 공장설립 등의 승인이나 같은 법 제14조의3에 따른 제조시설 설치승인을 받은 것으로 본다. 시장·군수 또는 구청장은 집적지역의 창업자나 벤처기업으로부터 위에 따른 공장등록신청을 받으면「산업집적활성화 및 공장설립에 관한 법률」 제16조[61)]에 따라 공장등록대장에 등록해야 한다.(벤처법 제21조 ③항, ④항)

집적시설에 입주한 자가 집적시설에 도시형공장을 설치하려는 경우(설치하려는 공장의 적재하중이 집적시설로 지정받은 건축물의 적재하중 이하인 경우는 제외한다)에 집적시설의 설치·운영자는 미리 시장·군수 또는 구청장에게 해당 건축물의 구조안전에 대한 확인을 받아야 한다. 이 경우 시장·군수 또는 구청장은 필요하다고 인정하면 건축사나 「국가기술자격법」에 따른 건축구조기술사에게 구조안전에 관한 사항을 검토하게 할 수 있다.(벤처령 제14조 ③항)

(3) 국·공유재산 매각 및 임대 특례

국유재산과 공유재산은 원칙적으로 수의계약을 통해 매각할 수 없다. 그러나 국가나 지방자치단체는 집적시설의 개발 또는 설치와 그 운영을 위하여 필요하다고 인정하면 「국유재산법」 또는 「공유재산 및 물품 관리법」에도 불구하고 수의계약에 의하여 국유재산이나 공유재산을 집적시설의 설치·운영자에게 매각하거나 임대할 수 있도록 특례규정을 두고 있다.(벤처법 제19조 ①항)

가. 국유재산의 매각 등

국유재산의 매각가격은 2개 이상의 감정평가업자가 감정 평가한 가액을 산술평균한 금액으로 한다.

국가나 지방자치단체는 국유인 일반재산 또는 공유인 잡종재산인 부동산을 벤처기업에 임

---

61) 제16조(공장의 등록) ① 시장·군수·구청장 또는 관리기관은 제15조에 따른 공장설립 등의 완료신고를 받았을 때에는 중기부령으로 정하는 바에 따라 이를 공장등록대장에 등록하여야 한다.

대하는 조건으로 신탁업자에 신탁할 수 있다. 이 경우 공유부동산의 신탁에 관하여는 「국유재산법」 제58조의 규정을 준용한다.(벤처법 제19조 ③항)

나. 영구시설물 축조

대학이나 연구기관의 장은 「국유재산법」 제18조와, 「공유재산 및 물품 관리법」 제13조와 제20조, 「고등교육법」 및 「사립학교법」에도 불구하고 집적시설의 설치·운영자에게 국공유 토지나 대학 교지의 일부를 임대하여 건물이나 그 밖의 영구시설물을 축조하게 할 수 있다.

이 경우 임대계약 기간이 끝나면 해당 시설물의 종류·용도 등을 고려하여 그 시설물을 국가·지방자치단체 또는 사립학교의 학교법인에 기부하거나 토지 또는 교지를 원상으로 회복하여 되돌려 주는 것을 임대조건으로 해야 한다.

집적시설의 설치·운영자는 「국유재산법」 제30조제2항, 「공유재산 및 물품 관리법」 제35조, 「고등교육법」 및 「사립학교법」에도 불구하고 위에서 축조한 건물 및 영구시설물을 임대 목적과 동일한 용도로 사용하려는 다른 자에게 사용·수익(收益)하게 할 수 있다.(벤처법 제19조 ⑤항)

다. 임대료와 임대기간 특례

집적지역의 임대료 및 임대기간 특례 규정은 집적시설의 해당 조문을 준용하고 있으므로 집적지역과 집적시설의 규정은 동일하다.

국유재산의 임대에 따른 연간 사용료는 국유재산법 규정에도 불구하고 재산가액의 1% 이상의 요율을 곱한 금액을 임대료로 할 수 있다.

국유재산의 연간 임대료는 「국유재산법 시행령」 제29조제1항에 따른 사용료율과 사용료 산출방법에 따라 산출한 금액에 1천분의 10 이상을 곱한 금액으로 하되, 월 단위로 나누어 낼 수 있다.(벤처령 제13조 ①항)

국유재산을 계속하여 두 해 이상 임차하는 경우로서 제1항에 따라 산출한 연간 임대료가 전년도 임대료의 100분의 10 이상 오르는 경우에는 「국유재산법 시행령」 제31조에 따른 사용료의 조정 방법에 따라 산출한 금액을 그 임대료로 한다.(벤처령 제13조 ②항)

국유재산의 임대기간은 20년 이하로 하며, 이 임대기간은 갱신할 수 있다. 이 경우 갱신기간은 갱신할 때마다 20년을 초과할 수 없다..(벤처령 제13조 ③~④항)

(4) 부담금 면제

집적시설에 대하여는 다음의 부담금을 면제한다.(벤처법 제22조) 2015 기출

① 「개발이익환수에 관한 법률」 제5조에 따른 개발부담금

② 「도시교통정비 촉진법」 제36조에 따른 교통유발부담금

③ 「농지법」 제38조에 따른 농지보전부담금

④ 「산지관리법」 제19조에 따른 대체산림자원조성비

⑤ 「초지법」 제23조에 따른 대체초지조성비

⑥ 「문화예술진흥법」 제9조에 따른 미술작품 설치

4.3 벤처기업육성촉진지구

벤처기업이 자연발생적으로 집적되어 있거나 대학, 연구소 등이 소재하고 벤처기업 증가세가 두드러지게 나타나는 등 성장잠재력이 큰 지역을 촉진지구로 지정하여 기반시설 구축, 경영지원, 제도개선(조세감면, 규제완화 등), 자금, 입지, 인력 등 중기부 지원사업 시 우대 등 체계적 지원을 실시하는 제도이다.

1. 촉진지구 지정 및 지정의 해제

시·도지사는 벤처기업을 육성하기 위하여 필요하면 관할 구역의 일정지역에 대하여 촉진지구의 지정을 중기부장관에게 요청할 수 있다. 이에 따라 촉진지구의 지정을 요청할 때에는 중기부령으로 정하는 바에 따라 지정요청서와 촉진지구 육성계획서를 중기부장관에게 제출해야 한다.(벤처령 제11조의21 ②항) 2021 기출

가. 지정요건
촉진지구는 다음의 요건을 모두 갖춘 지역으로 한다.(벤처령 제11조의21 ①항)

① 해당 지역에 있는 벤처기업의 수가 소상공인을 제외한 중소기업 총수의 10% 이상일 것

② 대학이나 연구기관이 있을 것

③ 교통·통신·금융 등의 기반시설이 갖추어져 있을 것

나. 지정 후 고시
중기부장관은 관계 중앙행정기관의 장과 협의하여 촉진지구를 지정하고, 촉진지구를 지정하였으면 다음의 사항을 고시해야 한다.(벤처령 제11조의21 ③항)

① 촉진지구의 명칭

② 촉진지구의 위치 및 면적

③ 촉진지구 육성계획의 개요

다. 지정해제

중기부장관은 지정된 촉진지구가 다음의 어느 하나에 해당하면 그 지정을 해제할 수 있다.(벤처법 제18조의4 ③항)

① 촉진지구육성계획이 실현될 가능성이 없는 경우

② 사업 지연, 관리 부실 등의 사유로 지정목적을 달성할 수 없는 경우

신기술창업집적지역	벤처기업육성촉진지구
사업지연·관리부실 등 사유 지정목적 달성 ×	사업지연·관리부실 등 사유 지정목적 달성 ×
지정 요건을 충족하지 못한 경우	촉진지구육성계획이 실현될 가능성 ×

〈집적지역과 촉진지구의 취소 및 해제사유〉

2. 촉진지구에 대한 지원

촉진지구의 성격을 먼저 이해해야 한다. 촉진지구는 지방자치단체에서 해당 지역 벤처기업을 육성하기 위해 중기부장관에게 신청하고 중기부장관이 지정하고 있다. 따라서 촉진지구의 지원에는 중기부의 지자체에 대한 지원이 함께 포함 된다.

가. 지방자치단체에 대한 지원

중기부장관은 촉진지구의 활성화를 위하여 「지역중소기업 육성 및 혁신촉진 등에 관한 법률」 제8에 따라 지방중소기업육성관련기금의 조성을 지원할 때 촉진지구를 지정받은 지방자치단체를 우대하여 지원할 수 있다.(벤처법 제18조의5 ①항)

나. 촉진지구 내 벤처기업 지원

국가나 지방자치단체는 촉진지구에 있거나 촉진지구로 이전하는 벤처기업에 자금이나 그 밖에 필요한 사항을 우선하여 지원할 수 있다.(벤처법 제18조의5 ②항)

다. 집적시설 및 보육센터 사업자 지원

국가나 지방자치단체는 촉진지구에 설치되는 집적시설의 설치·운영자 및 창업보육센터사업자에게 그 소요자금의 전부 또는 일부를 지원하거나 우대하여 지원할 수 있다.

라. 부담금 면제

촉진지구 내 벤처기업과 그 지원시설에 대하여는 다음의 부담금을 면제한다. 이 규정은

벤처기업 집적시설과 동일하다.(벤처법 제18조의5 ④항, 벤처법 제22조)

① 「개발이익환수에 관한 법률」 제5조에 따른 개발부담금

② 「도시교통정비 촉진법」 제36조에 따른 교통유발부담금

③ 「농지법」 제38조에 따른 농지보전부담금

④ 「산지관리법」 제19조에 따른 대체산림자원조성비

⑤ 「초지법」 제23조에 따른 대체초지조성비

⑥ 「문화예술진흥법」 제9조에 따른 미술작품 설치

입지지원 사업을 시행주체별로 정리하면 다음과 같다.

신기술창업집적지역	대학·연구기관의 장이 중기부장관에 지정 요청
벤처기업집적시설	시·도지사가 신청받아 지정
벤처기업육성촉진지구	시·도지사가 중기부장관에게 지정 요청
실험실공장	교원·연구원·학생 등이 소속 기관장 승인을 받아 설치

4.4 특례규정

1. 실험실공장 특례

대학이나 연구기관이 보유하고 있는 연구시설 안에 도시형 공장에 해당하는 업종의 생산시설을 갖춘 사업장을 말하는 것으로써 교수 또는 연구원의 벤처기업 창업을 촉진하기 위해 시행되는 제도다.

가. 실험실공장 설치 가능자

다음의 어느 하나에 해당하는 자는 그 소속 기관의 장(⑤항의 경우에는 실험실공장을 설치하게 되는 기관의 장을 말한다)의 승인을 받아 실험실공장을 설치할 수 있으며 승인받은 사항을 변경하는 경우에도 또한 같다.(벤처법 제18조의2 ①항)

① 「고등교육법」에 따른 대학의 교원 및 학생

② 국공립연구기관이나 정부출연연구기관의 연구원

③ 전문생산기술연구소의 연구원

④ 「연구개발특구 등의 육성에 관한 특별법」에 따른 연구개발특구에 입주한 기관의 연구원

⑤ 벤처기업의 창업자

나. 승인 및 공장등록 절차

위에 따라 실험실공장을 설치하려는 자는 중기부령으로 정하는 서류[62]를 갖추어 그 소속 기관의 장에게 승인을 신청해야 한다. 승인받은 사항을 변경하려는 경우에도 또한 같다.

위의 어느 하나에 해당하는 자의 소속 기관의 장은 승인·변경승인의 신청을 받은 날부터 7일 이내에 승인 여부를 신청인에게 통지하여야 하며, 이 기간 내에 승인 여부 또는 민원 처리 관련 법령에 따른 처리기간의 연장을 신청인에게 통지하지 아니하면 그 기간이 끝난 날의 다음날에 승인을 한 것으로 본다.(벤처법 제18조의2 ②, ③항)

실험실공장의 승인(변경승인을 포함한다)을 받으면 「산업집적활성화 및 공장설립에 관한 법률」 제13조에 따른 공장설립 등의 승인 또는 같은 법 제14조의3에 따른 제조시설설치승인을 받은 것으로 본다.(벤처법 제18조의2 ④항)

승인 후 실험실공장에 대한 공장등록신청을 할 때에는 그 소속 기관의 장이 승인한 서류를 제출해야 하며, 시장·군수 또는 구청장(자치구의 구청장을 말한다. 이하 같다)은 실험실공장에 대한 공장등록신청을 받으면 공장등록대장에 등록해야 한다.

단, 학생이 승인 신청할 때는 실험실공장이 설치될 연구실 등을 관리할 책임이 있는 자로부터 설치에 관한 동의를 받아야 한다.(벤처령 제11조의19 ②항)

다. 면적 제한

① 실험실공장의 생산시설용으로 쓰이는 바닥면적 합계는 3,000㎡를 초과할 수 없다. 다만, 「국토의 계획 및 이용에 관한 법률」 제76조제1항에 따른 용도지역별 건축물 등의 건축 기준을 갖춘 경우에는 그러하지 아니하다.

② 실험실공장의 총면적(실험실공장이 둘 이상인 경우에는 그 면적을 합한 것을 말한다)은 해당 대학이나 연구기관의 건축물 연면적의 2분의 1을 초과할 수 없다. 다만, 「국토의 계획 및 이용에 관한 법률」 제76조제1항에 따른 용도지역별 건축물 등의 건축 기준을 갖춘 경우에는 그러하지 아니하다.(벤처법 제18조의2 ⑤항)

---

[62] 벤처칙 제7조의2: 1. 사업계획서 2. 제조시설 배치도 3. 실험실공장이 설치될 장소를 관리할 책임이 있는 자의 설치동의서(신청인이 학생인 경우에 한정한다)

라. 퇴직(졸업) 후 사용유예

대학이나 연구기관의 장은 실험실공장을 설치한 자가 퇴직(졸업)하더라도 퇴직(졸업)일부터 2년을 초과하지 않는 범위에서 실험실공장을 사용하게 할 수 있다.

2. 창업보육센터 입주자 특례

대학이나 연구기관 안에 설치·운영 중인 창업보육센터로서 다음의 어느 하나에 해당하는 창업보육센터에 입주한 벤처기업이나 창업기업은 창업보육센터 운영기관의 장의 승인을 받아 도시형공장을 설치할 수 있으며, 중기부장관은 도시형공장 승인에 관한 업무를 처리할 때 필요한 지침을 작성하여 고시할 수 있다.(벤처법 제18조의3 ①항)

① 중기부장관이 지정하는 창업보육센터
② 중앙행정기관의 장이나 지방자치단체의 장이 인정하는 창업보육센터

이 경우 「산업집적활성화 및 공장설립에 관한 법률」 제13조에 따른 공장설립 등의 승인이나 제조시설 설치승인을 받은 것으로 보며, 시장·군수 또는 구청장은 위의 벤처기업이나 창업자로부터 공장등록신청을 받으면 「산업집적활성화 및 공장설립에 관한 법률」 제16조에 따른 공장의 등록을 해야 한다.(벤처법 18조의3 ①항, ②항)

대학이나 연구기관 안에 설치·운영 중인 창업보육센터는 「건축법」 제19조제4항제2호에 따른 "산업 등의 시설군"으로 본다.

제5절 | 보 칙

> 1. 보고와 검사 3. 벌칙
> 2. 청문

1. 보고와 검사

가. 보고

중기부장관은 이 법을 시행하기 위하여 필요하다고 인정하면 벤처기업 확인기관으로 하여금 벤처기업의 확인 및 확인의 취소 실적 등을 보고하게 하거나, 소속 공무원으로 하여금 해당 기관에 출입하여 장부나 그 밖의 서류를 검사하게 할 수 있다.

이 경우 검사를 하는 공무원은 그 권한을 표시하는 증표를 지니고 이를 관계인에게 내보여야 한다.

시 · 도지사는 지정된 벤처기업집적시설에 대하여 그 지정을 받은 자로 하여금 입주 현황과 운영 상황에 관한 자료를 제출하게 할 수 있다.

벤처기업확인기관의 장은 벤처기업의 확인 및 확인의 취소 등을 위하여 필요하다고 인정하면 벤처기업으로 하여금 경영실태 등에 관하여 필요한 자료를 제출하게 할 수 있다.

중기부장관은 대학, 연구기관 또는 공공기관에 대하여 교육공무원 등이나 공공기관직원등의 휴직 · 겸임 및 겸직허가 실적, 실험실공장 설치승인 실적에 관한 자료를 제출하게 할 수 있다.

중기부장관은 전문회사에 대하여 전문회사의 업무 관한 자료나 전문회사의 매 회계연도의 결산서를 제출하게 할 수 있다.

나. 검사

중기부장관은 이 법을 시행하기 위해 필요하다고 인정하면 소속 공무원으로 하여금 벤처기업 확인기관에 출입하여 장부나 그 밖의 서류를 검사하게 할 수 있다. 이 경우 검사하는 공무원은 그 권한을 표시하는 증표를 지니고 이를 관계인에 내보여야 한다.

2. 청문

중기부장관은 다음의 어느 하나에 해당하는 처분을 하려면 청문을 실시해야 한다.

① 벤처기업 확인기관 지정취소

② 벤처기업 확인 취소(벤처기업 확인기관 장이 취소)

③ 신기술창업전문회사 등록취소

④ 신기술창업집적지역 지정취소

⑤ 벤처기업집적시설 지정취소(시·도지사가 취소)

⑥ 벤처기업육성촉진지구 지정해제

⑦ 인수합병지원센터 지정취소

이 외에도 시·도지사가 벤처기업집적시설의 지정을 취소할 때(벤처법 제18조 ⑤항), 벤처기업확인기관의 장이 벤처기업 확인의 취소할 때(벤처법 제25조의2 ②항) 청문을 실시해야 한다.

참고사항 **청문대상**

어떤 것이 청문 대상인가에 대해서는 신청 및 승인 대상인지 여부와 등록 및 지정 주체가 누구인가에 따라서 정리하면 된다.

실험실공장은 소속 대학·연구기관의 장이 승인하는 대상이지 애초에 등록 및 지정 대상이 아니므로 청문 대상이 아니다.

---

3. 벌칙

가. 10년 이하의 징역 또는 5천만 원 이하의 벌금

허위 또는 부정한 방법으로 복수의결권주식을 발행한 자는 10년 이하의 징역 또는 5천만원 이하의 벌금에 처한다.

나. 500만 원 이하의 과태료

복수의결권주식의 발행 보고 규정을 위반하여 보고나 변경보고를 하지 아니한 자 또는 거짓으로 보고나 변경보고를 한 자에게는 500만원 이하의 과태료를 부과한다.

다. 300만 원 이하의 과태료

복수의결권주식의 발행 내역 등 비치 및 공시 규정을 위반하여 비치 또는 공시를 하지 아니한 자에게는 300만원 이하의 과태료를 부과한다.

과태료는 대통령령으로 정하는 기준에 따라 중기부장관이 부과·징수한다. 단, 대통령령의 별표3 과태료 부과기준의 인용은 생략한다.

제
2
장

기출 및 연습문제

01 다음은 벤처기업육성에 관한 특별조치법 상 벤처기업에 포함되지 않는 업종으로 옳지 않은 것은?

① 일반유흥 주점업
② 기타 주점업
③ 사행시설 관리 및 운영업
④ 무도장 운영업
⑤ 블록체인 기반 암호화 자산 매매 및 중개업

해설 ③ 사행시설 관리 및 운영업은 세세분류에서 "복권발행 및 판매업"과 "기타 사행시설 관리 및 운영업"으로 분리되는데 이 중 "기타 사행시설 관리 및 운영업"만 벤처기업에 포함되지 않는 업종이다. 즉, "복권발행 및 판매업"은 벤처기업이 될 수 있다.

02 벤처기업육성에 관한 특별조치법의 내용으로 옳은 것을 모두 고른 것은? 2024 기출

> ㄱ. 대학은 신기술창업전문회사를 설립할 수 있다.
> ㄴ. 일반 유흥 주점업을 영위하는 기업은 벤처기업에 포함된다.
> ㄷ. 벤처기업에 대한 현물출자 대상에 특허권은 포함되지 않는다.

① ㄱ   ② ㄴ   ③ ㄱ, ㄷ   ④ ㄴ, ㄷ   ⑤ ㄱ, ㄴ, ㄷ

해설 ① 벤처기업에 해당하지 않는 업종은 아래와 같으며 현물출자 대상에는 특허권도 포함된다.
ㅇ 무도 유흥 주점업, 일반 유흥 주점업, 기타 주점업, 기타 사행시설 관리 및 운영업, 무도장 운영업, 블록체인 기반 암호화 자산 매매 및 중개업

03 벤처기업육성에 관한 특별조치법령상 벤처기업확인에 관한 내용 중 ( )에 들어갈 숫자는? 2023 기출

> 벤처기업확인서의 유효기간은 확인일로부터 ( )년으로 한다.

① 1   ② 2   ③ 3   ④ 4   ⑤ 5

해설 ③ 벤처기업확인서의 유효기간은 확인일로부터 (3)년으로 한다.

04 벤처기업육성에 관한 특별조치법상 신기술창업전문회사(이하 '전문회사'라 함)에 관한 설명으로 옳지 않은 것은? 2021 기출

① 대학은 그가 설립한 전문회사의 발행주식 총수의 100분의 20 이상을 보유하여야 한다.
② 대학은 전문회사를 설립할 때 산업재산권등의 현물을 출자할 수 있다.
③ 전문회사는 그 사업을 수행하기 위하여 필요하면 정부로부터 자금을 차입할 수 있다.
④ 중소벤처기업부장관은 전문회사가 거짓으로 등록한 경우 그 등록을 취소하여야 한다.
⑤ 대학 · 연구기관이 보유한 기술의 사업화는 전문회사가 영위하는 업무에 해당한다.

> **해설** ① 전문회사의 발행주식 총수의 100분의 10 이상을 보유하여야 한다.

05 벤처기업 육성에 관한 특별조치법 상 신기술창업전문회사를 설립할 수 없는 기관은?

① 대학
② 국공립연구기관
③ 정부출연연구기관
④ 전문생산기술연구소
⑤ 한국산업기술진흥원

> **해설** ⑤ 한국산업기술진흥원은 전문회사를 설립할 수 있는 기관이 아니다.

06 벤처기업육성에 관한 특별조치법상 벤처기업 소규모 합병의 특례 규정의 일부이다. ( )에 들어갈 숫자는? 2022 기출

> 주식회사인 벤처기업이 다른 주식회사와 합병을 하는 경우 합병 후 존속하는 회사가 합병으로 인하여 발행하는 신주의 총수가 그 주식회사의 발행주식총 수의 100분의 (ㄱ) 이하인 때에는 그 존속하는 회사의 주주총회의 승인은 이사회의 승인으로 갈음할 수 있다. 다만, 합병으로 인하여 소멸하는 회사의 주주에게 지급할 금액을 정한 경우에 그 금액이 존속하는 회사의 최종 대차대조표상으로 현존하는 순자산액의 100분의 (ㄴ)을(를) 초과하는 때에는 그러하지 아니하다.

① ㄱ: 10, ㄴ: 5 ② ㄱ: 20, ㄴ: 5 ③ ㄱ: 20, ㄴ: 10
④ ㄱ: 30, ㄴ: 5 ⑤ ㄱ: 30, ㄴ: 10

> **해설** ② 주식회사인 벤처기업이 다른 주식회사와 합병을 하는 경우 합병 후 존속하는 회사가 합병으로 인하여 발행하는 신주의 총수가 그 주식회사의 발행주식총 수의 100분의 (20) 이하인 때에는 그 존속하는 회사의 주주총회의 승인은 이사회의 승인으로 갈음할 수 있다. 다만, 합병으로 인하여 소멸하는 회사의 주주에게 지급할 금액을 정한 경우에 그 금액이 존속하는 회사의 최종 대차대조표상으로 현존하는 순자산액의 100분의 (5)을(를) 초과하는 때에는 그러하지 아니하다.

07 벤처기업육성에 관한 특별조치법상 벤처기업의 주식매수선택권에 관한 정관의 규정에 포함하여야 하는 사항으로 규정된 것이 아닌 것은? 2022 기출

① 주식매수선택권의 행사로 내줄 주식의 종류와 수

② 주식매수선택권을 부여받을 자의 자격 요건

③ 주식매수선택권의 행사 가격

④ 주식매수선택권의 행사 기간

⑤ 일정한 경우 주식매수선택권의 부여를 이사회의 결의에 의하여 취소할 수 있다는 뜻

해설 ③ 행사가격은 주총 특별결의 과정에서 결정된다.

08 벤처기업육성에 관한 특별조치법령상 신기술창업집적지역의 지정요건에 관한 설명이다 ( )에 들어갈 숫자는? 2023 기출

○ 해당 기관이 보유한 교지나 부지의 연면적에 대한 지정 면적의 비율이 100분의 (ㄱ)을 초과하지 아니할 것

○ 지정 면적이 (ㄴ) 제곱미터 이상일 것

○ 신기술창업집적지역개발계획이 실현 가능할 것

---

① ㄱ: 10, ㄴ: 1,000   ② ㄱ: 10, ㄴ: 3,000

③ ㄱ: 20, ㄴ: 2,000   ④ ㄱ: 30, ㄴ: 2,000   ⑤ ㄱ: 30, ㄴ: 3,000

해설 ⑤

○ 해당 기관이 보유한 교지나 부지의 연면적에 대한 지정 면적의 비율이 100분의 (30)을 초과하지 아니할 것

○ 지정 면적이 (3,000) 제곱미터 이상일 것

정답

01 ③	02 ①	03 ③	04 ①	05 ⑤
06 ②	07 ③	08 ⑤		

제3장 벤처투자 촉진에 관한 법률

제1절	총 칙

투자법은 2022년(지도사 37회)부터 중기법을 구성하는 10개 법령의 하나로 편입되었다. 벤처기업 투자에 있어 상당히 중요한 법이라 할 수 있으나 그 내용과 분량이 방대하여 학습의 관점에서는 크게 부담스러운 법이라 하지 않을 수 없다.

1.1 목적과 정의

이 법은 벤처투자에 필요한 사항을 정하여 창업기업, 중소기업, 벤처기업 등에 대한 투자를 촉진하고 벤처투자 산업을 육성함으로써 중소기업 등의 건전한 성장기반 조성을 통한 국민경제의 균형 있는 발전에 기여함을 목적으로 한다. (투자법 제1조)

가. "투자"란?

다음의 어느 하나에 해당하는 것을 말한다.

① 주식회사의 주식, 무담보전환사채, 무담보교환사채 또는 무담보신주인수권부사채의 인수

② 유한회사 또는 유한책임회사의 출자 인수

③ 중소기업이 개발하거나 제작하며 다른 사업과 회계의 독립성을 유지하는 방식으로 운영되는 사업의 지분 인수로서 중기부령[1]으로 정하는 바에 따른 지분인수

---

1) 투자칙 제2조(중소기업이 개발·제작하는 사업에 대한 투자) ① 「벤처투자 촉진에 관한 법률」 (이하 "법"이라 한다) 제2조제1호다목에서 "중소벤처기업부령으로 정하는 바에 따른 지분인수"란 다음 각 호의 어느 하나에 해당하는 사업에 대한 지분인수(이하 "프로젝트 투자"라 한다)를 말한다.

④ 투자금액의 상환 만기일이 없고 이자가 발생하지 아니하는 계약으로서 중기부령2)으로 정하는 요건을 충족하는 조건부지분인수계약의 체결

⑤ 무담보전환사채의 발행을 사전에 약정하는 계약으로서 중기부령3)으로 정하는 요건을 충족하는 조건부지분전환계약의 체결

⑥ 기타 위의 방식에 준하는 것으로서 중기부장관이 정하여 고시하는 방식

나. "투자조건부 융자"란?

융자를 받는 법인이 융자를 실행하는 기관에 「상법」 제418조제2항에 따른 신주배정을 사전에 약정하는 것으로서 제70조의2에 따른 방식에 의한 것을 말한다.

다. "벤처투자"란?

창업기업, 중소기업, 벤처기업 또는 그 밖에 중기부장관이 정하여 고시4)하는 자에게 투자

---

1. 신제품 및 신기술 개발(총사업비용 중 연구개발비용이 50퍼센트 이상인 경우로 한정한다)
2. 「문화산업진흥기본법」 제2조제1호에 따른 문화산업
3. 「발명진흥법」 제2조제4호에 따른 산업재산권의 창출·매입·활용
4. 「스포츠산업진흥법」 제2조제2호에 따른 스포츠산업
5. 관광산업의 발전을 위하여 문화체육관광부장관이 프로젝트 투자에 적합하다고 인정하는 사업
6. 그 밖에 제1호부터 제5호까지에 준하는 사업으로서 중소벤처기업부장관이 프로젝트 투자에 적합하다고 인정하는 사업
2) 투자칙 제3조(조건부지분인수계약의 요건) 법 제2조제1호라목에서 "중소벤처기업부령으로 정하는 요건"이란 다음 각 호의 요건을 말한다.
1. 투자금액이 먼저 지급된 후 후속 투자에서 결정된 기업가치 평가와 연동하여 지분이 확정될 것
2. 조건부지분인수계약에 따른 투자를 받는 회사가 조건부지분인수계약의 당사자가 되고, 그 계약에 대해 주주 전원의 동의를 받을 것
3. 조건부지분인수계약을 통해 투자를 받은 회사가 자본 변동을 가져오거나 가져올 수 있는 계약을 체결하는 경우 조건부지분인수계약이 체결된 사실을 해당 계약의 상대방에게 문서로 고지할 것
3) 투자칙 제3조의2(조건부지분전환계약의 요건) 법 제2조제1호마목에서 "중소벤처기업부령으로 정하는 요건"이란 다음 각 호의 요건을 말한다.
1. 투자금액이 먼저 지급된 후 계약기간 내에 후속 투자에서 결정된 기업가치 평가와 연동하여 전환되는 지분이 확정되는 무담보전환사채 발행계약 체결을 약정할 것
2. 조건부지분전환계약에 따른 투자를 받는 회사가 조건부지분전환계약의 당사자가 되고, 그 계약에 대해 주주 전원의 동의를 받을 것
3. 무담보전환사채 발행계약이 체결되면 조건부지분전환계약 체결일부터 무담보전환사채 발행계약 체결일 이전까지에 해당하는 기간에 대한 원리금 지급 의무가 소멸할 것
4. 계약기간 내에 후속투자가 결정되지 않는 경우 투자를 받은 회사는 계약에 따른 원리금을 투자자에게 상환할 것. 이 경우 계약기간은 계약 당사자 간 협의하여 연장할 수 있다.
5. 조건부지분전환계약을 통해 투자를 받은 회사가 자본 변동을 가져오거나 가져올 수 있는 계약을 체결하는 경우 조건부지분전환계약이 체결된 사실을 해당 계약의 상대방에게 문서로 고지할 것
4) 벤처투자조합 등록 및 관리규정(중소벤처기업부고시 제2023-114호) 제3조(정의) ① 법 제2조제2호에서 "그 밖에 중소벤처기업부장관이 정하여 고시하는 자"란 「중소기업 기술혁신 촉진법」 제2조제3호의2 및 제2조제4호의2에 따른 기술혁신형·경영혁신형 중소기업을 말한다.

하는 것을 말한다.

라. "창업기업"이란?

창업법 제2조제3호에 따른 창업기업을 말한다.

마. "초기창업기업"이란?

창업법 제2조제10호에 따른 초기창업기업을 말한다.

바. "중소기업"이란?

기본법 제2조에 따른 중소기업을 말한다.

사. "벤처기업"이란?

벤처법 제2조제1항에 따른 벤처기업을 말한다.

아. "전문개인투자자"란?

벤처투자를 하는 개인으로서 이 법 제9조에 따라 등록한 자를 말한다.

자. "개인투자조합"이란?

개인 등이 벤처투자와 그 성과의 배분을 주된 목적으로 결성하는 조합으로서 제12조에 따라 등록한 조합을 말한다.

차. "창업기획자(액셀러레이터)"란?

초기창업기업에 대한 전문보육 및 투자를 주된 업무로 하는 자로서 이 법 제24조에 따라 등록한 법인 또는 비영리법인을 말한다.

카. "벤처투자회사"란?

벤처투자를 주된 업무로 하는 회사로서 제37조에 따라 등록한 회사를 말한다.

타. "벤처투자조합"이란?

벤처투자회사 등이 벤처투자와 그 성과의 배분을 주된 목적으로 결성하는 조합으로서 제50조 또는 제63조의2에 따라 등록한 조합을 말한다.

파. "민간재간접벤처투자조합"이란?

다른 벤처투자조합에 대한 출자를 주된 목적으로 결성하는 조합으로서 제63조의2에 따라 등록한 조합을 말한다.

1.2 적용범위 등

1. 적용범위

이 법은 벤처투자에 관하여 적용한다. 다만, 사행산업 등 경제질서 및 미풍양속에 현저히 어긋나는 경우로서 다음의 업종에 대해서는 적용하지 아니한다. 이 경우 업종의 분류는 「통계법」에 따라 통계청장이 고시하는 한국표준산업분류를 기준으로 한다. (투자법 제3조)

① 일반 유흥 주점업

② 무도 유흥 주점업

③ 기타 사행시설 관리 및 운영업

④ 기타 중기부장관이 정하여 고시[5]하는 업종

2. 실태조사

중기부장관은 벤처투자 활성화를 위한 효율적인 정책 수립·추진을 위하여 벤처투자의 현황과 성과 등에 대한 실태조사를 할 수 있으며, 실태조사를 하기 위하여 필요한 경우에는 다음의 자에게 자료의 제출이나 의견의 진술 등을 요청할 수 있다. 이 경우 요청을 받은 자는 특별한 사유가 없으면 요청에 따라야 한다. (투자법 제6조)

① 중앙행정기관의 장, 지방자치단체의 장

② 공공기관의 장, 한국벤처투자의 장

③ 그 밖에 대통령령으로 정하는 기관의 장

　🅰 한국벤처캐피탈협회, 한국엔젤투자협회

　🅱 한국액셀러레이터협회, 벤처기업협회

3. 지역 균형투자의 활성화

중기부장관은 벤처투자의 지역 간 불균형을 해소하고 각 지역의 벤처투자를 고르게 활성화시키기 위한 정책을 수립·시행하여야 한다. (투자법 제4조)

---

5) 2024년 12월 현재 별도의 고시가 없다.

4. 벤처투자 촉진을 위한 지원사업의 추진 등

중기부장관은 이 법에 따라 벤처투자를 목적으로 하는 자의 원활한 사업 운영을 도모하고 벤처투자를 촉진하기 위하여 다음의 사업을 추진하거나 필요한 시책을 수립 · 시행할 수 있다.

① 벤처투자 산업 육성 및 벤처투자 촉진을 위한 기반 조성

② 국내외 벤처투자 동향 및 여건 분석

③ 벤처투자 성과창출 강화를 위한 지원

학습의 관점에서 ③항 이후의 내용은 생략한다.

5. 종합관리시스템 구축 · 운영

중기부장관은 벤처투자 관련 정보를 종합적으로 제공하고 벤처투자의 성과를 체계적으로 측정 · 관리하기 위하여 종합관리시스템을 구축 · 운영할 수 있다. (투자법 제7조)

1. 개인의 벤처투자 활성화 사업 추진
2. 전문개인투자자의 등록 및 취소
3. 투자의무

1. 개인의 벤처투자 활성화 사업 추진

중기부장관은 개인의 벤처투자 활성화를 위하여 다음의 사업을 추진할 수 있다.

① 우수한 투자역량을 갖춘 개인투자자의 발굴 및 육성

② 개인투자자 간의 정보 교류 지원

③ 개인투자자와 중소기업, 창업기업 및 벤처기업 등의 교류 지원

2. 전문개인투자자의 등록 및 취소

벤처투자를 하는 개인으로서 이 법의 적용을 받으려는 사람은 중기부장관에게 전문개인투자자로 등록하여야 한다. 등록한 사항 중 중기부령6)으로 정하는 중요한 사항을 변경하려는 경우에도 또한 같다. (투자법 제9조)

(1) 등록요건

전문개인투자자로 등록을 하려는 사람은 아래의 경력 및 자격기준은 물론 투자실적 기준을 모두 갖추어야 한다.

가. 경력 및 자격기준

다음의 어느 하나에 해당하는 사람일 것 2022, 2024 기출

① 주권상장법인의 창업자(주권 상장 당시 이사로 등기된 사람으로 한정한다) 또는 상장 당시의 대표이사

② 벤처기업의 창업자이거나 창업자였던 사람으로서 재직 당시 해당 벤처기업의 연 매출액

---

6) 학습의 관점에서 시행규칙의 내용은 생략한다.

이 1천억 원 이상인 적이 있었던 사람

③ 자격사

   ㉠ 등록한 경영지도사 또는 기술지도사

   ㉡ 자격등록을 한 변호사

   ㉢ 금융위원회에 등록한 공인회계사

   ㉣ 특허청장에게 등록한 변리사

   ㉤ 기술사 자격을 취득한 사람

④ 박사학위(이공계열 또는 경상계열에 한정한다)를 소지한 사람

⑤ 다음의 어느 하나에 해당하는 회사나 창업기획자에서 2년 이상 투자심사 업무를 수행했거나 3년 이상 투자 관련 업무를 수행한 경력이 있는 사람

   ㉠ 벤처투자회사, 신기술창업전문회사

   ㉡ 「여신전문금융업법」에 따른 신기술사업금융업자 또는 신기술사업금융전문회사[7](이하 "신기술사업금융업자 등"이라 한다)

   ㉢ 기술지주회사[8]

   ㉣ 벤처조합 결성 자격을 갖춘 유한회사 또는 유한책임회사

⑥ 학사학위(이공계열 또는 경상계열로 한정한다)를 소지한 사람으로서 다음의 어느 하나에 해당하는 기관에서 4년 이상 종사한 경력(학위 취득 전의 경력을 포함한다)이 있는 사람

   ㉠ 국·공립연구기관

   ㉡ 정부출연연구기관 및 과학기술분야 정부출연연구기관[9]

   ㉢ 기업부설연구소

나. 투자실적 기준

위의 경력 및 자격기준을 모두 갖춘 자가 다음의 요건을 모두 갖춘 주식 또는 지분에 대한 최근 3년간의 투자금액의 합계가 1억 원 이상일 것

① 다음의 어느 하나에 해당하는 자가 신규로 발행한 주식(증권시장에 상장하기 위하여 신규로 발행한 주식은 제외한다) 또는 지분의 인수, 조건부지분인수계약 또는 조건부지분전환계약을 통한 투자로서 특수관계인[10]이 발행한 주식 또는 지분이 아닐 것

---

7) 여신전문금융업법 제2조 제14의4 : 신기술사업금융업자로서 신용카드업·시설대여업·할부금융업, 보험업을 함께 하지 아니하는 자를 말한다.

8) 「기술의 이전 및 사업화 촉진에 관한 법률」 제21조의3에 따른 기술지주회사, 「산업교육진흥 및 산학연협력 촉진에 관한 법률」 제36조의2에 따른 기술지주회사

9) 「정부출연연구기관 등의 설립·운영 및 육성에 관한 법률」 또는 「과학기술분야 정부출연연구기관 등의 설립·운영 및 육성에 관한 법률」에 따른 정부출연연구기관

ㄱ 창업기업, 벤처기업

ㄴ 기술법에 따른 기술혁신형 중소기업 및 경영혁신형 중소기업[11]

② 주식 또는 지분을 인수한 날부터 6개월 이상 보유했거나 조건부지분인수계약 또는 조건부지분전환계약을 체결한 후 투자금을 납입한 날부터 6개월 이상 지났을 것

전문개인투자자(위 경력 및 자격기준과 투자실적 기준을 모두 충족하는 자)가 개인투자조합의 업무집행조합원인 경우 투자금액 산정 시 해당 조합의 투자금액 중 위의 투자실적 기준을 모두 갖춘 투자금액에 출자비율을 곱한 값을 포함한다. (투자령 제4조 제1호)

(2) 취소사유

중기부장관은 전문개인투자자가 다음의 어느 하나에 해당하는 경우에는 그 등록을 취소할 수 있다. 다만, 제①항에 해당하는 경우에는 그 등록을 취소하여야 한다. 2023 기출

① 거짓이나 그 밖의 부정한 방법으로 등록 또는 변경등록을 한 경우

② 등록요건을 갖추지 못하게 된 경우

③ 전문개인투자자의 투자의무를 준수하지 아니한 경우

④ 투자금을 납입한 것으로 가장하는 등 거짓이나 그 밖의 부정한 방법으로 투자한 경우

중기부장관은 전문개인투자자, 개인투자조합, 창업기획자, 벤처투자회사 또는 벤처조합의 등록을 취소하려면 청문을 하여야 한다. (투자법 제75조)

3. 투자의무

전문개인투자자는 등록일을 기준으로 3년마다 중기부장관이 정하여 고시하는 금액(1억 원) 이상[12]을 다음의 자에게 투자하여야 한다. (투자법 제10조)

① 벤처기업 및 창업법에 따른 창업기업

② 기술법에 따른 기술혁신형 중소기업 및 경영혁신형 중소기업[13]

전문개인투자자의 투자금액은 투자금액 기준을 모두 갖춘 투자금액을 합산하는 방법으로 산정한다.

---

10) 「금융회사의 지배구조에 관한 법률 시행령」 제3조제1항에 따른 특수관계인

11) 경영혁신형 중소기업은 중기부장관이 정하여 고시하는 자에 해당한다.

12) 전문개인투자자 등록 및 관리규정(중소벤처기업부고시 제2023-116호) 제4조(전문개인투자자 투자의무)
   ① 법 제10조에서 "중소벤처기업부장관이 정하는 금액"은 1억원이다.

13) 경영혁신형 중소기업은 중기부장관이 정하여 고시하는 자에 해당한다.

<table>
<tr><td>제3절</td><td>개인투자조합</td></tr>
</table>

1. 조합의 결성	3. 등록취소 및 제재
2. 해산과 등록말소	4 조합의 운영 및 행위제한

1. 조합의 결성

(1) 결성가능자

개인투자조합이란 다음의 어느 하나에 해당하는 자가 중기부령[14]으로 정하는 자와 상호출자하여 결성하는 조합을 말한다.

① 개인

② 사업내용에 창업기업이나 벤처기업에 대한 투자 또는 이에 투자하는 조합에 대한 출자를 포함하고 있는 창업기획자 또는 신기술창업전문회사

(2) 조합원 구성과 탈퇴

가. 업무집행조합원

개인투자조합은 조합의 업무집행자로서 조합의 채무에 대하여 무한책임을 지는 1인 이상의 업무집행조합원과 출자가액을 한도로 하여 유한책임을 지는 유한책임조합원으로 구성한다. 이 경우 업무집행조합원은 결성가능자에 해당하는 자 중 아래의 요건을 충족하는 자로 한다.

① 출자지분이 출자금 총액의 3퍼센트 이상일 것

② 개인인 경우 다음 어느 하나의 요건을 충족할 것

❶ 전문개인투자자일 것

❷ 개인투자조합의 업무집행조합원으로서 5년 이상의 경력이 있는 사람일 것

❸ 다음의 어느 하나에 해당하는 회사나 창업기획자에서 2년 이상 투자심사 업무를 수행했거나 3년 이상 투자 관련 업무를 수행한 경력이 있는 사람일 것

---

14) 제5조(개인투자조합의 결성과 등록 및 변경등록 등)을 말하는데 시험의 관점에서 시행규칙의 인용율이 현저히 낮으므로 구체적인 내용은 생략한다.

ⓐ 벤처투자회사, 신기술창업전문회사

ⓑ 신기술사업금융업자 등

ⓒ 기술지주회사[15]

ⓓ 벤처조합 결성 자격을 갖춘 유한회사 또는 유한책임회사

㉣ 개인투자조합의 업무집행조합원 양성 교육과정 등 중기부장관이 정하여 고시[16]하는 개인투자조합의 운영 및 관리에 관한 교육과정을 이수했을 것

나. 업무집행조합원 결격사유 2024 기출

① 미성년자·피성년후견인 또는 피한정후견인

② 파산 선고를 받고 복권되지 아니한 사람

③ 금고 이상의 실형을 선고받고 그 집행이 끝나거나(집행이 끝난 것으로 보는 경우를 포함한다) 집행이 면제된 날부터 5년이 지나지 아니한 사람

④ 금고 이상의 형의 집행유예를 선고받고 그 유예기간 중에 있는 사람

⑤ 금융 관련 법령을 위반하여 벌금 이상의 형을 선고받고 그 집행이 끝나거나(집행이 끝난 것으로 보는 경우를 포함한다) 집행이 면제된 날부터 5년이 지나지 아니한 사람

⑥ 금융 관련 법령을 위반하여 벌금 이상의 형의 집행유예를 선고받고 그 유예기간 중에 있는 사람

⑦ 등록이 취소된 개인투자조합의 업무집행조합원이었던 자로서 개인투자조합 등록이 취소된 날부터 5년이 지나지 아니한 자

⑧ 면직되거나 해임된 날부터 5년이 지나지 아니한 사람

⑨ 금융거래 등 상거래에서 정당한 사유 없이 변제약정일이 3개월 이상 지난 채무가 1천만원을 초과한 사람

다. 업무집행조합원 탈퇴

업무집행조합원은 다음의 어느 하나에 해당하는 경우에만 개인투자조합에서 탈퇴할 수 있다. (투자법 제17조) 2023 기출

① 업무집행조합원이 등록 취소 등의 사유로 그 업무를 지속할 수 없게 된 경우

---

15) 「기술의 이전 및 사업화 촉진에 관한 법률」 제21조의3에 따른 기술지주회사, 「산업교육진흥 및 산학연협력촉진에 관한 법률」 제36조의2에 따른 기술지주회사

16) 개인투자조합 등록 및 투자확인서 발급규정(중소벤처기업부고시 제2024-19호) 제5조의2(개인투자조합 업무집행조합원 요건) ① 영 제6조제3항제3호라목에 의한 "개인투자조합의 업무집행조합원 양성 교육과정 등 중소벤처기업부장관이 정하여 고시하는 개인투자조합의 운영 및 관리에 관한 교육과정"이란 「민법」 제32조에 따라 중소벤처기업부장관의 허가를 받아 설립된 사단법인 한국엔젤투자협회가 중소벤처기업부장관으로부터 개인투자조합 업무집행조합원 양성 교육과정으로 적합하다고 인정받아 개설하는 교육과정을 말한다.

② 업무집행조합원이 파산한 경우

③ 조합원 전원의 동의가 있는 경우

④ 개인인 업무집행조합원이 사망한 경우

⑤ 그 밖에 중기부장관이 정하여 고시[17]하는 경우

(3) 조합원 모집방법

위의 개인투자조합을 결성할 수 있는 자가 개인투자조합을 결성하고자 하는 경우에는 「자본시장과 금융투자업에 관한 법률」 제9조제8항에 따른 사모의 방법으로 가입을 권유하여야 한다. (투자법 제12조 ⑤항)

(4) 등록요건

개인투자조합으로서 이 법의 적용을 받으려는 조합은 중기부장관에게 개인투자조합으로 등록하여야 한다. 등록한 사항 중 중기부령으로 정하는 중요한 사항을 변경하려는 경우에도 또한 같다. (투자법 제12조 ①항) 2023 기출

① 출자금 총액이 1억 원 이상일 것

② 출자 1좌의 금액이 100만 원 이상일 것

③ 조합원 수가 49명 이하일 것

④ 업무집행조합원의 출자지분이 출자금 총액의 3퍼센트 이상일 것

⑤ 존속기간이 5년 이상일 것

요건	개인투자조합	벤처조합	재간접투자조합
출자총액	1억 원 이상	10억 또는 20억 원 이상	1천억 원 이상
출자 1좌의 금액	100만 원 이상	좌동	좌동
조합원 수	조합원수 49인 이하	유한책임 49인 이하	유한책임 49인 이하
업무집행조합원 출자지분	3% 이상	1% 이상	1% 이상
존속기간	5년 이상	좌동	좌동

중기부장관은 개인투자조합을 등록한 경우에는 등록원부를 갖추어 두고 관리해야 하며, 등록원부의 등본을 신청인에게 내주어야 한다. (투자칙 제6조 ①, ②항)

---

17) 개인투자조합 등록 및 투자확인서 발급규정(중소벤처기업부고시 제2024-19호) 제13조(개인투자조합 업무집행조합원의 탈퇴) 법 제17조제5호에서 "그 밖에 중소벤처기업부장관이 정하여 고시하는 경우"란 개인인 업무집행조합원이 다음 각 호의 어느 하나에 해당하는 경우를 말한다.
1. 성년후견 개시의 경우
2. 금고 이상의 실형을 선고받고 그 집행을 받는 경우

2. 해산과 등록말소

개인투자조합은 다음의 어느 하나에 해당하는 사유가 발생한 경우에는 해산한다. 해산사유는 벤처조합 해산사유와 유사하다. 역시 개별적으로 암기하고자 하지 말고 비교하여 학습할 것을 권한다. *2014 기출*

① 존속기간의 만료

② 결성목적이 달성되었다고 조합원 전원이 동의하는 경우

③ 유한책임조합원 전원의 탈퇴

④ 업무집행조합원 전원의 탈퇴

⑤ 업무집행조합원 전원이 이 법 또는 다른 법률에 따른 등록 취소 등의 사유로 그 업무를 지속할 수 없게 된 경우

⑥ 조합원 간에 이해관계가 충돌하여 조합의 업무가 중단되는 등의 사유가 생겨 중기부장관이 조합원을 보호하기 위하여 필요하다고 인정하는 경우로서 조합원 총수의 과반수 및 조합 총지분의 과반수에 해당하는 동의[18]를 받은 경우

해산사유의 ④항, ⑤항에 해당하는 경우에는 유한책임조합원 전원의 동의로 그 사유가 발생한 날부터 3개월 이내에 유한책임조합원 중 1인을 업무집행조합원으로 선임하거나 결성가능자에 해당하는 자를 업무집행조합원으로 가입하게 하여 개인투자조합을 계속할 수 있다.

이 경우 다음의 사항을 적은 신고서에 조합을 계속하려는 사유서와 유한책임조합원 전원의 동의서를 첨부하여 중기부장관에게 제출해야 한다.

① 개인투자조합의 명칭과 사무소의 소재지

② 새로 선임하거나 가입하게 한 업무집행조합원의 명칭, 소재지 및 대표자의 성명

③ 조합원별 출자금액 및 출자좌수

개인투자조합이 해산하는 경우에는 그 업무집행조합원이 청산인이 된다. 다만, 조합 규약에서 정하는 바에 따라 업무집행조합원 외의 자를 청산인으로 선임할 수 있다.

개인투자조합 해산 당시에 출자금액을 초과하는 채무가 있으면 업무집행조합원이 연대하여 그 채무를 변제하여야 한다. (투자법 제18조 ④항)

청산인은 청산사무를 끝마친 경우에는 중기부령으로 정하는 바에 따라 지체없이 그 결과를

---

18) 벤처조합의 경우 조합 총지분의 과반수를 소유하는 조합원이 해산을 위한 조합원 총회에 출석하고, 출석한 조합원 지분의 3분의 2 이상과 조합 총지분의 3분의 1 이상의 동의를 받은 경우

중기부장관에게 보고하여야 하며, 중기부장관은 이에 따른 보고를 받으면 지체없이 그 개인투자조합의 등록을 말소하여야 한다. (투자법 제19조)

3. 등록취소 및 제재

가. 등록취소 및 지원중단 사유

중기부장관은 개인투자조합 또는 그 업무집행조합원이 다음의 어느 하나에 해당하는 경우에는 개인투자조합에 대하여 등록 취소, 6개월 이내의 업무정지명령, 시정명령 또는 경고조치를 하거나 3년의 범위에서 이 법에 따른 지원을 중단할 수 있다. 단, ①항에 해당하는 경우에는 그 등록을 취소하여야 한다. (투자법 제22조 ①항)

① 거짓이나 그 밖의 부정한 방법으로 등록 또는 변경등록을 한 경우

② 등록요건을 갖추지 못하게 된 경우

③ 업무집행조합원 전원의 등록이 취소되거나 말소된 경우

④ 업무집행조합원이 갖추어야 할 요건[19]을 갖추지 못하게 된 경우

⑤ 「유사수신행위의 규제에 관한 법률」 제3조[20]를 위반하여 조합원을 모집한 경우

⑥ 사모 외의 방법으로 조합가입을 권유한 경우

⑦ 개인투자조합의 투자의무를 준수하지 아니한 경우

⑧ 행위제한 규정을 위반하여 업무를 집행한 경우

⑨ 조합 재산의 관리와 운용 규정[21]을 위반하여 재산을 관리·운용한 경우

⑩ 결산보고 규정(매 사업연도가 지난 후 3개월 이내에 결산서에 회계법인의 감사의견서를 첨부하여 제출)을 위반하여 결산서를 제출하지 아니한 경우

⑪ 중기부장관이 개인투자조합의 업무 운용상황에 대해 실시하는 확인 및 검사를 거부·방해하거나 기피한 경우 또는 보고를 하지 아니하거나 거짓으로 보고한 경우

나. 개인투자조합 제재

중기부장관은 개인투자조합이 지원중단 사유(취소 및 지원중단 사유의 ①항은 제외한다)의 어느 하나에 해당하는 경우에는 다음의 어느 하나에 해당하는 조치를 할 수 있다.

① 6개월 이내의 업무정지명령

② 시정명령

---

19) 출자지분이 출자금 총액의 5퍼센트 이상일 것, 금융거래 등 상거래에서 정당한 사유 없이 약정일이 3개월 이상 지난 채무가 1천만 원을 초과하지 않을 것

20) 제3조(유사수신행위의 금지) 누구든지 유사수신행위를 하여서는 아니 된다.

21) 조합 재산이 20억 원 이상인 경우 조합 재산의 보관·관리를 신탁업자에게 위탁할 것

③ 경고

다. 업무집행조합원 제재

중기부장관은 개인투자조합이 지원중단 사유(취소 및 지원중단 사유의 ①항은 제외한다)의 어느 하나에 해당하는 경우에는 그 업무집행조합원에 대하여 다음의 어느 하나에 해당하는 조치를 할 수 있다.

① 6개월 이내의 업무의 전부 또는 일부의 정지명령

② 시정명령

③ 경고

라. 업무집행조합원의 임직원에 대한 제재

중기부장관은 개인투자조합의 개인이 아닌 업무집행조합원이 지원중단 사유(취소 및 지원중단 사유의 ①항은 제외한다)의 어느 하나에 해당하여 개인투자조합의 건전한 운영을 해치거나 해칠 우려가 있다고 인정되는 경우에는 그 업무집행조합원의 임직원(해당 직무와 관련된 임직원으로 한정한다)에 대하여 다음의 어느 하나에 해당하는 조치를 할 것을 해당 업무집행조합원에게 요구할 수 있다. (투자법 제22조 ③항)

① 면직 또는 해임

② 6개월 이내의 직무정지

③ 경고

위 규정에 따른 행정처분 또는 조치 요구 등의 세부기준과 절차에 관하여 필요한 사항은 중기부장관이 정하여 고시한다. (투자법 제22조 ④항)

중기부장관은 전문개인투자자, 개인투자조합, 창업기획자, 벤처투자회사 또는 벤처투자조합의 등록을 취소하려면 청문을 하여야 한다. (투자법 제75조)

4. 조합의 운영 및 행위제한

가. 업무위탁

업무집행조합원은 선량한 관리자의 주의로 개인투자조합의 업무를 집행하여야 하며, 개인투자조합과의 계약에 따라 그 업무의 일부를 그 개인투자조합의 유한책임조합원에게 위탁할 수 있다. (투자법 제14조 ①, ④항) 2023 기출

나. 투자의무

개인투자조합은 등록 후 3년이 지난 날까지 출자금액의 50퍼센트 이상을 창업기업과 벤처기업에 대한 투자에 사용하여야 한다. 단, 창업기획자가 업무집행조합원인 개인투자조합은 출자금액의 50퍼센트 이상을 초기창업기업에 대한 투자에 사용하여야 한다.

개인투자조합이 「자본시장과 금융투자업에 관한 법률」 제8조의2제4항제1호에 따른 증권시장으로서 중기부장관이 정하여 고시하는 시장[22])에 상장된 법인에 투자하는 경우에는 10퍼센트를 초과하여 투자할 수 없다. (투자법 제13조 ③항)

위에서 규정한 사항 외에 개인투자조합의 투자비율 산정의 구체적인 기준 및 방법 등에 관하여 필요한 사항은 중기부령[23])으로 정한다. (투자법 제13조 ③항)

다. 행위제한

업무집행조합원은 개인투자조합의 업무를 집행할 때 다음의 어느 하나에 해당하는 행위를 하여서는 아니 된다. 학습의 관점에서 일부 내용은 생략한다. (투자법 제14조 ②항)

① 투자법 적용제외업종에 투자하는 행위

② 상호출자제한기업집단에 속하는 회사에 투자하는 행위

③ 자금차입, 지급보증 또는 담보를 제공하는 행위

④ 자기나 제3자의 이익을 위하여 개인투자조합의 재산을 사용하는 행위

⑤ 비업무용부동산 – 창업보육센터, 투자 업무를 위한 전용공간을 제외한 공간 - 을 취득하거나 소유하는 행위. 다만, 담보권 실행으로 비업무용부동산을 취득하는 경우에는 그러하지 아니하다.(담보권 실행으로 비업무용부동산을 취득한 경우에는 1년 이내에 처분하여야 한다.)

⑥ 개인투자조합의 명의로 제3자를 위하여 주식을 취득하거나 자금을 중개하는 행위

---

22) 증권매매를 위해 한국거래소(KRX)가 개설한 증권시장으로 대표적으로는 유가증권시장(KOSPI), 코스닥시장(KOSDAQ), 코넥스시장(KONEX)이 있는데 이 중 중기부장관이 정하여 고시하는 시장은 코넥스(KONEX)시장을 제외한 시장을 말한다. 결국 코넥스시장에 대한 투자는 제한이 없으나 코스피 시장과 코스닥 시장에 투자할 때는 출자금액의 10%를 초과할 수 없다.

23) 제7조(개인투자조합의 투자비율 산정기준)을 말하는데 시험의 관점에서 시행규칙의 인용율이 현저히 낮으므로 구체적인 내용은 생략한다.

라. 행위제한의 예외

행위제한 규정에도 불구하고 자산 운용의 건전성을 해칠 우려가 없는 경우로서 대통령령으로 정하는 경우에는 그러하지 않다는 예외규정이 있으나 학습의 관점에서 해당 예외규정의 인용은 생략한다. (투자령 제9조)

마. 재산신탁

개인투자조합의 재산이 중기부장관이 정하여 고시[24]하는 규모 이상인 경우 해당 개인투자조합의 업무집행조합원은 그 재산을 다음에서 정하는 바에 따라 보관·관리하여야 한다.

① 개인투자조합 재산의 보관·관리를 신탁업자[25]에게 위탁할 것
② 신탁업자를 변경하는 경우에는 조합원 총회의 승인을 받을 것

업무집행조합원은 위에 따른 개인투자조합 재산의 운용과정에서 필요한 경우 신탁업자에 대하여 개인투자조합 재산의 취득·처분 등에 관하여 지시를 하여야 하며, 신탁업자는 업무집행조합원의 지시에 따라 그 재산의 취득·처분 등을 하여야 한다. (투자법 제15조)

바. 조합 재산의 보호

개인투자조합 조합원의 채권자가 조합원에 대하여 채권을 행사할 때에는 「민법」 제704조[26]에도 불구하고 그 조합원이 개인투자조합에 출자한 금액의 범위에서 행사할 수 있다.

사. 수익처분

개인투자조합은 업무집행조합원에게 조합 규약에서 정하는 바에 따라 투자수익에 따른 성과보수를 지급할 수 있으며, 성과보수 지급을 위한 투자수익은 개인투자조합 자산의 평가금액에서 출자금액과 중기부장관이 정하여 고시하는 운영경비를 뺀 금액으로 한다.

성과보수를 지급받은 업무집행조합원은 성과보수 금액의 범위에서 투자수익 발생에 이바지한 임직원에게 성과급을 지급할 수 있다. (투자법 제21조, 투자령 제12조)

---

24) 개인투자조합등록 및 투자확인서 발급규정((중소벤처기업부고시 제2024-19호)) 제11조를 통해 출자금 기준을 20억 원 이상으로 정하고 있다.
25) 「자본시장과 금융투자업에 관한 법률」 제8조제7항에 따른 신탁업자
26) 제704조(조합재산의 합유) 조합원의 출자 기타 조합재산은 조합원의 합유로 한다.

아. 공시

업무집행조합원은 해당 업무집행조합원이 운용하는 모든 개인투자조합의 출자금 총액의 합이 20억 원 이상인 경우에는 다음의 사항을 공시하여야 한다.

① 각 개인투자조합의 매 회계연도 결산서

② 그 밖에 개인투자조합의 운용에 관한 서류로서 중기부장관이 정하여 고시하는 사항

공시의 시기 및 방법 등에 필요한 사항은 중기부장관이 정하여 고시한다.

자. 결산보고

업무집행조합원은 매 사업연도 종료 후 3개월 이내에 결산서에 「주식회사 등의 외부감사에 관한 법률」에 따른 감사인(이하 "감사인"이라 한다)의 감사의견서를 첨부하여 중기업부장관에게 제출해야 한다. (투자법 제16조, 투자령 제10조, 투자칙 제9조)

다만, 전년도 투자실적의 변동이 없거나 개인투자조합의 출자금 총액이 2억 원 이하인 개인투자조합(결성 후 3년이 지난 개인투자조합은 제외한다)의 경우에는 개인투자조합의 수익 및 투자 현황 등 자금 운용 현황으로 결산서를 대신할 수 있다. (투자법 제16조, 투자칙 제9조)

차. 상법 준용

개인투자조합에 관하여 이 법에 규정한 것 외에는 「상법」 중 합자조합에 관한 규정을 준용한다. 다만, 「상법」 제86조의4[27] 및 제86조의9[28]는 준용하지 아니한다. (투자법 제23조)

---

[27] 업무집행조합원은 합자조합 설립 후 2주 내에 조합의 주된 영업소의 소재지에서 특정사항을 등기하여야 한다.

[28] 합자조합의 업무집행조합원은 ~ 이 장(章)에서 정한 등기를 게을리한 경우에는 500만 원 이하의 과태료를 부과한다.

제4절 벤처투자조합

제 3 장

벤처투자조합(이하 "벤처조합"이라 한다)은 과거 창업법의 창투조합과 벤처법의 벤처조합이 합쳐진 형태로 유사한 기능의 두 조합이 통합된 효과가 있다. 조합이라는 형태적 유사성으로 개인투자조합과 벤처조합은 상당 규정이 일치하므로 필히 각 규정의 같고 다름에 주의하여 비교학습 할 것을 권한다.

4.1 조합의 결성과 해산 및 취소

1. 결성가능자

다음의 어느 하나에 해당하는 자(이하 "결성가능자"라 한다)가 그 외의 자와 상호출자하여 결성하는 조합으로서 이 법의 적용을 받으려는 조합은 중기부장관에게 벤처조합으로 등록하여야 한다. 등록한 사항 중 중기부령으로 정하는 중요한 사항을 변경하려는 경우에도 또한 같다. (투자법 제50조)

① 창업기획자

② 벤처투자회사

③ 한국벤처투자

④ 신기술사업금융업자 등(신기술사업금융업자·신기술사업금융전문회사)

⑤ 「상법」에 따른 유한회사 또는 유한책임회사로서 아래의 요건을 모두 갖춘 회사

   ➊ 출자금 총액이 조합 결성금액의 1퍼센트 이상일 것

   ➋ 아래의 회사나 창업기획자에서 투자와 관련된 업무에 5년 이상 종사한 경력이 있는 사람 1명 이상과 3년 이상 종사한 경력이 있는 사람 2명 이상의 전문인력을 보유하거나, 5년 이상 종사한 경력이 있는 사람 2명 이상 보유할 것

     ⓐ 벤처투자회사

     ⓑ 벤처조합을 결정할 수 있는 요건을 갖춘 유한회사 또는 유한책임회사

     ⓒ 신기술사업금융회사

     ⓓ 신기술창업전문회사

     ⓔ 기술지주회사

   ➌ 중기부장관이 정하여 고시[29]하는 요건을 갖출 것

투자관련 업무 5년 이상 경력자 1명 이상 and 3년 이상 경력자 2명 이상 보유
투자관련 업무 5년 이상 경력자 2명 이상 보유

⑥ 다음의 요건을 갖추고 있다고 중기부장관이 인정하는 외국투자회사. 다만, 외국투자회사가 위의 벤처조합 결성가능자와 함께 벤처조합을 결성하는 경우에는 다음의 요건을 충족한 것으로 본다.

   ➊ 국내지점·전문인력 등 벤처투자회사에 준하는 물적·인적 요건을 갖추고 있을 것

   ➋ 국제적 신인도가 높고 사업계획이 타당할 것

⑦ 그 밖에 중기부장관이 정하여 고시하는 자

2. 업무집행조합원

가. 업무집행조합원 가능자

조합은 둘 이상의 출자로 결성된 단체이며, 이에 따라 조합의 채무에 대하여 무한책임을 지는 1인 이상의 조합원(이를 업무집행조합원 이라 한다.)과 출자가액을 한도로 유한책임을

---

29) 벤처투자조합 등록 및 관리규정(중소벤처기업부고시 제2023-114호) 제4조(벤처투자조합의 결성과 등록 등) ① 영 제33조제3호의 규정에서 "중소벤처기업부장관이 정하여 고시하는 요건"이란 다음 각 호를 말한다.
1. 유한회사 또는 유한책임회사의 부채비율이 200퍼센트 미만일 것
2. 벤처투자조합의 투자심사업무를 전담하는 전문인력 중 1인은 유한회사 또는 유한책임회사의 사원일 것

지는 유한책임조합원으로 구성된다. (투자법 제50조 ③항) *2018 기출*

업무집행조합원은 결성가능자에 해당하는 자로 하되, 중기부령[30]으로 정하는 자는 결성가능자와 공동으로 업무집행조합원이 될 수 있다.

위 규정에도 불구하고 공모벤처조합[31]을 결성하는 경우 업무집행조합원은 1인으로 한다.

벤처조합의 업무집행조합원은 벤처조합 운영 중에 결성가능자에 해당하는 다른 자로 변경할 수 없다. (투자법 제50조 ⑤항)

위에서 규정한 사항 외에 벤처조합의 등록 절차 · 방법과 그 운영 등에 필요한 사항은 중기부령[32]으로 정한다.

나. 업무집행조합원 탈퇴

업무집행조합원은 다음의 어느 하나에 해당하는 경우에만 벤처조합에서 탈퇴할 수 있다.

① 업무집행조합원이 이 법 또는 다른 법률에 따른 등록 취소 등의 사유로 그 업무를 지속할 수 없게 된 경우

② 업무집행조합원이 파산한 경우

③ 조합원 전원의 동의가 있는 경우

④ 그 밖에 중기부장관이 정하여 고시하는 경우

3. 등록요건

벤처조합으로 등록을 하려는 조합은 아래의 요건을 갖추어야 한다. *2015, 2018 기출*

① 출자금 총액이 다음의 구분에 따른 금액 이상일 것

   ❶ 업무집행조합원이 창업기획자인 경우 : 10억 원. 이 경우 출자금액을 나누어 출자하는 경우에는 최초 출자금액이 5억 원 이상이어야 한다.

   ❷ 업무집행조합원이 창업기획자가 아닌 경우 : 20억 원. 이 경우 출자금액을 나누어 출자하는 경우에는 최초 출자금액이 10억 원 이상이어야 한다.

② 출자 1좌(座)의 금액이 100만 원 이상일 것

③ 유한책임조합원의 수가 49인 이하일 것. 이 경우 유한책임조합원의 수는 다음의 방법에

---

30) 투자칙 제24조 ⑤항 - 「자본시장과 금융투자업에 관한 법률」 제8조제2항 · 제3항 또는 제4항에 따른 투자매매업자, 투자중개업자 또는 집합투자업자를 말한다.

31) 일반 벤처조합은 유한책임조합원 모집을 사모 방식에 의해 모집하나 조합원(유한책임조합원)을 공모 방식으로 모집한다는 점에서 차이가 있다.

32) 투자령 제24조에 규정되어 있으나 학습의 관점에서 이의 인용은 생략한다.

따라 산정한다.

- ㉠ 「자본시장과 금융투자업에 관한 법률」에 따른 전문투자자 중 같은 법 시행령 제271조의14제1항에 따른 자(같은 영 제10조제3항제9호에 해당하는 자는 제외한다)는 유한책임조합원의 수에서 제외할 것
- ㉡ 「자본시장과 금융투자업에 관한 법률」에 따른 집합투자기구가 해당 벤처조합에 10퍼센트 미만을 출자한 경우에는 그 집합투자기구를 유한책임조합원 1인으로 하여 산정하고, 10퍼센트 이상을 출자한 경우에는 그 집합투자기구의 출자자를 각각 조합원 1인으로 하여 산정할 것. 다만, 사모투자재간접집합투자기구가 10퍼센트 이상을 출자한 경우에는 그 집합투자기구를 유한책임조합원 1인으로 하여 산정한다.
- ㉢ 모태조합 등 중기부장관이 정하여 고시하는 자는 유한책임조합원의 수에서 제외할 것
- ㉣ 벤처조합이 다른 벤처조합으로부터 출자금 총액의 10퍼센트 미만을 출자받은 경우에는 출자한 벤처조합을 유한책임조합원 1인으로 산정하고, 10퍼센트 이상을 출자받은 경우에는 출자한 벤처조합의 출자자를 각각 유한책임조합원 1인으로 산정할 것

④ 업무집행조합원의 출자지분이 출자금 총액의 1퍼센트 이상일 것

⑤ 존속기간이 5년 이상일 것

중기부장관은 벤처조합을 등록한 경우에는 등록원부를 갖추어 두고 관리해야 하며, 등록원부의 등본을 신청인에게 내주어야 한다. (투자칙 제25조 ①, ②항)

4. 해산과 등록말소

벤처조합은 다음의 어느 하나에 해당하는 사유가 있는 때에는 해산하며, 업무집행조합원은 벤처조합이 해산한 날부터 14일 이내에 중기부장관에게 그 사실을 알려야 한다. 2013, 2016 기출

① 존속기간의 만료

② 벤처조합의 결성목적이 달성되었다고 조합원 전원이 동의하는 경우

③ 유한책임조합원 전원의 탈퇴

④ 업무집행조합원 전원의 탈퇴

⑤ 업무집행조합원 전원이 등록 취소 등의 사유로 그 업무를 지속할 수 없게 된 경우

⑥ 조합의 자산이 잠식되거나 그 밖의 사유가 발생하여 중기부장관이 조합원 보호를 위하여 필요하다고 인정하는 경우로서 출석한 조합원의 지분의 합이 조합 총지분의 과반수이고, 출석한 조합원 지분의 3분의 2 이상과 조합 총지분의 3분의 1 이상에 해당하는 동의를 받은 경우

위 사유 중 ④, ⑤항에 해당하는 사유가 발생하면 유한책임조합원 전원의 동의로 그 사유가 발생한 날로부터 3개월 이내에 결성가능자에 해당하는 자를 업무집행조합원으로 가입하게 하여 벤처조합을 계속할 수 있다. 이 때 다음 각 항목을 적은 신고서에 조합을 계속하려는 사유서와 유한책임조합원 전원의 동의서를 첨부하여 중기부장관에게 제출해야 한다.

① 벤처투자조합의 명칭과 사무소의 소재지
② 새로 선임하거나 가입하게 한 업무집행조합원의 명칭, 소재지 및 대표자의 성명
③ 조합원별 출자금액 및 출자좌수

위에 따라 신고서를 제출한 경우에는 변경등록을 신청한 것으로 본다.

개인투자조합과 벤처조합의 해산사유를 비교하면 다음과 같다.

벤처조합	개인투자조합
존속기간 만료	○
조합 결성목적 달성됐다고 조합원 전원 동의	○
유한책임조합원 전원 탈퇴	○
업무집행조합원 전원 탈퇴①	○②
업무집행조합원 전원 등록취소 등으로 업무수행을 계속하기가 곤란한 경우①	○②
창투조합의 자산잠식 등 사유, 조합 총지분의 과반수 조합원 총회출석 and 출석 조합원 지분의 $\frac{2}{3}$ 이상과 조합 총지분의 $\frac{1}{3}$ 이상 동의	조합원 간에 이해관계가 충돌 등 사유, 조합원 총수 및 조합 총지분 각 과반수의 동의

① 이 사유 해당 시 유한책임조합원 전원의 동의로 3개월 내에 결성가능자에 해당하는 자 중에서 새로이 업무집행조합원 가입하게 하여 계속 가능
② 이 사유 해당 시 유한책임조합원 전원의 동의로 유한책임조합원 중 1인을 업무집행조합원으로 선임하거나 새로운 업무집행조합원 가입하게 하여 계속 가능

벤처조합이 해산하는 경우에는 그 업무집행조합원이 청산인이 된다. 다만, 조합 규약에서 정하는 바에 따라 업무집행조합원 외의 자를 청산인으로 선임할 수 있다. 2018 기출

청산인이 청산사무를 끝마친 경우에는 중기부령으로 정하는 바에 따라 지체 없이 그 결과를 중기부장관에게 보고하여야 하며, 중기부장관은 이에 따른 보고를 받으면 지체 없이 그 벤처투자조합의 등록을 말소하여야 한다. (투자법 제57조)

벤처조합 해산 당시에 출자금액을 초과하는 채무가 있으면 업무집행조합원이 연대하여 그 채무를 변제하여야 한다. (투자법 제56조 ④항)

5. 등록취소 및 제재

가. 등록취소 사유

벤처조합 역시 등록 취소 규정이 있다. 다만 개인투자조합, 창업기획자, 벤처투자회사의 등록 취소 규정을 개별적으로 학습하지 말고 비교학습 할 것을 권한다.

중기부장관은 벤처조합 또는 그 업무집행조합원이 다음의 어느 하나에 해당하는 경우에는 벤처조합에 대하여 등록 취소, 6개월 이내의 업무정지명령, 시정명령 또는 경고조치를 하거나 3년의 범위에서 이 법에 따른 지원을 중단할 수 있다. 다만, ①항에 해당하는 경우에는 그 등록을 취소하여야 한다. (투자법 제62조 ①항) 2023 기출

① 거짓이나 그 밖의 부정한 방법으로 등록 또는 변경등록을 한 경우

② 벤처조합, 민간재간접벤처투자조합 및 인수합병 목적 벤처조합의 등록요건을 갖추지 못하게 된 경우

③ 「유사수신행위의 규제에 관한 법률」 제3조[33]를 위반하여 조합원을 모집한 경우

④ 벤처조합, 인수합병 목적 벤처조합 및 민간재간접벤처투자조합의 투자의무를 준수하지 아니한 경우

⑤ 모태조합이 출자하여 투자비율을 달리 정한 벤처조합이 해당 투자의무를 준수하지 아니한 경우

⑥ 행위제한 규정을 위반하여 업무를 집행한 경우

⑦ 벤처조합 재산을 신탁업자에 위탁하지 않은 경우

⑧ 업무집행조합원 전원의 등록이 이 법 또는 다른 법률에 따라 취소되거나 말소된 경우

⑨ 결산서를 제출하지 아니한 경우

⑩ 공모벤처조합의 업무집행조합원이 「자본시장과 금융투자업에 관한 법률」 또는 같은 법에 따른 명령이나 처분을 위반한 경우

---

[33] 유사수신행위의 규제에 관한 법률: 제2조(정의) 이 법에서 "유사수신행위"란 다른 법령에 따른 인가·허가를 받지 아니하거나 등록·신고 등을 하지 아니하고 불특정 다수인으로부터 자금을 조달하는 것을 업(業)으로 하는 행위로서 다음 각 호의 어느 하나에 해당하는 행위를 말한다.
1. 장래에 출자금의 전액 또는 이를 초과하는 금액을 지급할 것을 약정하고 출자금을 받는 행위
2. 장래에 원금의 전액 또는 이를 초과하는 금액을 지급할 것을 약정하고 예금·적금·부금·예탁금 등의 명목으로 금전을 받는 행위
3. 장래에 발행가액(發行價額) 또는 매출가액 이상으로 재매입(再買入)할 것을 약정하고 사채(社債)를 발행하거나 매출하는 행위
4. 장래의 경제적 손실을 금전이나 유가증권으로 보전(補塡)하여 줄 것을 약정하고 회비 등의 명목으로 금전을 받는 행위
제3조(유사수신행위의 금지) 누구든지 유사수신행위를 하여서는 아니 된다.

⑪ 투자목적회사 설립기준을 위반하여 투자목적회사를 설립하거나 운영한 경우

⑫ 중기부장관의 확인 및 검사를 거부·방해하거나 기피한 경우 또는 보고를 하지 아니하거나 거짓으로 보고한 경우 2014 기출

나. 벤처조합 제재

중기부장관은 벤처조합 또는 그 업무집행조합원이 등록 취소사유(취소사유의 ①항은 제외한다)의 어느 하나에 해당하는 경우 벤처조합에 대하여 다음의 어느 하나에 해당하는 조치를 할 수 있다. (투자법 제62조 ①항)

① 6개월 이내의 업무정지명령

② 시정명령

③ 경고조치

다. 업무집행조합원 제재

중기부장관은 벤처조합의 업무집행조합원이 등록 취소사유(취소사유의 ①항은 제외한다)의 어느 하나에 해당하는 경우 그 업무집행조합원에 대하여 다음의 어느 하나에 해당하는 조치를 할 수 있다. (투자법 제62조 ②항)

① 6개월 이내의 업무의 전부 또는 일부의 정지

② 시정명령

③ 경고

라. 업무집행조합원의 임직원에 대한 제재

중기부장관은 벤처조합의 업무집행조합원이 등록 취소사유(취소사유의 ①항은 제외한다)의 어느 하나에 해당하여 벤처조합의 건전한 운영을 해치거나 해칠 우려가 있다고 인정되는 경우에는 그 업무집행조합원의 임직원(해당 직무와 관련된 임직원으로 한정한다)에 대하여 다음의 어느 하나에 해당하는 조치를 할 것을 해당 업무집행조합원에게 요구할 수 있다.

① 면직 또는 해임

② 6개월 이내의 직무정지

③ 경고

중기부장관은 벤처조합이 등록 취소사유의 어느 하나에 해당하는 경우로서 해당 벤처조합의 업무집행조합원이 신기술사업금융업자 등(신기술사업금융업자·신기술사업금융전문회사)인 경우에는 금융위원회에 그 신기술사업금융업자 등 또는 그 임직원(해당 직무와 관련된 임직원으로 한정한다)에 대해 "업무집행조합원 제재", "임직원 제재" 조치를 요구할 수 있다.

위의 규정에 따른 행정처분 또는 조치 요구 등의 세부기준과 절차에 관하여 필요한 사항은 중기부장관이 정하여 고시한다.

개인투자조합과 벤처조합에 대한 제재 규정은 동일하다.

구분	벤처조합	개인투자조합
조합에 대한 제재	① 6개월 이내의 업무 정지명령 ② 시정명령 ③ 경고조치	좌동
업무집행 조합원에 대한 제재	① 6개월 이내의 업무의 전부 또는 일부의 정지 ② 시정명령 ③ 경고	좌동
업무집행 조합원의 임직원에 대한 제재	① 면직 또는 해임 ② 6개월 이내의 직무정지 ③ 경고	좌동

4.2 벤처투자조합 업무

1. 업무위탁

업무집행조합원은 선량한 관리자의 주의로 벤처조합의 업무를 집행하여야 하며, 벤처조합과의 계약에 따라 그 업무의 일부를 그 벤처조합의 유한책임조합원에게 위탁할 수 있다. (투자법 제52조 ①, ④항) 2023 기출

2. 투자의무

벤처조합(한국벤처투자가 업무집행조합원인 벤처조합은 제외한다)은 등록 후 3년이 지난 날까지 다음의 구분에 따른 투자비율 이상을 ①창업기업 ②벤처기업 ③기술·경영혁신형 중소기업 ④ 프로젝트투자(중소기업이 개발 또는 제작하며, 다른 사업과 회계의 독립성을 유지하는 방식으로 운영되는 사업에 대한 투자) ⑤기타 중기부장관이 정하는 사업에 사용하여야 한다.

① 동일한 업무집행조합원이 운용하는 모든 벤처조합의 출자금액의 합의 40퍼센트 이상
② 각 벤처조합의 출자금액의 20퍼센트 이상

창업기획자가 업무집행조합원인 벤처조합은 위 구분에 따른 투자비율 이상을 초기창업기업에 대한 투자에 사용하여야 한다. (투자법 제51조 ②항)

다만, 벤처투자회사·신기술사업금융업자 등·유한회사 또는 유한책임회사에 해당하는 자가 창업기획자를 겸영하는 경우에는 해당 업무집행조합원이 운용하는 벤처조합 중 하나 이상은 위 구분에 따른 투자비율 이상을 초기창업기업에 대한 투자에 사용하여야 한다.

이 예외사항이 없다면 창업기획자를 겸영하는 벤처투자회사 등이 업무집행조합원으로 있는 벤처조합은 40% 이상을 초기창업기업에 직접 투자해야 하나 이 예외조항 신설로 40% 이상을 초기창업기업이 아닌 창업·벤처기업 등에 투자하고 하나 이상의 벤처조합만 초기창업기업에 40% 이상 투자하면 되는 것으로 투자의무가 완화되는 효과가 있다.

벤처투자회사가 업무집행조합원인 벤처조합의 투자비율은 벤처투자회사 투자의무 규정[34]에 따른다.

그럼에도 불구하고 중기부장관은 중소기업 또는 벤처기업을 인수·합병하거나 다른 벤처조합 등이 보유하고 있는 주식 등의 자산을 매수하는 벤처조합(인수합병 목적 벤처조합)에 대해서는 투자의무비율을 0퍼센트로 한다. (투자령 제38조 ⑥항 ~ ⑧항)

중기부장관은 벤처조합이 투자회수·경영정상화 등 중기부장관이 인정하는 사유로 투자의무비율을 유지하지 못하는 경우에는 1년 이내의 범위에서 투자의무 이행 유예기간을 줄 수 있다. (투자법 제51조 ⑤항)

3. 증권시장 투자 제한

벤처조합이 「자본시장과 금융투자업에 관한 법률」 제8조의2제4항제1호에 따른 증권시장으로서 중기부장관이 정하여 고시하는 시장[35]에 상장된 법인에 투자하는 경우에는 아래의 기준을 초과하여 투자할 수 없다. 다만, 중기부장관은 중소기업 또는 벤처기업을 인수·합병하는 벤처조합에 대해서는 출자금액의 60퍼센트 이내의 범위에서 중기부장관이 정하여 고시하는

---

34) 벤처투자회사는 등록 후 3년이 지난 날까지 벤처투자회사가 운용 중인 총자산(자본금과 운용 중인 모든 벤처투자조합의 출자금액의 합을 말한다)의 40퍼센트 이상을 투자의무 대상에게 투자해야 한다.

35) 증권매매를 위해 한국거래소(KRX)가 개설한 증권시장으로 유가증권시장(KOSPI), 코스닥시장(KOSDAQ), 코넥스시장(KONEX)이 있는데 이 중 중기부장관이 정하여 고시하는 시장은 코넥스(KONEX) 시장을 제외한 시장을 말한다.

투자비율에 따라 증권시장에 상장된 법인에 투자할 수 있다. (투자법 제51조 ④항)

① 동일한 업무집행조합원이 운용하는 모든 벤처조합 출자금액의 합의 20퍼센트

② 각 벤처조합의 출자금액의 20퍼센트

벤처조합의 투자비율 산정에 대한 구체적인 기준 및 방법 등에 관하여 필요한 사항은 대통령령36)으로 정한다. 다만, 학습의 관점에서 대통령령의 세부 내용은 생략한다.

4. 벤처조합 행위제한

가. 행위제한

업무집행조합원은 벤처투자조합의 업무를 집행할 때 다음의 어느 하나에 해당하는 행위를 하여서는 아니 된다. 학습의 관점에서 일부 내용은 생략한다. (투자법 제52조 ②항) 2023 기출

① 투자법 적용제외업종에 투자하는 행위

② 상호출자제한기업집단에 속하는 회사에 투자하는 행위

③ 자금차입, 지급보증 또는 담보를 제공하는 행위

④ 자기나 제3자의 이익을 위하여 벤처투자조합의 재산을 사용하는 행위

⑤ 비업무용부동산을 취득하거나 소유하는 행위. 다만, 담보권 실행으로 비업무용부동산을 취득하는 경우에는 그러하지 아니하다.(담보권 실행으로 비업무용부동산을 취득한 경우에는 1년 이내에 처분하여야 한다.)

⑥ 벤처조합의 명의로 제3자를 위하여 주식을 취득하거나 자금을 중개하는 행위

나. 행위제한의 예외

행위제한 규정에도 불구하고 자산 운용의 건전성을 해칠 우려가 없는 경우로서 대통령령으로 정하는 경우에는 그러하지 않다는 예외규정이 있으나 학습의 관점에서 해당 예외규정의 인용은 생략한다. (투자령 제37조)

5. 손실보전 등의 금지

벤처조합은 건전한 벤처투자의 질서를 해칠 우려가 없는 경우로서 정당한 사유가 있는 경우를 제외하고는 벤처조합의 투자와 관련하여 출자자에게 다음의 어느 하나에 해당하는 행위를 하여서는 안된다. 벤처조합의 업무집행조합원이 자기의 계산으로 하는 경우에도 또한 같다.

① 출자자가 입은 손실의 전부 또는 일부를 보전해 주는 행위

---

36) 2024년 12월 현재 별도의 규정이 없다.

② 출자자에게 벤처투합의 투자손실 여부와 관계없이 일정한 이익을 보장하고 제공하는 행위

벤처조합의 출자자는 위의 행위를 벤처조합 또는 벤처조합의 업무집행조합원에게 요청해서는 아니 된다.

6. 재산신탁

업무집행조합원은 벤처조합의 재산을 다음에서 정하는 바에 따라 보관·관리하여야 한다.
① 벤처조합 재산의 보관·관리를 신탁업자에게 위탁할 것
② 신탁업자를 변경하는 경우에는 조합원 총회의 승인을 받을 것

업무집행조합원은 위에 따른 벤처조합 재산의 운용과정에서 필요한 경우 신탁업자에 대하여 벤처조합 재산의 취득·처분 등에 관하여 지시를 하여야 하며, 신탁업자는 업무집행조합원의 지시에 따라 그 재산의 취득·처분 등을 하여야 한다. (투자법 제53조)

7. 조합 재산의 보호

벤처조합 조합원의 채권자가 조합원에 대하여 채권을 행사할 때에는 「민법」 제704조[37])에도 불구하고 그 조합원이 벤처조합에 출자한 금액의 범위에서 행사할 수 있다. (투자법 제58조)

8. 수익처분

벤처조합은 업무집행조합원에게 조합 규약에서 정하는 바에 따라 투자수익에 따른 성과보수를 지급할 수 있으며, 성과보수 지급을 위한 투자수익은 벤처조합 자산의 평가금액에서 출자금액과 중기부장관이 정하여 고시하는 운영경비를 뺀 금액으로 한다.

이에 따라 투자수익에 따른 성과보수를 지급받은 업무집행조합원은 성과보수 금액의 범위에서 투자수익 발생에 이바지한 임직원에게 성과급을 지급할 수 있다.

---

37) 제704조 (조합재산의 합유) 조합원의 출자 기타 조합재산은 조합원의 합유로 한다.

9. 공시

업무집행조합원은 다음의 사항을 공시하여야 하며, 공시의 시기 및 방법 등에 관하여 필요한 사항은 중기부장관이 정하여 고시한다. (투자법 제61조)

① 매 회계연도의 결산서

② 기타 벤처투합의 운영에 관한 서류로서 중기부장관이 정하여 고시하는 사항

10. 결산보고

업무집행조합원은 매 사업연도 종료 후 3개월 이내에 결산서에 감사인의 감사의견서를 첨부하여 중기부장관에게 제출해야 한다. (투자법 제54조) 2023 기출

11. 상법 준용

벤처조합에 관하여 이 법에 규정한 것 외에는 「상법」 중 합자조합에 관한 규정을 준용한다. 다만, 같은 법 제86조의4 및 제86조의9는 준용하지 아니한다.

12. 외국인 출자 특례

「외국인투자 촉진법」 제2조제1항제1호에 따른 외국인의 벤처조합에 대한 출자는 같은 항 제4호에 따른 외국인 투자로 본다.

13. 공모벤처투자조합에 관한 특례

중기부장관은 공모벤처조합(「자본시장과 금융투자업에 관한 법률」에 따른 사모집합투자기구에 해당하지 아니하는 벤처조합을 말한다. 이하 같다)을 등록하는 경우에는 미리 금융위원회와 협의하여야 한다. 이 경우 공모벤처조합을 결성하는 경우 업무집행조합원은 1인으로 한다.

가. 등록요건
공모벤처조합으로 등록하려는 조합은 다음의 요건을 충족해야 한다.

① 출자금 총액이 200억 원 이상일 것

② 출자 1좌의 금액이 100만 원 이상일 것

③ 업무집행조합원의 출자지분이 납입된 출자금 총액의 5퍼센트 이상일 것

④ 존속기간이 5년 이상일 것

나. 업무집행조합원 요건

공모벤처조합의 업무집행조합원이 될 수 있는 자는 다음의 요건을 모두 갖춘 벤처투자회사로 한다.

① 납입자본금이 40억 원 이상일 것

② 벤처투자회사 전문인력에 해당하는 전문인력을 5명 이상 갖출 것. 이 경우 다음의 전문인력을 각각 1명 이상 포함해야 한다.

    ❶ 벤처투자회사 등 중기부장관이 인정하는 기관에서 투자와 관련된 업무를 3년 이상 수행한 경력이 있는 사람

    ❷ 변호사, 공인회계사 또는 변리사

    ❸ 다음의 요건을 모두 갖춘 사람

        ⓐ 「상법」에 따른 회사 등 중기부장관이 인정하여 고시하는 기관에서 경영 또는 기술개발 등의 업무를 3년 이상 수행한 경력이 있을 것

        ⓑ 중기부장관이 인정하는 벤처투자회사 전문인력 양성교육과정을 수료했을 것

③ 전산설비 및 통신수단, 업무공간 및 사무장비, 업무 연속성을 유지할 수 있는 보완설비 등에 관하여 중기부장관이 고시하는 기준을 충족할 것

금융위원회는 공익 또는 공모벤처조합의 조합원을 보호하기 위하여 필요한 경우에는 공모벤처조합 및 그 업무집행조합원인 벤처투자회사에 대하여 업무에 관한 자료의 제출이나 보고를 명할 수 있으며, 금융감독원의 원장으로 하여금 그 업무에 관하여 검사하게 할 수 있다. (투자법 제63조 ③항)

금융위원회는 공모벤처조합 및 그 업무집행조합원인 벤처투자회사가 이 법 또는 이 법에 따른 명령이나 처분을 위반하거나 「자본시장과 금융투자업에 관한 법률」 또는 같은 법에 따른 명령이나 처분을 위반한 경우에는 벤처투자회사 취소 및 임직원 문책, 벤처조합 취소 및 임직원 문책 규정의 어느 하나에 해당하는 조치를 할 것을 중기부장관에게 요구할 수 있고, 중기부장관은 특별한 사유가 없으면 요구에 따라야 한다. 이 경우 중기부장관은 그 조치 결과를 금융위원회에 통보하여야 한다. (투자법 제63조 ④항)

14. 민간재간접벤처투자조합에 관한 특례

다음의 어느 하나에 해당하는 결성가능자가 결성하는 조합으로서 출자금 총액이 1,000억 원 이상인 벤처조합이 이 법의 적용을 받으려면 중기부장관에게 민간재간접벤처투자조합(이하 "재간접투자조합"이라 한다)으로 등록하여야 한다. 등록한 사항 중 중기부령으로 정하는 중요한 사항을 변경하는 경우에도 또한 같다.

① 벤처투자회사

② 신기술사업금융업자 등(신기술사업금융업자 · 신기술사업금융전문회사)

③ 「자본시장과 금융투자업에 관한 법률」에 따른 집합투자업자로서 아래의 요건을 갖춘 집합투자업자

● 납입자본금이 20억 원 이상일 것

● 벤처투자회사의 전문인력 요건에 해당하는 상근 전문인력을 2명 이상 갖출 것

가. 업무집행조합원 가능자

재간접투자조합의 업무집행조합원은 결성가능자의 어느 하나에 해당하는 자로 하되, 중기부령으로 정하는 자[38]는 결성가능자의 어느 하나에 해당하는 자와 공동으로 업무집행조합원이 될 수 있다.

나. 등록요건

① 납입자본금이 1천억 원 이상일 것

② 출자 1좌의 금액이 100만 원 이상일 것

③ 유한책임조합원의 수가 49명 이하일 것[39]

④ 존속기간이 5년 이상일 것

⑤ 업무집행조합원의 출자지분이 출자금 총액의 1퍼센트 이상일 것

---

38) 투자칙 제4조 ⑤항 : 투자매매업자, 투자중개업자 또는 집합투자업자를 말한다.
39) 유한책임조합원의 수는 다음 각 목의 방법에 따라 산정한다.
가. 「자본시장과 금융투자업에 관한 법률」 제9조제5항에 따른 전문투자자 중 같은 법 시행령 제271조의14제2항에 따른 자(같은 영 제10조제3항제9호에 해당하는 자는 제외한다)는 유한책임조합원의 수에서 제외할 것
나. 「자본시장과 금융투자업에 관한 법률」 제9조제18항에 따른 집합투자기구가 해당 민간재간접벤처투자조합에 10퍼센트 미만을 출자한 경우에는 그 집합투자기구를 유한책임조합원 1인으로 하여 산정하고, 10퍼센트 이상을 출자한 경우에는 그 집합투자기구의 출자자를 각각 조합원 1인으로 하여 산정할 것. 다만, 같은 법 시행령 제80조제1항제5호의2에 따른 사모투자재간접집합투자기구가 10퍼센트 이상을 출자한 경우에는 그 집합투자기구를 유한책임조합원 1인으로 하여 산정한다.
다. 모태조합 등 중소벤처기업부장관이 정하여 고시하는 자는 유한책임조합원의 수에서 제외할 것
라. 민간재간접벤처투자조합이 다른 벤처투자조합으로부터 출자금 총액의 10퍼센트 미만을 출자받은 경우에는 출자한 벤처투자조합을 유한책임조합원 1인으로 산정하고, 10퍼센트 이상을 출자받은 경우에는 출자한 벤처투자조합의 출자자를 각각 유한책임조합원 1인으로 산정할 것

요건	개인투자조합	벤처조합	재간접투자조합
출자총액	1억 원 이상	10억 또는 20억 원 이상	1천억 원 이상
출자 1좌의 금액	100만 원 이상	좌동	좌동
조합원 수	조합원수 49인 이하	유한책임 49인 이하	유한책임 49인 이하
업무집행조합원 출자지분	3% 이상	1% 이상	1% 이상
존속기간	5년 이상	좌동	좌동

다. 투자의무

재간접투자조합은 등록 후 3년이 지난 날까지 출자금액의 60퍼센트 이상을 다른 벤처조합에 대한 출자에 사용하여야 한다.

라. 증권시장 투자제한

재간접투자조합이 「자본시장과 금융투자업에 관한 법률」 제8조의2제4항제1호에 따른 증권시장으로서 중기부장관이 정하여 고시하는 시장에 상장된 법인에 투자하는 경우에는 아래의 기준을 초과하여 투자할 수 없다. (투자법 제63조의2 ⑤항)

① 동일한 업무집행조합원이 운용하는 모든 재간접투자조합 출자금액의 합의 40퍼센트
② 각 재간접투자조합의 출자금액의 40퍼센트

마. 행위제한의 예외

재간접투자조합에게는 기본적으로 벤처조합의 행위제한 규정이 적용되나 아래의 내용은 예외로 하여 허용된다.

① 재간접투자조합의 업무집행조합원은 금융회사등. 기업구조개선 기관전용 사모집합투자기구, 기관전용 사모집합투자기구, 일반사모집합투자기구의 주식 등을 취득하거나 소유할 수 있다. 이 경우 주식등에 대한 투자비율은 해당 재간접투자조합 출자금액의 40퍼센트를 초과해서는 안 된다.

② 재간접투자조합의 업무집행조합원은 재간접투자조합 출자금액의 30퍼센트 이내의 재산으로 해당 업무집행조합원이 업무집행조합원인 벤처조합에서 발행하거나 소유한 주식등을 매입할 수 있다. 이 경우 각 벤처조합에 대한 재간접투자조합의 출자지분은 각 벤처조합 출자지분 총수의 10퍼센트 미만이어야 한다.

15. 인수합병 목적 벤처조합

인수합병 목적 벤처조합이란 중소기업 또는 벤처기업을 인수 · 합병하거나 다른 벤처조합 등이 보유하고 있는 주식 등의 자산을 매수하는 벤처조합으로서 해당 벤처조합 출자금액의 60퍼센트 이상을 다음의 어느 하나에 투자하는 것을 목적으로 결성한 벤처조합을 말한다.(투자법 제51조 ⑥항)

① 중소기업 또는 벤처기업의 인수 · 합병

② 중소기업 또는 벤처기업이 발행한 주식, 무담보전환사채, 무담보교환사채 및 무담보신주인수권부사채, 유한회사 또는 유한책임회사 출자지분의 인수, 조건부지분인수계약 또는 조건부지분전환계약의 인수, 중소기업이 개발하거나 제작하며 다른 사업과 회계의 독립성을 유지하는 방식으로 운영되는 사업 지분의 인수

③ 다른 벤처조합의 조합원 및 신기술사업투자조합의 조합원이 보유하고 있는 해당 조합 출자지분의 인수

④ 다른 벤처조합이 보유하고 있는 주식 또는 출자지분의 인수

⑤ 개인투자조합 및 다른 벤처조합에 대한 출자

인수합병 목적 벤처조합에 대해서는 투자의무비율을 따로 정하는데 대통령령에 따르면 0 퍼센트로 정하고 있다. (투자령 제38조 ⑥항 ~ ⑧항)

16. 투자목적회사

벤처조합의 업무집행조합원은 「상법」에 따른 주식회사 또는 유한회사로서 다음의 요건을 모두 충족하는 투자목적회사를 설립할 수 있다. 이 때 투자목적회사의 주주 또는 사원의 수를 합산한 수는 49인 이하여야 한다.(투자법 제51조의2)

① 투자목적회사의 재산을 벤처조합 투자의무대상[40]에 60퍼센트 이상 사용하는 것을 목적으로 할 것. 단, 인수합병 목적 벤처조합의 업무집행조합원이 설립하는 투자목적회사의 경우에는 의무사용 비율을 0퍼센트로 한다.

② 벤처조합이 단독으로 100퍼센트 출자한 회사일 것

③ 상근임원을 두거나 직원을 고용하지 아니하고, 본점 외에 영업소를 설치하지 아니할 것

④ 투자목적회사를 설립한 벤처조합의 업무집행조합원에게 회사 재산의 운용을 위탁할 것

---

40) ①창업기업 ②벤처기업 ③기술 · 경영혁신형 중소기업 ④ 프로젝트투자(중소기업이 개발 또는 제작하며, 다른 사업과 회계의 독립성을 유지하는 방식으로 운영되는 사업에 대한 투자) ⑤기타 중기부장관이 정하는 사업

위 ②항의 요건에도 불구하고 인수합병 목적 벤처조합이 60퍼센트 이상 출자한 투자목적 회사의 경우 다음에 해당하는 주주 또는 사원이 출자할 수 있다.

① 투자목적회사가 투자하는 회사의 임원 또는 대주주로서 인수 · 합병되는 중소기업 또는 벤처기업의 임원 및 대주주

② 그 밖에 대통령령[41]으로 정하는 자

투자목적회사에 관하여는 이 법에 특별한 규정이 없으면 「상법」에 따른 주식회사 또는 유한회사에 관한 규정을 적용한다. 다만, 「상법」 제317조제2항제2호 · 제3호 및 제549조제2항제2호는 적용하지 아니한다.

투자목적회사는 차입을 할 수 있으며 차입 한도는 해당 투자목적회사 자기자본의 400퍼센트에 해당하는 금액으로 하며, 투자목적회사는 단일 법인이나 단일 사업에 대한 투자(투자금액의 전부를 한꺼번에 투자하는 경우를 말한다)를 목적으로 그 재산을 운용해야 한다.

기술보증기금 등 중기부장관이 정하여 고시하는 기관은 투자목적회사에 대한 보증지원을 할 수 있다.

투자목적회사 업무의 집행 등에 관한 사항은 벤처투자조합 업무의 집행 등, 벤처투자조합 재산의 관리와 운용 등, 결산보고 및 공시 규정을 준용한다. 이 경우 "벤처투자조합"은 "투자목적회사"로 본다.

제
3
장

---

41) 2024년 12월 현재 별도의 규정이 없다.

제5절 창업기획자(액셀러레이터)

5.1 등록과 취소

1. 등록요건 및 등록신청

다음의 어느 하나에 해당하는 사업을 하는 자로서 이 법의 적용을 받으려는 자는 중기부장관에게 창업기획자로 등록하여야 한다. 등록한 사항 중 법인명과 소재지 등 중기부령[42]으로 정하는 중요한 사항을 변경하려는 경우에도 또한 같다. (투자법 제24조 ①항) 2022 기출

① 초기창업기업의 선발 및 전문보육

② 초기창업기업에 대한 투자

③ 개인투자조합 또는 벤처투자조합의 결성과 업무의 집행

---

[42] 투자칙 제11조(창업기획자의 등록 및 변경등록 등) ② 법 제24조제1항 각 호 외의 부분 후단에서 "법인명과 소재지 등 중소벤처기업부령으로 정하는 중요한 사항"이란 다음 각 호의 어느 하나에 해당하는 사항을 말한다. 다만, 제7호 및 제8호는 「상법」에 따른 회사만 해당한다.
1. 법인명, 2. 법인 소재지, 3. 대표자 및 임원
4. 납입자본금(「민법」 등에 따른 비영리법인의 경우에는 법 제24조제2항제1호나목에 따른 출연재산, 조합 등의 경우에는 같은 호 다목에 따른 출자재산을 말한다)
5. 상근 전문인력의 보유 현황, 6. 정관에서 정한 사업 목적
7. 의결권 있는 발행주식 총수의 5퍼센트 이상에 해당하는 주식(주식회사 외의 회사는 지분을 말한다. 이하 이 항에서 같다)을 소유한 주주의 주식 소유 현황
8. 의결권 있는 발행주식 총수의 10퍼센트 이상의 주식 소유 현황의 변동

④ 위에 딸린 사업으로서 중기부장관이 정하는 사업[43]

(1) 물적요건

가. 조직형태 2018, 2022 기출

① 「상법」에 따른 회사 : 납입자본금이 1억 원 이상일 것

② 「민법」 등에 따른 비영리법인 : 창업기획자 목적사업(초기창업기업의 선발·투자 및 전문보육)에 출연한 재산이 5,000만 원 이상일 것.

③ 「협동조합 기본법」, 「중소기업협동조합법」에 따른 조합 등 : 창업기획자 목적사업(초기창업기업의 선발·투자 및 전문보육)에 출연한 재산이 5,000만 원 이상일 것.

④ 창업법 시행령 제5조의6에 따라 지정된 전담기관[44] : 1천만 원 이상일 것.

이 경우 비영리법인과 조합 등은 해당 사업의 수입과 지출이 명백하도록 「법인세법」 제113조에 따라 비영리법인 내 다른 사업과 각각 별개의 회계로 기록하여야 한다.

나. 기타요건 2022 기출

① 초기창업기업을 위한 보육공간으로서 중기부장관이 정하여 고시[45]하는 기준을 충족하는 사무실을 갖출 것

② 창업기획자와 투자자 간, 특정 투자자와 다른 투자자 간의 이해상충을 방지하기 위한 체계를 갖출 것

③ 벤처투자조합을 결성하려는 창업기획자는 다음의 요건을 모두 갖추어야 한다.

> ㉠ 벤처투자조합의 결성금액이 100억 원 이상인 경우 조직형태별 구분에 따른 자본금이나 창업기획자 사업(초기창업기업에 대한 전문보육, 투자의무)에 출연한 재산 또는 출자한 재산이 조합 결성금액의 1퍼센트 이상일 것

> ㉡ 부채비율이 200퍼센트를 넘지 않을 것

---

43) 창업기획자 등록 및 관리규정(중소벤처기업부고시 제2024-69호) 제3조(창업기획자의 등록 등) ① 법 제24조제1항제4호에서 "중소벤처기업부장관이 정하는 사업"이란 다음 각 호의 사업을 말한다.

1. 창업보육센터의 설립 및 운영

2. 중소기업과의 계약에 따른 경영 기술지원을 위한 사업

3. 다른 법령에 따라 허가 · 인가 또는 승인 등을 받은 사업

44) 창조경제혁신센터를 말한다.

45) 창업기획자 등록 및 관리규정(중소벤처기업부고시 제2024-69호) 제5조(보육공간 시설기준) 영 제13조제4항제2호에 따른 "중소벤처기업부 장관이 정하여 고시하는 기준"에서 사무실 보유방법은 소유, 임대 외에 협약(공유오피스 등)에 의한 방법도 인정한다. 단, 협약서에는 사용자, 사용범위, 사용금액, 사용시간, 협약 유지 기간(신청일로부터 1년 이상) 등이 명확하게 기록되어야 한다.

(2) 인적요건

가. 전문인력

다음의 어느 하나에 해당하는 상근 전문인력을 2명 이상 갖출 것

① 전문개인투자자[46]의 경력요건을 갖춘자(단, 지도사의 경우 해당 분야의 업무에 3년 이상 종사한 경력이 있어야 한다.)

② 회사의 이사(등기된 사람으로 한정한다)로서 해당 회사를 50억 원 이상의 매각대금으로 다른 회사에 매각한 경험이 있는 사람

③ 다음의 회사 또는 기관에서 3년 이상 창업기획업무를 한 경력이 있는 사람
  - ㉠ 창업기획자
  - ㉡ 벤처투자회사
  - ㉢ 창업보육센터
  - ㉣ 「중소기업창업 지원법 시행령」 제5조의6에 따라 지정된 전담기관[47]

④ 개인투자조합의 업무집행조합원으로 3년 이상 근무한 경력이 있는 사람

⑤ 석사학위(이공계열 또는 경상계열로 한정한다)를 소지한 사람으로서 해당 분야의 업무에 3년 이상 종사한 경력(학위 취득 전의 경력을 포함한다)이 있는 사람

⑥ 학사학위를 소지한 사람으로서 「금융위원회의 설치 등에 관한 법률」 제38조에 따른 검사 대상 기관(신기술사업금융업자 등은 제외한다) 또는 벤처투자회사의 업무에 준하는 업무를 수행하는 외국회사(그 계열사 및 지점을 포함한다)에서 3년 이상 투자심사 업무(대출심사 업무는 제외한다)를 수행한 경력(학위 취득 전의 경력을 포함한다)이 있는 사람

⑦ 다음의 요건을 갖춘 사람
  - ㉠ 「상법」에 따른 회사 등 중기부장관이 인정하여 고시[48]하는 기관에서 경영 또는 기술개발 등의 업무를 3년 이상 수행한 경력이 있을 것
  - ㉡ 중기부장관이 인정하는 창업기획자 전문인력 양성교육과정을 수료했을 것

⑧ 기타 창업보육 또는 투자 업무 경력 등 중기부장관이 정하여 고시[49]하는 기준을 갖춘 사람

---

46) 전문개인투자자 경력요건에 따르면 "신기술사업금융회사"에서 2년 이상 투자심사 업무를 수행했거나 3년 이상 투자 관련 업무를 수행한 경력이 있는 사람을 지칭하나 창업기획자 전문인력 요건에서는 "신기술사업금융업자"에서 같은 경력을 쌓을 것을 요하고 있다는 점에서 미세하게 다르다.

47) 창조경제혁신센터를 말한다.

48) 창업기획자 등록 및 관리규정(중소벤처기업부고시 제2024-69호)

49) 창업기획자 등록 및 관리규정(중소벤처기업부고시 제2024-69호)

단, 창업기획자 임원결격 사유의 ⑦, ⑧항에 해당하는 사람으로서 등록이 취소된 날 또는 그 사유를 통보받은 날부터 3년(등록말소일부터 5년을 초과하는 경우에는 등록말소일부터 5년)이 지나지 않은 사람은 제외한다.

나. 임원 결격사유 2022 기출

창업기획자로 등록할 수 있는 각 조직의 임원(임원이 없는 경우에는 임원의 직무에 상응하는 직무를 수행하는 자를 말한다)이 다음의 어느 하나에 해당하지 아니할 것

① 미성년자ㆍ피성년후견인 또는 피한정후견인

② 파산 선고를 받고 복권되지 아니한 사람

③ 금고 이상의 실형을 선고받고 그 집행이 끝나거나(집행이 끝난 것으로 보는 경우를 포함한다) 집행이 면제된 날부터 5년이 지나지 아니한 사람

④ 금고 이상의 형의 집행유예를 선고받고 그 유예기간 중에 있는 사람

⑤ 금융 관련 법령[50]을 위반하여 벌금 이상의 형을 선고받고 그 집행이 끝나거나(집행이 끝난 것으로 보는 경우를 포함한다) 집행이 면제된 날부터 5년이 지나지 아니한 사람

⑥ 금융 관련 법령을 위반하여 벌금 이상의 형의 집행유예를 선고받고 그 유예기간 중에 있는 사람

⑦ 창업기획자 등록을 말소하기 전에 등록 취소 사유가 있었던 경우에는 말소 당시의 임원이었던 사람(해당 창업기획자를 대표할 권한이 있는 사람, 감사, 등록 취소의 원인이 되는 행위를 지시한 사람만 해당한다)으로서 창업기획자 등록 취소 사유를 통보받은 날부터 5년이 지나지 아니하거나 등록말소일부터 7년이 지나지 아니한 사람

⑧ 등록이 취소된 창업기획자의 임원이었던 사람(해당 창업기획자를 대표할 권한이 있는 사람, 감사, 등록 취소의 원인이 되는 행위를 지시한 사람만 해당한다)으로서 창업기획자 등록이 취소된 날부터 5년이 지나지 아니한 사람

⑨ 창업기획자의 임원에서 면직되거나 해임된 날부터 5년이 지나지 아니한 사람

이상에서 규정한 사항 외에 창업기획자의 등록 또는 변경등록의 절차ㆍ방법 및 운영 등에 필요한 사항은 중기부령[51]으로 정한다. (투자법 제24조 ④항)

---

50) 투자령 제13조의 ②항에 규정되어 있으나 학습의 관점에서 이의 인용은 생략한다.
51) 투자칙 제11조에 규정되어 있으나 학습의 관점에서 이의 인용은 생략한다.

2. 등록의 말소 · 취소

가. 신청에 의한 등록말소

창업기획자는 사업을 하기가 불가능하거나 어려운 경우에는 중기부령으로 정하는 바에 따라 그 등록의 말소를 신청할 수 있으며, 중기부장관은 창업기획자가 등록말소 신청을 하면 지체 없이 등록을 말소하여야 한다. (투자법 제35조)

나. 등록 취소 및 지원중단 사유

중기부장관은 창업기획자가 다음의 어느 하나에 해당하는 경우에는 창업기획자에 대하여 등록 취소하거나 3년의 범위에서 이 법에 따른 지원을 중단할 수 있다. 다만, 제①항에 해당하는 경우에는 등록을 취소하여야 한다. (투자법 제36조 ①항)

① 거짓이나 그 밖의 부정한 방법으로 등록 또는 변경등록을 한 경우

② 등록요건을 갖추지 못하게 된 경우. 다만, 임원이 결격사유의 어느 하나에 해당하게 된 창업기획자가 그 사유가 발생한 날부터 3개월 이내에 그 사유를 해소한 경우는 제외한다.

③ 선발기준을 위반하여 지원대상자를 선발하거나 선발된 지원대상자에 대한 전문보육을 하지 아니한 경우

④ 창업기획자의 투자의무를 준수하지 아니한 경우

⑤ 행위제한 의무를 준수하지 아니한 경우

⑥ 창업기획자의 대주주가 자신의 이익을 얻을 목적으로 대주주 행위제한에 해당하는 행위를 한 경우

⑦ 개인투자조합 또는 벤처투자조합의 업무집행조합원 업무집행 규정을 위반하여 업무를 집행한 경우

⑧ 임직원 문책 요구에 대한 조치를 이행하지 아니한 경우

⑨ 경영 개선을 위하여 필요한 조치의 요구를 이행하지 아니한 경우

⑩ 공시를 하지 아니하거나 거짓으로 공시한 경우

⑪ 보고와 검사 규정에 따른 확인 및 검사를 거부 · 방해하거나 기피한 경우 또는 보고를 하지 아니하거나 거짓으로 보고한 경우

다. 창업기획자 제재

중기부장관은 창업기획자가 취소 및 지원중단사유(제①항은 제외한다)에 해당하면 다음의 어느 하나에 해당하는 조치를 할 수 있다. (투자법 제36조 ①항)

① 6개월 이내의 업무정지명령

② 시정명령

③ 경고

라. 임직원 제재

중기부장관은 창업기획자가 취소 및 지원중단사유(제①항은 제외한다)의 어느 하나에 해당하여 창업기획자의 건전한 운영을 해치거나 해칠 우려가 있다고 인정하는 경우에는 창업기획자의 임직원(해당 직무와 관련된 임직원으로 한정한다)에 대하여 다음의 어느 하나에 해당하는 조치를 할 것을 해당 창업기획자에게 요구할 수 있다. (투자법 제36조 ②항)

① 면직 또는 해임
② 6개월 이내의 직무정지
③ 경고

취소, 지원중단, 임직원 제재 등 행정처분의 세부기준과 절차에 관하여 필요한 사항은 중기부장관이 정하여 고시한다.

3. 권리 · 의무 승계

창업기획자가 그 영업을 양도하거나 분할 · 합병한 경우 그 양수인 또는 분할 · 합병으로 설립되거나 분할 · 합병 후 존속하는 법인이 종전의 창업기획자의 지위를 승계하려는 경우에는 그 양도일 또는 분할 · 합병일부터 30일 이내에 중기부령[52])으로 정하는 바에 따라 그 사실을 중기부장관에게 신고하여야 하며, 중기부장관은 이에 따른 신고를 받은 경우 그 내용을 검토하여 이 법에 적합하면 신고를 수리하여야 한다. (투자법 제33조 ①, ②항)

위에 따른 신고가 수리된 경우에는 양수인 또는 분할 · 합병으로 설립되거나 분할 · 합병 후 존속하는 법인은 그 양수일 또는 분할 · 합병일부터 종전의 창업기획자의 지위를 승계한다.

---

52) 제16조(창업기획자 권리 · 의무를 승계한 자의 신고) 법 제33조제1항에 따라 창업기획자의 지위 승계를 신고하려는 자는 별지 제7호서식의 창업기획자 권리 · 의무 승계 신고서에 다음 각 호의 서류를 첨부하여 중소벤처기업부장관에게 제출해야 한다. 이 경우 중소벤처기업부장관은 「전자정부법」 제36조제1항에 따른 행정정보의 공동이용을 통하여 법인 등기사항증명서(법인인 경우만 해당한다)를 확인해야 한다.
1. 지위 승계 사실을 증명하는 서류
2. 「공인회계사법」 제23조에 따른 회계법인의 감사의견서가 첨부된 결산서
3. 제11조제1항 각 호의 서류

5.2 창업기획자 업무

1. 초기창업기업 선발 및 전문보육

창업기획자는 초기창업기업 중에서 지원대상자를 선발하여 다음의 지원(이하 "전문보육"이라 한다)을 하여야 한다.
① 사업 모델 개발
② 기술 및 제품 개발
③ 시설 및 장소의 확보
④ 그 밖에 중기부령으로 정하는 지원 2018 기출

창업기획자가 초기창업기업 중 지원대상자를 선발하려는 경우에는 선발기준 및 선발절차를 마련하여 선발을 해야 하며, 이 경우 지원대상자에게 선발을 조건으로 불리한 거래를 요구해서는 안 된다. (투자령 제14조)

2. 투자의무

창업기획자는 등록 후 3년이 지난 날까지 전체 투자금액의 40퍼센트의 이상을 초기창업기업에 대한 투자에 사용하여야 한다. 단, 벤처투자회사, 신기술사업금융업자등(신기술사업금융업자, 신기술사업금융전문회사), 벤처조합 결성요건을 갖춘 유한회사 또는 유한책임회사가 창업기획자를 겸영(兼營)하는 경우에는 투자의무를 적용하지 아니하나 이들은 창업기획자 등록 후 3년이 지난 날까지 벤처조합 투자의무 비율 이상을 초기창업기업에 대한 투자에 사용하는 벤처조합을 결성 및 운용하여야 한다.

창업기획자는 등록 후 3년이 지난 날 이후에도 위에 따른 투자의무를 유지하여야 하며, 중기부장관은 창업기획자가 투자회수·경영정상화 등 중기부장관이 인정하는 사유로 투자의무를 유지하지 못하는 경우에는 1년 이내의 범위에서 투자의무 이행 유예기간을 줄 수 있다. (투자법 제26조 ②항)

투자비율은 다음의 기준에 따라 산정한다. (투자령 제15조 ②항)
① 전체 투자금액은 다음의 투자금액의 합계로 산정할 것. 다만, 창업기획자가 등록 후 3년이 지난 날까지 전체 투자금액이 영(0)인 경우에는 투자비율을 충족하지 않은 것으로

본다.

❶ 창업기획자의 자본금(비영리법인 또는 협동조합 등에 해당하는 자의 경우에는 전문
  보육 및 초기창업기업에 대한 출연 또는 출자한 재산을 합산한 것을 말한다)으로
  직접 투자한 금액

❷ 창업기획자가 개인투자조합 또는 벤처조합을 결성한 경우에는 그 개인투자조합 또
  는 벤처조합의 투자금액에 창업기획자의 출자비율을 곱한 금액

② 초기창업기업에 대한 투자금액은 투자 당시 증권시장에 상장되지 않은 초기창업기업에
  대하여 중기부령으로 정하는 방법[53]으로 투자한 금액으로 산정할 것

3. 경영건전성 기준

창업기획자는 경영 건전성 기준을 갖추어야 하는데 구체적으로는 자본잠식률(자본총계가
납입자본금에 미치지 못하는 비율)이 100% 미만이어야 한다. 단, 벤처투자조합을 결성하려고
하거나 결성한 창업기획자의 경우에는 50퍼센트 미만이어야 한다.

참고사항 | **자본잠식률**

자본잠식이란 손실이 누적되어 자기자본이 기존의 자본금 보다 작아진 상태를 말한다. 예를 들어 자본
금(납입자본금) 1억 원으로 사업을 시작했으나 당기순손실 누적액(결손금)이 5,000만 원이 되는 경우 장부
상 자본금은 1억 원이지만 자기자본은 5,000만 원이 되어 본래의 자본금을 절반 잠식한 상태가 된다. 그리
고 "자본잠식률 = (자본금 - 자기자본) / 자본금"의 수식으로 구해지는데 자본잠식 상태에서는 자기자본
총액이 자본금 보다 작은 상태에 있게 된다. ex) 자본금 100, 자기자본 80인 경우 자본잠식률은 (100 -
80) / 100 = 20/100 = 20% 가 된다.

중기부장관은 창업기획자의 경영건전성을 확보하기 위하여 경영실태를 조사할 수 있으며,
창업기획자가 경영건전성 기준을 갖추지 못하였거나 경영실태 조사 결과 경영건전성을 유지
하기가 어렵다고 인정되면 그 창업기획자에 대하여 자본금 등의 증액, 이익 배당의 제한 등
경영 개선을 위하여 필요한 조치를 요구할 수 있다. (투자법 제29조 ②, ③항)

---

53) 개인투자조합의 투자비율 산정기준과 동일하다.

4. 공시

창업기획자는 다음의 사항을 공시하여야 하며, 공시의 시기 및 방법 등에 관하여 필요한 사항은 중기부장관이 정하여 고시[54]한다.

① 조직과 인력

② 재무와 손익

③ 개인투자조합 또는 벤처투자조합의 결성 및 운영 성과

④ 경영 개선 조치를 요구받은 경우와 업무정지명령, 시정명령 또는 경고조치를 받은 경우 그 내용

⑤ 초기창업기업에 대한 평균 투자금액

⑥ 아래에서 정하는 초기창업기업에 대한 전문보육 현황

- ㄱ 전문보육 대상
- ㄴ 전문보육 운영기간
- ㄷ 전문보육 과정 및 내용
- ㄹ 그 밖에 전문보육 여건 및 운영 상태

5. 공고

중기부장관은 창업기획자가 다음의 어느 하나에 해당하면 지체 없이 그 내용을 관보에 공고하고 인터넷 홈페이지에 게재하여야 한다. (투자법 제34조)

① 등록을 한 경우

② 등록을 말소 또는 취소한 경우

6. 결산보고

창업기획자는 매 사업연도 종료 후 3개월 이내에 결산서에 감사인의 감사의견서를 첨부하여 중기부장관에게 제출해야 한다. (투자법 제31조, 투자령 제22조 ①항))

중기부장관은 제출된 결산서를 검토한 결과 해당 창업기획자의 투자 활성화와 재무구조 건실화를 위하여 필요하다고 인정되면 회수가 불가능한 투자자산에 대하여 투·융자손실준비금과 투자손실금을 상계(相計)처리하게 하거나 대손금(貸損金)으로 처리하게 할 수 있다.

---

54) 창업기획자 등록 및 관리규정(중소벤처기업부고시 제2024-69호)

5.3 행위제한 등

1. 창업기획자 행위제한

가. 행위제한

창업기획자는 다음의 어느 하나에 해당하는 행위를 하여서는 아니 된다. 그럼에도 불구하고 벤처투자회사를 겸영하는 창업기획자의 행위제한은 벤처투자회사의 행위제한 규정에 따른다. 학습의 관점에서 일부 내용은 생략한다. (투자법 제27조)

① 투자법 적용제외업종에 투자하는 행위

② 상호출자제한기업집단에 속하는 회사에 투자하는 행위

③ 창업기획자의 자산으로 타인을 위하여 담보를 제공하거나 채무를 보증하는 행위

④ 비업무용부동산을 취득하거나 소유하는 행위. 다만, 담보권 실행으로 비업무용부동산을 취득하는 경우에는 그러하지 아니하며, 담보권 실행으로 비업무용부동산을 취득한 경우에는 1년 이내에 처분하여야 한다. (투자법 제39조 ②항) 2022 기출

⑤ 중기부령으로 정하는 경영지배를 목적으로 투자하는 행위

⑥ 창업기획자의 명의로 제3자를 위하여 주식을 취득하거나 자금을 중개하는 행위

나. 행위제한의 예외

행위제한 규정에도 불구하고 자산 운용의 건전성을 해칠 우려가 없는 경우로서 대통령령으로 정하는 경우에는 그러하지 않다는 예외규정이 있으나 학습의 관점에서 해당 예외규정의 인용은 생략한다. (투자령 제26조)

2. 대주주 행위제한

창업기획자의 대주주 및 그의 특수관계인은 창업기획자의 이익에 반하여 자신의 이익을 얻을 목적으로 다음의 어느 하나에 해당하는 행위를 하여서는 아니 된다.(투자법 제28조 ①항)

① 창업기획자에게 부당한 영향력을 행사하기 위하여 외부에 공개되지 아니한 자료 또는 정보의 제공을 요구하는 행위. 다만, 「상법」 제466조[55]에 따른 권리의 행사에 해당하는 경우에는 그러하지 아니하다.

② 경제적 이익 등 반대급부의 제공을 조건으로 다른 주주와 담합하여 창업기획자의 투자활동 등 경영에 부당한 영향력을 행사하는 행위

---

55) 제466조(주주의 회계장부열람권) ①발행주식의 총수의 100분의 3 이상에 해당하는 주식을 가진 주주는 이유를 붙인 서면으로 회계의 장부와 서류의 열람 또는 등사를 청구할 수 있다

③ 창업기획자로 하여금 위법행위를 하도록 요구하는 행위

④ 금리, 수수료 또는 담보 등에서 통상적인 거래조건과 비교하여 해당 창업기획자에게 현저하게 불리한 조건으로 대주주 등 자신이나 제3자와의 거래를 요구하는 행위

⑤ 업무 운영상황 및 투자실적 관련 보고 자료의 작성과정에서 창업기획자에게 영향력을 행사하는 행위

위에서 말하는 대주주란 다음의 어느 하나에 해당하는 자를 말한다. (투자령 제18조 ①항)

① 의결권 있는 발행주식 또는 출자지분 총수를 기준으로 본인 및 특수관계인이 소유하는 주식 또는 출자지분이 가장 많고 그 주식 수 또는 출자지분이 의결권 있는 발행주식 또는 출자지분 총수의 10퍼센트를 초과하는 경우의 그 본인

② 누구의 명의로 하든지 자기의 계산으로 의결권 있는 발행주식 또는 출자지분 총수의 30퍼센트 이상에 해당하는 주식 또는 출자지분을 소유한 자

③ 임원의 임면 등의 방법으로 해당 창업기획자의 주요 경영사항에 대하여 사실상 지배력을 행사하고 있는 자

중기부장관은 창업기획자의 대주주 및 그의 특수관계인이 대주주 행위제한 규정을 위반한 행위를 하였다고 인정되는 경우에는 창업기획자 또는 대주주 및 그의 특수관계인에게 필요한 자료의 제출을 요구할 수 있다. 이 경우 자료의 제출 요구를 받은 자는 특별한 사유가 없으면 요구에 따라야 한다. (투자법 제28조)

3. 직무관련 정보의 이용금지

다음의 어느 하나에 해당하는 자(아래 ①항 ~ ⑤항까지의 규정의 어느 하나에 해당하지 아니하게 된 날부터 1년이 지나지 아니한 자를 포함하며 금융투자업자는 제외한다)는 투자자의 투자판단에 중대한 영향을 미칠 수 있는 정보로서 개인투자조합의 공시, 벤처투자조합의 공시, 창업기획자의 공시에 의하여 공개되지 아니한 정보(이하 "직무 관련 정보"라 한다)를 정당한 사유 없이 자기 또는 제3자의 이익을 위하여 이용해서는 아니 된다. (투자법 제30조)

① 창업기획자(계열회사를 포함한다)의 임직원·대리인으로서 직무 관련 정보를 알게 된 자

② 아래에서 정하는 창업기획자의 주요주주로서 그 권리를 행사하는 과정에서 직무 관련 정보를 알게 된 자

  ❶ 누구의 명의로 하든지 자기의 계산으로 의결권 있는 발행주식 또는 출자지분 총수의 10퍼센트 이상의 주식 또는 출자지분을 소유한 자

  ❷ 임원의 임면 등의 방법으로 해당 창업기획자의 주요 경영사항에 대하여 사실상 지배력을 행사하고 있는 자

③ 창업기획자에 대하여 법령에 따른 허가·인가·지도·감독, 그 밖의 권한을 가지는 자로서 그 권한을 행사하는 과정에서 직무 관련 정보를 알게 된 자

④ 창업기획자와 계약을 체결하고 있거나 체결을 교섭하고 있는 자로서 그 계약을 체결·교섭 또는 이행하는 과정에서 직무 관련 정보를 알게 된 자

⑤ 위 ②항 ~ ④항에 해당하는 자의 대리인(법인인 경우에는 그 임직원 및 대리인을 포함한다)·사용인, 그 밖의 종업원(법인인 경우에는 그 임직원을 말한다)으로서 직무 관련 정보를 알게 된 자

⑥ 위 규정의 어느 하나에 해당하는 자(위 ①항 ~ ⑤항까지의 규정의 어느 하나에 해당하지 아니하게 된 날부터 1년이 지나지 아니한 자를 포함한다)로부터 직무 관련 정보를 받은 자

벤처투자회사는 다음의 사업을 하는 자로서 이 법의 적용을 받으려는 자는 중기부장관에게 벤처투자회사로 등록하여야 한다. 등록한 사항 중 회사명과 소재지 등 중기부령[56]으로 정하는 중요 사항을 변경하려는 경우에도 또한 같다. (투자법 제37조 ①항)

① 창업기업에 대한 투자

② 기술법에 따른 기술혁신형 · 경영혁신형 중소기업에 대한 투자

③ 벤처기업에 대한 투자

④ 벤처투자조합의 결성과 업무의 집행

⑤ 해외 기업의 주식 또는 지분 인수 등 중기부장관이 정하여 고시[57]하는 방법에 따른 해외투자

⑥ 중소기업이 개발하거나 제작하며 다른 사업과 회계의 독립성을 유지하는 방식으로 운영되는 사업에 대한 투자(일명 프로젝트투자라 한다)

⑦ 위 규정에 준하는 것으로서 중기부장관이 정하여 고시하는 자에 대한 투자

⑧ 위의 사업에 딸린 사업으로서 중기부장관이 정하는 사업

---

56) 투자칙 제18조에 규정되어 있으나 학습의 관점에서 이의 인용은 생략한다.

57) 벤처투자회사 등록 및 관리규정(중소벤처기업부고시 제2024-56호)

6.1 등록과 취소

1. 등록요건

(1) 물적요건

가. 납입자본금

① 상법상 주식회사 · 유한회사 · 유한책임회사 또는 한국벤처투자로서 납입자본금이 20억 원 이상일 것

② 납입자본금에서 차지하는 차입금의 비중이 20퍼센트 미만일 것

나. 시설요건

투자 업무를 위한 전용공간으로서 중기부장관이 정하여 고시하는 기준을 충족하는 사무실을 갖출 것

다. 이해상충 방지 체계

벤처투자회사와 투자자 간, 특정 투자자와 다른 투자자 간의 이해상충을 방지하기 위한 체계를 갖출 것

(2) 인적요건

가. 전문인력

상근 전문인력을 2명 이상 갖출 것. 벤처투자회사 규정에서 말하는 전문인력은 창업기획자 전문인력과 유사하지만 같지는 않다. 따라서 이 부분은 필히 비교하여 정리하는 것이 효율적이다.

다음의 어느 하나에 해당하는 상근 전문인력을 2명 이상 갖출 것

① 주권상장법인의 창업자(주권 상장 당시 이사로 등기된 사람으로 한정한다) 또는 상장 당시의 대표이사

② 벤처기업의 창업자이거나 창업자였던 사람으로서 재직 당시 해당 벤처기업의 연 매출액 이 1천억 원 이상인 적이 있었던 사람

③ 지도사, 변호사, 공인회계사, 변리사, 기술사
단, 지도사는 해당 분야의 업무에 3년 이상 종사한 경력이 있어야 한다.

④ 이공계열 · 경상계열 박사학위를 소지한 자

⑤ 다음의 어느 하나에 해당하는 회사에서 2년 이상 투자심사 업무를 수행했거나 3년 이상 투자 관련 업무를 수행한 경력이 있는 사람

   ㉠ 벤처투자회사

   ㉡ 신기술창업전문회사, 신기술사업금융업자

   ㉢ 기술지주회사[58]

   ㉣ 벤처조합을 결성할 수 있는 요건을 갖춘 유한회사 또는 유한책임회사

⑥ 석사학위(이공계열 또는 경상계열로 한정한다)를 소지한 사람으로서 해당 분야의 업무에 3년 이상 종사한 경력(학위 취득 전의 경력을 포함한다)이 있는 사람

⑦ 학사학위를 소지한 사람으로서 「금융위원회의 설치 등에 관한 법률」 제38조에 따른 검사 대상 기관(신기술사업금융업자 등은 제외한다) 또는 벤처투자회사의 업무에 준하는 업무를 수행하는 외국회사(그 계열사 및 지점을 포함한다)에서 3년 이상 투자심사 업무(대출심사 업무는 제외한다)를 수행한 경력(학위 취득 전의 경력을 포함한다)이 있는 사람

⑧ 학사학위(이공계열 또는 경상계열로 한정한다)를 소지한 사람으로서 다음의 어느 하나에 해당하는 기관에서 4년 이상 종사한 사람

   ㉠ 국 · 공립연구기관

   ㉡ 「정부출연연구기관 등의 설립 · 운영 및 육성에 관한 법률」 또는 「과학기술분야 정부출연연구기관 등의 설립 · 운영 및 육성에 관한 법률」에 따른 정부출연연구기관

   ㉢ 「기초연구진흥 및 기술개발지원에 관한 법률」에 따라 인정받은 기업부설연구소

⑨ 다음의 요건을 모두 갖춘 사람

   ㉠ 「상법」에 따른 회사 등 중기부장관이 인정하여 고시[59]하는 기관에서 경영 또는 기술개발 등의 업무를 3년 이상 수행한 경력이 있을 것

   ㉡ 중기부장관이 인정하는 벤처투자회사 전문인력 양성교육과정을 수료했을 것

⑩ 기타 중기부장관이 정하여 고시[60]하는 기준을 갖춘 사람

단, 벤처투자회사 아래에서 설명하는 임원결격 사유의 ⑦, ⑧항에 해당하는 사람으로서 등록이 취소된 날 또는 그 사유를 통보받은 날부터 3년(등록말소일부터 5년을 초과하는 경우에는 등록말소일부터 5년)이 지나지 않은 사람은 제외한다.

---

58) 「기술의 이전 및 사업화 촉진에 관한 법률」 제21조의3에 또는 「산업교육진흥 및 산학연협력촉진에 관한 법률」 제36조의2에 따른 기술지주회사

59) 벤처투자회사 등록 및 관리규정(중소벤처기업부고시 제2024-56호)

60) 벤처투자회사 등록 및 관리규정(중소벤처기업부고시 제2024-56호)

나. 임원 결격 사유

벤처투자회사 임원(주식회사 및 한국벤처투자회사는 임원, 유한회사·유한책임회사는 사원을 말한다)은 다음의 어느 하나에 해당하지 않아야 한다. 이 경우 ⑩, ⑪항은 대표이사, 대표 집행임원 또는 업무집행자에게만 적용한다.(투자법 제37조 ②항)

① 미성년자·피성년후견인 또는 피한정후견인

② 파산 선고를 받고 복권되지 아니한 사람

③ 금고 이상의 실형을 선고받고 그 집행이 끝나거나 집행이 끝난 것으로 보는 경우를 포함한다) 집행이 면제된 날부터 5년이 지나지 아니한 사람

④ 금고 이상의 형의 집행유예를 선고받고 그 유예기간 중에 있는 사람

⑤ 금융 관련 법령[61]을 위반하여 벌금 이상의 형을 선고받고 그 집행이 끝나거나(집행이 끝난 것으로 보는 경우를 포함한다) 집행이 면제된 날부터 5년이 지나지 아니한 사람

⑥ 금융 관련 법령을 위반하여 벌금 이상의 형의 집행유예를 선고받고 그 유예기간 중에 있는 사람

⑦ 벤처투자회사 등록을 말소하기 전에 등록 취소 사유가 있었던 경우에는 말소 당시의 임원이었던 사람(등록 취소 사유에 직접 책임이 있거나 이에 상응하는 책임이 있는 사람(대표이사, 감사, 등록취소의 원인이 되는 행위를 지시한 사람만 해당한다)으로서 벤처투자회사 등록 취소 사유를 통보받은 날부터 5년이 지나지 아니하거나 등록말소일부터 7년이 지나지 아니한 사람

⑧ 등록이 취소된 벤처투자회사의 임원이었던 사람(등록 취소 사유에 직접 책임이 있거나 이에 상응하는 책임이 있는 대표이사, 감사, 등록취소의 원인이 되는 행위를 지시한 사람만 해당한다)으로서 벤처투자회사 등록이 취소된 날부터 5년이 지나지 아니한 사람

⑨ 벤처투자회사 임직원으로서 면직되거나 해임된 날부터 5년이 지나지 아니한 사람

⑩ 금융거래 등 상거래에서 약정한 날짜 이내에 채무를 갚지 아니한 사람으로서 정당한 사유 없이 약정일이 3개월 이상 지난 채무가 1천만 원을 초과하는 사람

⑪ 다른 벤처투자회사 대주주 또는 임직원

위에서 말하는 대주주란 다음의 어느 하나에 해당하는 자를 말한다.(투자령 제23조 ⑤항)

① 의결권 있는 발행주식 또는 출자지분 총수를 기준으로 본인 및 특수관계인이 소유하는 주식 또는 출자지분이 가장 많고 그 주식 수 또는 출자지분이 의결권 있는 발행주식 또는 출자지분 총수의 10퍼센트를 초과하는 경우의 그 본인

---

61) 투자령 제13조 ②항에 규정되어 있으나 학습의 관점에서 이의 인용은 생략한다.

② 누구의 명의로 하든지 자기의 계산으로 의결권 있는 발행주식 또는 출자지분 총수의 30퍼센트 이상에 해당하는 주식을 소유한 자

③ 임원의 임면 등의 방법으로 해당 벤처투자회사의 주요 경영사항에 대하여 사실상 지배력을 행사하고 있는 주주

벤처투자회사와 창업기획자의 임원 결격 사유는 유사하므로 각각을 별개로 학습하지 말고 차이점에 대해 비교하여 학습하는 것이 효율적이다. 이들의 차이를 정리하면 다음과 같다.

벤처투자회사	창업기획자
미성년자 · 피성년후견인 · 피한정후견인	좌동
파산 후 복권되지 아니한 자	좌동
금고 이상 실형 선고 후 집행완료 · 면제 후 5년 미경과	좌동
금고 이상 형 선고 후 집행유예기간 중에 있는 자	좌동
금융관련 법률 위반으로 벌금형 이상 선고, 집행완료·면제 후 5년 미경과	좌동
금융관련 법률 위반으로 벌금형 이상 형 집행유예 선고받고 그 기간중에 있는 자	좌동
면직 · 해임된 뒤 5년 미경과	좌동
취소 당시 임원(대표이사, 감사, 취소사유 행위지시자)이었던 자로 취소 후 5년 미경과	좌동
말소 전 취소사유 있었던 경우 그 말소 당시 임원으로서 말소 사유 통보 후 5년(말소일부터 7년) 미경과	좌동
다른 벤처투자회사 대주주 또는 임직원(대표이사, 대표집행임원에만 적용)	×
정당사유 없이 약정일 3개월 이상 지난 채무, 1천만 원 초과(대표이사, 대표집행임원에만 적용)	×

〈유사 임원 결격 사유 비교〉

다. 대주주의 사회적 신용요건

대주주는 다음에서 정하는 사회적신용을 갖춰야 한다. 단, 그 위반 등의 정도가 경미하다고 중기부장관이 인정하는 경우는 제외한다. (투자법 제37조 ②항)

① 최근 3년간 법, 금융 관련 법령, 「독점규제 및 공정거래에 관한 법률」 또는 「조세범처벌법」을 위반하여 벌금형 이상에 상당하는 형사처벌을 받은 사실이 없을 것. 다만, 해당 법률의 양벌규정에 따라 처벌받은 경우는 제외한다.

② 최근 3년간 채무 불이행 등으로 건전한 신용질서를 해친 사실이 없을 것

③ 최근 5년간 「금융산업의 구조개선에 관한 법률」에 따라 부실금융기관으로 지정되었거나 법 또는 금융 관련 법령에 따라 영업의 허가 · 인가 · 등록 등이 취소된 자가 아닐 것

대주주가 아닌 자로서 사회적 신용을 갖추지 못한 자가 새로 주식을 취득하여 대주주가

된 경우 그 취득 주식에 대하여 의결권을 행사할 수 없으며, 중기부장관은 이에 따라 의결권을 행사할 수 없는 주식을 취득한 대주주에게 6개월 이내의 기간을 정하여 그 취득 주식의 처분을 명할 수 있다.

이상에서 규정한 사항 외에 벤처투자회사의 등록 또는 변경등록의 절차 · 방법 및 운영 등에 필요한 사항은 중기부령[62]으로 정한다.

2. 등록의 말소 · 취소

말소란 기록되어 있는 사실 따위를 완전히 지워 없애는 행위를 말하고, 취소는 등록 · 갱신 등의 행위를 무효로 한다는 점에서 차이가 있다. 투자법에 신청에 의한 말소(투자법 제48조)와 등록의 취소(투자법 제49조)가 각기 규정되어 있다.

신청에 의한 등록의 말소는 벤처투자회사 선택으로 더 이상 사업이 어렵거나 불가능한 경우 말소신청을 하는 행위를 말한다. 반면 등록의 취소는 벤처투자회사가 제반 의무규정을 위반하여 중기부에서 직권으로 과거의 등록을 무효로 하는 징벌적 성격을 가지고 있다.

가. 신청에 의한 등록말소

벤처투자회사는 사업을 하기가 불가능하거나 어려운 경우에는 그 등록의 말소를 신청할 수 있으며 중기부장관은 벤처투자회사가 등록말소신청을 하는 경우 지체 없이 그 등록을 말소해야 한다. (투자법 제48조) 2018 기출

나. 등록취소 및 지원중단 사유

중기부장관은 벤처투자회사가 다음의 어느 하나에 해당하는 경우에는 벤처투자회사에 대하여 등록 취소, 6개월 이내의 업무정지명령, 시정명령 또는 경고조치를 하거나 3년의 범위에서 이 법에 따른 지원을 중단할 수 있다. 다만, ①항에 해당하는 경우에는 그 등록을 취소하여야 한다.

① 거짓이나 그 밖의 부정한 방법으로 등록 또는 변경등록을 한 경우

② 벤처투자회사 등록요건을 갖추지 못하게 된 경우. 다만, 임원(주식회사 및 한국벤처투자회사는 임원, 유한회사 · 유한책임회사는 사원을 말한다)이 임원 결격 사유에 해당하게 된 벤처투자회사가 그 사유가 발생한 날부터 3개월 이내에 그 사유를 해소한 경우는 제외한다.

③ 벤처투자회사의 투자의무를 준수하지 아니한 경우

---

62) 투자령 제18조에 규정되어 있으나 학습의 관점에서 이의 인용은 생략한다.

④ 벤처투자회사의 책임 있는 사유로 사업수행이 어렵게 된 경우

⑤ 등록 후 3년이 지나기 전까지 정당한 사유 없이 1년 이상 계속하여 투자의무 대상[63]에 투자를 하지 아니한 경우. 단, 투자의무비율 이상을 투자한 경우에는 그러하지 않다.

⑥ 행위제한 의무를 준수하지 아니한 경우

⑦ 대주주가 자신의 이익을 얻을 목적으로 대주주 행위제한에 해당하는 행위를 한 경우

⑧ 벤처조합의 업무집행조합원으로서 업무집행조합원 업무규정 - 행위제한 등 -을 위반하여 업무를 집행한 경우

⑨ 공모벤처조합의 업무집행조합원으로서 「자본시장과 금융투자업에 관한 법률」 또는 같은 법에 따른 명령이나 처분을 위반한 경우

⑩ 「유사수신행위의 규제에 관한 법률」 제3조[64]를 위반한 경우

⑪ 중기부장관이 요구한 임직원 문책 조치를 이행하지 아니한 경우

⑫ 경영건전성 기준 미충족 사유 등으로 인한 경영개선 조치 요구를 이행하지 아니한 경우

⑬ 공시를 하지 아니하거나 거짓으로 공시한 경우

⑭ 확인 및 검사를 거부·방해하거나 기피한 경우 또는 보고를 하지 아니하거나 거짓으로 보고한 경우

다. 벤처투자회사 제재

중기부장관은 벤처투자회사가 위 지원중단 사유의 어느 하나(취소 및 지원중단 사유의 ① 항은 제외한다)에 해당하여 벤처투자회사의 건전한 운영을 해치거나 해칠 우려가 있다고 인정되는 경우에는 벤처투자회사의 임직원(해당 직무와 관련된 임직원으로 한정한다)에 대하여 다음의 어느 하나에 해당하는 조치를 할 것을 해당 벤처투자회사에 요구할 수 있다. (투자법 제49조 ①항)

---

63) ① 창업자 ② 벤처기업 ③ 기술·경영혁신형 중소기업에 대한 투자 ④ 벤처조합 결성과 업무의 집행 ⑤ 프로젝트투자(중소기업이 개발 또는 제작하며, 다른 사업과 회계의 독립성을 유지하는 방식으로 운영되는 사업에 대한 투자) ⑥ 기타 중기부장관이 정하는 사업

64) 유사수신행위의 규제에 관한 법률: 제2조(정의) 이 법에서 "유사수신행위"란 다른 법령에 따른 인가·허가를 받지 아니하거나 등록·신고 등을 하지 아니하고 불특정 다수인으로부터 자금을 조달하는 것을 업(業)으로 하는 행위로서 다음 각 호의 어느 하나에 해당하는 행위를 말한다.
1. 장래에 출자금의 전액 또는 이를 초과하는 금액을 지급할 것을 약정하고 출자금을 받는 행위
2. 장래에 원금의 전액 또는 이를 초과하는 금액을 지급할 것을 약정하고 예금·적금·부금·예탁금 등의 명목으로 금전을 받는 행위
3. 장래에 발행가액(發行價額) 또는 매출가액 이상으로 재매입(再買入)할 것을 약정하고 사채(社債)를 발행하거나 매출하는 행위
4. 장래의 경제적 손실을 금전이나 유가증권으로 보전(補塡)하여 줄 것을 약정하고 회비 등의 명목으로 금전을 받는 행위
제3조(유사수신행위의 금지) 누구든지 유사수신행위를 하여서는 아니 된다.

① 6개월 이내의 업무정지명령

② 시정명령

③ 경고조치

라. 임직원 제재

중기부장관은 벤처투자회사가 위 지원중단 사유의 어느 하나(취소 및 지원중단 사유의 ① 항은 제외한다)에 해당하여 벤처투자회사의 건전한 운영을 해치거나 해칠 우려가 있다고 인정되는 경우에는 벤처투자회사의 임직원(해당 직무와 관련된 임직원으로 한정한다)에 대하여 다음의 어느 하나에 해당하는 조치를 할 것을 해당 벤처투자회사에 요구할 수 있다. (투자법 제49조 ②항)

① 면직 또는 해임

② 6개월 이내의 직무정지

③ 경고

창업기획자와 벤처투자회사에 대한 제재 규정은 동일하다.

구분	벤처투자회사	창업기획자
회사에 대한 제재	① 6개월 이내의 업무 정지명령 ② 시정명령 ③ 경고조치	좌동
임직원에 대한 제재	① 면직 또는 해임 ② 6개월 이내의 직무정지 ③ 경고	좌동

마. 청문

중기부장관은 전문개인투자자, 개인투자조합, 창업기획자, 벤처투자회사 또는 벤처투자조합의 등록을 취소하려면 청문을 하여야 한다. (투자법 제75조)

3. 권리의무 승계

벤처투자회사가 그 영업을 양도하거나 분할·합병한 경우 그 양수인 또는 분할·합병으로 설립되거나 분할·합병 후 존속하는 법인이 종전의 벤처투자회사의 지위를 승계하려는 경우에는 그 양도일 또는 분할·합병일부터 30일 이내에 중기부령으로 정하는 바에 따라 그 사실을 중기부장관에게 신고하여야 하며, 중기부장관은 이에 따른 신고를 받은 경우 그 내용을 검토하여 이 법에 적합하면 신고를 수리하여야 한다.

신고가 수리된 경우에는 양수인 또는 분할·합병으로 설립되거나 분할·합병 후 존속하는 법인은 그 양수일 또는 분할·합병일부터 종전의 벤처투자회사의 지위를 승계한다. 2018 기출

6.2 벤처투자회사 업무

1. 투자의무

벤처투자회사는 등록 후 3년이 지난 날까지 벤처투자회사가 운용 중인 총자산(자본금과 운용 중인 모든 벤처투자조합의 출자금액의 합을 말한다)의 40퍼센트 이상을 ① 창업기업 ② 벤처기업 ③ 기술·경영혁신형 중소기업에 대한 투자 ④ 벤처조합 결성과 업무의 집행 ⑤ 프로젝트투자(중소기업이 개발 또는 제작하며, 다른 사업과 회계의 독립성을 유지하는 방식으로 운영되는 사업에 대한 투자) ⑥ 기타 중기부장관이 정하는 사업에 사용해야 한다.

벤처투자회사는 등록 후 3년이 지난 날 이후에도 투자의무비율을 유지하여야 하며, 중기부장관은 벤처투자회사가 투자회수·경영정상화 등 중기부장관이 인정하는 사유로 투자의무비율을 유지하지 못하는 경우에는 1년 이내의 범위에서 투자의무 이행 유예기간을 줄 수 있다.
벤처투자회사 투자비율 산정의 구체적인 기준 및 방법 등에 관하여 필요한 사항은 대통령령으로 정한다. 다만, 학습의 관점에서 대통령령의 세부 내용은 생략한다.

2. 경영건전성 기준 2022 기출

벤처투자회사는 경영건전성 기준(자본잠식률이 50퍼센트 미만)을 갖추어야 하며, 중기부장관은 벤처투자회사의 경영건전성을 확보하기 위하여 경영실태를 조사할 수 있다.

중기부장관은 벤처투자회사가 경영건전성 기준을 갖추지 못하였거나 경영실태 조사 결과 경영건전성을 유지하기 어렵다고 인정되면 그 벤처투자회사에 대하여 자본금의 증액, 이익배당의 제한 등 경영 개선을 위하여 필요한 조치를 요구할 수 있다. (투자법 제41조)

| 참고사항 | 자본잠식률 |

자본잠식이란 손실이 누적되어 자기자본이 기존의 자본금 보다 작아진 상태를 말한다. 예를 들어 자본금(납입자본금) 1억 원으로 사업을 시작했으나 당기순손실 누적액(결손금)이 5,000만 원이 되는 경우 장부상 자본금은 1억 원이지만 자기자본은 5,000만 원이 되어 본래의 자본금을 절반 잠식한 상태가 된다. 그리고 "자본잠식률 = (자본금 - 자기자본) / 자본금"의 수식으로 구해지는데 자본잠식 상태에서는 자기자본 총액이 자본금 보다 작은 상태에 있게 된다. ex) 자본금 100, 자기자본 80인 경우 자본잠식률은 (100 - 80) / 100 = 20/100 = 20% 가 된다.

3. 사채발행

벤처투자회사는 그 사업 수행에 필요한 재원을 충당하기 위하여 자본금과 적립금 총액의 20배 이내의 범위에서 「상법」에 따른 사채를 발행할 수 있다. (투자법 제43조) 2022 기출

4. 공시

벤처투자회사는 다음의 사항을 공시(公示)하여야 하며, 공시의 시기 및 방법 등에 관하여 필요한 사항은 중기부장관이 정하여 고시한다. (투자법 제45) 2013, 2018, 2022 기출
① 조직과 인력
② 재무와 손익
③ 벤처투자조합의 결성 및 운영 성과
④ 경영개선 조치를 요구받은 경우와 업무정지명령, 시정명령 또는 경고조치를 받은 경우 그 내용

5. 공고

중기부장관은 벤처투자회사 등록, 등록 말소, 등록 취소를 한 경우 지체 없이 그 내용을 관보에 공고하고 인터넷 홈페이지에 게재하여야 한다. (투자법 제47조)

6. 결산보고

벤처투자회사는 매 사업연도 종료 후 3개월 이내에 결산서에 감사인 중 회계법인의 감사의 견서를 첨부하여 중기부장관에게 제출하여야 한다. (투자법 제44조, 투자령 제31조 ①항) 2022 기출

중기부장관은 위에 따라 제출된 결산서를 검토한 결과 해당 벤처투자회사의 투자 활성화와 재무구조 건실화를 위하여 필요하다고 인정되면 회수가 불가능한 투자자산에 대하여 투·융자손실준비금과 투자손실금을 상계 처리하게 하거나 대손금으로 처리하게 할 수 있다.

6.3 행위제한 등

1. 벤처투자회사 행위제한

가. 행위제한
벤처투자회사는 다음의 어느 하나에 해당하는 행위를 하여서는 아니 된다. 학습의 관점에서 일부 내용은 생략한다. (투자법 제39조 ①항)

① 투자법 적용제외업종에 투자하는 행위

② 상호출자제한기업집단에 속하는 회사에 투자하는 행위

③ 벤처투자회사의 자산으로 타인을 위하여 담보를 제공하거나 채무를 보증하는 행위

④ 비업무용부동산 － 창업보육센터, 투자 업무를 위한 전용공간을 제외한 공간 - 을 취득하거나 소유하는 행위. 다만, 담보권 실행으로 비업무용부동산을 취득하는 경우에는 그러하지 아니하며, 담보권 실행으로 비업무용부동산을 취득한 경우에는 1년 이내에 처분하여야 한다. (투자법 제39조 ②항)

⑤ 중기부령으로 정하는 경영지배를 목적으로 투자하는 행위

⑥ 벤처투자회사의 명의로 제3자를 위하여 주식을 취득하거나 자금을 중개하는 행위

나. 행위제한의 예외
행위제한 규정에도 불구하고 자산 운용의 건전성을 해칠 우려가 없는 경우로서 대통령령으로 정하는 경우에는 그러하지 않다는 예외규정이 있으나 학습의 관점에서 해당 예외규정의 인용은 생략한다. (투자령 제26조)

2. 대주주 행위제한

벤처투자회사의 대주주(특수관계인[65]을 포함한다.)는 벤처투자회사의 이익에 반하여 대주주 자신의 이익을 얻을 목적으로 다음의 어느 하나에 해당하는 행위를 해서는 안 된다.

① 벤처투자회사에 부당한 영향력을 행사하기 위하여 외부에 공개되지 아니한 자료 또는 정보의 제공을 요구하는 행위. 다만, 「상법」 제466조[66]에 따른 권리의 행사에 해당하는 경우에는 그러하지 아니하다.

② 경제적 이익 등 반대급부의 제공을 조건으로 다른 주주와 담합하여 벤처투자회사의 투자활동 등 경영에 부당한 영향력을 행사하는 행위

③ 벤처투자회사로 하여금 위법행위를 하도록 요구하는 행위

④ 금리, 수수료, 담보 등에 있어서 통상적인 거래조건과 비교하여 해당 벤처투자회사에 현저하게 불리한 조건으로 대주주 자신이나 제3자와의 거래를 요구하는 행위

⑤ 보고와 검사 규정에 따른 업무 운영상황 및 투자실적 관련 보고 자료의 작성과정에서 벤처투자회사에 영향력을 행사하는 행위를 말한다.

중기부장관은 벤처투자회사의 대주주 등이 위의 행위제한 규정을 위반한 행위를 하였다고 인정되는 경우에는 벤처투자회사 또는 대주주들에게 필요한 자료의 제출을 요구할 수 있으며, 이 경우 자료의 제출 요구를 받은 자는 특별한 사유가 없으면 요구에 따라야 한다.(투자법 제40조)

또한 대주주 자신의 이익을 얻을 목적으로 위 행위제한 규정의 어느 하나에 해당하는 행위를 한 자는 5년 이하의 징역 또는 5천만 원 이하의 벌금에 처한다. (투자법 제78조 ①항)

---

65) 대주주의 「자본시장과 금융투자업에 관한 법률 시행령」 제8조에 따른 특수관계인을 말한다. (창업령 제10조 ⑥항)

66) 제466조 (주주의 회계장부열람권) ① 발행주식의 총수의 100분의 3 이상에 해당하는 주식을 가진 주주는 이유를 붙인 서면으로 회계의 장부와 서류의 열람 또는 등사를 청구할 수 있다.

3. 직무관련 정보의 이용금지

다음의 어느 하나에 해당하는 자는 투자자의 투자판단에 중대한 영향을 미칠 수 있는 정보로서 벤처투자회사의 공시 및 벤처투자조합의 공시에 의하여 공개되지 아니한 정보(이하 "직무 관련 정보"라 한다)를 정당한 사유 없이 자기 또는 제3자의 이익을 위하여 이용해서는 아니 된다. (투자법 제42조)

① 벤처투자회사(계열회사 포함)의 임직원 · 대리인으로서 직무 관련 정보를 알게 된 자

② 아래에서 정하는 벤처투자회사의 주요주주로서 그 권리를 행사하는 과정에서 직무 관련 정보를 알게 된 자

  ❶ 누구의 명의로 하든지 자기의 계산으로 해당 벤처투자회사의 의결권 있는 발행주식 또는 출자지분 총수의 10퍼센트 이상의 주식 또는 출자지분을 소유한 자

  ❷ 임원의 임면 등의 방법으로 해당 벤처투자회사의 주요 경영사항에 대하여 사실상 지배력을 행사하고 있는 자

③ 벤처투자회사에 대하여 법령에 따른 허가 · 인가 · 지도 · 감독, 그 밖의 권한을 가지는 자로서 그 권한을 행사하는 과정에서 직무 관련 정보를 알게 된 자

④ 벤처투자회사와 계약을 체결하고 있거나 체결을 교섭하고 있는 자로서 그 계약을 체결 · 교섭 또는 이행하는 과정에서 직무 관련 정보를 알게 된 자

⑤ 위 ②항 ~ ④항에 해당하는 자의 대리인(법인인 경우에는 그 임직원 및 대리인을 포함한다) · 사용인, 그 밖의 종업원(법인인 경우에는 그 임직원을 말한다)으로서 직무 관련 정보를 알게 된 자

⑥ 위 규정의 어느 하나에 해당하는 자(위 ①항 ~ ⑤항까지의 규정의 어느 하나에 해당하지 아니하게 된 날부터 1년이 지나지 아니한 자를 포함한다)로부터 직무 관련 정보를 받은 자

제7절　한국벤처투자 등

제
3
장

1. 한국벤처투자

가. 설립

창업기업, 중소기업 및 벤처기업 등의 성장·발전을 위한 투자의 촉진 등을 효율적으로 추진하기 위하여 한국벤처투자를 설립한다. (투자법 제66조 ①항)

한국벤처투자는 법인으로 하고, 주된 사무소의 소재지에서 설립등기를 함으로써 성립하며, 이 법에 규정된 것 외에는 「상법」 중 주식회사에 관한 규정을 준용한다.

국가, 지방자치단체 또는 공공기관은 한국벤처투자의 설립에 필요한 자금을 한국벤처투자에 출자할 수 있다.

나. 정관

한국벤처투자의 정관에는 다음의 사항이 포함되어야 하고, 한국벤처투자가 정관을 작성하거나 변경하려면 중기부장관의 인가를 받아야 한다.
① 목적
② 명칭
③ 주된 사무소 및 분사무소의 소재지
학습의 관점에서 ③항 이후의 내용은 생략한다.

다. 사업

한국벤처투자는 설립 목적을 달성하기 위하여 다음의 사업을 한다. (투자법 제67조)
① 벤처투자모태조합의 결성과 업무의 집행

② 벤처투자조합 결성과 업무의 집행

③ 벤처투자

학습의 관점에서 ③항 이후의 내용은 생략한다.

한국벤처투자는 위의 사업을 위하여 필요하면 중기부장관의 승인을 받아 국내외 금융기관 등으로부터 자금을 차입할 수 있으며, 지방자치단체 또는 공공기관은 한국벤처투자가 위의 사업을 수행하기 위하여 필요한 경우 한국벤처투자에 출자할 수 있다.

라. 비밀누설 금지 등

한국벤처투자의 임직원으로 근무하거나 근무하였던 사람은 정당한 사유 없이 직무상 알게 된 비밀을 누설하거나 도용해서는 아니 된다.

중기부장관은 다음의 사항에 대하여 한국벤처투자의 업무를 지도·감독하며, 필요한 경우 그 사업에 관한 사항을 보고하게 하거나 소속 공무원에게 검사하게 할 수 있다.

① 모태조합의 업무집행 상황

② 각 회계연도의 사업계획 수립 집행 및 예산 편성에 관한 사항

③ 모태조합 운용에 필요한 전문인력과 시설 등의 변동상황

④ 회계법인의 감사의견서를 첨부한 결산서의 제출에 관한 사항

위에서 규정한 사항 외에 한국벤처투자 업무의 지도·감독에 필요한 사항은 중기부장관이 정하여 고시한다.

2. 벤처투자모태조합

가. 출자대상

한국벤처투자는 중앙행정기관의 장, 「국가재정법」에 따라 설치된 기금을 관리하는 자[67]와 상호출자하여 다음의 조합 등에 대하여 출자하는 벤처투자모태조합(이하 "모태조합"이라 한다)을 결성할 수 있다.

① 개인투자조합, 벤처투자조합

② 「여신전문금융업법」에 따른 신기술사업투자조합

---

67) 해당 법률 별표2에서 정하는 수많은 기금이 있고, 각 기금관리주체가 별도로 정해져 있다. 이해를 돕기 위해 대표적인 기금 몇 가지만 언급한다. 진흥법에 따른 중소벤처기업 창업 및 진흥기금, 고용보험법에 의한 고용보험기금, 국민연금법에 따른 국민연금기금, 국민건강법에 따른 국민건강증진기금 등이 있다.

③ 「산업발전법」에 따른 기업구조개선 기관전용 사모집합투자기구

④ 「자본시장과 금융투자업에 관한 법률」에 따른 기관전용 사모집합투자기구

⑤ 「농림수산식품투자조합 결성 및 운용에 관한 법률」에 따른 농식품투자조합

⑥ 그 밖에 중기부장관이 정하여 고시하는 자

나. 운용계획 등

중기부장관은 다음의 사항을 포함한 다음 해의 모태조합 운용지침안을 매년 12월 31일까지 작성해야 한다. 이 경우 모태조합 운용지침안 작성과 관련하여 필요할 때에는 모태조합 출자자의 의견을 들을 수 있다.

① 모태조합 자산의 배분기준

② 모태조합의 출자한도

③ 모태조합 업무집행조합원의 임직원에 대한 성과급 지급한도

④ 그 밖에 모태조합의 운용계획에 포함되어야 할 주요 사항

한국벤처투자는 중기부장관에게 해당 연도 모태조합 운용계획을 매년 1월 31일까지 제출하고, 전년도의 모태조합 운용실적을 매년 4월 30일까지 제출해야 한다.

위에서 정한 사항 외에 모태조합 운용에 필요한 사항은 중기부장관이 정하여 고시한다.

다. 특례

진흥법에 따라 중소벤처기업창업 및 진흥기금을 관리하는 자는 같은 법 제67조[68]에도 불구하고 모태조합에 출자할 수 있다. (투자법 제70조 ②항)

중기부장관은 모태조합이 출자한 개인투자조합 또는 벤처조합에 대해서는 투자의무 비율을 달리 정할 수 있다. (투자법 제70조 ⑤항)

모태조합의 존속기간은 30년으로 한다.

---

[68] 제67조(기금의 사용 등) ① 기금은 다음 각 호의 사업을 위하여 사용할 수 있다. - 이에 따른 사용대상에 모태조합은 포함되어 있지 않으나 이 특례규정에 따라 모태조합에 출자할 수 있게 된다.

3. 기금의 투자 등

가. 기금관리주체

투자령 별표1에서 정하는 기금관리주체는 기금의 운용자금 중 10퍼센트 이내의 자금을 그 기금운용계획에 따라 벤처투자를 하거나 벤처조합 또는 신기술사업투자조합에 출자할 수 있다. (투자법 제71조 ①항, 투자령 제46조 ②항)

중기부장관은 벤처기업에 대한 투자재원을 조성하기 위하여 필요하면 기금관리주체에게 벤처조합에 출자할 것을 요청할 수 있다. (투자령 제46조 ②항)

기금관리주체가 기금운용계획의 범위에서 벤처투자를 하거나 벤처조합 또는 신기술사업투자조합에 출자하는 경우에는 관계 법령에 따른 인가 · 허가 · 승인 등을 받은 것으로 본다.

나. 지방중소기업 육성관련 기금

지방자치단체의 장이 설치한 지방중소기업 육성 관련 기금을 관리하는 자는 지방중소기업 및 벤처기업을 육성하기 위하여 다음의 조합에 출자할 수 있다.

① 벤처투자조합
② 모태조합
③ 신기술사업투자조합

다. 보험회사

「보험업법」 제2조제6호에 따른 보험회사는 금융위원회가 정하는 범위에서 벤처투자를 하거나 벤처조합 또는 신기술사업투자조합에 출자할 수 있다.

4. 투자조건부 융자

투자조건부 융자란 융자 대상 회사의 신주인수권을 받고 해당 회사의 후속 투자금으로 융자금을 상환 받을 것을 조건으로 하는 계약으로써 신주인수권이 담보의 역할을 함으로써 저금리로 융자금을 조달하는 효과를 준다. 후속 투자금으로 융자금을 상환하는 조건인 만큼 해당 회사에 투자하는 벤처투자회사 등 과 융자회사간 투자정보와 융자정보의 상호 교환을 법적 절차로 보장하고 있다.

다음의 어느 하나에 해당하는 기관(이하 "융자기관"이라 한다)은 벤처투자를 받았거나 받을 예정인 법인과 투자조건부 융자 계약을 체결할 수 있다. (투자법 제70조의2)

① 투자령 별표1에서 정하는 기금관리주체

② 「은행법」에 따른 은행

③ 중소기업은행, 한국산업은행, 한국수출입은행

④ 농협은행, 수협은행

⑤ 신기술사업금융업자 등(신기술사업금융업자, 신기술사업금융전문회사)

위에 따른 투자조건부 융자 계약을 체결하려는 경우 다음 요건을 모두 충족하여야 한다.

① 투자조건부 융자를 받으려는 법인은 증권시장(대통령령으로 정하는 증권시장[69]은 제외한다)에 상장되지 아니한 법인으로서 중기부장관이 정하여 고시하는 방법에 따라 벤처투자를 받았거나 받을 예정일 것

② 위에 따른 투자조건부 융자 계약 체결 시 융자총액의 10퍼센트 이하의 범위에서 중기부장관이 정하여 고시하는 비율 이내로 융자기관에 대한 신주배정을 약정할 것

투자조건부 융자 계약을 체결한 융자기관은 매 분기 종료일부터 1개월 이내에 다음의 사항을 중기부장관에게 신고해야 한다.

① 투자조건부 융자를 받은 법인명, 계약 체결일과 만기일, 융자금액과 이율 등 융자조건

② 융자기관이 인수권을 가지는 주식의 수, 신주발행가액, 신주배정일, 융자기관이 인수한 주식의 종류 및 수

③ 그 밖에 중기부장관이 정하여 고시하는 사항

융자기관과 다음의 어느 하나에 해당하는 투자기관은 융자 또는 투자심사를 위한 자료 등 중기부장관이 고시하는 자료를 해당 비상장법인의 동의를 받아 상호 제공할 수 있다.

① 벤처투자회사, 벤처조합

② 신기술사업금융업자, 신기술사업투자조합

③ 그 밖에 대통령령으로 정하는 기관

   ㉠ 벤처조합 결성 요건을 갖춘 창업기획자

   ㉡ 벤처조합 결성 요건을 갖춘 유한회사 또는 유한책임회사

   ㉢ 재간접투자조합 결성 요건을 갖춘 집합투자업자

   ㉣ 개인투자조합

---

69) 코넥스시장을 말한다.

<table>
<tr><td>제8절</td><td>보 칙</td></tr>
</table>

1. 보고와 검사	3. 기타 규정
2. 권한의 위임 · 위탁	4. 벌칙

1. 보고와 검사

가. 보고

중기부장관은 필요한 경우 대통령령[70]으로 정하는 바에 따라 다음의 자의 업무 운영상황을 확인 · 검사하거나 다음의 자로 하여금 투자실적을 보고하게 할 수 있다.

① 전문개인투자자

② 개인투자조합

③ 창업기획자

④ 벤처투자회사

⑤ 벤처조합, 벤처조합의 업무집행조합원인 유한회사 또는 유한책임회사

⑥ 한국벤처투자

나. 검사

중기부장관은 다음의 어느 하나에 해당하는 경우에는 관계 공무원으로 하여금 위 검사대상자(조합의 경우 업무집행조합원을 포함한다)의 소재지 또는 사무소에 출입하여 감사보고서 등 대통령령[71]으로 정하는 장부 · 서류 등을 검사하게 할 수 있다. (투자법 제72조 ②항)

① 등록요건 유지 여부의 확인이 필요한 경우

② 투자의무 준수 여부의 확인이 필요한 경우

③ 업무의 집행 등의 확인이 필요한 경우

학습의 관점에서 ③항 이후의 내용은 생략한다.

---

70) 투자령 제47조(보고와 검사)를 말하며, 학습의 관점에서 인용은 생략한다.
71) 투자령 제47조(보고와 검사)를 말하며, 학습의 관점에서 인용은 생략한다.

중기부장관은 검사를 실시하려는 경우 검사 7일 전까지 검사의 목적, 일시 및 내용 등에 관한 검사계획을 검사대상자에게 통지하여야 한다. 다만, 긴급히 검사할 필요가 있거나 미리 통지하면 증거인멸 등으로 검사의 목적을 달성할 수 없다고 인정하는 경우에는 그러하지 아니하다.

위에 따라 검사를 하는 공무원은 그 권한을 표시하는 증표를 지니고 관계인에게 보여주어야 한다.

2. 권한의 위임 · 위탁

(1) 권한의 위임

이 법에 따른 중기부장관의 권한은 그 일부를 소속기관의 장 또는 시 · 도지사에게 위임할 수 있다. (투자법 제76조, 투자령 제48조 ①항)

가. 지방중기청장 위임
중기부장관은 다음의 권한을 지방중기청장에게 위임한다.
① 개인투자조합의 등록 및 변경등록
② 벤처투자조합의 등록 및 변경등록
③ 개인에 대한 투자확인서의 발급 및 투자실적 확인 자료 제출 요청

(2) 업무의 위탁

이 법에 따른 중기부장관의 업무의 일부를 한국벤처투자 또는 벤처투자 관련 기관 · 단체에 위탁할 수 있으며, 필요한 경우에는 이 규정에 따라 업무를 위탁받은 자에 대하여 해당 업무와 관련된 자료의 제출을 요청할 수 있다. (투자법 제76조, 투자령 제48조 ②항, ⑥항)

가. 한국벤처투자 위탁
중기부장관은 다음의 업무를 한국벤처투자에 위탁한다.
① 전문개인투자자, 개인투자조합, 창업기획자, 벤처투자회사, 벤처조합의 등록 및 변경등록에 관한 자료의 관리
② 전문개인투자자, 개인투자조합, 창업기획자, 벤처투자회사 및 벤처조합의 등록의 취소 등 행정처분에 관한 자료의 관리
③ 개인투자조합, 창업기획자, 벤처투자회사 및 벤처조합의 결산서에 관한 자료의 관리
학습의 관점에서 ③항 이후의 내용은 생략한다.

나. 창업진흥원 위탁

중기부장관은 다음의 업무를 「중소기업창업 지원법」 제51조에 따른 창업진흥원에 위탁한다.

① 창업기획자의 등록·변경등록의 접수 및 확인에 관한 업무

② 창업기획자의 전문 보육 및 투자활성화를 위한 업무

③ 창업기획자의 경영실태 조사에 관한 업무

학습의 관점에서 ③항 이후의 내용은 생략한다.

다. 한국벤처캐피탈협회 위탁

중기부장관은 다음의 업무를 한국벤처캐피탈협회에 위탁한다.

① 국내외 벤처투자 동향 분석, 벤처투자 성과창출 강화를 위한 지원, 벤처투자 전문인력
   양성 및 국제교류 확대 등에 관한 업무

② 종합관리시스템의 운영 및 관리

③ 벤처투자회사 전문인력 해당 여부의 확인 및 관리에 관한 업무

학습의 관점에서 ③항 이후의 내용은 생략한다.

라. 한국엔젤투자협회 위탁

중기부장관은 다음의 업무를 한국엔젤투자협회에 위탁한다.

① 개인의 투자 활성화 사업의 추진

② 전문개인투자자 등록·변경등록의 접수 및 확인 등에 관한 업무

③ 개인투자조합 등록·변경등록, 결산서의 접수·확인, 해산 및 청산에 관한 업무

학습의 관점에서 ③항 이후의 내용은 생략한다.

3. 기타 규정

가. 자료제출

중기부장관은 벤처투자 활성화와 효율적인 정책 수립·추진을 위하여 분기마다 신기술사업금융업자등, 신기술사업투자조합, 한국산업은행 또는 중소기업은행에 대하여 벤처투자 실적에 관한 자료를 제출하게 할 수 있다.

나. 업무기준의 고시

중기부장관은 전문개인투자자, 개인투자조합, 창업기획자, 벤처투자회사 또는 벤처조합의 벤처투자를 효율적으로 지원할 수 있도록 벤처투자 업무에 관한 기준을 정하여 고시할 수 있다.

다. 유사명칭의 사용 금지

이 법에 따른 전문개인투자자, 개인투자조합, 창업기획자, 벤처투자회사, 벤처투자조합, 한국벤처투자 또는 모태조합이 아닌 자는 전문개인투자자, 개인투자조합, 창업기획자, 벤처투자회사, 벤처투자조합, 한국벤처투자, 벤처투자모태조합 또는 이와 비슷한 명칭을 사용할 수 없다. (투자법 제77조)

라. 청문

중기부장관은 전문개인투자자, 개인투자조합, 창업기획자, 벤처투자회사 또는 벤처조합의 등록을 취소하려면 청문을 하여야 한다. 한국벤처투자와 모태조합은 등록의 대상이 아니므로 청문의 대상도 아니다. (투자법 제75조)

4. 벌칙

가. 5년 이하의 징역 또는 5천만 원 이하의 벌금

다음의 어느 하나에 해당하는 자는 5년 이하의 징역 또는 5천만 원 이하의 벌금에 처한다.

① 창업기획자, 벤처투자회사 대주주의 행위제한 규정을 위반하여 대주주 등 자신의 이익을 얻을 목적으로 행위제한 사유에 해당하는 행위를 한 자

② 창업기획자, 벤처투자회사의 직무 관련 정보의 이용 금지 위반하여 직무 관련 정보를 정당한 사유 없이 자기 또는 제3자의 이익을 위하여 이용한 자

③ 개인투자조합 또는 벤처조합의 업무집행조합원 자신의 이익이나 제3자의 이익을 위하여 조합의 재산을 사용한 자

나. 1년 이하의 징역 또는 1천만 원 이하의 벌금

다음의 어느 하나에 해당하는 자는 1년 이하의 징역 또는 1천만 원 이하의 벌금에 처한다.

① 한국벤처투자 임직원의 비밀누설의 금지 규정을 위반하여 직무상 알게 된 비밀을 정당한 사유 없이 누설하거나 도용한 자

다. 3천만 원 이하의 과태료

다음의 어느 하나에 해당하는 자에게는 3천만 원 이하의 과태료를 부과한다.

① 전문개인투자자, 개인투자조합, 창업기획자, 벤처투자회사, 벤처조합으로서 변경등록을 하지 아니하거나 거짓으로 변경등록을 한 자

② 개인투자조합, 창입기획자, 벤처투자회사, 벤처조합으로서 결산서를 제출하지 아니하거나 거짓으로 결산서를 제출한 자

③ 개인투자조합, 창업기획자, 벤처투자회사, 벤처조합으로서 공시를 하지 아니하거나 거짓으로 공시한 자

④ 창업기획자, 벤처투자회사로서 영업의 양수 등의 신고를 하지 아니하거나 거짓으로 신고한 자

⑤ 사회적 신용을 갖추지 못한 벤처투자회사 대주주에 대한 주식 처분명령을 위반하여 주식을 처분하지 아니한 자

⑥ 보고와 검사 규정에 따른 보고를 하지 아니하거나 거짓으로 보고를 한 자 또는 검사를 거부·방해 또는 기피한 자

⑦ 전문개인투자자, 개인투자조합, 창업기획자, 벤처투자회사, 벤처조합, 한국벤처투자, 벤처투자모태조합 또는 이와 비슷한 명칭을 사용한 자

위에 따른 과태료는 대통령령[72]으로 정하는 바에 따라 중기부장관이 부과·징수한다.

과태료 규정을 통해 적용대상을 정리하면 다음과 같다.

구분	적용 대상
변경등록	전문개인투자자, 개인투자조합, 창업기획자, 벤처투자회사, 벤처조합
결산서	전문개인투자자, 개인투자조합, 창업기획자, 벤처투자회사, 벤처조합
공시	전문개인투자자, 개인투자조합, 창업기획자, 벤처투자회사, 벤처조합
영업양수 신고	전문개인투자자, 개인투자조합, 창업기획자, 벤처투자회사, 벤처조합
비슷한 명칭의 사용 금지	전문개인투자자, 개인투자조합, 창업기획자, 벤처투자회사, 벤처조합 + 한국벤처투자, 벤처투자모태조합

라. 양벌규정

법인의 대표자나 법인 또는 개인의 대리인, 사용인, 그 밖의 종업원이 그 법인 또는 개인의 업무에 관하여 위 벌칙에 해당하는 위반행위를 하면 그 행위자를 벌하는 외에 그 법인 또는 개인에게도 해당 조문의 벌금형을 과(科)한다. 다만, 법인 또는 개인이 그 위반행위를 방지하기 위하여 해당 업무에 관하여 상당한 주의와 감독을 게을리하지 아니한 경우에는 그러하지 아니하다. (투자법 제79조)

---

72) 과태료 부과기준은 창업령 별표2에 세부적으로 정해져 있다. 변경등록 불이행기간의 장단에 따라, 위반 횟수에 따라 과태료 금액이 정해져 있으나 본서에 그 내용은 기술하지 않고 생략한다.

기출 및 연습문제

01 벤처투자 촉진에 관한 법률에 대한 설명으로 옳은 것은?

① 투자란 주식회사의 주식, 무담보전환사채, 무담보교환사채 또는 무담보신주인수권부사채를 인수하는 것을 말한다.

② 투자란 유한회사(다만, 유한책임회사는 제외한다)의 출자를 인수하는 것을 말한다.

③ 투자란 투자금액의 상환만기일이 있고 이자가 발생하는 계약으로서 중소벤처기업부령으로 정하는 요건을 충족하는 조건부지분인수계약을 통한 지분 인수를 말한다.

④ 개인투자조합이란 개인 등이 벤처투자를 주된 목적으로 결성하는 조합으로서 제12조에 따라 등록한 조합을 말한다.

⑤ 벤처투자회란 벤처투자와 그 성과의 배분을 주된 목적으로 결성하는 회사로서 제50조에 따라 등록한 회사를 말한다.

> 해설 ①
> ② 유한회사 또는 유한책임회사의 출자를 인수하는 것을 말한다.
> ③ 투자금액의 상환만기일이 없고 이자가 발생하지 아니하는 계약으로서 중소벤처기업부령으로 정하는 요건을 충족하는 조건부지분인수계약을 통한 지분 인수
> ④ 개인투자조합이란 개인 등이 벤처투자와 그 성과의 배분을 주된 목적으로 결성하는 조합으로서 제12조에 따라 등록한 조합을 말한다.
> ⑤ 벤처투자회사란 벤처투자를 주된 업무로 하는 회사로서 제37조에 따라 등록한 회사를 말한다.

02 벤처투자 촉진에 관한 법률은 사행산업 등 경제질서 및 미풍양속에 현저히 어긋나는 경우에 대해서는 적용하지 아니한다. 동 법이 적용되지 않는 업종을 모두 고른 것은?

㉠ 무도장 운영업	㉡ 기타 사행시설 관리 및 운영업	㉢ 일반 유흥 주점업
㉣ 무도 유흥 주점업	㉤ 기타 주점업	㉥ 생맥주 전문점

① ㉠, ㉡, ㉢, ㉥

② ㉡, ㉢, ㉣

③ ㉠, ㉡, ㉢, ㉣, ㉤, ㉥

④ ㉢, ㉣, ㉤

⑤ ㉠, ㉤, ㉥

> 해설 ② 투자법 적용을 받지 않는 업종(제외업종)은 다음과 같다.
> 1. 일반 유흥 주점업, 2. 무도 유흥 주점업, 3. 기타 사행시설 관리 및 운영업

03 벤처투자 촉진에 관한 법령상 전문개인투자자의 등록 자격을 갖춘 사람에 해당하지않는 것은? 2022 기출

① 「세무사법」에 따라 등록한 세무사

② 경상계열의 박사학위를 소지한 사람

③ 「공인회계사법」에 따라 등록한 공인회계사

④ 「국가기술자격법」에 따라 기술사 자격을 취득한 사람
⑤ 「경영지도사 및 기술지도사에 관한 법률」에 따라 등록한 경영지도사

해설 ① 세무사는 전문개인투자자의 자격요건을 갖춘 자가 아니다.

04 벤처투자 촉진에 관한 법령상 개인투자조합에 관한 설명으로 옳은 것은? 2023 기출

① 개인투자조합으로 등록을 하려는 조합은 출자 1좌(座)의 금액이 100만원 미만이어야 한다.
② 개인투자조합은 등록 후 5년이 지난 날까지 출자금액의 60퍼센트 이상을 창업기업과 벤처기업에 대한 투자에 사용하여야 한다.
③ 업무집행조합원은 개인투자조합과의 계약 유무와 무관하게 그 업무의 일부를 그 개인투자조합의 유한책임조합원에게 위탁할 수 없다.
④ 개인투자조합의 조합원은 조합 규약에서 정하는 바에 따라 출자금액의 전액을 한꺼번에 출자하거나 나누어 출자할 수 있다.
⑤ 업무집행조합원은 조합원의 과반수 동의로 개인투자조합에서 탈퇴할 수 있다.

해설 ④
① 출자 1좌(座)의 금액이 100만원 이상이어야 한다.
② 등록 후 5년이 지난 날까지 출자금액의 50퍼센트 이상을 창업기업과 벤처기업에 대한 투자에 사용하여야 한다.
③ 조합계약을 통해 개인투자조합의 유한책임조합원에게 위탁할 수 없다.
⑤ 과반수가 아니라 조합원 전원동의로 탈퇴할 수 있다.

05 벤처투자 촉진에 관한 법률상 개인투자조합의 업무집행조합원이 될 수 없는 자는? 2024 기출

① 미성년자
② 금고 이상의 실형을 선고받고 그 집행이 면제된 날부터 5년이 지난 사람
③ 금융거래 등 상거래에서 정당한 사유 없이 변제약정일이 3개월 이상 지난 채무가 1천 만원을 초과하지 아니하는 사람
④ 등록이 취소된 개인투자조합의 업무집행조합원이었던 자로서 개인투자조합 등록이 취소된 날부터 5년이 지난 사람
⑤ 등록이 취소된 개인투자조합의 업무집행조합원이었던 자로서 개인투자조합 등록이 취소된 날부터 5년이 지난 사람

해설 ①
② 금고이상 형 집행이 면제된 날부터 5년이 지났으므로 업무집행조합원이 될 수 있다.
③ 1천 만원을 초과하지 않았으므로 업무집행조합원이 될 수 있다.
④, ⑤ 업무집행조합원이 될 수 없는 제한기간이 경과 되었으므로 업무집행조합원이 될 수 있다.

06 벤처투자 촉진에 관한 법령상 창업기획자에 관한 설명으로 옳지 않은 것은? 2022 기출

① 「상법」에 따른 회사가 창업기획자로 등록을 하려면 그 자본금이 1억원 이상이어야 한다.
② 법인의 임원이 「유사수신행위의 규제에 관한 법률」을 위반하여 벌금 이상의 형을 선고받고 그 집행이 끝나거나 집행이 면제된 날부터 5년이 지나지 아니하였다면 그 법인은 창업기획자로 등록을

할 수 없다.

③ 창업기획자로 등록을 하려는 자는 창업기획자와 투자자 간, 특정 투자자와 다른 투자자 간의 이해 상충을 방지하기 위한 체계를 갖추어야 한다.

④ 창업기획자는 벤처투자조합의 지분을 취득하거나 소유하여서는 아니 된다.

⑤ 담보권 실행으로 비업무용부동산을 취득한 창업기획자는 1년 내에 이를 처분하여야 한다.

해설 ④ 창업기획자는 벤처조합을 결성할 수 있는 자로 해당 벤처조합의 지분을 소유할 수 있다.

07 벤처투자 촉진에 관한 법령상 벤처투자조합과 그 업무집행조합원에 관한 설명으로 옳지 않은 것은?
2023 기출

① 업무집행조합원은 선량한 관리자의 주의로 벤처투자조합의 업무를 집행하여야 한다.

② 업무집행조합원은 벤처투자조합의 업무를 집행할 때 자금차입, 지급보증 행위는 원칙적으로 할 수 없으나, 담보제공 행위는 예외 없이 허용된다.

③ 업무집행조합원은 대통령령으로 정하는 바에 따라 매 사업연도 종료 후 3개월 이내에 결산서를 중소벤처기업부장관에게 제출하여야 한다.

④ 업무집행조합원이 거짓으로 벤처투자조합의 등록을 한 경우 중소벤처기업부장관은 그 등록을 취소하여야 한다.

⑤ 중소벤처기업부장관은 업무집행조합원이 결산보고의무를 위반하여 결산서를 제출하지 아니한 경우, 그 업무집행조합원에 대하여 6개월 이내의 업무의 전부 또는 일부의 정지, 시정명령, 경고조치를 할 수 있다.

해설 ② 자금차입, 지급보증, 담보제공 행위 모두 불가하다.

08 벤처투자 촉진에 관한 법령의 내용으로 옳은 것은? 2023 기출

① 창업기획자는 비영리법인도 가능하며 또한 법인이 아닌 자도 될 수 있다.

② 중소벤처기업부장관은 전문개인투자자가 거짓으로 투자한 경우 그 등록을 취소할 수 있다.

③ 중소벤처기업부장관은 개인투자조합을 등록한 경우 등록원부를 신청인에게 교부하여야 한다.

④ 자본잠식률이 120퍼센트가 된 창업기획자는 경영건전성 기준을 갖춘 자이다.

⑤ 중소벤처기업부장관은 긴급히 감사고보서의 검사를 할 필요가 있음을 인정한 경우에도, 그 목적 등에 관한 검사계획을 검사대상자에게 검사 10일 전까지 통지하여야 한다.

해설 ② 전문개인투자자가 거짓·부정방법 등록, 변경등록시 무조건 취소 사유이나 부정방법으로 투자한 경우에는 취소 가능한 것으로 무조건 취소해야 하는 사유는 아니다.

① 창업기획자는 「상법」에 따른 회사, 「민법」 등에 따른 비영리법인, 「협동조합 기본법」에 따른 협동조합등 및 「중소기업협동조합법」에 따른 중소기업협동조합이 될 수 있으나 이들은 모두 법인이어야 한다.

정답

| 01 ① | 02 ② | 03 ① | 04 ④ | 05 ① |
| 06 ④ | 07 ② | 08 ② | | |

 # 중소기업 진흥에 관한 법률

제1절   **총 칙**

1. 목적	2. 용어의 정의

1. 목적

이 법은 중소기업의 구조 고도화를 통하여 중소기업의 경쟁력을 강화하고 중소기업의 경영기반을 확충하여 국민경제의 균형 있는 발전에 기여함을 목적으로 한다.

2. 용어의 정의 2021 기출

가. "중소기업자"란?

다음의 어느 하나에 해당하는 자를 말한다.

① 「중소기업기본법」 제2조에 따른 중소기업자

② 「중소기업협동조합법」 제3조에 따른 중소기업협동조합[1]

③ 「산업발전법」 제38조[2]에 따른 사업자단체 중 그 구성원의 3분의 2 이상이 기본법에 따른 중소기업자로 구성된 사업자단체

④ 「산업기술연구조합 육성법」에 따른 산업기술연구조합 중 조합원의 90% 이상이 기본법에 따른 중소기업자로 구성된 조합

⑤ 「민법」 제32조[3]에 따라 설립된 법인 중 이업종교류지원사업을 추진하는 법인

---

1) 중소기업협동조합법 제3조에 따른 중소기업협동조합에는 ①협동조합 ②사업협동조합 ③협동조합연합회 ④중소기업중앙회가 있다.

2) 제38조(사업자단체) ① 사업자는 대통령령으로 정하는 바에 따라 산업통상자원부장관의 인가를 받아 업종별로 해당 업종의 사업자단체(이하 "사업자단체"라 한다)를 설립할 수 있다. ② 사업자단체는 법인으로 한다. ④ 사업자단체에 관하여 이 법에 규정된 것을 제외하고는 「민법」 중 사단법인에 관한 규정을 준용한다.

3) 제32조 (비영리법인의 설립과 허가) 학술, 종교, 자선, 기예, 사교 기타 영리 아닌 사업을 목적으로 하는 사단 또는 재단은 주무관청의 허가를 얻어 이를 법인으로 할 수 있다.

나. "소기업"이란?

기본법 제2조제2항에 따른 소기업을 말한다.

다. "협동화"란? 2023 기출

여러 중소기업자가 공동으로 행하는 다음의 어느 하나에 해당하는 것을 말한다.

① 공장 등 사업장을 집단화하는 것

② 생산설비, 연구개발설비, 환경오염방지시설 등을 공동으로 설치·운영하는 것

③ 제품 및 상표의 개발과 원자재 구입 및 판매 등 경영활동을 공동으로 수행하는 것

라. "협업"이란?

중소기업자(기본법 제2조에 따른 중소기업자만 해당한다.)가 다음의 어느 하나에 해당하는 자와 제품 개발, 원자재 구매, 생산, 판매 등에서 각각의 전문적인 역할을 분담하여 상호보완적으로 제품을 개발·생산·판매하거나 서비스를 제공하는 것을 말한다.

① 다른 중소기업자

②「중견기업 성장촉진 및 경쟁력 강화에 관한 특별법」제2조제1호에 따른 중견기업

※ 협동화와 협업은 여러 중소기업이 협력한다는 점에서 동일한 개념이나 협동화는 통합의 개념이고, 협업은 분업의 개념이라는 점에서 차이가 있다. 더불어 중견기업은 협업사업의 참여기업이 될 수는 있지만, 추진주체가 될 수는 없다.

마. "가업승계"란?

중소기업이 동일성을 유지하면서 상속이나 증여를 통하여 그 기업의 소유권 또는 경영권을 친족에게 이전하는 것으로 이 경우 업종, 고용, 가업승계 후 기업유지기간 등 다음의 동일성 유지 기준을 충족한 것을 말한다. 2015, 2018 기출

① 업종유지기준: 가업승계를 한 자는 승계 전과 같은 업종(한국표준산업분류에 따른 세분류를 기준으로 한다)에 종사해야 한다. 단, 기존 업종에 다른 업종을 추가하여 사업을 하는 경우에는 추가된 업종의 매출액이 총매출액의 50% 미만인 경우에만 같은 업종에 종사한 것으로 본다.

② 기업유지기준: 가업승계를 한 자는 해당 기업의 사업을 10년 이상 계속하여 유지해야 한다. 단, 해당 기업유지기간 중 가업승계자의 책임 없는 사유로 총 1년 이내의 기간 동안 휴업한 경우에는 사업을 계속한 것으로 본다.

③ 종업원유지기준: 가업승계를 한 자는 5년 동안 평균 상시종업원 수를 승계 전 5년간 평균 상시종업원 수의 70% 이상으로 유지해야 한다.

바. "명문장수기업"이란?

장기간 건실한 기업 운영으로 사회에 기여한 바가 크고, 세대를 이어 지속적인 성장이 기대되는 중소기업으로서 명문장수기업 요건을 갖춘 기업을 말한다.

사. "사회적 책임경영"이란?

기업의 의사결정과 활동이 사회와 환경에 미치는 영향에 대하여 투명하고 윤리적인 경영활동을 통하여 기업이 지는 책임을 말한다.

아. "사업전환"이란?

전환법 제2조제2호에 따른 사업전환을 말한다.

자. "기술개발"이란?

중소기업자가 생산·판매 또는 서비스를 제공하는 기술에 관한 연구개발을 하는 것 외에 이에 따른 연구개발의 성과를 이용하는 것을 포함한다.

차. "중소기업의 자동화"란?

중소기업자가 생산성과 품질의 향상을 위하여 각종 자동화설비를 통하여 생산공정을 합리적으로 개선하는 것을 말한다. 2015 기출

카. "중소기업의 정보화"란?

중소기업자가 컴퓨터 또는 각종 제어장치를 이용하여 경영관리와 유통관리를 전산화하는 등 중소기업의 전산망을 구축하는 것을 말한다.

타. "물류현대화"란?

중소기업자가 생산하는 제품의 원활한 유통을 도모하고 물류비용을 절감하기 위하여 유통시설을 설치하거나 개선하는 것을 말한다.

제2절 　구조고도화사업

1. 구조고도화 지원시책 등 　　　　3. 이업종교류 지원사업
2. 자동화 지원사업

1. 구조고도화 지원시책 등

정부는 경제 여건의 변화에 따라 중소기업의 경영의 어려움을 해소하고 중소기업의 경쟁력을 높이기 위하여 사업규모, 경영기법 또는 생산방법의 개선이 필요하다고 인정되면 개인사업의 법인 전환, 기업의 합병과 분할, 공동사업, 협업, 사업 전환, 사업장의 이전, 경영 합리화 등 중소기업의 구조 고도화를 지원하기 위하여 필요한 시책을 강구할 수 있다.

특별시장·광역시장·특별자치시장·도지사 또는 특별자치도지사(이하 "시·도지사"라 한다)는 구조고도화 지원시책을 시행하기 위하여 매년 관할구역의 중소기업의 구조 고도화 지원을 위한 계획을 세워 공고해야 한다.

구조고도화지원계획에는 지방자치단체의 실정에 맞도록 다음 사항이 포함되어야 한다.
① 사업별 예산 지원에 관한 사항
② 경영과 기술에 관한 상담, 진단, 지도 및 정보 제공 등에 관한 사항
③ 그 밖에 구조 고도화 지원에 필요한 사항

시·도지사는 구조고도화지원계획의 원활한 추진을 위하여 관계 중앙행정기관의 장에게 필요한 지원을 요청할 수 있다. 시·도지사는 또한 중소벤처기업진흥공단 등 중소기업 지원기관의 장에게 구조고도화지원계획의 수립에 필요한 자료의 제출을 요청할 수 있고 그 요청을 받은 지원기관의 장은 이에 협조하여야 한다.(진흥법 제3조)

2. 자동화 지원사업

중기부장관은 중소기업의 ①자동화를 촉진하고 ②자동화설비의 생산업체와 엔지니어링사업자를 육성하기 위하여 자동화 지원사업을 실시해야 한다.(진흥법 제4조)

중기부장관은 자동화 지원사업으로 다음의 지원사업을 추진할 수 있다.
① 중소기업의 자동화 촉진을 위한 설비 보급
② 중소기업의 자동화를 위한 시범사업과 표준화
③ 중소기업의 자동화에 관한 전문인력 양성
④ 중소기업의 자동화를 촉진하기 위한 자금지원
⑤ 그 밖에 중소기업의 자동화를 촉진하기 위하여 필요한 사항

3. 이업종교류 지원사업

중기부장관은 서로 다른 업종을 영위하고 있는 중소기업자간 정보 및 기술 교류를 촉진하기 위하여 이업종교류지원사업(異業種交流支援事業)을 실시해야 한다.(진흥법 제5조)

중기부장관은 이업종교류지원사업으로 다음의 지원사업을 추진할 수 있다.
① 정보 및 기술 교류의 활성화를 위한 전문가의 파견
② 정보 및 기술 교류에 필요한 자금지원
③ 그 밖에 정보 및 기술 교류를 촉진하기 위하여 필요한 사항

구조고도화 지원사업 중 구조고도화 지원계획의 주체는 시·도지사이며 나머지 자동화 지원사업과 이업종교류지원사업의 시행 주체는 중기부장관이 된다는 점에 주의해야 한다.

제3절 경영기반확충

제
4
장

3.1 협동화사업

　용어의 정의 부분에서 언급한 "협동화"를 말하며 특히 "협업"과의 의미상 차이를 간과하지 말아야 한다. 협동화사업을 위해 중기부장관은 협동화기준을 정하여 고시하고, 협동화사업을 추진하고자 하는 중소기업자는 협동화기준에 따라 협동화 실천계획을 작성하고 승인받음으로써 자금지원 등의 지원을 받게 된다. 2013 기출

1. 협동화기준

중기부장관은 중소기업자의 집단화와 시설 공동화 등을 위한 중소기업 협동화기준을 정할 때 또는 기준을 변경할 때 이를 고시해야 하며 협동화기준에는 다음의 사항이 포함되어야 한다.

① 협동화실천계획의 수립에 필요한 협동화사업의 종류, 참가업체 수, 참가자격, 사업계획의 타당성 및 추진주체 등에 관한 사항

② 협동화실천계획의 승인을 받은 자에 대한 지원의 범위, 조건, 절차 및 사후관리 등에 관한 사항

③ 위 ①항, ②항과 관련하여 중기부장관이 특히 필요하다고 인정하는 사항

중기부장관은 협동화기준을 정할 때 특히 필요하면 중소기업자 외의 자가 참여할 수 있는 협동화기준을 정할 수 있으며, 협동화기준을 정할 때에는 미리 관계 중앙행정기관의 장과 협의해야 한다.(진흥법 제28조) 2015 기출

2. 협동화실천계획의 승인 및 취소

가. 협동화실천계획의 승인

협동화 실천계획에는 다음의 사항이 포함되어야 하며 중기부장관의 승인을 받아야 한다. 단, 협동화 실천계획에 형질변경이나 기반시설공사를 수반하고 그 면적이 3만㎡ 이상인 단지조성사업(이하 "단지조성사업"이라 한다.)이 포함되는 경우에는 중기부장관이 아닌 시·도지사(특별시·광역시·특별자치시를 제외한 인구 50만 이상 대도시의 경우 그 시장)의 승인을 받아야 한다. 2016 기출

① 협동화실천계획의 목표

② 참가업체·추진주체

③ 사업내용·실시기간

④ 재원조달계획

⑤ 그 밖에 협동화사업에 필요한 사항

다만, 시·도지사가 승인이나 변경승인을 하는 경우 미리 중기부장관과 협의해야 한다. 승인을 받은 계획 중 중기부령으로 정하는 사항을 변경하려는 경우에도 또한 동일하다.

중기부장관이나 시·도지사는 협동화실천계획의 승인이나 변경승인의 신청을 받은 경우 그 협동화 실천계획이 협동화기준에 부합한다고 인정되는 경우에만 승인한다.

나. 협동화실천계획의 승인 취소

중기부장관이나 시·도지사는 협동화실천계획의 승인을 받은 자가 다음의 어느 하나에 해당하면 협동화실천계획의 승인을 취소할 수 있다. 단, ①항에 해당하는 경우에는 그 승인을 취소하고 지원자금의 원리금을 회수하여야 한다.(진흥법 제30조 ①항)

① 거짓이나 그 밖의 부정한 방법으로 협동화실천계획의 승인을 받은 경우

② 변경승인을 받지 않고 협동화 실천계획을 변경하거나 중단한 경우

③ 지원자금을 다른 목적으로 사용한 경우

④ 사업목적을 달성할 수 없는 경우

중기부장관이나 시·도지사는 위에 따라 협동화실천계획의 승인을 취소하려면 청문을 해야 한다.

3. 단지조성사업

단지조성사업은 ①협동화 실천계획에 포함되어 실시되는 경우와 ②협동화실천계획 승인을 받은 자 또는 중소벤처기업진흥공단이 실시하는 경우로 나누어 정리할 수 있는데 이 경우는 ②에 따른 단지조성사업에 대한 규정이다.

그러나 앞의 협동화실천계획 규정에서 단지조성사업이란 "형질변경이나 기반시설공사를 수반하고 그 면적이 3만㎡ 이상인 사업"이라 정의하고 있으므로 이후로 등장하는 단지조성사업이란 협동화실천계획과 관련이 없는 단지조성사업이라 해도 그 면적이 3만㎡ 이상인 사업을 지칭하는 것으로 이해해야 한다. 협동화실천계획은 승인주체가 중기부장관이지만, 단지조성사업은 승인주체가 시·도지사가 된다. 2015 기출

협동화실천계획의 승인을 받은 자 또는 중소벤처기업진흥공단(이하 중소기업자 등이라 한다.)이 단지조성사업 실시계획의 승인이나 변경승인(대도시 시장의 승인이나 변경승인을 받는 경우는 제외한다)을 받으려는 경우에는 그 실시계획을 관할 시장·군수 또는 구청장(자치구의 구청장을 말한다.)을 거쳐 시·도지사에 제출해야 한다. 승인을 받은 계획 중 중기부령으로 정하는 사항을 변경하려는 경우에도 또한 같다.(진흥법 제31조 ①항)

시·도지사가 단지조성사업 실시계획을 승인하려면 다음 사항을 고려하여 결정해야 한다.

① 협동화사업을 위한 단지조성의 적합성 및 적정규모 여부

② 국토·산업·환경 등 관련 국가계획과의 연계성

③ 도로·용수(用水)·전력·폐기물처리시설 등의 기반시설 확보 여부에 관한 사항

④ 지역경제와 환경에 미치는 영향에 관한 사항

시·도지사가 위에 따른 단지조성사업 실시계획의 승인이나 변경승인을 하면 국토교통부 장관에게 보고하고 이를 고시해야 한다.(진흥법 제31조 ④항, 진흥령 제31조 ②항)

단지조성사업 실시계획 승인이나 변경승인의 보고 및 고시에는 다음의 사항이 포함되어야 한다. 다만, ③항은 토지의 수용(收用)·사용을 하는 경우로 한정한다.

① 사업의 개요(명칭, 목적, 위치, 면적 및 시행기간에 관한 사항을 포함한다)

② 협동화실천계획의 승인을 받은 자 또는 중소벤처기업진흥공단(이하 "중소기업자 등"이라 한다)의 명칭 및 주소

③ 수용·사용할 토지나 건물의 세목과 소유권, 그 밖의 권리명세(「공익사업을 위한 토지 등의 취득 및 보상에 관한 법률」 제2조제5호에 따른 관계인의 성명, 주소를 포함한다)

(1) 단지조성사업의 준공인가

중소기업자 등은 단지조성사업을 완료한 때에는 중기부령으로 정하는 바에 따라 시·도지사의 준공인가를 받아야 한다. 시·도지사는 이에 따른 준공인가의 신청을 받으면 준공검사를 한 후 준공인가증을 그 중소기업자 등에게 내주고 중기부령으로 정하는 바에 따라 이를 공고해야 한다. 중소기업자 등은 준공인가 전에는 단지조성사업으로 조성 또는 설치된 공장용지나 시설을 사용할 수 없다. 단, 시·도지사의 사용승인[4]을 받은 경우에는 그러하지 아니하다.(진흥법 제32조)

(2) 토지의 수용 등

가. 토지 등의 수용·사용

진흥공단은 단지조성사업을 시행하기 위하여 필요한 토지·건물 또는 토지에 정착한 물건이나 토지·건물 또는 토지에 정착한 물건에 관한 소유권 외의 권리, 광업권·어업권·양식업권, 물의 사용에 관한 권리를 수용(收用)하거나 사용할 수 있다.(진흥법 제33조 ①항)

단지조성사업 실시계획의 승인은 「공익사업을 위한 토지 등의 취득 및 보상에 관한 법률」 제20조제1항에 따른 사업인정(事業認定)으로 보며, 수용 또는 사용에 관하여 이 법에 특별한

---

[4] 준공인가는 사업시행인가를 받아 건축한 건축물이 인가한 내용대로 이행되어 건축행정 목적에 적합한지 여부를 확인하고 준공인가증을 교부함으로써 건물을 사용·수익할 수 있는 법률효과를 말하며, 사용인가란 법령 등에 의해 규제를 받고 있는 토지나 건물 등의 사용을 특별히 인정하는 것을 말한다. 단지조성사업 시행자는 준공인가 전에 공장용지나 시설을 사용하기 위하여 사용승인을 받을 수 있다.

규정이 있는 경우 외에는 「공익사업을 위한 토지 등의 취득 및 보상에 관한 법률」을 적용한다.(진흥법 제33조 ②,③항)

토지의 수용에 관한 규정은 진흥공단에게 적용되는 규정이지 협동화 승인기업이 실시하는 단지조성사업에까지 적용되는 것은 아니다.

나. 토지의 출입
중소기업자 등은 단지조성사업 시행을 위해 필요한 경우 다음의 행위를 할 수 있다.
① 타인의 토지에 출입
② 타인의 토지의 일시 사용
③ 타인의 토지의 입목(立木)·토석(土石), 그 밖의 장애물에 대한 변경 또는 제거
토지의 출입에 대해서는 「국토의 계획 및 이용에 관한 법률」 제130조[5] 및 제131조를 준용한다.

다. 국·공유지 매각
단지조성사업 실시계획이 승인된 지역 안의 국유지 또는 공유지는 「국유재산법」, 「지방재정법」, 그 밖의 다른 법령에도 불구하고 중소기업자 등에게 수의계약으로 매각할 수 있다.

라. 서류의 공시송달
중소기업자 등이 단지조성사업을 시행할 때 이해관계인의 주소나 거소가 불분명하거나 그 밖의 사유로 서류를 송달할 수 없을 때에는 서울특별시와 해당 지방에서 발간되는 일간신문 및 인터넷 홈페이지에 이를 공고함으로써 그 서류의 송달을 갈음할 수 있다.

공시송달 하는 경우 그 서류는 공고가 있은 날에 발송한 것으로 보고, 그 공고일부터 14일이 지난 때에 상대방에게 도달한 것으로 본다. 다만, 외국에 체류 중인 자에 대하여는 그 공고일부터 60일로 한다.

송달일	일간신문 공고일
도달일	공고일 후 14일이 지난 날
외국 체류자의 도달일	공고일 후 60일이 지난 날

5) 제130조(토지에의 출입 등) ① 국토교통부장관, 시·도지사, 시장 또는 군수나 도시·군계획시설사업의 시행자는 다음 각 호의 행위를 하기 위하여 필요하면 타인의 토지에 출입하거나 타인의 토지를 재료 적치장 또는 임시통로로 일시 사용할 수 있으며, 특히 필요한 경우에는 나무, 흙, 돌, 그 밖의 장애물을 변경하거나 제거할 수 있다.

마. 단지조성사업에 대한 지원

국가와 지방자치단체는 단지조성사업 실시계획이 승인된 지역에 대해 용지의 정리, 진입도로의 개설 및 시설의 설치 등 필요한 지원을 해야 한다.

이상의 협동화사업에 포함된 단지조성사업(형질변경이나 기반시설공사를 수반하고 면적이 3만㎡ 이상)과 단독 단지조성사업(협동화실천계획 승인을 받은 자 또는 중소벤처기업진흥공단 시행)에 대해 비교하면 다음과 같다.

구분	협동화실천계획	단지조성사업이 포함된 협동화실천계획	(단독) 단지조성사업
협동화기준	중기부장관(관계 중앙 행정기관장 협의)	–	–
승인주체	중기부장관	시·도지사(중기부장관과 미리 협의)	시·도지사
신청절차	–	시·도지사에게 제출	시장·군수 → 시·도지사에게 제출
승인 후	–	×	국토교통부장관에 보고
취소 시	청문실시	청문실시(중기부장관 협의×)	청문규정 ×

4. 국외 협동화사업

중소기업자 등이 국외에 조성된 공업용지를 취득하거나 장기 임차하여 협동화사업을 실시하려는 경우에는 실시계획을 작성하여 중기부장관의 승인을 받아야 한다. 승인을 받은 계획 중 중기부령으로 정하는 사항을 변경하려는 경우에도 또한 같다.

국외 협동화사업의 협동화기준, 승인, 승인취소, 신청절차는 (국내)협동화사업과 동일하며, 승인·변경승인 신청 절차와 변경승인 대상 사유 또한 동일하므로 "3.1.2 협동화실천계획의 승인 및 취소"를 참고하기 바란다. 단, 단지조성사업이 포함되는 경우 시·도지사에게 승인을 받아야 한다는 규정은 적용되지 않는다.

3.2 협업지원사업

협업사업이란 진흥법 제2조에 따른 용어의 정의에서 언급된 바와 같다. 여러 기업이 공동으로 사업을 수행한다는 점에서는 협동화사업과 유사하지만, 협업사업은 각자 강점이 있는 분야에 집중하는 분업의 성격이 강하다.

1. 사업의 내용

정부는 중소기업자의 원활한 협업 수행을 위하여 다음의 사항에 관한 지원사업을 할 수 있다.(진흥법 제39조) 2016 기출

① 협업자금지원

② 인력 양성

③ 기술개발자금 출연

④ 수출 및 판로개척 지원

⑤ 공동법인 설립 등에 관한 자문

⑥ 그 밖에 중소기업자의 협업 지원을 위하여 중기부장관이 필요하다고 인정하는 사항

중기부장관은 예산의 범위에서 전담기관에 대하여 위의 업무를 수행하는 데 필요한 경비의 전부 또는 일부를 지원할 수 있다.(진흥법 제39조의3 ②항)

2. 협업기업 선정 및 취소

(1) 선정요건

중기부장관은 협업에 관한 구체적인 계획을 수립하는 등 아래의 요건을 갖춘 중소기업자의 신청을 받아 해당 중소기업자를 협업지원사업의 대상자로 선정할 수 있다.(진흥법 제39조의2)

가. 협업계획

협업기업으로 선정되기 위해서는 다음의 사항을 포함한 협업에 관한 계획(이하 "협업계획"이라 한다)이 있어야 한다.(진흥령 제33조)

① 사업계획의 목표

② 협업 추진기업과 참여기업의 명칭, 주소 및 대표자의 성명

③ 사업내용과 실시기간

④ 참여기업이 제공한 설비 · 기술 · 인력 · 자본

⑤ 자금조달 방법

진흥법에서는 기본법에 따른 중소기업자 외에 중소기업협동조합법에 따른 협동조합과 산업기술연구조합 등도 중소기업자로 간주(의제)하나 협업 추진기업이 될 수 있는 자는 기본법에 따른 중소기업자만 가능하고 협동조합과 산업기술연구조합 등 중소기업자로 의제되는 자

는 협업 추진기업이 될 수는 없다.

더불어 중견기업 또한 협업 참여기업으로 참여할 수는 있으나 협업 추진기업이 될 수는 없다.

나. 기타요건

협업 추진기업과 참여기업이 다음의 요건을 모두 갖추고 있어야 한다.
① 협업을 수행하는 데 필요한 설비·기술·인력·자본을 갖추고 있을 것
② 협업을 위한 역할을 기능별로 분담할 것
③ 대등한 입장에서 합의에 따라 공정한 협업계약을 체결하였을 것

다. 선정 제외업종

협업 추진기업과 참여기업이 다음의 어느 하나에 해당하지 아니하여야 한다.
① 다음의 업종을 영위하지 아니할 것
  ㉠ 일반 유흥 주점업
  ㉡ 무도 유흥 주점업
  ㉢ 기타 주점업
  ㉣ 기타 사행시설 관리 및 운영업
  ㉤ 무도장 운영업
② 휴업 중이거나 폐업한 경우

창업법, 벤처법 상 제외업종과 협업 제외업종을 비교하면 다음과 같다.

벤처법 제외업종	협업 제외업종	투자법 제외업종
일반 유흥 주점업	좌동	좌동
무도 유흥 주점업	좌동	좌동
기타 주점업	좌동	×
기타 사행시설 관리 및 운영업	좌동	좌동
무도장 운영업	좌동	×
블록체인 기반 암호화 자산 매매 및 중개업	×	×

(2) 선정절차

가. 선정신청 시 제출서류

협업지원사업의 대상자로 선정을 받으려는 중소기업자는 중기부령으로 정하는 협업지원사업 선정신청서에 다음의 서류를 첨부하여 중기부장관에게 제출해야 한다.

① 협업계획에 관한 서류

② 협업을 수행하는 데 필요한 설비·기술·인력·자본 요건을 갖추었음을 증명할 수 있는 서류

③ 협업 추진기업과 참여기업의 권리, 의무와 사업운영방안에 대하여 각 기업의 장이 확인한 협업계약서 또는 공증을 마친 내부규약

나. 선정기준

중기부장관은 협업기업 선정 신청을 받은 경우 선정요건과 다음의 사항을 고려하여 협업지원사업의 대상자를 선정하여야 한다. 이 경우 전문가의 의견을 들어야 한다. 2018 기출

① 협업의 추진 필요성 및 협업체 구성의 적절성

② 협업의 안정성

③ 사업계획의 실현가능성

④ 사업추진능력

⑤ 그 밖에 협업의 기대효과

중기부장관은 협업지원사업의 대상자로 선정된 협업기업에 중기부령으로 정하는 협업기업 선정확인서를 발급하여야 한다. 협업기업의 선정 절차 등에 필요한 사항은 중기부장관이 정하여 고시한다.(진흥령 제33조 ④,⑤항)

(3) 선정취소

중기부장관은 협업기업이 다음의 어느 하나에 해당하면 협업기업의 선정을 취소할 수 있다. 다만, ①항에 해당하는 경우에는 그 선정을 취소하여야 한다.(진흥법 제39조의2 ②항)

① 거짓이나 그 밖의 부정한 방법으로 선정된 경우

② 휴업·폐업 또는 파산 등으로 6개월 이상 협업을 하지 아니한 경우

③ 그 밖에 정상적인 협업 추진이 어렵다고 중기부장관이 인정하는 경우

중기부장관은 협업기업의 선정을 취소하려면 청문을 하여야 한다.(진흥령 제79조의2)

3. 전담기관 지정 및 취소

중기부장관은 협업지원사업을 효율적으로 수행하기 위하여 중소기업 진흥 관련 업무를 전문적으로 수행하는 기관 또는 단체를 협업지원 전담기관(이하 "전담기관"이라 한다)으로 지정

하여 협업지원사업의 일부를 수행하게 할 수 있다.(진흥법 제39조의3 ①항) 2022 기출

가. 지정요건

중기부장관은 전담기관을 지정하는 경우에는 다음의 요건을 모두 갖춘 기관 또는 단체를 지정하여야 한다.(진흥령 제34조 ①항)

① 중소기업 진흥 관련 업무를 주요 업무로 수행할 것

② 협업지원사업을 수행할 정규직 근로자 2명 이상으로 구성된 전담조직을 확보하고 있을 것

③ 협업지원사업을 수행할 수 있는 사무공간을 갖추고 있을 것

전담기관으로 지정을 받으려는 자는 중기부령으로 정하는 전담기관 지정신청서에 위 지정요건을 갖추었음을 증명할 수 있는 서류를 첨부하여 중기부장관에게 제출하여야 한다.(진흥령 제34조 ②항)

중기부장관은 전담기관을 지정한 경우 그 사실을 중기부 인터넷 홈페이지에 게시하여야 하며, 전담기관으로 지정받은 기관 또는 단체는 해당 연도의 사업계획과 전년도의 추진실적을 매년 1월 31일까지 중기부장관에게 제출하여야 한다.(진흥령 제34조 ③,④항)

나. 지정취소

중기부장관은 전담기관이 다음의 어느 하나에 해당하는 경우에는 지정을 취소하거나 6개월의 범위에서 기간을 정하여 업무의 전부 또는 일부를 정지할 수 있다. 다만, ①항에 해당하는 경우에는 지정을 취소하여야 한다.(진흥법 제39조의4)

① 거짓이나 그 밖의 부정한 방법으로 지정을 받은 경우

② 지정 기준에 적합하지 아니하게 된 경우

중기부장관은 전담기관 지정을 취소하려면 청문을 하여야 하고, 전담기관 지정을 취소하거나 업무정지를 한 경우에는 그 사실을 중기부 인터넷 홈페이지에 게시하여야 한다.(진흥령 제34조의2 ②항, 제79조의2)

협동화 실천계획 승인 취소	취소 시 청문 ○
협업기업 선정 취소	
협업지원 전담기관 지정 취소	
단지조성사업	취소 시 청문 ×
가업승계 지원센터 지정 취소	
책임경영 지원센터 지정 취소	

전담기관 취소 및 업무정지 등의 행정처분 세부기준은 그 위반사유와 정도를 고려하여 대

통령령에 별표로 규정되어 있으나 "별표1의2-행정처분의 세부기준"은 생략한다.

4. 이행실적 조사

중기부장관은 협업기업의 협업 이행 여부와 실적 등에 대하여 조사할 수 있으나, 협업기업의 협업 이행여부와 실적 등을 조사하려면 그 협업기업에 조사일시, 조사목적 및 조사내용 등을 미리 알려야 한다.(진흥법 제40조, 진흥령 제35조)

3.3 지도와 연수사업

1. 지도사업

중기부장관은 다음의 사항이 포함된 중소기업의 경영 및 기술지도에 관한 계획(이하 "지도계획"이라 한다)을 세우고 고시해야 한다.(진흥법 제43조)

① 지도방향과 지도의 대상·내용 및 방법 등에 관한 사항

② 지도 신청 절차와 사후 관리 등에 관한 사항

③ 경영 및 기술지도를 하는 지도실시기관 간 상호 협조에 관한 사항

학습의 관점에서 ③항 이후의 내용은 생략한다.

가. 지도실시기관

중기부장관은 지도계획에 따라 다음의 자를 중소기업에 대하여 경영 및 기술지도를 할 지도실시기관으로 지정할 수 있다.(진흥령 제39조)

① 지방중소기업청, 중소벤처기업진흥공단, 사무소를 설치한 경영·기술지도사

② 대학·산업대학 및 전문대학

③ 다음의 연구기관

국공립연구기관, 정부출연연구기관, 과학기술분야 정부출연연구기관, 한국산업기술진흥원, 한국산업기술기획평가원, 한국산업기술시험원, 한국디자인진흥원, 한국세라믹기술원, 한국공학한림원 및 전문생산기술연구소

④ 다음의 금융기관

「은행법」에 따라 설립된 은행, 중소기업은행, 신용보증기금, 기술보증기금, 신용보증재단 및 전국신용보증재단연합회

⑤ 그 밖에 중소기업의 경영·기술지도 업무를 수행할 인력과 능력을 갖춘 전문기관으로서

중기부장관이 지정하는 기관

지도실시기관의 장은 필요하다고 인정하면 외국인 전문가에게 중소기업을 지도하게 할 수 있다.(진흥령 제47조)

참고사항 **지도사와 지도 실시기관**

지도 실시기관으로 지정되는 대상을 보면 경영·기술지도사의 위상을 간접적으로 확인할 수 있다. 사무소를 설치한 지도사가 "컨설팅지원사업 관리시스템(www.sambacon.go.kr)"에 일정요건(상근 컨설턴트 7명 이상)을 갖추어 등록하면 지도 실시기관으로 인정되는바 이는 변호사를 포함한 여타의 자격사에게도 주어지지 않는 우대조항임을 잊지 말아야 한다.

나. 지도실시기관에 대한 출연

중기부장관은 지도실시기관에 출연금을 지급하는 경우 일시에 지급하거나 나누어 지급할 수 있으며 이에 따라 출연금을 지급받은 지도실시기관은 그 출연금에 대하여 별도의 계정을 설정하여 관리해야 한다. 또한 지도실시기관은 출연금을 중소기업의 경영 및 기술지도실시에만 사용해야 한다.(진흥령 제40조)

다. 지도 기준

중기부장관은 지도계획을 효율적으로 시행하기 위하여 경영 및 기술지도에 필요한 다음의 기준을 정하여 공고할 수 있다.(진흥법 제45조)

① 경영 및 기술지도의 대상
② 경영 및 기술지도를 할 자의 요건
③ 경영 및 기술지도의 절차

학습의 관점에서 ③항 이후의 내용은 생략한다.

라. 지도 신청

경영 및 기술지도를 받으려는 중소기업자는 지도계획에 따라 중기부장관이 정하는 자 또는 등록한 지도사에게 이를 신청할 수 있으며, 중기부장관은 지도계획에 따라 지도를 실시한 결과, 지원이 필요하다고 인정되면 이에 대한 지원이 먼저 이루어질 수 있도록 필요한 조치를 할 수 있다.(진흥법 제55조)

위 경영 및 기술지도의 신청에 필요한 사항은 중기부령으로 정한다.

2. 연수사업

중기부장관은 중소기업자의 경영능력과 기술수준의 향상을 위하여 중소기업자와 그 근로자, 중기부장관이 중소기업의 경영 또는 기술에 관한 연수가 필요하다고 인정하는 자 등에게 실시할 연수계획을 세워야 하며 연수계획에는 다음의 사항이 포함되어야 한다.(진흥법 제56조, 진흥령 제50조)

① 연수대상과 인원 등에 관한 사항
② 연수과정과 연수기간 등에 관한 사항
③ 연수와 관련한 지원 등에 관한 사항
④ ①항부터 ③항까지와 관련하여 중기부장관이 특히 필요하다고 인정하는 사항

연수계획에 따른 연수의 실시기관은 진흥공단 또는 중기부장관이 지정하는 기관이나 단체로 한다. 연수 실시기관은 중소기업의 경영 및 기술연수업무를 수행할 전문인력·시설 및 장비를 갖추어야 하며, 연수 실시기관의 지정 절차 등에 필요한 사항은 중기부장관이 정하여 고시한다.(진흥법 제57조, 진흥령 제51조)

3.4 경영안정 지원사업

1. 경영정상화 지원

중기부장관은 다음의 사유로 상당수의 중소기업자가 경영상의 어려움을 겪고 있거나 겪을 우려가 있으면 중소기업의 경영정상화를 지원하기 위하여 필요한 조치를 할 수 있다. 2023 기출

① 판매 부진, 일시적인 자금난 및 인력난 등 경영에 심각한 어려움이 있는 경우
② 원자재의 확보가 곤란한 경우
③ 관련 기업의 노사분규로 휴업·폐업 또는 조업중단 등의 사태가 발생한 경우
④ 산업구조의 변화로 사업·재무·조직 등의 구조개선이 필요한 경우

중기부장관이 이를 위해 필요하다고 인정할 때에는 관계 행정기관의 장에게 중소기업의 경영정상화를 위한 지원조치를 요청할 수 있다.

2. 긴급경영안정 지원

중기부장관은 「재난 및 안전관리 기본법」 제3조제1호에 따른 재난의 발생, 경제여건의 급격한 변화 등의 사유로 휴업이나 폐업을 하거나 조업을 중단하는 중소기업이 증가하거나 증가할 우려가 있으면 중소기업의 경영안정을 위한 긴급경영안정지원계획을 수립하여 시행할 수 있다. 2017, 2021 개정

긴급경영안정지원계획에는 다음의 사항이 포함되어야 한다.

① 지원 지역·대상·기간

② 자금·입지·인력지원 및 기술지도 등 관계 중앙행정기관별 지원 내용

③ 그 밖에 중기부장관이 긴급경영안정지원을 위하여 필요하다고 인정하는 사항

중기부장관은 긴급경영안정지원계획을 수립하려는 경우에는 관계 중앙행정기관의 장과 협의해야 하며 관계 중앙행정기관의 장에게 지원계획 추진실적 제출을 요청할 수 있다.(진흥법 제61조)

긴급경영안정지원 사업은 중기부고시[6]로 지원대상 등을 정하고 있는데 자연재해 또는 인적재난에 대비한 지원계획이며 이 계획에서 일시적 경영애로 기업에 대한 지원책도 함께 언급하고 있다.

3. 경영건전성 지원시스템

중기부장관은 중소기업의 경영건전성을 높이고 경영위기를 예방할 수 있도록 기업의 성장·발전을 지원하는 맞춤식 문제해결체계인 중소기업 경영건전성 지원시스템(이하 "지원시스템"이라 한다)을 운영할 수 있고, 지원시스템의 운영 등에 필요한 사항은 중기부장관이 정한다.(진흥법 제60조의2)

4. 매출채권보험

정부는 중소기업자(기본법에 따른 중소기업자, 「중소기업협동조합법」에 따른 중소기업협동조합)가 상행위와 관련하여 보유하고 있는 약속어음 또는 환어음의 부도 및 매출채권에 대한 채무자의 채무불이행으로 인한 연쇄도산의 위험을 방지하기 위하여 신용보증기금(이하 신보라 한다.) 내에 중소기업매출채권보험계정(이하 계정이라 한다.)을 설치할 수 있다. 2017 개정

---

6) 재해중소기업 지원지침(중소벤처기업부고시 제2023-19호)

계정의 설치 목적을 달성하기 위하여 운용·관리되는 매출채권보험은 물품 또는 용역 제공에 따라 구매기업으로부터 취득한 매출채권(어음)을 보험에 가입하고, 향후 구매기업의 채무불이행으로 인하여 입은 재산상의 손해를 보상하는 보험을 말한다.

중기부장관은 계정의 운용·관리에 관한 사무를 감독하며, 필요한 사항에 대하여 명령을 할 수 있다.(진흥법 제61조의8)

가. 계정의 수입
계정의 수입은 다음의 것으로 한다.(진흥법 제61조의3 ①항)
① 정부, 중소기업매출채권보험 계약자 및 그 밖의 자의 출연금
② 보험료[7]
③ 계정의 운용 수익
④ 그 밖의 부대 수입

계정에 따른 매출채권보험 총액의 한도는 위에 따른 출연금과 결산상 이익금을 적립한 적립금 합계액의 17배 이내로 한다.(진흥법 제61조의9)

나. 업무방법서
신보는 다음의 사항에 관한 업무방법서를 작성하여 중기부장관에게 승인을 얻어야 한다. 이를 변경하는 경우에도 또한 같다.(진흥법 제61조의7)
① 보험료율에 관한 사항
② 보험계약의 체결에 관한 사항
③ 보험의 운용방법에 관한 사항
학습의 관점에서 ③항 이후의 내용은 생략한다.

매출채권보험의 보험료율은 계정의 수지(收支)균형유지와 기업의 신용도를 고려하여 업무방법서에서 정하는 보험료율로 한다.

다. 계정의 용도 및 운용
계정은 다음의 용도로 운용한다.
① 중소기업매출채권보험금의 지급
② 계정재산의 운용·관리에 필요한 경비

---

7) 보험료 수준: 매출채권보험의 경우 0.1%~5%, 어음보험의 경우 0.5%~5%

계정의 여유금은 다음의 방법으로 운용한다.

① 금융기관에의 예치

② 국채, 지방채 및 정부·지방자치단체 또는 금융기관이 지급을 보증한 채권의 매입

라. 책임준비금과 손익금

신보는 결산기마다 책임준비금 및 비상위험준비금을 각각 계상(計上)하여야 한다.

신용보증기금은 장래에 지급할 보험금 및 환급금(이하 "보험금등"이라 한다)의 지급에 충당하기 위하여 다음의 금액을 책임준비금으로 계상하여야 한다.(진흥법 제61조의5 ①항)

① 매 결산기 말 현재 보험금등의 지급사유가 발생한 계약과 관련한 다음의 금액

　❶ 보험금등에 관한 소송이 계속 중인 금액

　❷ 지급이 확정된 금액

　❸ 지급금액이 확정되지 아니하여 아직 지급하지 아니한 금액

② 매 결산기 말 현재 보험금등의 지급사유가 발생하지 아니한 계약과 관련한 다음의 금액

　❶ 결산기 말 이전에 납입된 보험료 중 결산기 말 후의 기간에 해당하는 보험료를 적립한 금액

　❷ 장래에 보험금등을 지급하기 위하여 적립한 금액

신보는 결산기 말 매출채권보험 인수잔액의 1천분의 33(3.3%)의 범위에서 비상위험준비금을 계상하여야 한다. 책임준비금과 비상위험준비금의 산정 및 회계처리에 관한 세부적인 사항은 업무방법서에서 정하는 기준에 따른다.(진흥령 제52조의3)

마. 회계 및 결산

계정의 회계연도는 정부의 회계연도에 따르며, 신보는 계정의 회계를 다른 회계와 구분하여 회계처리하여야 한다.

신보는 회계연도마다 계정의 총수입과 총지출에 관한 운용계획서를 작성하여 회계연도 개시 1개월 전까지 중기부장관에게 제출하여야 하며, 중기부장관은 회계연도 개시 전까지 이를 승인하여야 한다. 이를 변경하려는 경우에도 또한 같다.

신보는 회계연도마다 계정의 결산보고서, 재무상태표 및 손익계산서를 작성하여 다음 연도 2월 말일까지 중기부장관에게 제출하여야 한다.(이상 진흥법 제61조의4)

운용계획	회계연도 개시 1개월 전 중기부장관에 제출
결산보고	해당연도 종료 2개월 내 중기부장관에 제출

계정의 결산상 이익금이 생겼을 때에는 전액 적립하여야 한다. 결산상 손실금이 생겼을 때에는 적립금으로 보전하고, 그 적립금으로 보전하고도 부족할 때에는 정부가 예산의 범위에서 보전할 수 있다.(진흥법 제61조의6)

바. 보험계약 해지

신보는 매출채권보험의 보험계약자 또는 피보험자가 보험계약을 위반한 때에는 다음의 조치를 할 수 있다.(진흥령 제52조의10)
① 보험계약에 따른 보험금의 지급 거절
② 지급한 보험금의 전부 또는 일부의 회수
③ 보험계약의 해지 또는 해제

신보가 위에 따른 조치를 하려는 때에는 미리 그 뜻을 보험계약자에게 통지하여야 한다.

5. 민속공예산업 지원

정부(중기부장관)와 지방자치단체의 장은 관할지역에서 전통적 공예기능으로 생산되는 제품 또는 민속을 소재로 한 창의적 개발제품을 생산하는 중소기업자의 경영안정을 위해 지원이 필요하다고 인정하면 다음의 지원을 할 수 있다.(진흥법 제62조)
① 경영안정을 위하여 필요한 자금
② 제품의 판로 확보
③ 제품 개발, 품질 향상 및 개발된 제품의 상품화

3.5 가업승계 등 지원

정부는 중소기업의 원활한 가업승계를 위하여 조세 관련 법률로 정하는 바에 따른 세제지원 등 필요한 지원을 할 수 있다.(진흥법 제62조의2)

1. 가업승계지원센터

중기부장관과 시·도지사는 중소기업의 원활한 가업승계를 효율적으로 지원하기 위하여 중소기업지원 관련 기관이나 단체를 가업승계지원센터로 지정할 수 있다.

(1) 지원센터 요건 및 지정신청 절차

가업승계지원센터로 지정받으려는 기관 또는 단체는 다음의 요건을 모두 갖추어야 한다.(진흥령 제54조의2) 2016 기출

가. 물적요건

① 법인일 것

② 법인의 사업 내용에 가업승계 지원에 관한 업무가 포함되어 있을 것

③ 중소기업의 가업승계를 지원할 수 있는 전담조직을 갖추고 있을 것

나. 인적요건

다음의 어느 하나에 해당하는 중소기업 가업승계 지원 전문인력을 3명 이상 보유할 것

① 경영지도사로서 그 자격과 관련된 업무에 3년 이상 종사한 경력이 있는 자

② 공인회계사 또는 세무사로서 그 자격과 관련된 업무에 3년 이상 종사한 경력이 있는 자

③ 그 밖에 위에서 정한 자와 동등한 경력이 있다고 인정되는 자

다. 지정신청 절차

지원센터로 지정받으려는 기관 또는 단체는 중기부령으로 정하는 바에 따라 중기부장관에게 신청서를 제출하여야 한다.(진흥령 제54조의2 ①항)

중기부장관은 지원센터를 지정한 경우에는 관보 또는 중기부 인터넷 홈페이지에 공고[8]해야 한다.(진흥령 제54조의2 ③항)

(2) 지원센터의 지정취소

가업승계지원센터와 전환법 상 사업전환지원센터는 지정취소 규정이 없다.

(3) 지원센터 업무 등

가. 지원센터 업무

가업승계지원센터의 업무는 다음과 같다.(진흥법 제62조의3 ②항)

① 가업승계 계획의 수립 지원에 관한 사항

② 가업승계에 필요한 정보 제공, 교육 및 컨설팅 지원에 관한 사항

③ 우수 승계기업 인증 및 포상에 관한 사항

학습의 관점에서 ③항 이후의 내용은 생략한다.

---

8) 2008년 4월 28일 중소기업중앙회가 가업승계지원센터로 지정되어 현재에 이르고 있다.

나. 계획과 실적의 보고

지원센터로 지정받은 자는 해당 연도의 사업계획과 전년도의 사업추진 실적을 매년 1월 31일까지 중기부장관에게 보고해야 한다.(진흥령 제54조의2 ④항)

다. 지원센터에 대한 지원

정부와 지방자치단체는 지원센터의 운영에 사용되는 경비의 전부 또는 일부를 지원할 수 있다.(진흥법 제62조의3 ③항)

2. 명문장수기업

(1) 명문장수기업 제외업종

다음의 업종을 영위하는 기업은 명문장수기업으로 확인 받을 수 없다. 한국표준산업분류의 중분류를 기준으로 하되 건설업은 대분류를 기준으로 한다. 2017, 2022, 2024 기출

① 건설업(대분류)

② 부동산업(중분류)

③ 금융업(중분류)

④ 보험 및 연금업(중분류)

⑤ 금융 및 보험 관련 서비스업(중분류)

(2) 명문장수기업 요건

명문장수기업은 제외업종에 해당하지 아니하는 기업으로서 다음의 요건을 모두 갖추어야 한다.(진흥법 제62조의4)

가. 사업유지 요건 2021 기출

사업을 개시한 날부터 45년 이상 주된 업종의 변동 없이 계속 사업을 유지하여 온 기업으로 사업개시일은 다음의 기준에 따른다.(진흥령 제54조의3 ②,③항) 2018 기출

① 창업자가 법인인 경우: 법인설립등기일

② 창업자가 개인인 경우: 「부가가치세법」 제8조제1항에 따른 사업 개시일

다만, 개인사업이 법인으로 전환한 경우에는 다음의 요건을 모두 갖춘 경우 개인사업의 사업개시일을 법인의 사업개시일로 본다.

① 개인사업과 법인의 주된 업종이 같을 것

② 개인사업의 주요 생산시설이 법인에 현물출자되어 있고, 법인이 개인사업자의 사업과

제
4
장

관련된 부채를 모두 인수하였을 것

주된 업종의 변동은 한국표준산업분류에 따른 세분류를 기준으로 한다. 이 경우 기존 업종에 다른 업종을 추가하여 사업을 하는 기업의 경우에는 추가된 업종의 매출액이 총매출액의 100분의 50 미만인 경우에만 주된 업종의 변동이 없는 것으로 본다.

나. 경제적·사회적 기여도 요건

다음의 기업의 경제적·사회적 기여도 항목에 대하여 중기부장관이 정하여 고시하는 배점기준에 따라 평가한 결과 중기부장관이 정하여 고시하는 점수 이상을 받은 기업일 것

① 장기고용 여부, 매출액, 영업이익, 법인세 납부 등 경제적 기여 정도
② 인권, 노동, 환경, 공정경쟁 등 관련 법규 준수 및 사회공헌 등 사회적 기여 정도

다. 기업가치 기준

기업의 브랜드 가치, 보유 특허의 수준, 제품의 우수성 등 다음의 항목에 대하여 중기부장관이 정하여 고시하는 배점기준에 따라 평가한 결과 중기부장관이 정하여 고시하는 점수 이상을 받은 기업일 것(진흥령 제54조의3 ⑥항)

① 기업에 대한 인지도 정도
② 기업이 보유한 특허의 시장성, 기술성, 신뢰성 정도
③ 제품이나 서비스의 국내 및 해외 시장점유율
④ 신기술·신제품 인증 및 기술·품질 관련 수상 실적

라. 연구개발비 기준

해당 기업의 최근 5년간 총매출액 중 연구개발비가 차지하는 비중이 같은 업종(한국표준산업분류에 따른 중분류를 기준으로 한다)의 평균 이상인 기업일 것

진흥법과 진흥령에서 규정한 사항 외에 명문장수기업의 요건에 관한 세부기준은 중기부장관이 정하여 고시한다.(진흥령 제54조의3 ⑧항)

(3) 명문장수기업 확인

명문장수기업으로 확인받고자 하는 중소기업은 중기부령으로 정하는 명문장수기업 확인 신청서를 중기부장관에게 제출하여야 하고, 중기부장관은 명문장수기업 확인 신청을 받은 경우 해당 중소기업이 명문장수기업의 요건을 모두 갖추고 있는지를 평가하고, 그 결과를 신청기업에 통지하여야 한다.(진흥법 제62조의5 ①항)

중기부장관은 평가 결과 명문장수기업의 요건을 모두 갖춘 중소기업에 대하여 중기부령으로 정하는 명문장수기업 확인서를 발급하고, 그 사실을 중기부 인터넷 홈페이지에 게시하여야 한다. 명문장수기업 확인의 유효기간은 10년으로 한다. 2021 기출

명문장수기업 확인을 받은 중소기업은 중기부령으로 정하는 바에 따라 명문장수기업 확인의 표시를 할 수 있다. 확인을 받지 아니한 자는 확인의 표시 또는 이와 유사한 표시를 하여서는 아니 되며, 명문장수기업이라는 명칭을 사용하지 못한다.

명문장수기업 확인서를 발급받은 자가 다음의 어느 하나에 해당하는 경우에는 중기부령으로 정하는 바에 따라 명문장수기업 확인서의 재발급을 신청할 수 있다.
① 명문장수기업 확인서를 잃어버리거나 명문장수기업 확인서가 헐어 못쓰게 된 경우
② 명문장수기업 확인서의 기재사항이 변경된 경우

위에서 규정한 사항 외에 명문장수기업 확인에 필요한 사항은 중기부장관이 정하여 고시한다.(진흥령 제54조의4 ⑤,⑥항)

(4) 명문장수기업 취소

중기부장관은 명문장수기업으로 확인을 받은 중소기업이 다음의 어느 하나에 해당하면 그 확인을 취소할 수 있다. 다만, ①항의 경우에는 그 확인을 취소하여야 한다.
① 거짓이나 그 밖의 부정한 방법으로 확인을 받은 경우
② 명문장수기업의 요건을 갖추지 아니하게 된 경우
③ 부도·폐업·휴업 등으로 기업활동을 지속적으로 영위할 수 없다고 판단되는 경우
④ 해당 중소기업 임직원이 사회적 물의를 일으키는 등 명문장수기업의 사회적 명성에 중대한 손상이 발생한 경우

중기부장관은 명문장수기업의 확인을 취소하려면 청문을 실시하여야 하며, 명문장수기업의 확인을 취소하려면 해당 중소기업자에게 취소 사유, 취소일 등을 분명하게 밝힌 문서를 우편·교부 또는 정보통신망 이용 등의 방법으로 송달해야 한다.

중기부장관이 명문장수기업의 확인을 취소한 경우에는 그 사실을 지체 없이 관계 중앙행정기관의 장 및 관할 지방자치단체의 장에게 통보하여야 하며, 그 사실을 중기부 인터넷 홈페이지에 게시하여야 한다.(진흥법 제62조의6 ②, ③항)

3.6 사회적 책임경영

사회적책임경영 관련 규정은 2012년 11월 법 개정으로 신설되었다. 사회적책임경영은 CSR(Corporate Social Responsibility)이라 불리며 국제표준화기구(ISO)는 2010년 11월 CSR을 표준화한 ISO26000의 국제규격을 제정 발표했다.

중소기업은 회사의 종업원, 거래처, 고객 및 지역사회 등에 대한 사회적 책임을 고려한 경영활동을 하도록 노력해야 하며, 국가와 지방자치단체는 중소기업의 사회적책임경영을 위하여 필요한 지원을 할 수 있다.(진흥법 제62조의7) 2017 기출

1. 기본계획

중기부장관은 사회적책임경영 중소기업을 육성하고 체계적으로 지원하기 위하여 5년마다 사회적책임경영 중소기업육성 기본계획(이하 "기본계획"이라 한다)을 수립·시행해야 하며, 기본계획에 따라 연차별 시행계획을 수립·시행해야 한다. 다만, 「산업발전법」 제19조에 따른 지속가능경영 종합시책을 수립할 때 기본계획을 포함하여 수립·시행할 수 있다.(진흥법 제62조의8)

기본계획에는 다음의 사항이 포함되어야 한다. 2014, 2017 기출
① 중소기업 사회적책임경영 조성정책의 기본방향 및 목표
② 중소기업 사회적책임경영 활성화에 관한 사항
③ 사회적책임경영 중소기업 지원에 관한 사항
학습의 관점에서 ③항 이후의 내용은 생략한다.

중기부장관은 기본계획 및 시행계획의 수립·시행을 위하여 필요한 경우 관계 중앙행정기관의 장이나 지방자치단체의 장에게 관련 정보나 자료의 제공 등 협조를 요청할 수 있으며, 이에 따라 협조 요청을 받은 관계 중앙행정기관의 장이나 지방자치단체의 장은 특별한 사유가 없으면 이에 협조하여야 한다.(진흥령 제54조의7)

2. 사회적 책임경영 지원센터

중기부장관은 중소기업의 사회적책임경영을 효율적으로 지원하기 위하여 중소기업 지원 관련 기관이나 단체를 사회적책임경영 중소기업지원센터(이하 "책임경영지원센터"라 한다)로 지정할 수 있다.(진흥법 제62조의9) 2017 기출

(1) 지정기준 및 지정신청 절차

책임경영지원센터로 지정받으려는 기관 또는 단체는 다음 기준을 모두 갖추어야 한다.

가. 물적요건

① 비영리법인일 것

② 중소기업의 사회적책임경영을 지원할 수 있는 전담조직을 갖추고 있을 것

③ 기관 또는 단체의 업무에 사회적책임경영 관련 컨설팅과 교육에 관한 업무가 포함되어 있을 것

④ 교육시설을 합산한 면적이 150제곱미터 이상으로서 집합교육을 할 수 있는 1개 이상의 강의실 및 상담실을 갖출 것

나. 인적요건

책임경영지원센터는 별도의 전문인력 규정이 없다.

다. 지정신청 절차

책임경영지원센터로 지정받으려는 기관 또는 단체는 지정신청서에 지정기준을 갖추고 있음을 증명할 수 있는 다음의 서류를 첨부하여 중기부장관에게 제출해야 한다.(진흥령 제54조의8 ②항)

① 정관 또는 이에 준하는 사업운영규정

② 사업계획서

③ 전문인력 보유 현황

④ 시설 명세서

중기부장관은 책임경영지원센터를 지정한 경우에는 지정기관의 명칭, 소재지, 지정일 등을 관보에 고시하거나 중기부 인터넷 홈페이지에 게시9)하여야 한다.

책임경영지원센터의 지정 기준과 절차 및 운영 등에 필요한 사항은 중기부장관이 정하여 고시한다.(진흥령 제54조의8 ③, ⑤항)

(2) 지정취소

중기부장관은 책임경영지원센터로 지정받은 기관 또는 단체가 다음의 어느 하나에 해당하면 지정을 취소하거나 6개월 이내의 기간을 정하여 그 업무의 전부 또는 일부의 정지를 명할 수 있다. 다만, ①의 경우에 해당하는 경우에는 취소해야 한다.(진흥법 제62조의9 ④항, 진흥

---

9) 2014년 3월 27일 한국생산성본부가 책임경영지원센터로 최초 지정되었고, 2015년 12월 16일 재지정 되어 2017년 12월까지 2년간 책임경영지원센터 업무를 수행하게 되었다.

령 제54조의9 ①항)

① 거짓이나 그 밖의 부당한 방법으로 지정을 받은 경우

② 지정 기준에 미달하게 되는 경우

③ 정당한 사유 없이 사업계획서에 따른 업무를 3개월 이상 수행하지 아니한 경우

중기부장관이 책임경영지원센터의 지정을 취소하는 경우 지정 취소의 대상 및 사유를 관보에 고시하거나 중기부 인터넷 홈페이지에 게시하여야 한다.(진흥령 제54조의9)

책임경영지원센터 지정취소 및 업무정지의 기준은 진흥령 별표2의3에 상세히 규정되어 있으나 이의 인용은 생략한다.

※ 인수합병지원센터 지정 취소 시에는 청문을 실시해야 하나 책임경영지원센터의 지정 취소 시에는 청문절차 없이 관보 또는 중기부 홈페이지 게시로 족하다.

인수합병 지원센터	책임경영 지원센터	사업전환 지원센터
거짓·부정 방법 지정(반드시 취소)	좌동	좌동
지정 요건 미충족	좌동	좌동
1개월 이상 사업수행 ×	3개월 이상 사업수행 ×	×

〈인수합병지원센터 · 책임경영지원센터 · 사업전환지원센터 취소사유 비교〉

(3) 지원센터의 업무 등

가. 지원센터 업무

책임경영지원센터는 다음의 업무를 수행한다.

① 중소기업 사회적책임경영에 대한 지침의 제공

② 중소기업 사회적책임경영 관련 전문인력의 양성

③ 사회적책임경영에 대한 인식제고를 위한 교육 및 연수

학습의 관점에서 ③항 이후의 내용은 생략한다.

나. 계획과 실적의 보고

책임경영지원센터로 지정받은 기관 또는 단체는 해당 연도의 사업계획과 전년도의 사업추진 실적을 매년 1월 31일까지 중기부장관에게 제출해야 한다.(진흥령 제54조의8 ④항)

가업승계 지원센터	
책임경영 지원센터	매년 1월 31일까지 해당 연도 사업계획·전년도 추진실적을 중기부장관
협업지원 전담기관	에게 제출
인수합병 지원센터	

다. 지원센터에 대한 지원

중기부장관은 책임경영지원센터에 대하여 예산의 범위에서 책임경영지원센터 업무 수행에 필요한 비용을 출연 또는 보조할 수 있다.(진흥법 제62조의9 ②항, ③항)

3.7 소기업 지원

기존의 소기업법은 2015년 1월 28일 소상공인법으로 전부개정 되었고 개정 전 소기업 지원과 관련된 사항들은 진흥법으로 옮겨 규정되고, 소기업 제품 등의 구매촉진에 관한 사항은 「중소기업제품 구매촉진 및 판로지원에 관한 법률」로 옮겨 규정되고 있다.

1. 공장등록 특례

소기업 중 공장[10]의 건축면적 또는 이에 준하는 사업장의 면적이 500㎡ 미만인 기업의 경우 세무서에서 발급받은 사업자등록증은 공장등록을 하였음을 증명하는 서류로 본다.(진흥법 제62조의10 ①항) 2015 기출

여기서 "공장의 건축면적 또는 이에 준하는 사업장의 면적"이란 「건축법」에 따른 제2종 근린생활시설 및 공장 용도의 건축물로 건축법에 따라 건축허가를 받거나 건축신고를 한 것으로서 다음의 어느 하나에 해당하는 면적을 말한다.(진흥령 제54조의10 ②항)

① 「수도권정비계획법」에 의한 수도권지역[11]에서는 제조시설로 사용되는 기계 또는 장치를 설치하기 위한 건축물의 각층의 바닥면적, 제조시설로 사용되는 옥외공작물의 수평투영면적, 사무실 및 창고의 각층의 바닥면적을 합산한 면적

② 수도권 외의 지역에서는 제조시설로 사용되는 기계 또는 장치를 설치하기 위한 건축물 각층의 바닥면적과 제조시설로 사용되는 옥외공작물의 수평투영면적을 합산한 면적

2. 부담금 면제

가. 소기업에 대한 부담금면제

소기업 중 공장의 건축면적 또는 이에 준하는 사업장 면적이 1,000㎡ 미만인 기업이 수도권 외의 지역에서 공장을 신축·증축 또는 이전하려는 경우로서 신축·증축 또는 이전 후

---

10) 「산업집적활성화 및 공장설립에 관한 법률」 제2조제1호: 공장이란 한국표준산업분류에 따른 제조업을 영위하기 위해 설치한 기계·장치 등 제조시설과 그 부대시설을 말한다.

11) 서울시와 인천광역시 그리고 경기도를 말한다.

공장의 총건축면적과 이에 준하는 사업장 총면적의 합이 1,000㎡ 미만인 경우에는 다음의 부담금을 면제한다.(진흥법 제62조의10 ②항) 2014, 2024 개정

① 「농지법」 제38조에 따른 농지보전부담금

② 「산지관리법」 제19조에 따른 대체산림자원조성비

③ 「개발이익환수에 관한 법률」 제5조에 따른 개발부담금

단, 부담금의 면제 대상인 공장용지면적은 신축·증축 또는 이전하는 공장건축면적 또는 이에 준하는 사업장의 면적을 기준공장면적률로 나눈 면적으로 한다.(진흥령 제54조의11 ①항)

부담금 면제 규정을 적용함에 있어서 사업을 개시하지 않은 창업자의 상시근로자 수 확인은 당해 기업이 창업법에 따라 제출한 "창업사업계획서"에 표시된 상시종업원 수에 의한다. 다만, 사업계획서를 제출하지 않은 기업의 경우 공장설립 승인 신청서류에 표시된 상시종업원 수에 의한다.(진흥령 제54조의11 ②항)

나. 산업단지에 대한 부담금 면제

국가산업단지·일반산업단지·도시첨단산업단지 또는 농공단지(農工團地)를 조성하려는 자가 수도권 외의 지역에서 소기업을 100분의 50 이상 유치하는 국가산업단지·일반산업단지·도시첨단산업단지 또는 농공단지를 조성하는 경우에는 다음의 부담금을 면제한다.(진흥법 제62조의10 ③항) 2014 개정

① 「농지법」 제38조에 따른 농지보전부담금

② 「산지관리법」 제19조에 따른 대체산림자원조성비

③ 「개발이익환수에 관한 법률」 제5조에 따른 개발부담금

참고사항 기준공장면적률의 이해

기준공장면적률은 (공장건축면적 ÷ 공장부지면적) × 100 의 산식으로 산출되는데, 공장건축면적은 공장부지내의 모든 건축물 각층의 바닥면적 합계와 건축물의 외부에 설치된 기계·장치 기타 공작물의 수평투영면적을 합산한 면적을 말한다. 공장의 업종별로 부지면적 대비 공장건축면적을 일정규모이상 건축하도록 하여 공장용지의 효율적 이용과 과다 보유를 억제하기 위한 취지이고, 공장건축면적이 기준공장면적률에 미달할 경우 공장설립 및 공장등록이 안 된다. 업종별 기준공장면적률은 「공장입지기준 고시」 별표-1에 규정되어 있다.

참고사항 면제 대상 공장용지면적의 산출

수도권 외의 지역에서 막걸리를 제조하고 있는 막취해(주)의 농지보전부담금과 대체산림자원조성비의 면제 대상 공장용지면적은 아래와 같이 산출한다.

- 지역/업종 : 제주도 소재 막걸리 제조업(탁주 및 약주 제조업 ; 업종코드 #11111)
- 기준공장면적률 : 10%
- 공장용지면적 : 3,000㎡(농지 2,000㎡ + 산지 1,000㎡)
- 공장건축면적 : 800㎡(제조시설 500㎡ + 사무실·창고 300㎡)
- 면제대상 공장용지면적 = 공장건축면적 ÷ 기준공장면적률
  ▸ 면제대상 공장용지면적 중 농지보전부담금이 면제되는 공장용지면적
  = 공장건축면적 × 농지비율(농지/공장용지면적) ÷ 기준공장면적률
  = 500㎡ × (2,000㎡ ÷ 3,000㎡) ÷ 0.1 = 3,333.3㎡
  ▸ 면제대상 공장용지 면적이 전체 공장용지면적 보다 크므로 사용중인 공장용지면적 전체에 대해 농지보전부담금이 면제되며, 대체산림자원조성비 면제대상 면적도 위와 같이 산출할 수 있다.

3. 신용보증 지원시책

정부는 이 법에 따른 소기업 지원을 효율적으로 추진하기 위하여 소기업에 대한 신용보증지원시책을 수립 · 시행해야 한다.(진흥법 제62조의11)

(1) 금융지원위원회

신용보증지원시책의 수립 및 시행에 관한 사항을 심의하기 위하여 중기부에 금융지원위원회를 둔다.(진흥령 제54조의12)

가. 위원의 구성

위원회의 위원장은 중기부장관이 되고, 위원은 다음의 자가 된다.

① 기획재정부장관이 지명하는 기획재정부차관
② 산업통상자원부장관이 지명하는 산업통상자원부차관
③ 금융위원회 부위원장
④ 중소벤처기업진흥공단 이사장, 중소기업중앙회의 회장
⑤ 중소기업은행 은행장
⑥ 「은행법」에 따른 은행의 장으로서 중기부장관이 성별을 고려하여 위촉하는 사람 5명
⑦ 신용보증기금, 기술보증기금 이사장 및 신용보증재단중앙회의 회장
⑧ 기타 중기부장관이 성별을 고려하여 위촉하는 사람 10명 이내

제4장

위 ⑤항 및 ⑦항에 따라 위촉된 위원의 임기는 2년으로 하며, 두 차례만 연임할 수 있다. 이는 당연한 규정이다. 여기 규정된 위원 외에는 각기 근거 법령에 따라 정년 및 임기가 정해진다.(진흥령 제54조의12)

나. 위원의 해촉

중기부장관은 위 ⑧, ⑨항에 따라 위촉된 위원이 다음의 어느 하나에 해당하는 경우에는 해당 위원을 해촉(解囑)할 수 있다.(진흥령 제73조의2 ①항)

① 심신장애로 인하여 직무를 수행할 수 없게 된 경우

② 직무와 관련된 비위사실이 있는 경우

③ 직무태만, 품위손상이나 그 밖의 사유로 인하여 위원으로 적합하지 아니하다고 인정되는 경우

④ 위원 스스로 직무를 수행하는 것이 곤란하다고 의사를 밝히는 경우

다. 위원회의 운영

위원회의 위원장은 위원회를 대표하고, 위원회의 업무를 통할한다.

위원장은 위원회의 회의를 소집하고 그 의장이 되며, 부득이한 사정으로 직무를 수행할 수 없는 경우에는 위원장이 미리 지명하는 위원이 그 직무를 대행한다.

위원회의 회의는 재적위원 과반수의 출석과 출석위원 과반수의 찬성으로 의결한다.

위원회의 사무를 처리하기 위하여 간사 1인을 두되, 간사는 중기부 소속 공무원 중에서 위원장이 임명한다.(진흥령 제54조의13)

라. 운영세칙 등

위원회에 출석한 위원에 대하여는 예산의 범위 안에서 수당 및 여비를 지급할 수 있으나 공무원인 위원이 그 소관업무와 직접적으로 관련되어 출석하는 경우에는 그렇지 않다. 진흥령에서 정하는 것 외에 위원회의 운영에 관하여 필요한 사항은 위원회의 의결을 거쳐 위원장이 정한다.(진흥령 제54조의14, 제54조의15)

4. 경영안정 지원

중기부장관은 소기업의 경영안정을 위하여 필요한 경우 다음의 사업을 할 수 있다. 2023 기출

① 소기업에 대한 경영상담·자문 및 교육사업

② 소기업 제품의 판매 촉진을 위한 사업

③ 소기업에 대한 입지(立地) 지원사업

④ 그 밖에 소기업의 경영안정을 위하여 필요한 사업

5. 조직변경 지원

중기부장관은 소기업이 다음의 어느 하나에 해당하는 경우 해당 소기업에 대한 자금 및 경영 등에 관한 지원을 할 수 있다.(진흥법 제62조의12) 2023 기출

① 주식회사를 설립하려는 경우
② 유한회사인 소기업을 주식회사로 조직 변경하려는 경우

3.8 입지지원과 국제화 지원 등

1. 입지지원사업과 환경오염 저감 지원사업

가. 입지지원사업

중기부장관은 중소기업에 대한 공장입지의 원활한 공급을 위해 진흥공단이 관련 법률에서 정하는 바에 따라 다음의 입지 지원사업을 행하게 할 수 있다.(진흥법 제41조)

① 산업단지개발사업
② 단지조성사업
③ 지식산업센터의 건설사업
④ 지역종합개발사업과 공장설립 지원사업
⑤ 중기부장관이 다른 법률에 따라 입지 지원사업으로 정하는 사업

나. 환경오염 저감사업

중기부장관은 중소기업의 사업 활동으로 발생하는 환경오염을 줄이기 위하여 제품 생산공정을 저공해 공정으로 개선하고 환경오염 방지시설의 설치 등 다음에서 정하는 환경오염 저감 지원사업을 실시할 수 있다.(진흥법 제42조, 진흥령 제37조)

① 기존의 생산설비와 공정을 저공해 또는 무공해 생산시설과 공정으로 대체하는 데에 필요한 자금·기술 등의 지원
② 환경오염 저감을 위한 개발기술의 사업화에 필요한 자금·기술 등의 지원
③ 생산활동으로 인하여 발생한 폐자원을 재활용하기 위한 생산설비 및 폐기물처리시설을 설치하는 데에 필요한 자금·기술 등의 지원

2. 국제화 지원사업 등

가. 국제화 지원사업

중기부장관은 중소기업의 국제화에 필요한 기반 조성과 외국과의 산업기술능력에 관한 지원사업을 실시해야 하며 다음의 사항이 포함되어야 한다.(진흥법 제58조, 진흥령 제52조)

① 중소기업의 외국인투자 유치

② 중소기업의 기술 도입 및 기술 교류

③ 중소기업의 해외투자 진출과 기술이전

학습의 관점에서 ③항 이후의 기능은 생략한다.

나. 생산시설의 해외이전 지원

정부는 중소기업자가 생산시설을 해외로 이전하려는 경우에는 다음의 지원을 하거나 지원에 관한 시책을 강구할 수 있다.(진흥법 제59조)

① 수출자금과 해외투자자금의 융자

② 대외경제협력기금에서의 출자 및 융자

③ 해외투자보험의 지원

학습의 관점에서 ③항 이후의 기능은 생략한다.

3. 세제지원

정부는 중소기업의 창업 촉진, 경영기반 확충 및 구조 고도화 등을 위하여 조세에 관한 법률에서 정하는 바에 따라 세제상의 지원을 할 수 있다.

국가 및 지방자치단체는 「지역중소기업 육성 및 혁신촉진 등에 관한 법률」 제23조에 따른 중소기업 특별지원지역 내의 중소기업에 대하여 필요한 경우에는 「조세특례제한법」 및 「지방세특례제한법」에서 정하는 바에 따라 조세를 감면할 수 있다.(진흥법 제80조)

제4절 중소벤처기업 창업 및 진흥기금

1. 기금의 조성	3. 기금의 운용과 관리
2. 채권 발행	

기금[12]이란 국가가 특정한 목적을 위해 특정 자금을 신축적으로 운용할 필요가 있을 때에 한해 법률에 근거하여 설치되는 특정 자금을 말한다. 기금은 세입세출예산에 의하지 않고 운용될 수 있으므로 기금은 예산 원칙의 일반적인 제약으로부터 벗어나 좀 더 탄력적으로 재정을 운용할 수 있도록 하기 위해 설치된다.

정부는 중소기업의 창업 촉진, 산업의 균형 있는 발전과 산업기반의 구축, 경영 기반 확충 및 구조고도화에 필요한 재원을 확보하기 위하여 중소벤처기업창업 및 진흥기금(이하 "진흥기금"이라 한다)을 설치한다.(진흥법 제63조) 2013 기출

1. 기금의 조성

기금은 다음의 재원으로 조성한다.(진흥법 제64조, 진흥령 제54조의34) 2017 기출

① 정부나 지방자치단체의 출연금 및 융자금

② 정부나 지방자치단체 외의 자의 출연금 및 융자금

③ 중소기업진흥채권의 발행으로 조성되는 자금

④ 기금의 운용으로 생기는 수익금

④ 「복권 및 복권기금법」 제23조제1항에 따라 배분된 복권 수익금

⑤ 「중소기업 기술혁신 촉진법」 제28조제1항에 따른 기술료 등 중기부장관이 실시하는 연구개발사업에 따른 기술료

⑥ 공공자금관리기금에서의 예수금[13](豫受金)

---

12) 국가재정법 제5조(기금의 설치) ① 기금은 국가가 특정한 목적을 위하여 특정한 자금을 신축적으로 운용할 필요가 있을 때에 한하여 법률로써 설치하되, 정부의 출연금 또는 법률에 따른 민간부담금을 재원으로 하는 기금은 별표 2에 규정된 법률에 의하지 아니하고는 이를 설치할 수 없다.

⑦ 일반회계로부터의 전입금

정부는 회계연도마다 예산의 범위에서 출연금과 융자금을 세출예산에 포함시켜야 한다.(진흥법 제64조)

2. 채권발행

진흥공단은 이사회의 의결을 거쳐 중기부장관의 승인을 받아 기금의 부담으로 중소기업진흥채권을 발행할 수 있다. 진흥공단은 채권의 발행승인을 받으려면 발행금액·발행방법 및 발행조건과 상환의 방법·절차 등 필요한 사항을 적은 채권발행신청서를 작성하여 중기부장관에게 제출해야 하고, 중기부장관은 이에 따른 채권 발행을 승인하려면 미리 기획재정부장관과 협의해야 한다.(진흥법 제65조 ①, ②항, 진흥령 제55조) 2022 개를

채권은 무기명식으로 하지만 응모자나 소지인이 청구하는 경우에는 기명식으로 할 수 있다.(진흥령 제56조) 2022 개를

가. 채권의 응모

채권의 모집에 응하려는 자는 채권청약서 2통에 인수하려는 채권의 수, 인수가액(引受價額)과 청약자의 주소를 적고 기명날인해야 하나 채권의 최저가액을 정하여 발행하는 경우에는 인수가액이 아닌 응모가액을 적어야 한다.(진흥령 제57조)

위 규정은 계약에 따라 채권의 총액을 인수하는 경우에는 적용하지 아니한다. 채권모집을 위탁받은 회사가 채권의 일부를 인수하는 경우 그 인수분(引受分)에 대하여도 또한 같다.(진흥령 제58조)

나. 채권의 기재사항

채권에는 다음의 사항을 적고 진흥공단의 이사장이 기명날인하여야 한다.

① 채권청약서에 포함되어야 하는 사항. 단, 매출의 방법으로 채권을 발행하는 경우에는 발행총액을 적지 않는다.

② 채권의 번호

---

13) 특정목표 달성을 위해 국가는 필요한 기금을 설치하여 운용할 수 있는데 "공공자금관리기금"이란 이러한 다양한 기금의 여유자금을 통합 관리하여 공공목적에 활용하기 위해 「공공자금관리기금법」을 근거로 설치되었다. 기타 기금은 여유자금을 "공공자금관리기금"에 예탁하여 국공채 이자율 수준의 이자수익을 얻을 수 있다.

③ 채권의 발행연월일

매출발행이란 채권의 발행액을 미리 확정하지 않고 일정 기간을 정하고 그 기간 내에 응모자의 신청에 따라 매출된 금액만 발행하는 방식으로 매출된 금액이 발행총액이 된다. 따라서 매출발행의 경우 사전에 발행총액이 결정되지 못하므로 채권에 발행총액이 기재될 수 없다.

다. 채권발행총액 및 인수가액의 납입

진흥공단은 채권을 발행할 때 실제로 응모된 총액이 채권청약서에 적힌 채권발행 총액에 미치지 못하는 경우에도 채권을 발행한다는 뜻을 채권청약서에 표시할 수 있다. 이 경우 그 응모 총액을 채권의 발행 총액으로 한다.(진흥령 제59조) 2022 기출

진흥공단은 채권 응모가 끝나면 지체 없이 응모자가 인수한 채권 금액의 전액을 납입하게 해야 한다. 채권모집을 위탁받은 회사는 자기 명의로 진흥공단을 위하여 이에 따른 행위를 할 수 있다. 모집의 방법으로 채권을 발행하는 경우에는 그 발행 총액에 해당하는 납입금 전액이 납입되기 전까지는 그 채권을 발행하지 못한다.(진흥령 제60조)

라. 채권원부

진흥공단은 그 주된 사무소에 채권 원부를 갖추어 두어야 한다. 채권의 소유자나 소지인은 채권 원부의 열람을 요구할 수 있으며 이 경우 진흥공단은 특별한 사유가 없으면 요구에 따라야 한다.(진흥령 제62조)

마. 이권(利券)의 흠결(欠缺)

이권(利券)이 있는 무기명식의 채권을 상환하는 경우 이권이 흠결(欠缺)되면 그 이권에 해당하는 금액을 상환액에서 공제한다. 흠결된 이권의 소지인은 그 이권과의 상환으로 위에 따라 공제된 금액의 지급을 청구할 수 있다.(진흥령 제63조)

이권은 채권에 부착되어 있으나 그것을 떼어 유통하는 것도 가능하며 이권이 분리되고 이자지급기일이 도래하기 전에 채권이 상환되었다면 상환 시에는 분리된 이권(흠결된 이권)에 대한 이자분 만큼을 공제하고 상환하게 된다. 그 후 이권을 소지한 자는 상환 당시 공제된 금액(소지한 이권에 해당하는 이자 지급액)의 지급을 진흥공단에 청구할 수 있다는 뜻이다.

제 4 장

바. 채권소지인에 대한 통보

채권을 발행하기 전의 그 응모자나 권리자에 대한 통지 또는 최고(催告)는 채권청약서에 적힌 주소지로 해야 하며 이 경우 진흥공단이 따로 주소를 통지받은 경우에는 그 주소로 해야 한다.

무기명식 채권의 소지인에 대한 통지나 최고는 공고의 방법으로 한다. 단, 그 주소를 알 수 있는 경우에는 주소지로 통지하거나 최고할 수 있다.

기명식 채권의 소유자에 대한 통지나 최고는 채권 원부에 적힌 주소지로 해야 하며, 이 경우 진흥공단이 따로 주소를 통지받은 경우에는 그 주소로 해야 한다.(진흥령 제64조)

사. 기타

채권의 발행액은 적립된 기금의 20배를 초과할 수 없다. 2022 기출

정부는 진흥공단이 발행하는 채권 원리금의 상환을 보증할 수 있다.

채권의 소멸시효는 상환일부터 기산하여 원금은 5년, 이자는 2년으로 완성된다.(진흥법 제65조 ③~⑤항) 2016, 2022 기출

3. 기금의 운용과 관리

기금은 진흥공단이 운용·관리하며 진흥공단은 기금의 재무건전성을 유지하기 위하여 노력하여야 한다.

기금 관리자는 기금운용계획에 따라 기금을 대출 등의 방법으로 운용할 수 있으며 기금을 운용·관리하는 경우 환경, 사회, 지배구조 등의 요소를 고려할 수 있다.

진흥공단은 진흥기금의 운용계획에 따라 기금을 대출 등의 방법으로 운용하는 데에 필요한 세부 사항을 정한 "기금운용요강"을 작성하여 중기부장관의 승인을 받아야 한다. 기금운용요강을 변경하려고 할 때에도 또한 같다.(진흥법 제66조, 진흥령 제66조)

가. 기금운용계획안의 수립과 기금의 결산

진흥공단은 「국가재정법」 제66조에 따른 "기금운용계획안"을 수립하려는 경우 진흥공단 운영위원회의 심의를 거친 후 중기부장관의 승인을 받아야 한다. 기금운용계획안이 국회에서 확정된 후 회계연도 중 이를 변경하려는 경우에도 또한 같다.

진흥공단은 「국가재정법」 제73조에 따른 기금 결산 보고서를 작성하여 운영위원회의 심의

를 거쳐 매 회계연도가 지난 후 2개월 이내에 중기부장관에게 제출해야 한다.

채권발행	이사회 의결 → 중기부장관에 채권발행신청서 제출 → 중기부장관 승인(승인 전 기재부장관과 사전 협의)
기금운용계획안	운영위원회 심의 → 중기부장관 승인
기금운용요강	→ 중기부장관 승인
기금결산보고서	(회계연도 종료 2개월 내) 운영위원회 심의 → 중기부장관 제출

진흥공단은 회계연도마다 기금의 결산 결과 이익금이 생긴 경우에는 이월손실금의 보전에 충당하고, 나머지는 기금으로 적립해야 한다.(진흥법 제66조의2 ③항)

기금의 결산에서 손실금이 생긴 때에는 위의 적립금으로 보전하고 그 적립금이 부족한 때에는 정부가 이를 보전한다.(진흥법 제66조의2 ④항) 2013 기출

이익금	이월손실금 보전 → 기금으로 적립
손실금	적립금으로 보전 → 정부가 보전

나. 보조금 지급

여러 재원 및 채권발행 등을 통해 조성된 기금은 다양한 사업을 위해 사용되는데 이를 위하여 필요하면 관련 중소기업자나 단체 등에 대하여 다음에서 정하는 바에 따라 기금에서 보조금을 지급할 수 있다.(진흥법 제67조)

① 기금에서 보조금을 교부받으려는 자는 보조금 교부신청서에 사업계획서를 첨부하여 진흥공단의 이사장에게 제출하여야 한다.

② 진흥공단의 이사장은 ①항에 따른 신청을 받으면 기금운용관리계획에 따라 그 타당성을 검토하여야 한다.

③ 진흥공단의 이사장은 ②항에 따른 검토 결과 해당 신청이 타당하다고 인정되면 중기부장관의 승인을 받아 보조금의 교부를 결정하여야 한다.

보조금의 교부에 관하여 진흥령에서 정한 것 외에는 진흥공단의 이사장이 정하는 바에 따른다.(이상 진흥령 제67조)

제5절	**중소벤처기업 진흥공단**

1. 진흥공단의 설립	3. 진흥공단의 업무 등
2. 진흥공단의 기구	

1. 진흥공단의 설립

중소기업의 진흥을 위한 사업을 효율적으로 추진하기 위하여 중소벤처기업 진흥공단(이하 "진흥공단"이라 한다.)을 설립한다. 진흥공단은 법인으로 하며, 그 주된 사무소의 소재지에서 설립등기를 함으로써 성립한다. 주된 사무소의 소재지는 정관으로 정하며, 진흥공단은 정관에서 정하는 바에 따라 필요한 곳에 연수원, 지부 또는 지소, 그 밖의 사무소를 둘 수 있다. 2017 기출

정부 등은 진흥공단의 설립에 필요한 자금에 충당하기 위하여 출연을 할 수 있으며, 지방자치단체는 진흥공단의 설립과 운영 등을 위하여 필요한 경우 진흥공단과 양여계약을 체결하여 공유재산을 넘겨줄 수 있다.(진흥법 제68조 ⑥,⑦항) 2017 기출

진흥공단 외의 자는 진흥공단 또는 이와 비슷한 명칭을 사용하지 못하며, 진흥공단에 관하여 이 법에 규정된 것 외에는 「민법」 중 재단법인에 관한 규정을 준용한다.

가. 정관

진흥공단의 정관에는 목적, 명칭, 주된 사무소, 임원과 직원에 관한 사항, 이사회에 관한 사항 등을 포함해야 하며, 진흥공단이 정관을 변경하려면 중기부장관의 인가를 받아야 한다. (진흥령 제70조)

2. 진흥공단의 기구

(1) 임원

진흥공단에 다음의 임원을 둔다.(진흥법 제72조)

① 이사장 1명

② 부이사장 1명

③ 이사 5명 이하

④ 감사 1명

이사장은 진흥공단을 대표하고, 진흥공단의 업무를 총괄한다.

부이사장은 이사장을 보좌하며, 이사장이 불가피한 사유로 직무를 수행할 수 없을 때에는 그 직무를 대행한다.

진흥공단의 이익과 이사장의 이익이 상반되는 사항에 대하여는 이사장이 진흥공단을 대표하지 못하며, 감사가 진흥공단을 대표한다.(진흥법 제73조의2)

이사는 정관에서 정하는 바에 따라 진흥공단의 업무를 분장하고 이사장과 부이사장이 모두 불가피한 사유로 직무를 수행할 수 없을 때에는 정관에서 정하는 순서대로 그 직무를 대행한다.

감사는 진흥공단의 업무와 회계를 감사(監査)한다.(이상 진흥령 제76조)

이사장은 임직원 중에서 진흥공단의 업무에 관하여 재판상 또는 재판 외의 모든 행위를 할 권한이 있는 대리인을 선임할 수 있으며(진흥법 제73조의3) 진흥공단의 임직원으로 근무하거나 근무하였던 사람은 그 직무상 알게 된 비밀을 누설하거나 도용해서는 안 된다.(진흥법 제73조의4)

(2) 이사회

진흥공단의 중요 사항을 의결하게 하기 위해 진흥공단에 이사회를 둔다.(진흥법 제73조)

이사회는 이사장, 부이사장 및 이사로 구성한다. 2014 기출

이사회의 운영에 필요한 사항은 정관으로 정한다.

(3) 운영위원회

진흥공단에 운영위원회를 둔다.(진흥법 71조, 진흥령 73조)

가. 운영위원회 구성

운영위원회는 위원장 1명과 20명 이하의 위원으로 구성하되, 위원장은 진흥공단의 이사장이 된다. 위원은 관계 행정기관의 공무원 및 중소기업에 관하여 지식과 경험이 풍부한 다음의 사람 중에서 중기부장관이 위촉하며, 위원은 비상근(非常勤)으로 한다.

① 기획재정부 · 산업통상자원부 및 중기부에 근무하는 3급 공무원 또는 고위공무원단[14])에 속하는 일반직공무원 중에서 해당 기관의 장이 지명한 사람 각 1명

② 중소기업중앙회 상근 부회장

③ 그 밖에 중소기업에 관하여 학식과 경험이 풍부한 사람 중에서 진흥공단 이사장이 추천하여 중기부장관이 위촉하는 사람 14명 이내

위 ③항에 따라 위촉된 위원의 임기는 2년으로 한다.

나. 위원의 해촉 및 지명철회

중기부장관은 위 ③항에 따라 위촉된 위원이 다음의 어느 하나에 해당하는 경우에는 해당 위원을 해촉(解囑)할 수 있고, 위 ①항에 따라 운영위원회의 위원을 지명한 자는 해당 위원이 다음의 어느 하나에 해당하는 경우에는 그 지명을 철회할 수 있다.(진흥령 제73조의2)

① 심신장애로 인하여 직무를 수행할 수 없게 된 경우

② 직무와 관련된 비위사실이 있는 경우

③ 직무태만, 품위손상이나 그 밖의 사유로 인하여 위원으로 적합하지 아니하다고 인정되는 경우

④ 위원 스스로 직무를 수행하는 것이 곤란하다고 의사를 밝히는 경우

다. 운영위원회의 기능

운영위원회는 진흥공단에 관한 다음의 사항을 심의한다.(진흥령 제74조)

① 예산의 편성과 결산에 관한 사항

② 진흥기금의 "기금운용계획안" 수립 시 심의(진흥법 제66조의2 ①항)

③ 진흥공단 이사회의 의결사항 중 운영위원회의 심의가 필요하다고 인정하여 위원장이

---

14) 3급 이상인 공무원(과장 제외한 실 · 국장 이상인 3급)을 대상으로 구성되어, 1~3급의 계급을 폐지하고 고위공무원단 풀(pool)로 관리된다. 연공서열 보다 직무의 난이도, 책임도, 성과에 따라 보수에 차등을 두며 해당 직무를 담당할 자는 소속 부처에 관계없이 고위공무원단 풀에서 선발 또는 민간에서 선발하는 개방형 직위제도와 타 부처 공무원 중에서 선발하는 공모 직위제도를 운영되고 있다.

회의에 부치는 사항

운영위원회 심의 및 중기부장관 승인 대상을 정리하면 다음과 같다.

채권발행	이사회 의결 → 중기부장관에 채권발행신청서 제출 → 중기부장관 승인(기재부장관과 미리 협의)
기금운용계획안	운영위원회 심의 → 중기부장관 승인(변경 시에도 동일)
기금운용요강	→ 중기부장관 승인
기금결산보고서	(회계연도 종료 후 2개월 내) 운영위원회 심의 → 중기부장관 제출
진흥공단 예산안	(해당 연도 시작 20일전) 운영위원회 심의 → 중기부장관 승인
진흥공단 결산서	(회계연도 종료 후 2개월 내) 운영위원회 심의 → 중기부장관 제출
진흥공단의 자금차입	중기부장관 승인 → 국내외 자금차입
보조금 교부	중소기업자·단체 보조금 신청 → 진흥공단 검토 → 중기부장관 승인

라. 운영위원회의 운영

위원장은 운영위원회의 회의를 소집하고 그 의장이 된다. 다만, 위원장이 불가피한 사유로 직무를 수행할 수 없을 때에는 위원장이 미리 지명하는 위원의 순서대로 그 직무를 대행한다.

운영위원회는 재적위원 과반수의 출석과 출석위원 과반수의 찬성으로 의결하며, 규정된 것 외에 운영위원회를 운영하는 데에 필요한 사항은 진흥공단의 정관으로 정한다.(진흥령 제75조)

3. 진흥공단의 업무 등

(1) 진흥공단 사업

가. 지방자치단체와의 협력

진흥공단은 사업을 수행할 때 다음의 사항에 관하여 지방자치단체와 중소기업에 대한 지원업무에 관하여 서로 협력할 수 있다.(진흥법 제74조 ②항, 진흥령 제78조)

① 진흥공단이 실시하거나 지원하는 사업에 대하여 지방자치단체의 장이 요청하는 사항

② 사업 추진에 따른 용지(用地)와 손실보상업무의 위탁, 기반시설의 설치 지원, 각종 인·허가 등의 지원

③ 업보육센터 건립과 운영에 드는 비용의 분담 및 지원

④ 그 밖에 위 사업을 원활하게 추진하기 위하여 필요하다고 인정하는 사항

나. 전문기술인력 양성과정 설치

진흥공단은 위 ⑭항에 따른 전문기술인력을 양성하기 위하여 해당 분야별로 양성과정을 설

치·운영할 수 있다. 전문기술인력 양성과정을 설치·운영하려면 교과과정, 교육대상, 교육기간, 그 밖의 필요한 사항에 대하여 중기부장관의 사전 승인을 받아야 한다.(진흥령 제77조)

(2) 자금조달 등

진흥공단은 사업 수행을 위하여 필요하면 중기부장관의 승인을 받아 국내외로부터 자금을 차입할 수 있으며, 정부는 진흥공단이 사업을 수행하기 위하여 필요하다고 인정하면 진흥공단에 출연할 수 있고(진흥법 제75조), 진흥공단은 기금 사업의 수익자에게 그 사업에 필요한 비용을 부담하게 할 수 있다.(진흥법 제76조)

「채무자 회생 및 파산에 관한 법률」 제250조 제2항, 제567조, 제625조 제3항에도 불구하고 채권자가 진흥공단인 경우(대출 방식으로 이루어지는 사업에 한정한다)에는 중소기업이 회생계획인가결정을 받는 시점 및 파산선고 이후 면책결정을 받는 시점에 주채무가 감경 또는 면제될 경우 연대보증채무도 동일한 비율로 감경 또는 면제[15]한다.(진흥법 제74조의2)

진흥공단은 국가, 지방자치단체, 국민연금공단, 국민건강보험공단 및 근로복지공단, 그 밖에 대통령령으로 정하는 공공단체에 업무 수행에 필요한 자료의 제공을 요청할 수 있으며, 이에 따라 자료의 제공을 요청받은 자는 특별한 사유가 없으면 이에 따라야 한다.(진흥법 제76조의2)

(3) 예산과 결산

진흥공단은 사업연도마다 총수입과 총지출을 예산으로 편성하여 운영위원회의 심의를 거쳐 중기부장관의 승인을 받아야 한다. 이를 변경하려는 경우에도 또한 같다.

진흥공단이 위에 따른 승인을 받으려면 그 편성된 예산안을 해당 연도 시작 20일 전까지 중기부장관에게 제출하고, 매년 회계연도가 지난 후 2개월 이내에 결산서를 작성하여 운영위원회의 심의를 거쳐 중기부장관에게 제출해야 한다.

진흥공단은 회계연도마다 결산 결과 이익금이 생긴 경우에는 이월손실금의 보전에 충당하고, 나머지는 중기부장관이 정하는 바에 따라 적립해야 한다.(진흥법 제77조)

---

15) 회생인가 및 파산선고 후 면책결정이 있는 경우 채무조정에도 불구하고 중소기업 대표자 등 연대보증인에게는 그 효력이 미치지 않아 기업인의 재기에 장애요인이 되고 있는바, 이를 개선하기 위한 규정으로 채무조정 비율과 동일한 비율로 연대보증채무의 감경·면제 규정이 신설되었다.(2012.12.11)

중기부장관은 진흥공단의 업무를 지도·감독하며, 필요하다고 인정하면 진흥공단에 업무·회계 및 재산에 필요한 사항을 보고하게 하거나 소속 공무원으로 하여금 진흥공단의 장부·서류, 그 밖의 물건을 검사하게 할 수 있다. 이에 따라 검사를 하는 공무원은 그 권한을 표시하는 증표를 관계인에게 내보여야 한다.(진흥법 제78조, 진흥령 제79조)

(4) 한국중소벤처기업유통원

진흥공단은 사업을 효율적으로 시행하기 위하여 필요하다고 인정하면 중기부장관의 승인을 받아 중소기업제품·벤처기업제품에 대한 판로의 확보를 지원하기 위한 한국중소벤처기업유통원을 설립할 수 있다. 한국중소벤처기업유통원는 상법상 주식회사로 한다.(진흥법 제69조 ①항, 진흥령 제71조①항)

가. 유통원 설립

진흥공단은 한국중소벤처기업유통원의 설립승인을 받으려면 신청서에 설립계획서와 그 밖에 중기부령으로 정하는 서류를 첨부하여 중기부장관에게 제출하여야 한다.

나. 시·도지사와의 협의

중기부장관이 한국중소벤처기업유통원 설립 승인신청을 받으면 미리 관할 시·도지사와 협의해야 하며, 설립된 유통센터는 「유통산업발전법」제8조에 따른 대규모점포로 등록한 것으로 본다.

중기부장관은 유통센터 설립승인신청을 받으면 다음의 사항을 검토한 후 중기부령으로 정하는 서류를 첨부하여 관할 시·도지사에게 협의를 요청해야 한다.

① 사업 실시계획의 타당성

② 재무구조나 자금소요계획의 타당성

③ 매장운영계획의 타당성

관할 시·도지사는 협의를 요청받으면 그 타당성을 검토하여 의견을 중기부장관에게 통보해야 하고, 중기부장관은 관할 시·도지사와의 협의를 거치면 진흥공단에 한국중소벤처기업유통원 설립승인 여부를 통보해야 한다.(진흥령 제72조, 진흥칙 제26조 ②항)

한국중소벤처기업유통원 설립승인 절차	중기부장관에 설립승인 신청 → 중기부장관 검토 → 중기부장관이 시·도지사와 협의 → 시·도지사가 타당성 검토 후 중기부장관 통보 → 중기부장관이 설립승인 여부 통보

다. 유통원의 사업

한국중소벤처기업유통원은 다음의 사업을 한다.(진흥령 제71조 ③항)

① 중소기업제품 판매시설의 설치와 운영

② 중소기업제품의 도매·소매 및 그 지원

③ 중소기업제품의 홍보 및 전시사업

학습의 관점에서 ③항 이후의 사업은 생략한다.

유통센터는 그 매장을 직영하거나 임대로 운영해야하며, 이를 분양해선 안 된다.(이상 진흥령 제71조 ③항, ④항)

(5) 자동화지원센터

진흥공단은 중소기업의 자동화를 촉진하기 위하여 자동화지원센터를 설치·운영할 수 있다.(진흥법 제68조 ④항) 2017 기출

진흥공단에 설치하는 자동화지원센터는 다음의 사업을 실시한다.

① 자동화 전문인력의 양성

② 자동화시스템의 개발 및 보급

③ 자동화기기 전시 및 교육

학습의 관점에서 ③항 이후의 사업은 생략한다.

진흥공단은 중소기업의 자동화를 촉진하기 위하여 필요하면 중소기업자 외의 자를 ②항·③항 및 ⑤항부터 ⑦항까지의 사업에 참여하게 할 수 있다.(진흥령 제68조)

(6) 정보화지원센터

진흥공단은 중소기업의 정보화를 촉진하기 위하여 정보화지원센터를 설치·운영할 수 있다.(진흥법 제68조 ④항) 2017 기출

진흥공단에 설치하는 정보화지원센터는 다음의 사업을 실시한다.

① 중소기업에 관한 정보의 보급을 위한 데이터베이스의 구축과 정보은행의 운영

② 중소기업 정보화 전문인력의 양성

③ 중소기업지원을 위한 종합전산망의 구축과 운영

학습의 관점에서 ③항 이후의 사업은 생략한다.

제6절   보 칙

1. 보고와 검사   4. 세제지원
2. 중소기업 정책정보시스템   5. 벌칙
3. 중소기업 현황정보시스템

1. 보고와 검사

중기부장관은 이 법의 시행을 위하여 필요하다고 인정하면 제2절 구조고도화사업 및 제3절 경영기반확충 사업 추진과 관련 있는 자에게 그 사업에 관한 보고를 명령하거나 소속 공무원에게 해당 사무소와 사업장 등에 출입하여 장부·서류나 그 밖의 물건을 검사하게 할 수 있다. 이에 따라 검사를 하는 공무원은 그 권한을 표시하는 증표를 지니고, 이를 관계인에게 내보여야 한다.(진흥법 제79조)

2. 중소기업 정책정보시스템

중기부장관은 중소기업자가 중소기업 지원 정책정보(인증에 관한 정책정보를 포함한다. 이하 같다)를 편리하게 이용하도록 하기 위하여 정책정보를 분야별로 분류·제공하는 중소기업 정책정보시스템을 운영할 수 있다.(진흥법 제79조의2)

관계 중앙행정기관, 지방자치단체, 중소기업 관련 법인·단체는 위와 관련된 정보를 생산하거나 변경한 때에는 그 정책정보가 중소기업 정책정보시스템에 신속히 등록·갱신될 수 있도록 필요한 조치를 하여야 한다.

중기부장관은 관계 중앙행정기관, 지방자치단체, 중소기업 관련 법인·단체에 정책정보시스템과 관련된 정보의 제공을 요청할 수 있다. 이 경우 정보의 제공을 요청받은 자는 특별한 사유가 없으면 이에 따라야 한다.

중기부장관은 예산의 범위에서 중소기업 정책정보시스템 운영에 사용되는 비용의 전부 또는 일부를 지원할 수 있다.

3. 중소기업 현황정보시스템

중기부장관은 개별 중소기업의 업종, 지역, 종업원 수 등 일반현황 정보와 지원기관, 지원 내용 등 지원 관련 정보를 수집·이용하는 중소기업 현황정보시스템을 운영할 수 있으며, 관계 중앙행정기관, 지방자치단체, 중소기업 관련 법인·단체는 이와 관련된 정보를 제공하여야 하며, 이에 따른 정보 제공 기관, 제공 대상 정보, 정보 제공 방법, 제공 정보의 관리 및 활용 등에 필요한 사항은 중기부장관이 정한다.(진흥법 제79조의3)

4. 세제지원

정부는 중소기업의 창업 촉진, 경영기반 확충 및 구조 고도화 등을 위하여 조세에 관한 법률에서 정하는 바에 따라 세제상의 지원을 할 수 있다.(진흥법 제80조)

국가 및 지방자치단체는 중소기업특별지원지역 내의 중소기업에 대하여 필요한 경우에는 「조세특례제한법」 및 「지방세특례제한법」에서 정하는 바에 따라 조세를 감면할 수 있다.

5. 벌칙

가. 3년 이하의 징역 또는 3천만 원 이하의 벌금 2013, 2018 기출

진흥법 제73조의4[16]을 위반하여 직무상 알게 된 비밀을 누설하거나 도용한 자는 3년 이하의 징역 또는 3천만 원 이하의 벌금에 처한다.

나. 1천만원 이하의 과태료

명문장수기업 확인을 받지 않은 자로서 명문장수기업 표시 또는 이와 유사한 표시를 사용한 자, 명문장수기업이라는 명칭을 사용한 자에게는 1천만원 이하의 과태료를 부과한다.

---

16) (비밀누설의 금지) 진흥공단의 임직원으로 근무하거나 근무하였던 자가 그 직무상 알게 된 비밀을 누설하거나 도용해서는 안 된다.

다. 300만 원 이하의 과태료

다음의 어느 하나에 해당하는 자에게는 300만 원 이하의 과태료를 부과한다.

① 진흥공단 또는 이와 비슷한 명칭을 사용한 자 2017 기출

② 진흥법 제79조(보고와 검사)에 따른 보고를 하지 않거나 거짓된 보고를 한 자 또는 검사를 거부, 방해 또는 기피한 자

과태료는 중기부장관이 부과·징수하며, 과태료 부과기준은 진흥령 별표 3에 규정돼 있으나 본서에는 생략한다.(진흥법 제86조)

라. 양벌규정

법인의 대표자나 법인 또는 개인의 대리인, 사용인, 그 밖의 종업원이 그 법인 또는 개인의 업무에 관하여 진흥법 제84조(벌칙)의 위반행위를 하면 그 행위자를 벌하는 외에 그 법인 또는 개인에게도 해당 조문의 벌금형을 부과한다. 다만, 법인 또는 개인이 그 위반행위를 방지하기 위하여 해당 업무에 관하여 상당한 주의와 감독을 게을리 하지 않은 경우에는 그렇지 않다.(진흥법 제85조)

마. 공무원 의제

다음의 어느 하나에 해당하는 사람은 「형법」 제129조부터 제132조까지의 규정을 적용할 때에는 공무원으로 본다.(진흥법 제83조 ③항)

① 중기부장관이 위탁한 업무에 종사하는 중소기업중앙회 또는 진흥공단의 임원·직원

② 전담기관에서 협업지원사업의 업무에 종사하는 임원과 직원

제4장

기출 및 연습문제

01 중소기업진흥에 관한 법률상 정의 규정의 일부이다. (   )에 들어갈 용어는? 2023 기출

> (   )란 여러 중소기업자가 공동으로 행하는 다음 각 목의 어느 하나에 해당하는 것을 말한다.
>
> 가. 공장 등 사업장을 집단화하는 것
> 나. 생산설비, 연구개발설비, 환경오염방지시설 등을 공동으로 설치 · 운영하는 것
> 다. 제품 및 상표의 개발과 원자재 구입 및 판매 등 경영활동을 공동으로 수행하는 것

① 집단화   ② 협동화   ③ 공동화   ④ 경영화   ⑤ 현대화

> **해설** ② (협동화)란 여러 중소기업자가 공동으로 행하는 다음 각 목의 어느 하나에 해당하는 것을 말한다.

02 중소기업진흥에 관한 법률 상 용어에 관한 설명으로 옳지 않은 것은? 2015 기출

① 중소기업자가 생산하는 제품의 원활한 유통을 도모하고 물류비용을 절감하기 위하여 유통시설을 설치하거나 개선하는 것을 물류현대화라 한다.
② 중소기업자가 생산성과 품질의 향상을 위하여 각종 자동화설비를 통하여 생산공정을 합리적으로 개선하는 것을 중소기업의 합리화라 한다.
③ 여러 개의 기업이 제품 개발, 원자재 구매, 생산, 판매 등에서 각각의 전문적인 역할을 분담하여 상호보완적으로 제품을 개발 · 생산 · 판매하거나 서비스를 제공하는 것을 협업이라 한다.
④ 기업의 의사결정과 활동이 사회와 환경에 미치는 영향에 대하여 투명하고 윤리적인 경영활동을 통하여 기업이 지는 책임을 사회적책임경영이라 한다.
⑤ 중소기업자가 컴퓨터 또는 각종 제어장치를 이용하여 경영관리와 유통관리를 전산화하는 등 중소기업의 전산망을 구축하는 것을 중소기업의 정보화라 한다.

> **해설** ② 합리화가 아니라 중소기업 자동화에 대한 설명이다.

03 중소기업진흥에 관한 법률상 협동화실천계획에 포함되어야 하는 사항을 모두 고른 것은? 2016 기출

> ㄱ. 사업내용   ㄴ. 실시기간   ㄷ. 참가업체
> ㄹ. 재원조달계획   ㅁ. 협동화실천계획의 목표

① ㄱ, ㄷ, ㄹ
② ㄱ, ㄹ, ㅁ
③ ㄴ, ㄷ, ㅁ
④ ㄱ, ㄴ, ㄹ, ㅁ
⑤ ㄱ, ㄴ, ㄷ, ㄹ, ㅁ

> **해설** ⑤ 협동화 실천계획과 협업사업계획 내용을 비교하면 다음과 같다.

협동화실천계획	협업계획
실천계획의 목표	사업계획 목표
참가업체 · 추진주체	협업 추진기업과 참여기업의 명칭 · 주소 및 대표자의 성명
사업내용 · 실시기간	사업내용 · 실시기간
재원조달 계획	자금조달 방법
–	참여기업이 제공한 설비 · 기술·인력·자본

04 중소기업 진흥에 관한 법률 상 협업기업 선정 제외 업종으로 옳지 않은 것은?

① 무도 유흥 주점업
② 기타 주점업
③ 무도장 운영업
④ 블록체인 기반 암호화 자산 매매 및 중개업
⑤ 기타 사행시설 관리 및 운영업

> **해설** ④ 블록체인 기반 암호화 자산 매매 및 중개업은 벤처기업이 될 수 없는 업종이나 협업선정 제외 업종은 아니다.

05 중소기업진흥에 관한 법률상 가업승계에 관한 설명으로 옳지 않은 것은? 2020 기출

① 해당 중소기업의 동일성이 유지되는 한 친족 이외의 자가 증여를 통하여 그 기업의 소유권을 취득하는 경우도 가업승계에 해당한다.
② 가업승계를 한 자는 해당 기업의 사업을 10년 이상 계속하여 유지하여야 한다.
③ 기업유지기간 중 가업승계자의 책임 없는 사유로 총 1년 이내의 기간 동안 휴업한 경우에는 사업을 계속한 것으로 본다.
④ 가업승계를 한 자는 5년 동안 평균 상시종업원 수를 승계 전 5년간 평균 상시종업원 수의 100분의 70 이상으로 유지하여야 한다.
⑤ 가업승계를 한 자가 기존 업종에 다른 업종을 추가하여 사업을 하는 경우에는 추가된 업종의 매출액이 총매출액의 100분의 50 미만인 경우에만 같은 업종에 종사한 것으로 본다.

> **해설** ① "가업승계" 란 중소기업이 동일성을 유지하면서 상속이나 증여를 통하여 그 기업의 소유권 또는 경영권을 친족에게 이전하는 것을 말한다.

06 중소기업진흥에 관한 법령상 명문장수기업이 될 수 있는 업종은? 2022, 2024 기출

① 건설업   ② 금융업   ③ 보험 및 연금업
④ 부동산업   ⑤ 출판업

> **해설** ⑤ 건설업, 부동산업, 금융업, 보험 및 연금업, 금융 및 보험 관련 서비스업을 영위하는 기업은 명문장수기업으로 확인 받을 수 없다.

07 중소기업진흥에 관한 법률상 중소벤처기업부장관이 소기업(小企業)에 대하여 지원할 수 있는 내용으로 옳지 않은 것은? 2023 기출

① 소기업이 주식회사를 설립하려는 경우 해당 소기업에 대한 자금 및 경영 등에 관한 지원
② 주식회사인 소기업을 유한회사로 조직 변경하려는 경우 해당 소기업에 대한 자금 및 경영 등에 관한 지원
③ 소기업의 경영안정을 지원하기 위한 경영상담 · 자문 및 교육사업
④ 소기업의 경영안정을 지원하기 위한 소기업 제품의 판매 촉진사업
⑤ 소기업의 경영안정을 지원하기 위한 입지(立地) 지원사업

해설 ② 유한회사인 소기업을 주식회사로 조직 변경하려는 경우 지원 대상이 된다.

08 중소기업진흥에 관한 법령상 중소벤처기업진흥채권(이하 '채권'이라 함)에 관한 설명으로 옳지 않은 것은? 2022 기출

① 중소벤처기업진흥공단은 이사회의 의결을 거쳐 중소벤처기업부장관의 승인을 받아 중소벤처기업 창업 및 진흥기금의 부담으로 채권을 발행할 수 있다.
② 채권의 발행액은 적립된 중소벤처기업창업 및 진흥기금의 20배를 초과할 수 없다.
③ 채권은 기명식으로 하되, 응모자나 소지인이 청구하는 경우에는 무기명식으로 할 수있다.
④ 채권의 소멸시효는 상환일부터 기산하여 원금은 5년, 이자는 2년으로 완성된다.
⑤ 중소벤처기업진흥공단은 채권을 발행할 때 실제로 응모된 총액이 채권청약서에 적힌채권발행 총액에 미치지 못하는 경우에도 채권을 발행한다는 뜻을 채권청약서에 표시할 수 있다.

해설 ③ 무기명식으로 하되 응모자나 소지인이 청구하는 경우 기명식으로 할 수 있다.

09 중소기업진흥에 관한 법률상 중소기업창업 및 진흥기금을 조성하는 재원에 해당하지 않는 것은? 2017 기출

① 정부나 지방자치단체의 출연금 및 융자금
② 「중소기업 기술혁신 촉진법」에 따라 중소기업청장이 실시하는 연구개발사업에 따른 기술료
③ 「공공자금관리기금법」에 따른 공공자금관리기금에서의 예수금(豫受金)
④ 「기술보증기금법」에 따른 기술보증기금
⑤ 「복권 및 복권기금법」에 따라 배분된 복권 수익금

해설 ④ 기술보증기금은 창업 및 진흥기금의 재원으로 사용할 수 있는 근거가 없다.

정답

| 01 ② | 02 ② | 03 ⑤ | 04 ④ | 05 ① |
| 06 ⑤ | 07 ② | 08 ③ | 09 ④ | |

제5장　소상공인 기본법

제1절 총칙

1. 목적
2. 용어의 정의
3. 매출액 산정
4. 상시근로자수 산정
5. 소상공인 적용 유예기간 및 소상공인 지위 유지의 제외

6. 국가와 지방자치단체의 책무
7. 소상공인의 책무
8. 소상공인 주간
9. 다른 법률과의 관계

소기본법은 2022년(지도사 37회)부터 중기법을 구성하는 10개 법령의 하나로 편입되었다. 소기본법은 지도사가 기본 소양으로, 실무적으로 반드시 숙지해야 하는 법으로써 지도사 시험 범위로 편입된 것은 다행이라 할 만하다.

1. 목적

이 법은 소상공인의 자유로운 기업 활동을 촉진하고 경영안정과 성장을 도모하여 소상공인의 사회적·경제적 지위 향상과 국민경제의 균형 있는 발전에 이바지함을 목적으로 한다.(소상공인법 제1조)

2. 용어의 정의

가. "소상공인"이란?

기본법에 따른 소기업 중 주된 사업에 종사하는 상시 근로자 수가 10명 미만인 사업자로서 다음의 업종별 상시근로자수 기준에 해당하는 자를 말한다.(소기본령 제3조) 2015, 2024 기출

① 제조업·건설업·광업 및 운수업의 경우에는 10인 미만
② ①항 외의 업종의 경우에는 5인 미만

주된 사업을 판단함에 있어 하나의 기업이 둘 이상의 서로 다른 업종을 영위하는 경우에는 매출액 비중이 가장 큰 업종을 주된 업종으로 본다. 다만, 관계기업의 경우에는 지배기업과

종속기업 중 매출액이 큰 기업의 주된 업종을 지배기업과 종속기업의 주된 업종으로 본다.

나. "창업일"이란?

① 법인인 기업 : 법인설립등기일
② 법인이 아닌 사업자 : 사업자등록을 한 날

다. "합병일 또는 분할일"이란?

① 법인인 기업 : 합병 또는 분할로 설립된 법인의 설립등기일이나 합병 또는 분할 후 존속하는 법인의 변경등기일
② 법인이 아닌 사업자 : 공동 사업장에 대한 사업자등록을 한 날이나 공동 사업장을 분리하여 사업자등록을 한 날

라. "임원"이란?

① 주식회사 또는 유한회사 : 등기된 이사 및 감사
② 위 ① 외의 기업 : 무한책임사원, 업무집행자 또는 무급 가족종사자(무한책임사원 또는 업무집행자의 배우자와 직계존비속 중 임금을 받지 않는 사람을 말한다)

3. 매출액 산정

매출액을 산정하는 경우 매출액은 일반적으로 공정·타당하다고 인정되는 회계관행에 따라 작성한 손익계산서상의 매출액을 말한다. 다만, 업종의 특성에 따라 매출액에 준하는 영업수익 등을 사용하는 경우에는 영업수익 등을 말한다.

매출액 산정은 주된 업종을 판단하기 위한 절차이며 소상공인법이 아니라 기본법 규정을 준용한다. 그러나 기본법은 "3년 평균매출액" 개념을 사용하는데 반해 소상공인법은 "매출액" 개념을 사용한다는 점에서 다르다.

가. 직전 사업연도의 총 사업기간이 12개월 이상인 경우
직전 사업연도의 총 매출액

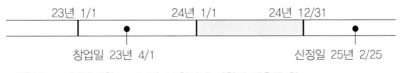

매출액 = 24년 1월 ~ 24년 12월까지 매월의 매출액 합

※ 직전 사업연도에 창업(합병, 분할)하거나 창업(합병, 분할)일부터 12개월 이상이 지난 경우는 제외한다.

"나"의 경우는 창업한지 12개월이 지났으나 직전년도에 창업한 뒤 12개월이 지난 경우이므로 "가"의 경우에 해당하지 않는다.

나. 창업(합병, 분할 포함)한 지 12개월 이상이 지난 경우

산정일이 속하는 달의 직전 달부터 역산하여 12개월이 되는 달까지 기간의 월 매출액을 합한 금액

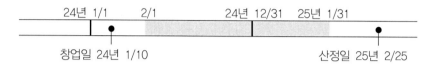

매출액 =   24년 2월 ~ 25년 1월까지 매월의 매출액 합

※ 위 "가"의 경우에 해당하지 않는 경우를 말한다. 즉, 창업한지 12개월 이상 지났다는 점에서는 "가"와 "나"가 동일하나 "가"는 "직전 사업연도 이전 창업 후 12개월 이상 된 경우"를 말하고, "나"는 "직전사업년도에 창업 후 12개월 이상 된 경우"를 말한다.

다. 창업(합병, 분할)일부터 12개월이 되지 아니한 경우

창업(분할, 합병)일이 속하는 달의 다음 달부터 산정일이 속하는 달의 직전 달까지의 기간의 월 매출액을 합하여 해당 월수로 나눈 금액에 12를 곱한 금액

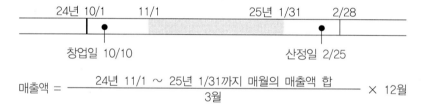

매출액 = $\dfrac{24년\ 11/1\ \sim\ 25년\ 1/31까지\ 매월의\ 매출액\ 합}{3월}$ × 12월

라. 산정일이 창업(합병, 분할)일이 속하는 달에 포함되는 경우

창업(합병, 분할)일부터 산정일까지의 기간의 매출액을 합한 금액을 해당 일수로 나눈 금액에 365를 곱한 금액

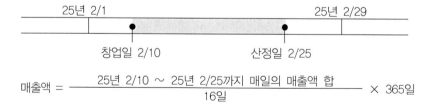

매출액 = $\dfrac{25년\ 2/10\ \sim\ 25년\ 2/25까지\ 매일의\ 매출액\ 합}{16일}$ × 365일

마. 산정일이 창업(합병, 분할)일이 속하는 달의 다음 달에 포함되는 경우 : "라"와 동일

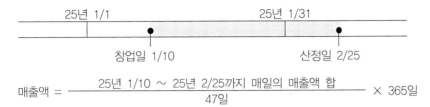

$$매출액 = \frac{25년\ 1/10 \sim 25년\ 2/25까지\ 매일의\ 매출액\ 합}{47일} \times 365일$$

사례별로 5개의 케이스를 정리하면 아래와 같다.

직전사업연도 총사업기간이 12개월 이상[1]	직전사업연도의 총매출	
창업한지 12개월 이상[2]	산정일 전월부터 역산하여 12개월간 총매출	
12개월 미만	$\dfrac{창업일\ 다음달 \sim 산정일\ 전달까지\ 총매출}{해당\ 개월\ 수}$	$\times$ 12월
산정일 = 창업일 산정일 = 창업일 다음 달	$\dfrac{창업일 \sim 산정일까지\ 총매출}{해당\ 일수}$	$\times$ 365일

1) 직전연도 이전에 창업하고 직전 사업연도 사업기간이 12개월 이상인 경우를 말한다.
2) 직전연도에 창업한 뒤 창업일부터 12개월 이상 지난 경우를 말한다.

기본법 상 평균매출액 산정기준과 소기본법 상 매출액 산정기준은 다르며 기본법 상 평균매출액 산정기준은 다음과 같다.

36개월 이상	$\dfrac{직전\ 3개\ 사업연도\ 총매출}{3년}$	
12개월 이상 ~ 36개월 미만	$\dfrac{사업기간이\ 12개월인\ 사업연도\ 총매출}{해당연도}$	
12개월 이상[1]	산정일 전월부터 역산하여 12개월간 총매출	
12개월 미만	$\dfrac{창업일\ 다음달 \sim 산정일\ 전달까지\ 총매출}{해당\ 개월\ 수}$	$\times$ 12월
산정일 = 창업일 산정일 = 창업일 다음 달	$\dfrac{창업일 \sim 산정일까지\ 총매출}{해당\ 일수}$	$\times$ 365일

1) 직전연도에 창업한 뒤 창업일부터 12개월 이상 지난 경우를 말한다.

제 5 장

281

4. 상시근로자 수 산정

(1) 상시 근로자란?

상시근로자는 「근로기준법」 제2조제1항 제1호에 따른 근로자[1] 중 다음의 어느 하나에 해당하는 자를 제외한 자를 말한다. 2023 기출

① 임원

② 「기초연구진흥 및 기술개발지원에 관한 법률」 제14조제1항에 따라 인정받은 기업부설 연구소 및 연구개발전담부서의 연구전담요원

③ 「소득세법 시행령」 제20조에 따른 일용근로자

④ 3개월 이내의 기간을 정하여 근로하는 자

⑤ 「근로기준법」 제2조제1항 제8호[2]에 따른 단시간근로자로서 1개월 동안의 소정(所定)근로시간이 60시간 미만인 자. 단, 단시간근로자로서 1개월 동안의 소정근로시간이 60시간 이상인 근로자는 1명을 0.5명으로 계산한다.

※ 상시근로자란 정규직·비정규직, 내국인·외국인을 구분하지 않으므로 상시 근로자에서 제외하는 자 외에는 모두 상시근로자수 산정에 포함시켜야 한다.

※ 파견근로자는 파견사업주에 고용되어 있으나, 사용사업주의 사업장에서 근로하는 자를 말하며 상시근로자수 산정 시 파견사업주의 인원에 포함하여 산정한다.

(2) 상시근로자 수 산정 방법

소상공인 기준 또한 업종별 매출액 기준으로 변경하고자 하는 움직임이 있으나 2024년 12월 현재 기존과 같이 업종별 상시근로자수 기준을 적용하여 소상공인 여부를 판단하고 있다. 매출액 산정은 "연매출액" 산정의 문제라 할 수 있으나 상시근로자수 산정은 "월 평균 근로자수" 산정의 문제라 할 수 있다.

가. 직전 사업연도의 사업기간이 12개월 이상인 경우

직전 사업연도의 매월 말일 현재의 상시 근로자 수를 합하여 12로 나눈 인원

단, 직전 사업연도에 창업하거나 합병 또는 분할한 경우로서 창업일, 합병일 또는 분할일부터 12개월 이상이 지난 경우는 제외한다.

---

1) 제2조(정의) ①항 제1호: "근로자"란 직업의 종류와 관계없이 임금을 목적으로 사업이나 사업장에 근로를 제공하는 자를 말한다.

2) 제2조(정의) ①항 제8호: "단시간근로자"란 1주 동안의 소정근로시간이 그 사업장에서 같은 종류의 업무에 종사하는 통상 근로자의 1주 동안의 소정근로시간에 비하여 짧은 근로자를 말한다.

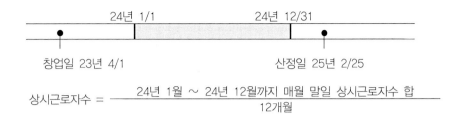

$$상시근로자수 = \frac{24년\ 1월 \sim 24년\ 12월까지\ 매월\ 말일\ 상시근로자수\ 합}{12개월}$$

나. 창업(합병, 분할 포함)한 지 12개월 이상인 기업

산정일이 속하는 달부터 역산하여 12개월이 되는 달까지의 기간의 매월 말일 현재의 상시 근로자 수를 합하여 12로 나눈 인원

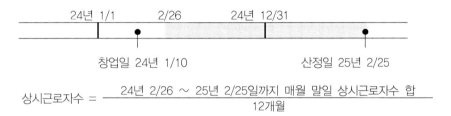

$$상시근로자수 = \frac{24년\ 2/26 \sim 25년\ 2/25일까지\ 매월\ 말일\ 상시근로자수\ 합}{12개월}$$

다. 창업(합병, 분할 포함)한 지 12개월 미만인 기업

창업(분할, 합병)일이 속하는 달부터 산정일까지의 기간의 매월 말일 현재의 상시 근로자 수를 합하여 해당 월수로 나눈 인원

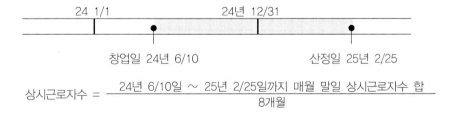

$$상시근로자수 = \frac{24년\ 6/10일 \sim 25년\ 2/25일까지\ 매월\ 말일\ 상시근로자수\ 합}{8개월}$$

"산정일까지 기간의 매월 말일 현재"라는 표현을 그대로 적용해보면 산정일이 2월 25일인 경우 산정일이 속하는 2월의 경우 말일이 포함되지 않기 때문에 당연히 2월은 제외되고 말일이 있는 달 만을 대상으로 환산하게 된다.

라. 산정일이 창업(합병, 분할)한 달에 속하는 기업

산정일 현재의 인원

사례별로 4개의 케이스를 정리하면 아래와 같다.

직전 사업연도 사업기간이 12개월 이상	$\dfrac{\text{직전 사업연도 매월 말일 상시근로자 수 합}}{12}$
창업한지 12개월 이상	$\dfrac{\text{산정일부터 12개월 역산하여 매월 말일 상시근로자수 합}}{12}$
12개월 미만	$\dfrac{\text{창업일부터 산정일까지 매월 말일 상시근로자 수 합}}{\text{해당월수}}$
산정일 = 창업일	산정일 현재의 상시근로자수

중기부장관은 기업이 소상공인에 해당하는지를 확인하기 위하여 필요하면 확인 방법 및 절차에 관한 사항을 정하여 고시할 수 있다.(이상 소기본령 제3조)

5. 소상공인 적용 유예기간 및 소상공인 지위 유지의 제외 ^{2022 기출}

소상공인이 그 규모의 확대 등으로 소상공인에 해당하지 아니하게 된 경우 그 사유가 발생한 연도의 다음 연도부터 3년간은 소상공인으로 본다. 다만, 아래의 소상공인 지위 유지 제외 사유로 소상공인에 해당하지 아니하게 된 경우에는 그러하지 아니하다.(소기본법 제2조 ②항)
① 소상공인이 공시대상기업집단에 속하는 회사 또는 공시대상기업집단의 소속회사로 편입·통지된 것으로 보는 회사에 해당하게 된 경우
② 소기업 외의 기업과 합병한 경우
③ 소상공인이 소상공인으로 보는 기간(유예기간) 중에 있는 자를 흡수합병한 경우로서 흡수합병된 기업이 당초 소상공인에 해당하지 않게 된 사유가 발생한 연도의 다음 연도부터 3년이 지난 경우
④ 소상공인으로 보았던 기업(소상공인 유예기간 중에 있던 기업)이 소상공인이 되었다가 다시 소상공인에 해당하지 않게 된 경우
⑤ 소상공인이 기본법에 따른 중소기업에 해당하지 않게 된 경우
⑥ 소상공인의 상시 근로자 수가 20명 이상이 된 경우

위 ⑤ 항의 규정은 유예기간을 1회만 적용한다는 의미가 된다. "소상공인 → 유예 → 소상공인 → 유예"와 같이 계속해서 유예 규정이 적용되지 않는다.

6. 국가와 지방자치단체의 책무

국가는 소상공인의 경영안정과 성장을 위한 종합적인 지원 시책을 수립·시행하여야 하며, 지방자치단체는 종합적인 지원 시책에 따라 관할 지역의 특성을 고려한 지역별 소상공인 지원시책을 수립·시행하여야 한다.(소기본법 제3조) 2017 기출

7. 소상공인의 책무

소상공인은 자주적인 노력을 통하여 경쟁력을 확보하고 투명하고 건전한 영업활동 및 사회적 책임을 다하여 국민경제의 발전에 이바지하도록 노력하여야 하며, 정부와 지방자치단체의 시책에 협조하고 상호 간의 협력을 강화하도록 노력하여야 한다.(소기본법 제4조)

8. 소상공인 주간

소상공인에 대한 국민 인식의 제고, 소상공인의 사회적·경제적 지위 향상 및 지역주민과의 관계 증진 등을 위하여 매년 11월 5일을 소상공인의 날로 하고 소상공인의 날 이전 1주간을 소상공인 주간으로 한다.(소기본법 제6조)

중기부장관은 소상공인 주간에 다음의 행사를 할 수 있다.
① 소상공인 유공자 표창
② 소상공인 관련 기념행사
③ 그 밖에 소상공인 보호 및 진흥에 관한 행사

9. 다른 법률과의 관계

소상공인의 보호·육성에 관한 다른 법률을 제정하거나 개정할 때에는 이 법의 목적에 맞도록 하여야 하며, 소상공인에 관하여 다른 법률에 특별한 규정이 있는 경우를 제외하고는 이 법에서 정하는 바에 따른다.(소기본법 제5조)

제 5 장

| 제2절 | 소상공인 지원 기본계획 |

| 1. 기본계획 | 3. 실태조사 및 소상공인 통계 작성 |
| 2. 시행계획 | 4. 소상공인 정책심의회 |

1. 기본계획 2023 기출

정부는 소상공인의 보호·육성을 지원하기 위하여 3년마다 소상공인 지원 기본계획(이하 "기본계획"이라 한다)을 수립·시행하여야 하며, 기본계획에는 다음의 사항이 포함되어야 한다.

① 소상공인 지원정책의 기본방향

② 소상공인 현황 및 여건 및 전망에 관한 사항

③ 소상공인 보호를 위한 시책에 관한 사항

학습의 관점에서 ③항 이후의 내용은 생략한다.

기본계획을 수립하거나 변경하는 경우에는 국무회의의 심의를 거쳐야 한다. 다만, 다음에서 정하는 경미한 사항을 변경하는 경우에는 그러하지 아니하다. 2024 기출

① 소상공인 보호 및 지원사업의 명칭을 변경하는 경우

② 기본계획의 기간 내에서 사업별 사업기간을 변경하는 경우

③ 계산 착오, 오기, 누락을 수정하는 경우

2. 시행계획

가. 시행계획

정부는 기본계획에 따라 매년 정부와 지방자치단체가 소상공인을 보호·육성하기 위하여 추진할 소상공인 지원 시행계획(이하 "시행계획"이라 한다)을 수립하여 관련 예산과 함께 3월까지 국회에 제출하여야 한다.

중기부장관은 기본계획과 시행계획의 수립·시행을 위하여 필요한 경우에는 관계 중앙행정기관의 장 또는 시·도지사에게 관련 자료의 제공을 요청할 수 있다. 이 경우 요청을 받은 자는 특별한 사유가 없으면 그 요청에 따라야 한다.

나. 지역별 시행계획

특별시장·광역시장·특별자치시장·도지사 및 특별자치도지사(이하 "시·도지사"라 한다)는 기본계획에 따라 매년 관할 지역의 특성을 고려한 지역별 소상공인 지원 시행계획(이하 "지역별 시행계획"이라 한다)을 수립·시행하여야 한다.

시·도지사는 그 지역별 시행계획의 계획연도가 끝난 후 1개월 이내에 지역별 시행계획의 추진실적을 중기부장관에게 제출하여야 한다.

중기부장관은 전년도 시행계획의 실적과 성과를 평가하고, 그 평가 결과를 반영하여 소상공인 정책에 관한 연차보고서를 정기국회 개회 전까지 국회에 제출하여야 한다.

시행계획을 수립하는 중앙행정기관의 장과 성과평가를 실시하는 중기부장관은 필요한 경우 관계 중앙행정기관과 지방자치단체의 장에게 협조를 요청할 수 있다. 이 경우 요청을 받은 자는 특별한 사유가 없으면 그 요청에 적극 협조하여야 한다.

제 5 장

소상공인 지원 기본계획	정부가 3년마다 기본계획 수립(국무회의 심의)
시행계획	정부는 기본계획에 따라 매년 시행계획 수립 → 3월까지 국회 제출
지역별 시행계획	시·도지사가 기본계획에 따라 매년 지역별 시행계획 수립·시행
지역별 시행계획 추진실적	시·도지사가 계획연도가 끝난 후 1개월 이내에 중기부장관에 제출
실태조사	중기부장관이 매년 실시·공표

3. 실태조사 및 소상공인 통계 작성

가. 실태조사

중기부장관은 소상공인 보호 ·육성에 필요한 시책을 효율적으로 수립·시행하기 위해 관계 중앙행정기관, 통계 관련 전문가 등의 의견을 수렴하여 매년 소상공인 실태조사 실시계획을 수립한 후 이에 따라 소상공인 실태조사를 실시해야 하며, 실태조사에는 다음의 사항이 포함돼야 한다.(소기본법 제9 ①항, 소기본령 제8조 ②항)

① 업종별·지역별·성별 소상공인의 현황

② 소상공인의 창업 현황

③ 소상공인의 매출액, 영업시간, 고용 등 경영실태

학습의 관점에서 ③항 이후의 내용은 생략한다.

중기부장관은 소상공인 실태조사 실시계획을 수립할 때에는 다음의 사항을 종합적으로 고려해야 한다.(소기본령 제8조 ③항)

① 조사의 목적, 성격, 내용, 방식 및 조사주기 등에 관한 사항

② 조사기획, 표본설계, 결과분석 등에 필요한 인력 및 비용에 관한 사항

③ 실태조사의 위탁에 관한 사항

학습의 관점에서 ③항 이후의 내용은 생략한다.

나. 소상공인 통계 작성

중기부장관은 실태조사 등을 참고하여 소상공인에 관한 통계를 작성·관리하고 공표하여야 하며, 필요한 경우 통계청장과 협의할 수 있다.(소기본법 제9조 ②항)

소상공인통계의 작성 범위는 다음과 같다.

① 소상공인의 현황에 관한 사항

② 소상공인의 매출액, 영업이익 등 경영실적에 관한 사항

③ 소상공인의 동향분석과 전망에 관한 사항

학습의 관점에서 ③항 이후의 내용은 생략한다.

중기부장관은 소상공인통계의 작성·관리를 위한 시스템을 구축할 수 있으며, 소상공인통계를 작성·관리하는 경우 다른 법령에 따라 소상공인에 관하여 조사한 자료가 있는 경우에는 그 자료를 활용할 수 있다.

중기부장관은 소상공인통계를 다음의 방법으로 공표해야 한다.

① 인터넷 홈페이지 게시

② 언론기관에 대한 보도자료 제공 또는 간행물 발행

중기부장관은 실태조사 및 통계의 작성·관리를 위하여 필요한 때에는 관계 중앙행정기관의 장, 시·도지사, 공공기관의 장, 소상공인 또는 소상공인 관련 단체에 자료 또는 의견 제출을 요청할 수 있다. 이 경우 요청을 받은 자는 특별한 사유가 없으면 그 요청에 따라야 한다.

중기부장관은 실태조사 및 통계의 작성·관리 업무를 전문연구평가기관 또는 소상공인시장진흥공단에 위탁할 수 있다.(소기본법 제9조 ③, ④항)

4. 소상공인 정책심의회

소상공인의 보호·육성과 관련된 주요 정책 및 계획과 그 이행에 관한 사항을 심의·조정하기 위하여 중기부에 소상공인정책심의회(이하 "심의회"라 한다)를 두며, 심의회는 다음의 사항을 심의·조정한다. 2022 기출
① 소상공인의 보호·육성을 위한 주요 정책 및 계획의 수립 등 지원정책 전반에 관한 사항
② 기본계획의 수립·시행에 관한 사항
③ 해당 연도 시행계획의 수립 및 전년도 시행계획의 실적 및 성과의 평가에 관한 사항
학습의 관점에서 ③항 이후의 내용은 인용을 생략한다.

가. 심의회 구성
심의회는 위원장 1명을 포함하여 25명 이내의 위원으로 구성하고 위원장은 중기부장관이 되며, 위원은 다음의 사람이 된다.(소기본법 제10조 ③항) 2023 기출
① 기획재정부차관, 과학기술정보통신부차관, 법무부차관, 행정안전부차관, 문화체육관광부차관, 농림축산식품부차관, 산업통상자원부차관, 환경부차관, 고용노동부차관, 여성가족부차관, 국토교통부차관, 해양수산부차관, 공정거래위원회 부위원장 및 금융위원회 부위원장
② 위원장이 안건 심의를 위하여 필요하다고 인정하는 관계 중앙행정기관의 차관 또는 차관급 공무원
③ 소상공인, 경제·산업 등의 분야에 관한 경험과 전문지식이 풍부한 사람 중에서 중기부장관이 위촉하는 사람
※ 소상공인 정책심의회와 기본법 상 중소기업 정책심의회 규정은 거의 유사하므로 참고하기 바란다.

위 제②항에 따른 위원은 위원장이 지정하는 심의 사항에 대해서만 위원의 자격을 가지며, 제③항에 따라 위촉된 위원(민간위원)의 임기는 2년으로 한다.

나. 심의회 운영
위원장은 심의회의 회의를 소집하고, 그 의장이 된다.(소기본령 제11조)

위원장이 부득이한 사유로 직무를 수행할 수 없을 때에는 위원장이 미리 지명한 위원이

제
5
장

그 직무를 대행하며, 위원장이 심의회의 회의를 소집하려는 경우에는 회의 개최일 7일 전까지 회의의 일시·장소 및 심의 안건을 각 위원에게 통지해야 한다. 다만, 긴급한 사정이나 그 밖의 부득이한 사유가 있는 경우에는 그렇지 않다.

심의회의 회의는 재적위원 과반수의 출석으로 개의(開議)하고, 출석위원 과반수의 찬성으로 의결하며, 심의회는 회의록을 작성하여 갖춰 두어야 한다. 이를 위해 심의회에 간사 1명을 두며, 간사는 중기부 소속 공무원 중에서 위원장이 지명하는 사람이 된다.

심의회의 회의에 참석한 위원에게는 예산의 범위에서 수당을 지급할 수 있다. 다만, 공무원인 위원이 그 소관 업무와 직접 관련되어 참석하는 경우에는 그렇지 않다.

위에서 규정한 사항 외에 심의회의 운영 등에 필요한 사항은 심의회의 의결을 거쳐 위원장이 정한다.

다. 실무조정회의

심의회에 상정되는 심의·조정 안건의 협의를 효율적으로 지원하기 위하여 실무조정회의를 둘 수 있으며, 실무조정회의는 위원장 1명을 포함하여 20명 이내의 위원으로 구성한다.

실무조정회의 위원장은 중기부 차관이 되고, 위원은 심의회 위원이 소속된 중앙행정기관의 고위공무원단에 속하는 일반직공무원 중에서 해당 기관의 장이 지명하는 사람이 된다.

실무조정회의 위원장은 필요하다고 인정하는 경우 위원이 아닌 중앙행정기관의 고위공무원단에 속하는 일반직공무원을 회의에 출석하여 발언하게 할 수 있으며, 실무조정회의는 다음의 사항을 협의·조정한다.
① 심의회의 상정 안건과 관련하여 사전 실무 협의 및 조정이 필요한 사항
② 그 밖에 심의회의 위원장이 실무 조정을 요구하는 사항

실무조정회의의 운영에 관하여는 심의회의 운영규정을 준용한다. 이 경우 "심의회"는 "실무조정회의"로, "위원장"은 "실무조정회의 위원장"으로 본다.

라. 전문위원회

실무조정회의는 소관 사항을 전문적으로 검토하기 위하여 분과별 전문위원회를 둘 수 있으며 전문위원회는 각각 위원장 1명을 포함하여 10명 이내의 위원으로 구성한다.

전문위원회의 위원은 다음의 사람이 되며, 전문위원회 위원장은 아래 제 ①항에 따른 위원 중에서 호선(互選)한다.

① 소상공인 관련 전문지식과 경험이 풍부한 사람 중에서 전문 분야와 성별을 고려하여 실무조정회의 위원장이 위촉한 사람

② 다음의 기관에 소속된 4급 이상의 일반직공무원 중에서 소속 기관의 장이 지명하는 사람
　　㉠ 중소벤처기업부
　　㉡ 각 전문위원회 운영과 관련된 중앙행정기관

위 제 ①항에 따라 위촉된 위원의 임기는 2년으로 하며, 전문위원회의 회의는 실무조정회의 위원장이 요구하거나 전문위원회의 위원장이 필요하다고 인정할 때에 소집한다.

전문위원회의 위원장은 전문위원회에서 심의·의결한 사항을 실무조정회의 위원장에게 보고해야 하며, 전문위원회의 운영에 관하여는 심의회 운영규정을 준용한다. 이 경우 "심의회"는 "전문위원회"로, "위원장"은 "전문위원회의 위원장"으로 본다.

지금까지 설명한 소상공인 정책심의회 규정과 기본법 상 중소기업 정책심의회 규정을 비교하면 다음과 같다.

구분	위원장	위원의 구성	
		기본법	소기본법
정책심의회	장관	30명 이내	25명 이내
실무조정회의	차관	20명 이내	20명 이내
분과별 전문위원회	민간위원 호선	15명 이내	10명 이내

제 5 장

제3절 ── 소상공인 지원 및 육성시책

```
1. 창업촉진 및 성장          7. 혁신의 촉진
2. 인력 확보의 지원          8. 국제화 촉진
3. 직무능력 향상 지원        9. 조직화 및 협업화 지원
4. 판로의 확보              10. 업종별 지원
5. 디지털화 지원            11. 상권 등 집적지역의 지원
6. 구조고도화 지원          12. 사업장 환경의 개선
```

1. 창업촉진 및 성장

정부는 유망 분야에 소상공인의 창업을 촉진하고 창업한 소상공인이 성장·발전할 수 있도록 필요한 시책을 실시하여야 한다.

2. 인력 확보의 지원

정부는 소상공인이 필요한 인력을 원활히 확보할 수 있도록 인력 양성과 공급, 근로환경 개선, 소상공인에 대한 인식 개선 등 필요한 시책을 실시하여야 한다.

3. 직무능력 향상 지원

정부는 소상공인 및 소상공인에게 근로를 제공하는 사람의 직무능력이 향상될 수 있도록 필요한 시책을 실시하여야 한다.

4. 판로의 확보

정부는 소상공인의 매출증대를 위하여 거래방식의 현대화와 유통기업과의 협동화 등 판로의 확보에 필요한 시책을 실시하여야 한다.

5. 디지털화 지원

정부는 소상공인의 원활한 거래 및 영업활동을 촉진하기 위하여 온라인 쇼핑몰, 전자결제 시스템, 스마트·모바일 기기의 활용 등 디지털화 활성화에 필요한 시책을 실시하여야 한다.

6. 구조고도화의 지원

정부는 소상공인의 구조개선 및 경영합리화 등 구조고도화가 이루어질 수 있도록 필요한 시책을 실시하여야 한다.

7. 혁신의 촉진

정부는 소상공인의 소득을 높이기 위하여 창의성에 기초한 상품의 개발 및 판매, 지속적인 사업장 운영 등 혁신활동의 촉진에 필요한 시책을 실시하여야 한다.

8. 국제화 촉진

정부는 소상공인의 국제화를 촉진하기 위하여 해당 사업의 육성, 수출 경쟁력의 제고 및 해외시장 진출 활성화 등 필요한 시책을 실시할 수 있다.

9. 조직화 및 협업화 지원

정부는 소상공인이 서로 도와 그 사업의 성장·발전 및 비용의 절감을 기할 수 있도록 협업 조직의 구성과 그 운영의 합리화에 필요한 시책을 실시하여야 하고, 소상공인 사이의 협업 사업에 필요한 시책을 실시하여야 한다.

10. 업종별 지원

정부는 산업의 구조, 생산 및 서비스 제공의 방식 등 업종별 특수성을 종합적으로 고려하여 해당 업종에 적합한 소상공인시책을 실시할 수 있다.

11. 상권 등 집적지역의 지원

정부와 지방자치단체는 지역의 경쟁력을 강화하고 지원의 효율성을 제고하기 위하여 지역 상권 등 소상공인 사업장이 집적된 지역에 대해 시설, 장비, 시스템, 서비스 등 공동사업에

제 5 장

필요한 시책을 실시할 수 있다.

12. 사업장 환경의 개선

정부와 지방자치단체는 소상공인과 근로자의 건강을 보호하고 고객의 편의를 높이기 위하여 소상공인 사업장의 환경 개선에 필요한 시책을 실시하여야 한다.

제4절 **소상공인 보호시책**

1. 경영안정의 지원	6. 사업 영역의 보호
2. 공제제도의 확립	7. 재난 피해에 대한 지원
3. 소상공인에 대한 고용보험료 등의 지원	8. 사회안전망 확충 및 삶의 질 증진
4. 폐업 및 재기에 대한 지원	9. 조세의 감면
5. 공정경쟁 및 상생협력의 촉진	

1. 경영안정의 지원

정부는 시장상황의 급격한 경색으로 인하여 상당수의 소상공인이 경영상의 어려움을 겪고 있거나 겪을 우려가 있는 경우 소상공인의 경영정상화에 필요한 자금지원 등의 시책을 실시하여야 한다.

2. 공제제도의 확립

정부는 소상공인이 폐업이나 사업전환, 노령화 등에 따른 생계위협으로부터 생활안정과 사업재기의 기반을 갖출 수 있도록 하기 위한 공제(共濟)제도의 확립에 필요한 시책을 실시할 수 있으며, 이에 따른 소상공인 공제제도에 관하여는 「보험업법」을 적용하지 아니한다.

3. 소상공인에 대한 고용보험료 등의 지원

정부는 소상공인에 대하여 고용보험료 및 국민연금보험료의 일부를 지원할 수 있다.

4. 폐업 및 재기에 대한 지원

정부는 폐업하였거나 폐업하려는 소상공인의 사업정리, 취업, 재창업 등을 지원하기 위하여 필요한 시책을 실시하여야 한다.

제
5
장

5. 공정경쟁 및 상생협력의 촉진

정부와 지방자치단체는 소상공인과 소상공인이 아닌 기업 등 다른 기업과의 공정경쟁 및 상생협력이 이루어질 수 있도록 필요한 시책을 실시하여야 한다.

6. 사업 영역의 보호

정부와 지방자치단체는 시장의 균형 있는 발전과 소상공인 보호를 위하여 소상공인 규모로 경영하는 것이 적정한 분야 · 장소 · 시간 등을 고려하여 소상공인이 그에 적합한 사업 영역을 확보할 수 있도록 필요한 시책을 실시하여야 한다.

지방자치단체는 소상공인으로 창업하려는 자가 요청하는 경우 아래의 정보를 제공하여야 한다.

① 실태조사 결과 및 소상공인에 관한 통계 정보
② 지방자치단체가 수립 · 시행하는 소상공인 지원 · 육성 및 보호 시책에 관한 정보
③ 지방자치단체가 설치한 소상공인 지원기관에 관한 정보
④ 그 밖에 지방자치단체가 소상공인의 창업에 필요하다고 인정하는 정보

7. 재난 피해에 대한 지원

정부와 지방자치단체는 「재난 및 안전관리 기본법」 제3조제1호에 따른 재난의 발생으로 영업에 심대한 피해를 입었거나 피해를 입을 우려가 있는 소상공인에 대하여 예방 · 대비 · 대응 · 복구 및 지원 등 필요한 시책을 실시할 수 있다.

8. 사회안전망 확충 및 삶의 질 증진

정부는 소상공인의 사회안전망 확충에 필요한 시책을 실시하여야 하며, 정부와 지방자치단체는 소상공인의 생산성 제고 및 삶의 질 증진을 위하여 소상공인의 복지 수준 향상에 필요한 시책을 실시하여야 한다.

9. 조세의 감면

정부나 지방자치단체는 소상공인의 경영안정과 성장을 지원하기 위하여 필요한 경우에는 소상공인에 대하여 「조세특례제한법」, 「지방세특례제한법」, 그 밖의 관계 법률에서 정하는 바에 따라 소득세, 법인세, 취득세, 재산세 및 등록면허세 등을 감면할 수 있다.

| 제5절 | 소상공인 시책 기반조성 |

---

1. 전문연구평가기관의 설치   3. 소상공인 단체의 결성
2. 지원기관의 설치   4. 중소기업 옴부즈만에 관한 특례

---

1. 전문연구평가기관의 설치

정부는 소상공인시책의 수립 등에 필요한 소상공인 현황 파악 등 조사, 연구 및 평가를 수행하는 전문연구평가기관을 설치할 수 있으며, 전문연구평가기관이 조사, 연구 및 평가를 수행하는 데에 필요한 경비를 예산의 범위에서 출연하거나 보조할 수 있다.

2. 지원기관의 설치

정부와 지방자치단체는 소상공인의 종합적인 경쟁력 확보를 위하여 소상공인 지원기관을 설치할 수 있으며, 소상공인 지원기관을 운영하는 데에 필요한 경비의 전부 또는 일부를 출연하거나 보조할 수 있다.

3. 소상공인 단체의 결성

소상공인은 공동이익의 증진 및 사회적·경제적 지위의 향상을 위하여 단체를 설립할 수 있으며, 소상공인에게 영향을 주는 불합리한 제도의 개선, 공정거래에 관한 사항 등에 관하여 관계 중앙행정기관의 장 및 지방자치단체의 장 또는 기본법에 따른 중소기업 옴부즈만에게 의견을 제시할 수 있다.

4. 중소기업 옴부즈만에 관한 특례

기본법에 따른 중소기업 옴부즈만은 소상공인시책에 영향을 주는 기존 규제의 정비 및 소상공인의 애로사항 해결에 관한 업무를 수행할 수 있다.

제 5 장

297

| 제6절 | 보 칙 |

| 1. 소상공인 확인자료 제출 | 2. 과태료 |

1. 소상공인 확인자료 제출

소상공인시책에 참여하려는 자는 소상공인에 해당하는지를 확인할 수 있는 자료를 시책을 실시하는 중앙행정기관 및 지방자치단체(이하 "소상공인시책실시기관"이라 한다)에 제출하여야 한다.

중기부장관은 소상공인에 해당하는지를 확인하기 위하여 필요하다고 인정하는 경우에는 국세청 등 관계 중앙행정기관 및 지방자치단체, 공공단체 등에 대하여 그 확인에 필요한 자료의 제출을 요청할 수 있으며, 이에 따라 국세청장에게 과세정보의 제출을 요청할 경우에는 다음의 사항을 명시하여 문서로 하여야 하고, 자료의 제출을 요청받은 자는 특별한 사유가 없으면 그 요청에 따라야 한다.
① 상시 근로자 수   ② 매출액   ③ 자산총액
기본법 상 과세정보의 요청과 소기본법 상 과세정보의 요청 항목을 비교하면 다음과 같다.

기본법	소기본법
① 자산총액, 납입자본금, 자본잉여금, 자기자본	① 자산총액
② 매출액	② 매출액
③ 상시근로자수	③ 상시근로자수
④ 주주현황 및 다른 법인에 대한 출자현황	

2. 과태료

소상공인이 아닌 자로서 소상공인 확인자료를 거짓으로 제출하여 소상공인시책에 참여한 자에게는 500만 원 이하의 과태료를 부과하며, 과태료는 대통령령[3]으로 정하는 바에 따라 소상공인시책실시기관의 장이 부과 · 징수한다.

---

3) 대통령령 별표에 따르면 위반 횟수에 따라 1차 300만 원, 2차 400만 원, 3차 500만 원으로 차등 부과할 수 있다.

기출 및 연습문제

01 소상공인기본법령상 소상공인의 범위에 관한 규정의 일부이다. ( )에 들어갈 숫자를 옳게 나열한 것은?
2024 기출

> ○ 소상공인기본법 제2조(정의) ① 이 법에서 "소상공인"이란 중소기업기본법 제2조제2항에 따른 소기업(小企業) 중 다음 각 호의 요건을 모두 갖춘 자를 말한다.
> 1. 상시 근로자 수가 10명 미만일 것
> 2. 업종별 상시 근로자 수 등이 대통령령으로 정하는 기준에 해당할 것
>
> ○ 소상공인기본법 시행령 제3조(소상공인의 범위 등) ① 소상공인기본법 제2조제1항제2호에서 "대통령령으로 정하는 기준"이란 주된 사업에 종사하는 상시 근로자 수가 업종별로 다음 각 호의 어느 하나에 해당하는 것을 말한다.
> 1. 광업 · 제조업 · 건설업 및 운수업: (ㄱ)명 미만
> 2. 제1호 외의 업종: (ㄴ)명 미만

① ㄱ: 5, ㄴ: 7   ② ㄱ: 5, ㄴ: 10   ③ ㄱ: 10, ㄴ: 5
④ ㄱ: 10, ㄴ: 7   ⑤ ㄱ: 10, ㄴ: 8

해설 ▶ ③ 광업 · 제조업 · 건설업 및 운수업 : 10명 미만, 기타 업종 : 5명 미만

02 소상공인기본법령의 내용에 관한 설명으로 옳지 않은 것은? 2023 기출

① 정부는 소상공인의 보호 . 육성을 지원하기 위하여 3년마다 소상공인 지원 기본계획을 수립 . 시행하여야 하고, 그 수립 시 국무회의의 심의를 거쳐야 함이 원칙이다.
② 「중소기업기본법」에 따른 소기업(小企業) 중 상시 근로자 수가 7명이며 평균매출액등이 150억원인 식료품을 제조하는 소기업은 소상공인에 해당한다.
③ 「근로기준법」에 따른 근로자 중 3개월 이내의 기간을 정하여 근로하는 사람은 소상공인 여부를 정하는 기준인 상시 근로자에서 제외된다.
④ 중소벤처기업부장관은 소상공인 보호 . 육성에 필요한 시책을 효율적으로 수립 . 시행하기 위하여 매년 소상공인의 현황 및 경영실태 등에 관한 실태조사를 실시하고 그 결과를 공표하여야 한다.

⑤ 소상공인 공제제도에 관하여는 「보험업법」을 적용하지 아니한다

해설 ▶ ② 제조업의 경우 상시근로자 수 10명 미만인 경우 소상공인이 될 수 있으나 상시근로자 수 기준 이전에 기본법에 따른 소기업에 해당하여야 하는데 기본법에 따른 소기업이 되기 위해서는 최대 매출액이 120억원 이하여야 한다. 결국, 상시근로자 수 기준은 충족하나 기본법에 따른 소기업이 아니므로 최종 소상공인으로 판단되지 못한다.

제
5
장

03 소상공인기본법령상 소상공인이 규모의 확대 등으로 소상공인에 해당하지 아니하게 되었더라도 그 사유가 발생한 연도의 다음 연도부터 3년간은 소상공인으로 보는 경우(소상공인 지위 유지)가 아닌 것을 모두 고른 것은? 2022 기출

> ㄱ. 소기업 외의 기업과 합병하는 경우
> ㄴ. 소상공인이 「중소기업기본법」에 따른 중소기업에 해당하지 않게 된 경우
> ㄷ. 소상공인의 상시 근로자 수가 15명이 된 경우

① ㄱ ② ㄷ ③ ㄱ, ㄴ ④ ㄴ, ㄷ ⑤ ㄱ, ㄴ, ㄷ

해설 ③ 20명 이상이 되는 경우 유예 제외사유에 해당한다.

04 소상공인기본법의 내용으로 괄호( )에 들어갈 용어가 순서대로 올바르게 연결된 것은?

> ○ 정부는 소상공인의 보호 · 육성을 지원하기 위하여 (   )마다 기본계획을 수립 · 시행하여야 한다.
> ○ 정부는 기본계획에 따라 매년 정부와 지방자치단체가 소상공인을 보호 · 육성하기 위하여 추진할 시행계획을 수립하여 관련 예산과 함께 (   )까지 국회에 제출하여야 한다.
> ○ 시 · 도지사는 지역별 시행계획의 계획연도가 끝난 후 (   ) 이내에 지역별 시행계획의 추진실적을 중소벤처기업부장관에게 제출하여야 한다.

① 3년, 3월, 1개월
② 3년, 2월, 1개월
③ 3년, 1월, 1개월
④ 5년, 3월, 3개월
⑤ 5년, 3월, 1개월

해설 ① ○ 정부는 소상공인의 보호 · 육성을 지원하기 위하여 (3년)마다 기본계획을 수립 · 시행하여야 한다.
○ 정부는 기본계획에 따라 매년 정부와 지방자치단체가 소상공인을 보호 · 육성하기 위하여 추진할 시행계획을 수립하여 관련 예산과 함께 (3월)까지 국회에 제출하여야 한다.
○ 시 · 도지사는 지역별 시행계획의 계획연도가 끝난 후 (1개월) 이내에 지역별 시행계획의 추진실적을 중소벤처기업부장관에게 제출하여야 한다.

05 소상공인기본법에 대한 설명이다. 괄호에 들어갈 수 없는 것은?

> 정부나 지방자치단체는 소상공인의 경영안정과 성장을 지원하기 위하여 필요한 경우에는 소상공인에 대하여 「조세특례제한법」, 「지방세특례제한법」, 그 밖의 관계 법률에서 정하는 바에 따라 ( ), ( ), ( ), ( ) 및 ( ) 등을 감면할 수 있다.

① 법인세
② 특별소비세
③ 재산세
④ 취득세
⑤ 등록면허세

> **해설** ② 정부나 지방자치단체는 소상공인의 경영안정과 성장을 지원하기 위하여 필요한 경우에는 소상공인에 대하여 「조세특례제한법」, 「지방세특례제한법」, 그 밖의 관계 법률에서 정하는 바에 따라 (소득세), (법인세), (취득세), (재산세) 및 (등록면허세) 등을 감면할 수 있다.

06 소상공인기본법령상 소상공인정책심의회(이하 '심의회'라 함)에 관한 설명으로 옳지 않은 것은? 2023 기출

① 심의회는 위원장 1명을 포함하여 25명 이내의 위원으로 구성하며, 위원장은 중소벤처기업부장관이 된다.

② 소상공인과 관련된 제도 및 법령에 관한 사항은 심의회의 심의 · 조정사항에 해당한다.

③ 위원장이 심의회의 회의를 소집하려는 경우에는 회의 개최일 7일 전까지 회의의 일시 · 장소 및 심의 안건을 각 위원에게 통지해야 하지만, 긴급한 사정이나 그 밖의 부득이한 사유가 있는 경우에는 그렇지 아니하다.

④ 위원장이 부득이한 사유로 직무를 수행할 수 없을 때에는 심의회 위원 중에서 호선(互選)된 위원이 그 직무를 대행한다.

⑤ 심의회에 상정되는 안건의 협의를 효율적으로 지원하기 위하여 실무조정회의를 둘 수 있다.

> **해설** ④ 위원장이 미리 지명한 위원이 그 직무를 대행한다.

구분	위원장	위원의 구성	
		기본법	소기본법
정책심의회	장관	30명 이내	25명 이내
실무조정회의	차관	20명 이내	20명 이내
분과별 전문위원회	민간위원 호선	15명 이내	10명 이내

제
5
장

정답

01 ③	02 ②	03 ③	04 ①	05 ②
06 ④				

제6장 소상공인 보호 및 지원에 관한 법률

제1절　　총 칙

1. 목적

이 법은 소상공인의 자유로운 기업 활동을 촉진하고 경영안정과 성장을 도모하여 소상공인의 사회적 · 경제적 지위 향상과 국민경제의 균형 있는 발전에 이바지함을 목적으로 한다.(소상공인법 제1조)

2. 용어의 정의

가. "소상공인"이란?

「소상공인기본법」 제2조에 따른 소상공인을 말한다.

나. "백년소상공인"이란?

장기간 사업을 운영하면서 사회에 기여한 바가 크고, 축적한 경험을 바탕으로 지속적인 성장이 기대되는 소상공인으로서 제16조의 요건을 갖추고, 제16조의2에 따라 지정된 소상공인을 말한다.

다. "사업승계"란?

소상공인이 아래에서 정하는 바에 따라 동일성을 유지하면서 양도, 합병, 상속을 통하여 그 소상공인의 영업상의 권리 · 의무를 다른 자에게 포괄적으로 이전하는 것을 말한다.

소상공인으로부터 영업상의 권리 · 의무를 포괄적으로 이전받은 자가 영업상의 권리 · 의무를 포괄적으로 이전받은 업종(한국표준산업분류에 따른 세분류상의 업종을 말한다)과 같은 업종을 영위하는 경우에는 동일성을 유지하는 것으로 본다.

이 경우 이전받은 업종에 다른 업종을 추가하여 영업을 영위하는 경우에는 추가된 업종의 매출액이 총매출액의 100분의 50 미만이면 같은 업종을 영위하는 것으로 본다.

3. 다른 법률과의 관계

소상공인의 보호 및 지원에 관하여 다른 법률에 특별한 규정이 있는 경우를 제외하고는 이 법에서 정하는 바에 따른다.(소상공인법 제5조)

제
6
장

<table>
<tr><td>제2절</td><td>소상공인 지원 사업</td></tr>
</table>

```
1. 창업지원                    7. 불공정거래 피해상담센터
2. 상권정보시스템              8. 폐업 소상공인 지원
3. 경영안정 지원              9. 조세감면
4. 소상공인 공동 물류센터     10. 보험료 지원
5. 구조고도화 지원            11. 손실보상
6. 조직화 및 협업화 지원
```

1. 창업지원

중기부장관은 소상공인 창업을 지원하기 위하여 다음의 사항에 관한 사업을 할 수 있다.

① 우수한 아이디어 등을 보유한 소상공인 창업 희망자의 발굴

② 소상공인 창업을 위한 절차 등에 대한 상담·자문 및 교육

③ 자금조달, 인력, 판로 및 사업장 입지(立地) 등 창업에 필요한 정보의 제공

④ 그 밖에 소상공인 창업을 지원하기 위하여 필요한 사항

2. 상권정보시스템

중기부장관은 소상공인의 입지 및 업종 선정을 지원하기 위하여 상권(商圈) 관련 정보를 종합적으로 제공하는 상권정보시스템을 구축·운영할 수 있다.(소상공인법 제13조)

가. 정보의 요청

중기부장관은 상권정보시스템의 구축·운영을 위하여 필요한 경우 다음의 자료 또는 정보의 제공을 해당 항목의 구분에 따른 자에게 요청할 수 있다. 이 경우 요청을 받은 자는 특별한 사유가 없으면 그 요청에 따라야 한다.

① 국세청장 : 「국세기본법」에 따른 과세정보로서 「부가가치세법」에 따라 사업자가 관할 세무서장에게 신고한 다음의 정보

ㄱ 상호, 등록번호 및 매출액

ⓛ 사업장의 소재지 및 업종

ⓒ 개업일·휴업일 및 폐업일

② 해당 자료 또는 정보의 관계 중앙행정기관의 장, 공공기관의 장, 관계 기관·법인·단체
의 장, 그 밖에 관계 민간기업체의 장 : 지역별 인가·허가 사업장에 관한 정보, 지역별
인구정보 등 중기부장관이 상권정보시스템의 구축·운영에 필요하다고 인정하는 다음
의 상권 관련 자료 또는 정보

ⓐ 지역별 인가·허가 사업장에 관한 자료 또는 정보

ⓛ 지역별 인구, 가구 수 등 인구 관련 자료 또는 정보

ⓒ 지역별 지하철 이용자 수, 차량등록대수 등 교통 관련 자료 또는 정보

ⓔ 지역별 상가건물의 임대차 현황 등 부동산 관련 자료 또는 정보

ⓜ 지역별 사업체 자료 또는 정보

ⓗ 지역별 상권의 매출액에 관한 자료 또는 정보

3. 경영안정 지원

중기부장관은 소상공인의 경영안정과 성장을 지원하기 위하여 다음의 사항에 관한 사업을
할 수 있다.(소상공인법 제9조)

① 소상공인에 대한 경영상담·자문 및 교육

② 소상공인에 대한 자금·인력·판매·수출 등의 지원

③ 소상공인에 대한 전자상거래, 스마트 기기를 이용한 결제 시스템의 도입 등 상거래 현
대화 지원

④ 소상공인 온라인 공동 판매 플랫폼 구축 지원

⑤ 소상공인 전용 모바일 상품권의 발행 및 유통 활성화 지원 사업

⑥ 그 밖에 소상공인의 경영안정과 성장을 지원하기 위하여 필요한 사항

4. 소상공인 공동 물류센터 2022 기출

중기부장관은 도매 및 소매업을 영위하는 소상공인 중 업종별로 아래의 요건을 충족하는
수의 소상공인이 소상공인공동물류센터(이하 "공동물류센터"라 한다.)를 공동으로 건립하여
운영하는 경우 이에 필요한 행정적·재정적 지원을 할 수 있다. 2017 기출

① 도매 및 상품중개업을 영위하는 소상공인 : 10명 이상

② 종합 소매업을 영위하는 소상공인 : 50명 이상

가. 공동물류센터의 사업

① 상품의 보관·배송·포장 등 공동물류사업

② 상품의 기획·개발 및 공동구매

③ 상품의 전시

④ 「유통산업발전법」에 따른 유통·물류정보시스템을 이용한 정보의 수집·가공·제공

⑤ 공동물류센터를 이용하는 소상공인의 서비스능력 향상을 위한 교육 및 연수 등

⑥ 그 밖에 소상공인의 물류체계 현대화를 위하여 필요한 사업

나. 공동물류센터의 시설기준

공동물류센터는 다음의 시설을 갖추어야 한다.

① 화물의 운송·보관·하역을 위한 시설

② 화물의 운송·보관·하역과 관련된 가공·조립·분류·수리·포장·상표부착·판매·
  정보통신 등의 활동을 위한 시설

다. 공동물류센터의 운영기준

공동물류센터는 다음의 기준에 따라 운영하여야 한다.

① 운영에 관한 사항을 정관 또는 규약 등으로 정할 것

② 대표자·관리인 등을 선임할 것

③ 소상공인은 누구나 회원으로 가입하여 이용할 수 있도록 할 것

소상공인공동물류센터의 건립, 운영 및 관리 등에 필요한 사항은 중기부장관이 정하여 고시한다.(이상 소상공인령 제4조의2 ②항 ～ ⑤항)

5. 구조고도화 지원

정부는 소상공인의 구조개선 및 경영합리화 등의 구조고도화를 지원하기 위하여 다음의 사항에 관한 사업을 할 수 있다.(소상공인법 제10조) 2018, 2021 기출

① 새로운 사업의 발굴

② 사업전환의 지원

③ 사업장 이전을 위한 입지 정보의 제공

④ 소상공인 온라인 공동 판매 플랫폼 이용 활성화를 위한 관련 정보의 제공

⑤ 소상공인 해외 창업의 지원

6. 조직화 및 협업화 지원

중기부장관은 소상공인의 조직화 및 협업화를 위하여 다음의 사항에 관한 지원사업을 할 수 있다.(소상공인법 제11조)
① 「협동조합 기본법」 제2조 제1호에 따른 협동조합의 설립
② 제품 생산 및 서비스 제공 등에 필요한 시설 및 장비의 공동 이용
③ 상표 및 디자인의 공동 개발
④ 제품 홍보 및 판매장 설치 등 공동 판로 확보
⑤ 그 밖에 소상공인의 조직화 및 협업화를 지원하기 위하여 필요한 사항

「협동조합 기본법」에 따른 협동조합과 「중소기업 협동조합법」에 따른 협동조합은 다르다. 각 법률에서 정하는 협동조합의 종류를 비교하면 다음과 같다.

협동조합 기본법	중소기업 협동조합법
① 협동조합	㉠ 협동조합
② 협동조합 연합회	㉡ 협동조합연합회
③ 사회적 협동조합	㉢ 사업협동조합
④ 사회적 협동조합 연합회	㉣ 중소기업중앙회
⑤ 이종(異種)협동조합연합회	

※ 위에서 「협동조합 기본법」 제2조 제1호에 따른 "협동조합"을 결성하는 경우만 지원의 대상이 된다 했으므로 ②~⑤에 해당하는 협동조합을 결성하는 것은 지원의 대상이 아니다.

7. 불공정거래 피해상담센터

중기부장관과 지방자치단체의 장은 불공정거래로 인하여 피해를 입은 소상공인의 보호 및 지원을 위하여 상담센터를 설치·운영할 수 있으며 상담센터의 업무는 다음과 같다.(소상공인법 제15조)
① 소상공인 불공정거래 피해상담
② 소상공인 불공정거래에 관한 실태조사
③ 소상공인 불공정거래 피해예방 교육
학습의 관점에서 ③항까지만 인용한다.
중기부장관과 지방자치단체의 장은 상담센터의 업무 수행 및 운영에 필요한 경비를 예산의 범위에서 지원할 수 있다.

제 6 장

8. 폐업 소상공인 지원

중기부장관은 폐업하였거나 폐업하려는 소상공인(이하 "폐업 소상공인"이라 한다)을 지원하기 위하여 다음의 사항에 관한 사업을 할 수 있다.(소상공인법 제12조) 2017 기출
① 재창업 지원
② 취업훈련의 실시 및 취업 알선
③ 그 밖에 폐업 소상공인을 지원하기 위하여 필요한 사항

중기부장관은 위의 사업을 실시하기 위하여 소상공인 폐업지원센터를 지역별로 설치·운영할 수 있으며 소상공인 폐업지원센터는 다음의 업무를 수행한다.(소상공인법 제12조 ②항, 소상공인령 제4조의3)
① 재창업 지원
② 취업훈련의 실시 및 취업 알선
③ 사업 정리를 위한 컨설팅
④ 폐업 관련 법률·세무 등 상담

중기부장관은 소상공인 폐업지원센터를 운영하는 데 필요한 경비의 전부 또는 일부를 출연하거나 보조할 수 있으며, 필요에 따라 지방중기청이나 소상공인지원센터의 시설이나 장비 등을 활용할 수 있다. (소상공인법 제12조 ③항)

9. 조세감면

국가나 지방자치단체는 소상공인의 경영안정과 성장을 지원하기 위하여 필요한 경우에는 소상공인에 대하여 「조세특례제한법」, 「지방세특례제한법」, 그 밖의 관계 법률에서 정하는 바에 따라 소득세, 법인세, 취득세, 등록면허세 및 재산세 등을 감면할 수 있다.
이 규정은 "소상공인"을 "벤처기업"으로 바꾼다면 벤처법 규정[1]과 동일하다.

10. 보험료 지원

정부는 고용보험 및 산업재해보상보험에 가입한 소상공인에 대하여 고용보험료와 산업재해보상보험료의 일부를 예산의 범위에서 지원할 수 있다.(소상공인법 제12조의7 ①, ②항)

---

1) 국가나 지방자치단체는 벤처기업을 육성하기 위하여 「조세특례제한법」, 「지방세특례제한법」, 그 밖의 관계 법률로 정하는 바에 따라 소득세·법인세·취득세·등록면허세 및 재산세 등을 감면할 수 있다.

고용보험료의 지원 대상은 고용보험에 가입한 소상공인으로서 고용보험료의 지원을 신청한 소상공인으로 한다.(소상공인령 제4조의14 ①항)

산업재해보상보험료의 지원 대상은 산업재해보상보험에 가입한 소상공인으로서 산업재해보상보험료의 지원을 신청한 소상공인으로 한다.(소상공인령 제4조의14 ②항)

고용보험료 및 산업재해보상보험료의 지원 수준ㆍ방법 및 절차 등에 필요한 사항은 중기부장관 고시로 정한다.

11. 손실보상

(1) 손실보상의 대상

중기부장관은 「감염병의 예방 및 관리에 관한 법률」에 따른 감염병의 예방 조치로서 영업장소 사용 및 운영시간 제한 등 다음의 조치로 인하여 소상공인에게 경영상 심각한 손실이 발생한 경우 해당 소상공인에게 그 부담을 완화하기 위한 손실보상을 하여야 한다.(소상공인법 제12조의2, 소상공인령 제4조의4)

① 영업장소 내에서 집합을 금지하는 조치로서 운영시간의 전부 또는 일부를 제한하는 조치
② 영업장소 내에서 이용자의 밀집도를 낮추기 위한 조치로서 손실보상 심의위원회가 심의ㆍ의결한 조치

다만, 특별시장ㆍ광역시장ㆍ특별자치시장ㆍ도지사ㆍ특별자치도지사와 시장ㆍ군수ㆍ구청장(자치구의 구청장을 말한다)이 행한 조치는 감염병의 예방 조치를 하는 중앙행정기관의 장(「재난 및 안전관리 기본법」에 따른 감염병을 수습하기 위하여 중앙재난안전대책본부를 둔 경우에는 그 본부장을 말한다)과 미리 협의하여 행한 조치로 한정한다.

지자체장의 협의에 응하는 중앙행정기관의 장은 협의를 마치기 전에 미리 중기부장관의 의견을 들어야 한다.(소상공인령 제4조의4 ②항)

위 규정에도 불구하고 중기부장관은 손실보상 심의위원회(이하 "심의위원회"라 한다)의 심의를 거쳐 소상공인 외의 자로서 기본법에 따른 중소기업에 해당하는 자에게도 손실보상을 할 수 있다. 2023 기출

(2) 손실보상 신청

손실보상을 받으려는 자(이하 "신청인"이라 한다)는 중기부령으로 정하는 바에 따라 사업

자 등록번호, 대표자 인적사항 등을 적은 손실보상 신청서를 중기부장관에게 제출해야 한다.

손실보상 신청을 받은 중기부장관은 심의위원회의 심의를 거쳐 손실보상금의 지급 여부 및 금액을 결정한 후 신청인에게 손실보상금을 지급하여야 한다. 이 경우 신청인이 감염병의 예방 조치를 위반한 경우에는 손실보상금을 감액하거나 지급하지 아니할 수 있다.

중기부장관은 신청인이 우선 지원을 받은 경우 그 지원액을 감안하여 손실보상금을 산정할 수 있으며, 우선 지원액과의 차액이 있는 경우 상환 또는 반납하게 하여야 한다.

중기부장관은 손실보상 분야의 전문기관이나 전문가의 조사, 평가 또는 감정 등을 거쳐 손실보상 업무를 처리할 수 있다.

(3) 손실보상금의 신속지급

중기부장관은 손실보상의 기준·금액 등이 고시된 때에는 손실보상을 신속하게 처리하기 위하여 신청인의 손실보상금 지급 신청이 있기 전에 손실보상금의 지급 대상 여부 및 지급예정 금액 등을 검토하여 미리 심의위원회의 심의를 받을 수 있다.(소상공인령 제4조의6)

(4) 손실보상금 환수

중기부장관은 손실보상금을 지급받은 자가 감염병의 예방 조치를 위반하는 등 다음의 어느 하나에 해당하는 경우에는 그 손실보상금의 전부 또는 일부를 환수할 수 있다.

① 감염병의 예방 조치로서 손실보상의 대상이 되는 조치를 위반한 경우
② 거짓이나 그 밖의 부정한 방법으로 손실보상금을 지급받은 경우
③ 착오 등의 사유로 손실보상금을 잘못 지급받은 경우

중기부장관은 손실보상금을 환수하려는 경우에는 심의위원회의 심의를 거쳐 손실보상금의 환수 여부 및 금액을 결정해야 하며, 손실보상금을 환수하기로 결정한 경우에는 그 대상자에게 다음의 내용을 서면으로 통지해야 한다.

① 환수사유
② 환수금액
③ 납부기한
④ 납부기관

위에서 규정한 사항 외에 환수의 절차 등에 필요한 사항은 중기부장관이 정하여 고시한다.

(5) 이의신청

중기부장관이 결정 및 처분한 사항에 대하여 이의가 있는 신청인은 그 결정 및 처분의 통지를 받은 날부터 30일 이내에 중기부장관에게 이의를 신청할 수 있다. 2023 기출

중기부장관은 이의신청을 받은 날부터 90일 이내에 심의위원회의 심의를 거쳐 손실보상금의 지급, 증감 또는 환수 여부를 결정하고 그 결과를 이의를 신청한 자에게 통지하여야 한다.

다만, 부득이한 사유로 90일 이내에 통지할 수 없는 경우에는 그 기간을 만료일 다음 날부터 기산하여 90일 이내의 범위에서 한 차례 연장할 수 있으며, 이의신청 결과의 통지기간을 연장한 경우에는 연장 사유와 기간을 이의를 신청한 자에게 통지해야 한다.

위에서 규정한 사항 외에 이의신청의 절차 등에 필요한 사항은 중기부장관이 정하여 고시한다.

(6) 심의위원회

감염병 예방 조치에 따른 손실보상에 관한 사항을 심의하기 위하여 중기부에 손실보상 심의위원회를 둔다.(소상공인법 제12조의4)

가. 위원회 구성

심의위원회는 위원장 1명을 포함한 15명 이내의 위원으로 구성하고, 위원장은 중기부차관이 된다. 심의위원회의 위원은 다음의 사람 중에서 성별을 고려하여 중기부장관이 임명하거나 위촉한다. 2023 기출

① 위촉직위원 : 손실보상 또는 방역 관련 분야에 대한 학식과 경험이 풍부한 사람 또는 소상공인을 대표할 수 있는 다음의 사람
  - ㉠ 손실보상 또는 방역 관련 분야의 전문기관 및 관련 단체의 장
  - ㉡ 손실보상 또는 방역 관련 분야의 교수 · 부교수 또는 조교수로 10년 이상 재직한 사람
  - ㉢ 판사 · 검사 · 군법무관 또는 변호사로 10년 이상 재직한 사람
  - ㉣ 소상공인 관련 단체에 소속된 사람으로서 소상공인 분야의 대표성이 인정되는 사람
  - ㉤ 그 밖에 손실보상, 방역 또는 소상공인 관련 분야에 대한 학식과 경험이 풍부하다고 중기부장관이 인정하는 사람
② 당연직위원 : 아래 중앙행정기관 소속의 고위공무원단에 속하는 일반직공무원 중에서 해당 기관의 장이 지명하는 사람으로 한다.

ㄱ 기획재정부

ㄴ 행정안전부

ㄷ 보건복지부

ㄹ 중소벤처기업부

ㅁ 국무조정실

ㅂ 국세청

ㅅ 질병관리청

심의위원회의 업무를 효율적으로 처리하기 위하여 심의위원회에 실무위원회를 둘 수 있다.

가. 위원회 운영

심의위원회 위원장은 필요하다고 인정하거나 재적위원 과반수의 요구가 있을 때에 심의위원회의 회의를 소집하고 소집된 회의의 의장이 된다.

심의위원회 위원장이 부득이한 사유로 직무를 수행할 수 없을 경우에는 위원장이 미리 지명한 위원이 그 직무를 대행한다.

심의위원회의 회의는 재적위원 과반수의 출석으로 개의(開議)하고, 출석위원 과반수의 찬성으로 의결한다.

심의위원회의 회의는 위원이 직접 출석하는 회의(화상회의를 포함한다)로 개최한다. 다만, 다음에 해당하는 경우에는 서면 회의로 개최할 수 있다.

① 긴급한 사유 등으로 위원이 직접 출석하는 회의를 개최할 시간적 여유가 없는 경우

② 천재지변이나 그 밖의 부득이한 사유로 위원이 직접 출석하는 회의의 의사정족수를 채우기 어려운 경우

심의위원회는 심의를 위하여 필요한 경우 관계자 등의 의견을 청취할 수 있으며, 심의위원회에 간사 1명을 두되, 간사는 중기부 소속 공무원 중에서 중기부장관이 지명한다.

심의위원회 위원은 본인이나 그 배우자 또는 직계존비속(배우자의 직계존비속을 포함한다)이 심의위원회 안건의 당사자이거나 해당 안건의 당사자와 공동권리자인 경우에는 해당 안건의 심의에서 제척(除斥)된다. 위원이 제척사유에 해당하는 경우에는 심의위원회에 그 사실을

알리고 스스로 해당 안건의 심의에서 회피(回避)해야 한다.(소상공인령 제4조의10)

위에서 규정한 사항 외에 심의위원회의 구성·운영 및 실무위원회의 구성·운영 등에 필요한 사항은 심의위원회의 의결을 거쳐 심의위원회 위원장이 정한다.

나. 위촉직 위원의 해촉

중기부장관은 위촉직 위원이 다음의 어느 하나에 해당하는 경우에는 해당 위원을 해촉할 수 있다.(소상공인령 제4조의11)
① 심신장애로 직무를 수행할 수 없게 된 경우
② 직무와 관련된 비위사실이 있는 경우
③ 직무태만, 품위손상, 보상심의위원회의 공정성 훼손 또는 그 밖의 사유로 인하여 위원으로 적합하지 않다고 인정되는 경우
④ 위원 스스로 직무를 수행하는 것이 곤란하다고 의사를 밝히는 경우
⑤ 제척사유에 해당하는데도 스스로 회피하지 않은 경우

다. 심의대상

심의위원회는 다음의 사항을 심의하되, 손실보상 관련 심의하는 경우 감염병 예방 조치의 수준, 기간 및 신청인의 사업상 소득, 사업 규모 등을 종합적으로 고려하여야 한다.(소상공인법 제12조의4 ④, ⑤항)
① 손실보상의 대상, 손실보상금의 지급 여부 및 금액에 관한 사항
② 손실보상금의 산정 및 상환·반납에 관한 사항
③ 손실보상금의 감액·미지급 및 손실보상금의 환수에 관한 사항
학습의 관점에서 ③항 이후의 내용은 생략한다.

(7) 전담조직

중기부장관은 손실보상의 업무를 위하여 필요한 경우 전담조직을 설치할 수 있으며, 전담조직은 다음의 업무를 수행한다.(소상공인법 제12조의6)
① 손실보상을 위한 자료 수집·처리
② 손실보상의 체계 구축 및 운영
③ 그 밖에 심의위원회의 운영 및 손실보상을 위하여 필요한 업무

중기부장관은 전담조직의 업무 수행을 위하여 필요한 경우 관계 행정기관, 법인 또는 단체

제 6 장

에 소속 공무원 또는 임직원의 파견을 요청할 수 있다.

(8) 정보 제공 요청

중기부장관은 손실보상의 업무를 위하여 필요한 경우 관계 중앙행정기관의 장, 지방자치단체의 장, 공공기관의 장, 법인·단체의 장, 개인에 대하여 손실보상의 대상에 관한 다음의 정보 제공을 요청할 수 있으며, 요청을 받은 자는 정당한 사유가 없으면 이에 따라야 한다.

① 대표자의 성명, 주민등록번호, 주소 및 전화번호(휴대전화번호를 포함한다) 등 인적사항
② 사업자등록번호, 매출액, 개업일, 폐업일, 업종 등 아래의 과세정보
- ㉠ 과세 정보(양도소득세에 관한 정보는 제외한다)
- ㉡ 현금영수증 가맹점별 현금영수증 결제금액
- ㉢ 신용카드 가맹점별 신용카드 결제금액
- ㉣ 전자계산서 발급액, 전자세금계산서 발급액 및 관련 명세 중 전자지급거래액
③ 그 밖에 손실보상의 업무를 위하여 필요한 아래의 정보
- ㉠ 지방자치단체가 보유한 감염병 예방 조치의 대상 여부, 내용, 이행 기간에 관한 정보
- ㉡ 지방자치단체가 보유한 감염병 예방 조치의 위반 여부를 확인하기 위한 정보
- ㉢ 그 밖에 손실보상 대상 여부의 판단 및 손실보상금 산정 등 손실보상의 업무를 위하여 심의위원회에서 필요하다고 인정하는 정보

중기부장관은 손실보상의 업무를 위하여 필요한 경우 위의 정보가 포함된 자료를 처리할 수 있으며, 이에 따라 수집한 정보를 심의위원회, 관계 중앙행정기관의 장, 지방자치단체의 장, 공공기관의 장 및 손실보상 관련 조사, 평가 또는 감정 등을 하는 전문기관이나 전문가에게 제공할 수 있다. 이 경우 제공하는 정보의 범위는 손실보상의 처리를 위하여 해당 기관의 업무에 관련된 정보로 한정한다.(소상공인법 제12조의5 ②, ③항)

위에 따라 정보를 제공받은 자는 이 법에 따른 손실보상 관련 업무 이외의 목적으로 정보를 사용할 수 없으며, 업무 종료 시 지체 없이 해당 정보를 파기하고 중기부장관에게 통보하여야 한다.

제공된 정보의 처리 및 보호에 관한 사항은 이 법에서 정한 것을 제외하고는 「개인정보 보호법」에 따른다.

소상공인의 디지털 전환 촉진

```
1. 디지털 전환 전담조직의 지정     3. 개방형 빅데이터 플랫폼
2. 디지털 전환 자문위원회
```

중기부장관은 소상공인 디지털 격차해소 및 디지털 경쟁력 제고를 위하여 다음의 사항에 관한 사업을 할 수 있다.(소상공인법 제15조의2)

① 소상공인 생업현장 디지털 혁신모델 확산

② 소상공인 디지털 생태계 조성

③ 디지털 전환 지원 인프라 구축

④ 그 밖에 소상공인 디지털화를 지원하기 위하여 필요한 사항

1. 디지털 전환 전담조직의 지정

중기부장관은 소상공인 디지털화를 효율적으로 지원하기 위하여 소상공인 디지털 전환 업무를 전담하는 조직을 지정할 수 있다.

2. 디지털 전환 자문위원회

소상공인 디지털 전환 정책수립 및 평가 과정에서 다음의 사항에 관하여 중기부장관의 자문에 응하기 위하여 수기본법에 따른 소상공인정책심의회의 분과별 전문위원회로서 디지털 전환 자문위원회(이하 "자문위원회"라 한다)를 둘 수 있다.

① 디지털 전환 정책 및 기본방향

② 디지털 전환 사업에 대한 정기적 평가 및 보완대책

③ 그 밖에 디지털 전환 사업과 관련하여 중기부장관이 자문하는 사항

제 6 장

자문위원회의 운영에 관하여는 소기본법 분과별 전문위원회의 운영에 관한 사항을 준용한다.

3. 개방형 빅데이터 플랫폼

가. 구축 및 운영

중기부장관은 과학기술정보통신부장관과 협의하여 소상공인의 경영혁신에 필요한 정보통신 인프라 및 서비스 등을 지원하기 위하여 소상공인 개방형 빅데이터 플랫폼(이하 "플랫폼"이라 한다) 구축 및 운영 등 다음의 사항에 관하여 필요한 시책을 마련할 수 있다.

① 플랫폼 구축 및 운영
② 플랫폼 운영 및 유지를 위한 실태조사 등 연구
③ 플랫폼 관련 기술·서비스 개발 촉진
④ 플랫폼 활성화 기반 조성 및 제도 개선
⑤ 그 밖에 플랫폼 구축 및 운영 지원에 필요한 사항

중기부장관은 플랫폼의 구축·운영을 위하여 필요한 경우 다음의 자료 또는 정보(이하 "데이터 등"이라 한다)의 제공을 다음의 구분에 따른 자에게 요청할 수 있다. 이 경우 요청을 받은 자는 특별한 사유가 없으면 그 요청에 따라야 한다.

① 과세정보 : 국세청장
　　　❶ 상호, 사업자등록번호 및 매출액
　　　❷ 사업장의 소재지 및 업종
　　　❸ 개업일·휴업일 및 폐업일
② 신용정보 : 여신전문금융업협회
③ 판매시점의 정보관리시스템 데이터 : 산업통상자원부장관으로부터 관련 업무를 위탁받은 관계 법인·단체와 그 밖의 관계 기관·법인·단체·민간기업체의 장
④ 지역별 인가·허가 사업장에 관한 정보, 사업장의 종사자 수, 지역별 인구정보, 소상공인 관련 정부 지원사업 데이터, 공공데이터 등 중기부장관이 플랫폼의 구축·운영에 필요하다고 인정하는 자료 또는 정보로서 대통령령으로 정하는[2] 자료 또는 정보 : 해당

---

2) 소상공인령 제5조의2(소상공인 개방형 빅데이터 플랫폼 구축 및 운영에 필요한 자료 또는 정보) 법 제15조의5제2항제4호에서 "대통령령으로 정하는 자료 또는 정보"란 다음 각 호의 어느 하나에 해당하는 자료 또는 정보를 말한다.
1. 지역별 인가·허가 사업장 관련 자료 또는 정보
2. 지역별 인구, 가구 수 등 인구 관련 자료 또는 정보
3. 지역별 대중교통 이용자 수, 차량등록 대수 등 교통 관련 자료 또는 정보
4. 지역별 상가건물의 임대차 및 공실률(空室率) 현황 등 부동산 관련 자료 또는 정보

자료 또는 정보의 관계 중앙행정기관의 장, 공공기관의 장, 관계 기관·법인·단체의 장, 그 밖의 관계 민간기업체의 장

플랫폼의 구축·운영 업무를 담당하거나 담당하였던 자는 제공받은 자료 또는 정보를 제공받은 목적 외의 다른 용도로 사용하거나 다른 사람 또는 기관에 제공하거나 누설하여서는 아니 된다.

나. 데이터등의 활용 및 보호 원칙

플랫폼 관련 데이터는 소상공인의 이익에 기여하는 방향으로 활용되어야 함을 원칙으로 하며, 누구든지 플랫폼에 구현된 데이터등을 활용할 때 정보주체의 권리를 침해하거나 공정한 상거래 관행과 경쟁질서에 반하여서는 아니 된다.

중기부장관은 데이터등의 생성 또는 활용에 관여한 이해관계자들이 데이터의 원활한 활용과 그 결과에 따른 이익의 합리적인 배분 등에 관한 사항을 내용으로 하는 계약을 체결하도록 권장할 수 있으며, 과학기술정보통신부장관과 협의하여 이에 따른 계약의 체결을 위하여 소상공인 빅데이터 활용 계약에 관한 가이드라인을 마련할 수 있다.

데이터등을 사용·수익할 권리를 가지는 자는 데이터의 신뢰성을 확보하고 해당 데이터가 분실·도난·유출·위조·변조 또는 훼손되지 아니하며, 데이터를 활용한 제품·서비스가 위해를 발생시키지 아니하도록 대통령령[3]으로 정하는 바에 따라 필요한 조치를 하여야 한다.

제
6
장

---

5. 지역별 사업체 관련 자료 또는 정보
6. 지역별 상권의 매출액 관련 자료 또는 정보
7. 소상공인 관련 정부 지원사업 관련 자료 또는 정보
8. 「공공데이터의 제공 및 이용 활성화에 관한 법률」 제2조제2호에 따른 공공데이터 중 소상공인 사업체의 종사자 수 및 경영상태 관련 자료 또는 정보
3) 소상공인령 제5조의3(데이터의 안전성 확보) 법 제15조의5제2항 각 호의 자료 또는 정보(이하 "데이터등"이라 한다)를 사용·수익할 권리를 가지는 자는 법 제15조의6제4항에 따라 데이터[법 제15조의5제1항 각 호 외의 부분에 따른 소상공인 개방형 빅데이터 플랫폼(이하 "플랫폼"이라 한다)에 광(光) 또는 전자적 방식으로 처리되는 자료 또는 정보를 말한다. 이하 같다]의 신뢰성을 확보하고 해당 데이터가 분실·도난·유출·위조·변조 또는 훼손되지 않도록 다음 각 호의 조치를 해야 한다.
1. 데이터의 안전한 처리를 위한 내부 관리계획의 수립·시행
2. 데이터에 대한 접근 통제 및 접근 권한의 제한 조치
3. 데이터를 안전하게 저장·전송할 수 있는 암호화 기술의 적용 또는 이에 상응하는 조치
4. 데이터의 침해사고 발생에 대응하기 위한 접속기록의 보관 및 위조·변조 방지를 위한 조치
5. 데이터에 대한 보안프로그램의 설치 및 갱신
6. 데이터의 안전한 보관을 위한 보관시설의 마련 또는 잠금장치의 설치 등 물리적 조치

다. 플랫폼 활용 촉진

중기부장관은 플랫폼의 활성화를 위하여 다음의 어느 하나에 해당하는 방식으로 플랫폼의 구축·운영 등에 참여한 자에 대하여 행정적·기술적·재정적 지원을 할 수 있다.

① 데이터 공유

② 소상공인 관련 데이터를 활용한 새로운 비즈니스 개발

③ 소상공인이 이용할 수 있는 다양한 경영정보서비스의 제공 등

위에 따른 지원을 받으려는 자는 중기부령으로 정하는 플랫폼 활용 신청서에 다음의 자료를 첨부하여 중기부장관에게 제출해야 한다.

① 플랫폼에서 공유하려는 데이터의 안전성 확보 방안

② 상공인 관련 데이터를 활용한 새로운 비즈니스 개발계획서

③ 소상공인이 이용할 수 있는 경영정보서비스와 플랫폼과의 연계 방안

제4절 백년소상공인

```
1. 백년소상공인 요건          3. 지원
2. 지정 및 지정취소           4. 기타
```

1. 백년소상공인 요건

백년소상공인은 다음의 구분에 따른 요건에 해당하여야 한다.

① 제조업 : 사업을 개시한 날부터 15년 이상 주된 업종의 변동 없이 계속 사업을 유지하여 숙련된 기술을 보유한 소공인

② 제조업 외의 업종 : 사업을 개시한 날부터 30년 이상 주된 업종의 변동 없이 계속 사업을 유지하여 온 소상공인

③ 제품이나 서비스의 차별성

④ 지역사회에 대한 기여도

가. 사업개시일

사업을 개시한 날이란 다음의 구분에 따른 날을 말한다.(소상공인령 제5조의6 ①항)

① 소공인 또는 소상공인이 법인인 경우 : 법인설립등기일

② 소공인 또는 소상공인이 개인인 경우 : 「부가가치세법」[4] 에 따른 사업 개시일

개인인 소공인 또는 소상공인(이하 "소상공인 등"이라 한다)이 법인으로 전환한 경우에는 다음의 요건을 모두 갖춘 경우 개인인 소상공인 등이 사업을 개시한 날을 법인인 소상공인 등이 사업을 개시한 날로 본다.(소상공인령 제5조의6 ③항)

① 개인인 소상공인 등의 주된 업종과 법인의 주된 업종이 같을 것

---

[4] 부가가치세법 제8조(사업자등록) ① 사업자는 사업장마다 대통령령으로 정하는 바에 따라 사업 개시일부터 20일 이내에 사업장 관할 세무서장에게 사업자등록을 신청하여야 한다. 다만, 신규로 사업을 시작하려는 자는 사업 개시일 이전이라도 사업자등록을 신청할 수 있다.

② 개인인 소상공인 등의 주된 업종 관련 주요 생산시설이 법인에 현물출자되고, 개인인
소상공인 등의 주된 업종과 관련된 부채를 법인이 모두 인수하였을 것

나. 업종유지

개인인 소공인 또는 소상공인(이하 "소상공인 등"이라 한다)이 계속사업 유지 기간 동안
다음의 요건을 모두 갖춘 경우에는 사업을 계속 유지한 것으로 본다.(소상공인령 제5조의6
④항)

① 한국표준산업분류에 따른 세분류상 같은 업종을 주된 업종으로 할 것. 이 경우 기존
업종에 다른 업종을 추가하여 사업을 영위하는 경우에는 추가된 업종의 매출액이 총매
출액의 100분의 50 미만이면 같은 업종을 영위하는 것으로 본다.

② 해당 기간 동안 천재지변, 감염병 등 불가피한 사유로 영업의 일시적 중단이 있는 경우
를 제외하고는 영업의 중단이 없을 것

다. 차별성

중기부장관은 제품이나 서비스의 차별성 요건의 충족 여부를 판단하기 위해 다음의 사항에
대한 평가를 실시해야 한다.(소상공인령 제5조의6 ⑤항)

① 제품이나 서비스의 독창성, 시장성, 신뢰성

② 제품이나 서비스를 제공하는 소상공인등이 보유한 기술의 우수성

③ 제품이나 서비스를 제공하는 소상공인등의 지식재산권 보유 여부

④ 제품이나 서비스를 제공하는 소상공인등에 대한 인지도

라. 기여도

중기부장관은 지역사회에 대한 기여도 요건의 충족 여부를 판단하기 위해 다음의 실적에
대한 평가를 실시해야 한다.(소상공인령 제5조의6 ⑥항)

① 근로자의 장기 고용

② 취약계층에 대한 일자리 제공

③ 지역사회에 대한 공헌 활동

위에서 규정한 사항 외에 평가항목, 배점기준 등 백년소상공인 지정 요건에 관한 세부사항
은 중기부장관이 정하여 고시한다.

2. 지정 및 지정취소

가. 지정

백년소상공인으로 지정되고자 하는 소상공인은 백년소상공인의 지정을 중기부장관에게 신청하여야 한다.(소상공인법 제16조의2)

중기부장관은 백년소상공인 지정 신청을 한 소상공인이 지정 요건을 갖추었다고 인정하는 때에는 백년소상공인으로 지정할 수 있다. 이 경우 중기부장관은 백년소상공인에게 중기부령으로 정하는 바에 따라 유효기간을 정하여 백년소상공인지정서를 발급하여야 한다.

지정된 백년소상공인은 중기부령으로 정하는 바에 따라 백년소상공인 지정의 표시를 할수 있으며, 지정된 백년소상공인이 아닌 자는 그 지정의 표시 또는 이와 유사한 표시를 하거나 이와 유사한 명칭을 사용하여서는 아니 된다.

나. 지정 취소

중기부장관은 지정된 백년소상공인이 다음의 어느 하나에 해당하면 그 지정을 취소할 수 있다. 다만, ①항의 경우에는 그 지정을 취소하여야 한다.

① 거짓이나 그 밖의 부정한 방법으로 지정을 받은 경우

② 백년소상공인의 요건을 갖추지 아니하게 된 경우

③ 부도, 폐업 또는 휴업 등으로 영업을 지속적으로 영위할 수 없다고 판단되는 경우

④ 지정 유효기간 내에 아래의 어느 하나에 해당하게 된 경우

  ❶ 관계 법령에 따라 영업정지, 취소, 과징금 등 영업 관련 행정제재처분을 받은 경우

  ❷ 백년소상공인의 명단이 다음의 어느 하나에 따라 공표된 경우

    ⓐ 고액·상습체납자의 명단 공개   ⓑ 임금체불사업주 명단 공개

    ⓒ 산업재해 발생건수 등의 공표   ⓓ 상습법위반사업자 명단 공표

  ❸ 국민의 생명과 안전에 위해를 끼치는 등 사회적 물의로 백년소상공인의 사회적 명성에 중대한 손상이 발생한 경우

중기부장관은 백년소상공인의 지정을 취소하려면 청문을 실시하여야 하며, 지정을 취소한 경우에는 그 사실을 지체 없이 관계 중앙행정기관의 장 및 관할 지방자치단체의 장에게 통보하여야 한다.

제 6 장

3. 지원

중기부장관은 백년소상공인에 대하여 다음의 사항에 관한 지원사업을 할 수 있다.
① 제품·서비스 등의 홍보, 컨설팅 및 판로 개척, 경영개선 교육
② 인력 확보 및 장기재직 촉진
③ 사업승계 및 후계인력 양성
학습의 관점에서 ③항 이후의 내용은 생략한다.

중기부장관은 백년소상공인에 대한 지원사업을 효율적으로 추진하기 위하여 소상공인시장진흥공단에 사업을 위탁할 수 있으며, 사업을 위탁하는 경우 예산의 범위에서 사업의 수행에 필요한 비용의 전부 또는 일부를 보조할 수 있다.

4. 기타

가. 백년소상공인의 지역경제 발전에 대한 기여
지정된 백년소상공인은 지역의 경제 발전에 기여하도록 노력하여야 한다.

중기부장관은 지역의 경제 발전에 기여한 공이 큰 백년소상공인에 대하여 포상할 수 있으며, 포상의 기준·방법 및 절차에 필요한 사항은 대통령령[5]으로 정한다.

나. 온누리상품권 가맹점 특례
백년소상공인은 「전통시장 및 상점가 육성을 위한 특별법」 제2조제13호[6]에 따른 가맹점으로 등록할 수 있다.(소상공인법 제16조의6)

가맹점의 등록, 준수사항, 등록의 취소 등에 관하여는 「전통시장 및 상점가 육성을 위한 특별법」 제26조의4부터 제26조의6까지 및 제74조를 준용한다.

---

5) 소상공인령 제5조의8(백년소상공인에 대한 포상)에 규정되어 있으나 세부적인 내용은 생략한다.
6) 전통시장 및 상점가 육성을 위한 특별법 제2조(정의) 이 법에서 사용하는 용어의 뜻은 다음과 같다.
13. "가맹점"이란 제26조의4에 따라 등록한 자로서 다음 각 목의 자를 말한다.
가. 온누리상품권을 사용한 거래에 의하여 물품의 판매 또는 용역의 제공을 하는 시장등의 상인(이하 "개별가맹점"이라 한다)
나. 온누리상품권을 수취한 개별가맹점을 위하여 제26조의3제2항 단서에 따라 온누리상품권의 환전을 대행(代行)하는 상인조직(이하 "환전대행가맹점"이라 한다)

제5절 | 소상공인 시장 진흥공단

```
1. 공단의 설립            4. 자료의 요청
2. 공단의 사업            5. 대리인 선임
3. 소상공인 지원센터       6. 지도 · 감독
```

1. 공단의 설립

소상공인의 경영안정과 성장 및 「전통시장 및 상점가 육성을 위한 특별법」 제2조에 따른 전통시장, 상점가 및 상권활성화구역(이하 "전통시장 등"이라 한다)의 활성화를 위한 사업을 효율적으로 수행하기 위해 소상공인시장진흥공단(이하 "공단"이라 한다)을 설립한다.(소상공인법 제17조 ①항)

공단은 법인으로 하며, 주된 사무소의 소재지에서 설립등기를 함으로써 성립하고, 공단에 관하여 소상공인법에서 규정한 것 외에는 「민법」 중 재단법인에 관한 규정을 준용한다.(소상공인법 제17조 ②, ③, ⑦항) 2024 기출

공단은 정관으로 정하는 바에 따라 지부, 연수원 또는 부설기관을 설치할 수 있으며, 정부는 공단의 사업 수행에 필요한 경비를 출연하거나 보조할 수 있다.(소상공인법 제17조 ④, ⑥항) 2017 기출

소상공인법에 따라 설립된 공단이 아닌 자는 소상공인시장진흥공단 또는 이와 유사한 명칭을 사용하여서는 아니 된다.(위반 시 1,000만 원 이하의 과태료 부과)

※ 진흥법에 따른 중소벤처기업진흥공단 유사명칭을 사용한 자에게는 300만 원 이하의 과태료를 부과한다.

제 6 장

2. 공단의 사업

공단은 다음의 사업을 한다.(소상공인법 제17조 ⑤항)

① 소상공인의 경영안정과 성장 및 전통시장 등의 활성화를 위한 다음의 사업

  ❶ 소상공인 및 전통시장 등에 대한 지원 정책에 관한 연구 · 조사 · 평가 및 홍보

  ❷ 소상공인 및 전통시장 등에 대한 지원사업 효과에 관한 평가

② 전통시장 등의 경영 현대화를 위한 정보 제공 및 상담 · 교육

③ 소상공인의 해외시장 진출 및 해외 유통망 구축 지원

학습의 관점에서 ③항 이후의 내용은 생략한다.

공단은 위 ③항에 해당하는 지원 사업을 원활하게 수행하기 위하여 대한무역투자진흥공사 등 관련 기관 · 단체에 협조를 요청할 수 있다. 이 경우 요청을 받은 기관 · 단체는 특별한 사유가 없으면 협조하여야 한다. (소상공인법 제17조 ⑥항)

3. 소상공인 지원센터

공단의 이사장은 지역별로 소상공인의 경영안정과 성장 및 전통시장 등의 활성화 사업에 대한 지원업무의 수요를 고려하여 지역별 소상공인지원센터를 설치 · 운영한다.(소상공인법 제17조 ④항, 소상공인령 제6조 ①항) 2017 기블

지원센터는 다음의 업무를 수행한다. 역시 일부만 인용한다. (소상공인령 제6조 ②항)

① 소상공인 창업과 경영개선을 위한 정보 제공, 교육 및 상담

② 지역상권의 조사 · 분석

③ 소상공인 실태조사 및 관련 정보의 수집

지원센터의 설치 · 운영에 필요한 사항은 공단 이사장이 중기부장관과 협의하여 정한다.(소상공인령 제6조 ③항)

4. 자료의 요청

공단은 국가, 지방자치단체, 국민연금공단, 국민건강보험공단, 근로복지공단, 그 밖에 대통령령[7]으로 정하는 공공단체에 업무 수행에 필요한 자료의 제공을 요청할 수 있다.

공단은 납세자의 인적 사항 및 사용 목적을 적은 문서로 관할 세무관서의 장 또는 지방자치단체의 장에게 과세정보(종합소득세 및 지방세 과세자료, 이와 관련된 사업자 등록 자료의 구체적 항목에 한정한다)의 제공을 요청할 수 있다.

이 경우 과세정보의 제공 요청은 소상공인에 대한 자금지원 업무와 그에 따른 대출자산의 회수 활동을 위하여 필요한 최소한의 범위에서 하여야 하며 다른 목적을 위하여 남용해서는 아니 된다.(소상공인법 제17조의2)

위 규정에 따른 요청을 받은 자는 특별한 사유가 없으면 요청에 따라야 한다.

5. 대리인 선임

공단 이사장은 임직원 중에서 공단의 업무에 관하여 재판상 또는 재판 외의 모든 행위를 할 권한이 있는 대리인을 선임할 수 있다.(소상공인법 제17조의3)

6. 지도 · 감독

중기부장관은 공단의 업무를 지도 · 감독하며, 필요한 경우에는 사업에 관한 지시나 명령을 할 수 있다.(소상공인법 제18조)

이에 따라 중기부장관은 공단으로 하여금 업무 · 회계 및 재산에 관하여 필요한 사항을 보고하게 하거나 소속 공무원으로 하여금 공단의 장부 · 서류, 그 밖의 물건을 검사하게 할 수 있다.(소상공인령 제7조)

---

7) 2024년 12월 현재 대통령령에 특별한 규정은 없다.

| 제6절 | 소상공인 시장 진흥기금 |

| 1. 기금의 조성 | 2. 기금의 관리 및 운용 |

전통시장 등의 상인 등 소상공인의 경영안정과 성장 및 구조고도화 등을 지원하는 데 필요한 재원을 확보하기 위하여 소상공인시장진흥기금(이하 "기금"이라 한다)을 설치한다.(소상공인법 제19조) 2018 기출

1. 기금의 조성

기금은 다음의 재원으로 조성한다.(소상공인법 제20조) 2023, 2024 기출
① 정부의 출연금(직전 회계연도 관세 징수액의 100분의 3을 기준으로 한다)
② 정부나 지방자치단체 외의 자가 출연하는 현금·물품 또는 그 밖의 재산
③ 다른 기금으로부터의 전입금 및 차입금
④ 「공공자금관리기금법」에 따른 공공자금관리기금으로부터의 예수금(預受金)
⑤ 「복권 및 복권기금법」에 따라 배분된 복권수익금
⑥ 기금의 운용으로 생기는 수익금
⑦ 그 밖에 대통령령[8]으로 정하는 수입금

정부는 회계연도마다 예산의 범위에서 출연금을 세출예산에 포함시켜야 한다.

---

8) 2024년 12월 현재 대통령령에 별도의 규정은 없다.

328

2. 기금의 관리 및 운용

중기부장관은 기금의 관리·운용에 관한 업무의 일부를 공단 등에 위탁할 수 있으며, 기금의 관리·운용자는 「국가재정법」 제66조에 따른 기금운용계획에서 정하는 바에 따라 기금을 대출 등의 방법으로 운용할 수 있다. (소상공인법 제22조)

기금의 회계연도는 정부의 회계연도에 따르며, 기금의 관리·운용자는 기금의 회계를 다른 회계와 구분하여 회계처리 하여야 한다.

(1) 업무의 위탁

중기부장관은 기금의 관리·운용에 관한 다음의 업무를 공단에 위탁한다.(소상공인법 제22조 ①, ②항, 소상공인령 제10조 ①항)
① 기금운용계획안 및 기금결산보고서의 작성
② 기금의 관리·운용에 관한 회계사무
③ 기금 여유자금의 운용
④ 그 밖에 기금의 관리·운용에 관한 사항으로서 중기부장관이 정하여 고시하는 업무

공단이 위탁받은 업무를 처리하는 데에 드는 비용은 기금에서 부담한다.(소상공인령 제10조 ④항)

(2) 기금운용위원회

가. 위원회의 구성
기금의 관리·운용에 관한 주요 사항을 심의하기 위하여 중기부에 기금운용위원회를 두며, 위원장 1명을 포함하여 10명 이내의 위원으로 구성한다.

기금운용위원회의 위원장은 중기부 차관이 되고, 위원은 다음의 사람 중에서 성별을 고려하여 중기부장관이 위촉하거나 임명한다.(소상공인령 제11조 ②항)
① 중기부 소속 고위공무원단에 속하는 공무원으로서 기금업무를 담당하는 사람
② 소상공인과 전통시장 등에 관한 전문지식과 경험이 풍부하다고 인정되는 사람
③ 그 밖에 기금의 관리·운용에 관한 전문지식과 경험이 풍부하다고 인정되는 사람
위 ②, ③항에 따른 위원의 임기는 2년으로 한다.

제
6
장

나. 위촉직 위원의 해촉

중기부장관은 위 ②, ③항에 따라 위촉된 위원이 다음의 어느 하나에 해당하는 경우에는 해당 위원을 해촉(解囑)할 수 있다.(소상공인령 제11조의2)

① 심신장애로 인하여 직무를 수행할 수 없게 된 경우

② 직무와 관련된 비위사실이 있는 경우

③ 직무태만, 품위손상이나 그 밖의 사유로 인하여 위원으로 적합하지 아니하다고 인정되는 경우

④ 위원 스스로 직무를 수행하는 것이 곤란하다고 의사를 밝히는 경우

다. 위원회의 운영

위원장은 기금운용위원회를 대표하고, 기금운용위원회의 업무를 총괄한다. 또한, 위원장은 기금운용위원회의 회의를 소집하고 그 의장이 되며, 위원장이 부득이한 사유로 직무를 수행할 수 없을 때에는 위원장이 미리 지명한 위원이 그 직무를 대행한다.(소상공인령 제11조 ④~⑥항)

기금운용위원회의 회의는 재적위원 과반수의 출석으로 개의(開議)하고, 출석위원 과반수의 찬성으로 의결한다.(소상공인령 제11조 ⑦항)

기금운용위원회에 출석한 위원에게는 예산의 범위에서 수당과 여비를 지급할 수 있다. 다만, 공무원인 위원이 그 소관 업무와 직접적으로 관련되어 출석하는 경우에는 그러하지 아니하다.(소상공인령 제11조 ⑨항)

기금운용위원회에 기금운용위원회의 사무를 처리할 간사 1명을 두며, 간사는 중기부 소속 공무원 중에서 중기부장관이 지명한다.(소상공인령 제11조 ⑧항)

소상공인령에서 규정한 사항 외에 기금운용위원회 운영에 필요한 사항은 기금운용위원회의 의결을 거쳐 위원장이 정한다.(소상공인령 제11조 ⑩항)

※ 진흥법에 따라 진흥공단에는 운영위원회를 두고, 소상공인법에 따라 공단에 기금운용위원회를 둔다. 그러나 운영위원회와 달리 기금운용위원회에는 심의 대상에 대한 별도의 규정이 없다.

(3) 기금의 사업

기금은 다음의 사업을 위하여 사용할 수 있다. (소상공인법 제21조 ①항) 2017 기출

① 소상공인의 지속 성장을 위한 직접융자 등 자금 지원

② 소상공인 과밀 업종의 사업전환 지원

③ 소상공인의 구조고도화 및 정보화 지원

학습의 관점에서 ③항 이후의 내용은 생략한다.

(4) 재난 시 신속 지원

공단은 「재난 및 안전관리 기본법」 제3조제1호에 따른 재난의 발생으로 영업에 심대한 피해를 입은 소상공인의 피해 복구를 위하여 융자 지원 등을 하는 경우 소상공인이 신속하게 지원받을 수 있도록 노력하여야 한다.(소상공인법 제22조의5)

(5) 보조금 지급과 환수

가. 보조금 지급

중기부장관은 기금의 사업을 수행하기 위하여 필요한 경우 전통시장 등의 상인 등 소상공인이나 관련 단체 등에 대하여 「보조금 관리에 관한 법률」에서 정하는 바에 따라 기금에서 보조금을 지급할 수 있다.(소상공인법 제21조 ②항, 소상공인령 제8조)

나. 보조금 환수

중기부장관은 기금을 사용하는 자가 그 기금을 다음과 같은 사유로 지원받거나 사용한 경우 지출된 기금을 환수할 수 있다.(소상공인법 제21조 ③항, 소상공인령 제9조)

① 거짓 신청이나 그 밖의 부정한 방법으로 기금을 지원받은 경우

② 기금을 지출 목적 외의 용도로 사용한 경우

기금의 환수는 국세 체납처분의 예에 따른다.(소상공인법 제21조 ④항)

(6) 대출금 관리

공단은 대출을 받은 자가 대출금을 상환하기 곤란하다고 인정되는 등 아래 어느 하나의 사유에 해당하면 그 상환기간을 연장하거나 상환을 유예할 수 있다.(소상공인법 제22조의2)

① 채무자의 재산이 대출금 회수에 따르는 비용에 충당하고 나면 남을 것이 없다고 인정되는 경우

제
6
장

② 대출금 상환기간 연장 또는 상환 유예를 함으로써 장래 채무자의 대출금 상환능력이 증대될 가능성이 있다고 인정되는 경우

③ 그 밖에 대출금 회수를 위하여 필요한 경우로서 공단의 이사장이 필요하다고 인정하는 경우

위에 따라 대출금 상환기간 연장이나 상환 유예를 받으려는 채무자는 중기부령[9]으로 정하는 상환기간 연장·상환 유예 신청서에 상환기간 연장 및 상환 유예 사유를 확인하기 위한 서류로서 중기부령[10]으로 정하는 서류를 첨부하여 공단 이사장에게 제출해야 한다.

공단 이사장은 위에 따라 신청을 받으면 이사회의 의결을 거쳐 상환기간 연장이나 상환 유예의 여부를 결정하고 그 결과를 신청인에게 알려야 한다.

공단 이사장은 대출금 상환기간 연장 여부 등을 결정할 때 필요한 최소한의 범위에서 채무자의 경영·재산 상황 등을 확인하기 위한 현장 조사를 실시할 수 있다.

위에서 규정한 사항 외에 채무자의 대출금 상환기간 연장 및 상환 유예 절차에 관하여 필요한 사항은 중기부장관이 정하여 고시한다.

(7) 부실채권 매각

공단은 부실채권의 효율적인 회수와 관리를 위하여 필요하다고 인정하는 경우에는 중기부령[11]으로 정하는 바에 따라 부실채권을 상각 또는 매각할 수 있다.

---

[9] 소상공인칙 제1조의4(상환기간 연장 등의 신청)

[10] 소상공인칙 제1조의4(상환기간 연장 등의 신청)

[11] 소상공칙 제1조의5(부실채권의 매각 절차 등) ① 「소상공인 보호 및 지원에 관한 법률」(이하 "법"이라 한다) 제22조의4제1항에 따라 상각 또는 매각할 수 있는 부실채권의 범위는 다음 각 호와 같다.

1. 상각할 수 있는 부실채권: 다음 각 목의 어느 하나에 해당하는 채권
   가. 채무자의 강제집행, 폐업, 사망 또는 행방불명 등으로 회수할 수 없는 채권
   나. 소멸시효가 완성된 채권
   다. 「채무자의 회생 및 파산에 관한 법률」에 따른 회생계획인가의 결정 또는 법원의 면책결정에 따라 회수 불능으로 확정된 채권
   라. 채무가 면제되었거나 무효가 된 채권
   마. 회수예상비용이 회수예상액을 초과하는 등 법적 절차를 실행할 실익이 없는 채권
2. 매각할 수 있는 부실채권: 다음 각 목의 어느 하나에 해당하는 채권
   가. 제1호가목 또는 마목에 해당하는 채권
   나. 채무이행 능력의 급격한 감소 등 채무조정의 필요성이 있는 경우로서 중소벤처기업부장관이 정하는 사유가 발생한 채권(채무자의 동의를 미리 받은 경우로 한정한다)

이에 따라 부실채권을 매각하는 경우 다음의 자에게 매각할 수 있다. (소상공인법 제22조의4, 소상공인령 제10조의3)

① 「한국자산관리공사 설립 등에 관한 법률」에 따라 설립된 한국자산관리공사

② 위 ①항의 한국자산관리공사가 출자한 회사

③ 「자산유동화에 관한 법률」에 따른 유동화전문회사

④ 「자본시장과 금융투자업에 관한 법률」에 따른 기업재무안정 사모집합투자기구

(8) 결산 및 보고

가. 월별 운용실적

공단은 위탁받은 기금의 운용 현황, 기금 지원 대상자의 선정 및 지원명세 등을 포함한 월별 세부 기금 운용실적을 매 분기 마지막 달의 다음 달 20일까지 중기부장관에게 보고하여야 한다.(소상공인령 제10조 ②항)

나. 기금결산보고

공단은 매 회계연도의 기금 결산보고서에 대차대조표, 손익계산서 등의 서류를 첨부하여 다음 회계연도 2월 20일까지 중기부장관에게 제출해야 한다.(소상공인령 제10조 ③항)

기금의 결산에서 이익금이 생겼을 때에는 이를 전액 적립하여야 한다.

기금의 결산에서 손실금이 생겼을 때에는 적립금으로 보전하고, 그 적립금으로 보전하고도 부족할 때에는 정부가 이를 보전한다.(소상공인법 제22조의3)

창업 및 진흥기금	이익금	이월손실금 보전 → 기금으로 적립
	손실금	적립금으로 보전 → 정부가 보전
소상공인 시장 진흥기금	이익금	→ 전액 적립
	손실금	적립금으로 보전 → 정부가 보전

제 6 장

제7절 소상공인 연합회

---

1. 연합회의 설립   4. 연합회 지원
2. 연합회의 회원   5. 지도 · 감독
3. 연합회의 사업

---

1. 연합회의 설립

다음의 요건을 모두 갖춘 법인 · 조합 및 단체는 소상공인연합회(이하 "연합회"라 한다)를 설립할 수 있다. 2016, 2022, 2023, 2024 기출

① 회원의 100분의 90 이상이 소상공인일 것
② 대표자가 소상공인일 것

연합회는 법인으로 하며, 주된 사무소의 소재지에서 설립등기를 함으로써 성립하고, 연합회에 관하여 소상공인법에서 정한 것 외에는 「민법」 중 사단법인에 관한 규정을 준용한다.

연합회를 설립하려는 자는 중기부령으로 정하는 바에 따라 정관 및 그 밖에 필요한 서류를 중기부장관에게 제출하여 그 설립 허가를 받아야 하며, 지역별 사업의 원활한 추진을 위하여 정관으로 정하는 바에 따라 지회(支會)를 둘 수 있다. 2016 기출

이 법에 따라 설립된 연합회가 아닌 자는 소상공인연합회 또는 이와 유사한 명칭을 사용하여서는 아니 된다.(위반시 300만 원 이하의 과태료 부과)

2. 연합회의 회원

연합회의 회원은 정회원과 특별회원으로 한다.(소상공칙 제2조)

가. 정회원

정회원은 다음의 요건을 모두 갖춘 법인·조합 및 단체로 하며, 정회원은 각각 1개의 의결권과 선거권을 가진다.

① 다음의 어느 하나에 해당할 것

　㉠「중소기업협동조합법」에 따라 설립된 협동조합, 사업협동조합 또는 협동조합연합회

　㉡「협동조합 기본법」제15조에 따라 설립된 협동조합 또는 같은 법 제71조에 따라 설립된 협동조합연합회

　㉢ 그 밖에「민법」또는 다른 법률에 따라 설립된 비영리법인, 조합 또는 단체

② 회원의 100분의 90 이상이 소상공인이면서 대표자가 소상공인일 것

③ 활동 범위가 9개 이상의 특별시·광역시·특별자치시·도 또는 특별자치도에 걸칠 것

나. 특별회원

연합회는 정관으로 정하는 바에 따라 경제단체, 소상공인 관련 단체, 소상공인 등을 특별회원으로 할 수 있다.

3. 연합회의 사업

연합회는 다음의 사업을 한다. 단, 학습의 관점에서 일부만 인용한다.

① 소상공인 상호간의 친목 도모를 위한 상부상조 사업

② 소상공인 구매·판매 등에 관한 공동사업

③ 소상공인을 위한 세무·회계 및 법률 서비스 지원

정부와 지방자치단체는 연합회가 위에 따른 사업을 수행하는 경우 이에 필요한 비용을 예산의 범위에서 지원할 수 있다.(이상 소상공인법 제25조) 2022 기출

4. 연합회 지원

중기부장관은 소상공인을 육성하기 위하여 예산의 범위에서 연합회 운영에 필요한 경비를 보조할 수 있으며, 지방자치단체의 장은 소상공인을 육성하고 지역 사회를 개발하기 위하여 관할 구역에 있는 연합회 지회의 운영에 필요한 경비의 일부를 연합회를 통하여 보조할 수

있다. 2022 기출

5. 지도 · 감독

　중기부장관은 필요한 경우 연합회의 사무에 관하여 지도 · 감독할 수 있으며 이를 위해 필요한 경우에는 연합회에 서류 등의 제출을 요구할 수 있다. 이 경우 연합회는 특별한 사유가 없으면 그 요구에 따라야 한다.(소상공인법 제26조) 2017 기출

　중기부장관은 연합회의 업무나 회계가 법령이나 정관에 위반된다고 인정되는 경우에는 기한을 정하여 업무의 시정과 그 밖에 필요한 조치를 명할 수 있으며, 연합회가 명령에 따르지 아니하면 임원의 해임 또는 연합회의 해산을 명할 수 있다.

　중기부장관은 연합회의 해산을 명하려면 청문을 하여야 한다.(명령 위반시 1,000만 원 이하의 벌금 부과) 2022 기출

　연합회는 정관으로 정하는 바에 따라 연합회 정회원의 업무나 회계에 관하여 지도 · 감독하고, 연합회 정회원으로 하여금 업무나 회계에 관한 보고를 하게 하거나 감사를 받도록 명할 수 있다.

제8절 | 보 칙

> 1. 권한의 위임과 위탁   2. 벌칙

1. 권한의 위임과 위탁

(1) 권한의 위임

소상공인법에 따른 중기부장관의 권한은 그 일부를 소속 기관의 장이나 시·도지사에게 위임할 수 있다.(소상공인법 제28조 ①항)

(2) 업무의 위탁

가. 업무를 위탁할 수 있는 기관

소상공인법에 따른 중기부장관의 업무는 그 일부를 다음의 자에게 위탁할 수 있다.

① 공단의 이사장
② 「신용보증기금법」에 따라 설립된 신용보증기금의 이사장
③ 「기술보증기금법」 제12조에 따라 설립된 기술보증기금의 이사장
④ 「지역신용보증재단법」 제9조에 따라 설립된 신용보증재단의 이사장
⑤ 연합회 회장
⑥ 그 밖에 소상공인에 대한 보호·지원 업무를 담당하는 기관의 장으로서 대통령령으로 정하는 자

나. 공단 이사장에게 위탁하는 업무

중기부장관은 다음의 업무를 공단의 이사장에게 위탁한다.

① 소상공인 창업 지원사업의 수행

제6장

② 소상공인의 경영안정과 성장을 지원하기 위한 사업(제조업을 영위하는 소상공인에 대한 자금지원사업은 제외한다)의 수행

③ 소상공인의 구조고도화를 위한 지원사업의 수행

④ 소상공인의 조직화 및 협업화를 위한 지원사업의 수행

⑤ 폐업 소상공인 지원사업의 수행

⑥ 불공정거래로 인하여 피해를 입은 소상공인의 보호 및 지원을 위한 상담센터의 설치ㆍ운영

2. 벌칙

가. 2년 이하의 징역 또는 2천만 원 이하의 벌금

손실보상을 위해 제공받은 정보를 이 법에 따른 손실보상 관련 업무 이외의 목적으로 사용한 자는 2년 이하의 징역 또는 2천만 원 이하의 벌금에 처한다.

나. 1천만 원 이하의 벌금

중기부장관이 연합회 업무에 대해 시정과 그 밖에 필요한 조치를 명령하였음에도 이를 위반한 연합회에는 1천만 원 이하의 벌금에 처한다.(소상공인법 제29조)

다. 1천만 원 이하의 과태료

소상공인시장진흥공단 또는 이와 유사한 명칭을 사용한 자에게는 1천만 원 이하의 과태료를 부과한다.

라. 3백만 원 이하의 과태료

소상공인연합회 또는 이와 유사한 명칭을 사용한 자에게는 3백만 원 이하의 과태료를 부과한다.

과태료는 소상공인령 별표-1에서 정하는 바에 따라 중기부장관이 부과ㆍ징수한다.(이상 소상공인법 제30조)

마. 벌칙 적용 시 공무원 의제

심의위원회의 위원 중 공무원이 아닌 사람은 「형법」 제127조 및 제129조부터 제132조까지의 규정을 적용할 때에는 공무원으로 본다.

01 소상공인 보호 및 지원에 관한 법률에 대한 설명으로 옳지 않은 것은?

① 중소벤처기업부장관은 소상공인의 입지 및 업종 선정을 지원하기 위하여 상권(商圈) 관련 정보를 종합적으로 제공하는 상권정보시스템을 구축·운영할 수 있다.

② 중소벤처기업부장관은 소상공인이 공동으로 활용할 수 있는 소상공인공동물류센터를 건립하여 운영할 수 있다.

③ 국가나 지방자치단체는 소상공인의 경영안정과 성장을 지원하기 위하여 필요한 경우에는 소상공인에 대하여 소득세, 법인세, 취득세, 재산세 및 등록면허세 등을 감면할 수 있다.

④ 소상공인시장진흥공단은 법인으로 한다.

⑤ 기금의 관리·운용자는 「국가재정법」 제66조에 따른 기금운용계획에서 정하는 바에 따라 소상공인시장진흥기금을 대출 등의 방법으로 운용할 수 있다.

 ② 공동물류센터는 중기부장관이 건립하는 것이 아니라 일정 수 이상의 소상공인이 공동으로 건립하고, 중기부장관은 공동물류센터 운영에 필요한 행정적·재정적 지원을 할 수 있다.

02 소상공인 보호 및 지원에 관한 법률상 「감염병의 예방 및 관리에 관한 법률」에 따른 조치로 인하여 발생한 손실보상에 관한 설명으로 옳은 것은? (단, 권한의 위임 및 업무의 위탁은 고려하지 않음) 2023 기출

① 중소벤처기업부장관은 손실보상 심의위원회의 심의를 거쳐 소상공인 외의 자로서 「중소기업기본법」에 따른 중소기업에 해당하는 자에게도 손실보상을 할 수 있다.

② 중소벤처기업부장관은 손실보상 심의위원회의 심의를 거치지 않고 신청인에게 손실보상금을 지급할 수 있다.

③ 중소벤처기업부장관은 손실보상 지급 금액 결정에 대하여 이의가 있는 신청인은 그 결정의 통지를 받은 날부터 90일 이내에 중소벤처기업부장관에게 이의를 신청할 수 있다.

④ 손실보상 심의위원회 위원장은 중소벤처기업부장관이 된다.

⑤ 손실보상 심의위원회 위원장은 재적위원 3분의 1 이상의 요구가 있을 때에 손실보상심의위원회의 회의를 소집한다.

해설 ①
② 반드시 손실보상 심의위원회의 심의를 거쳐야 한다.
③ 결정의 통지를 받은 날부터 30일 이내에 중기부장관에게 이의를 신청할 수 있다.
④ 손실보상 심의위원회 위원장은 장관이 아니라 차관이 된다.
⑤ 과반의 요구가 있을 때 소집한다.

03 소상공인 보호 및 지원에 관한 법령상 중소벤처기업부장관이 행정적·재정적 지원을 할 수 있는 소상공인공동물류센터(이하 '물류센터'라 함)에 관한 설명으로 옳지 않은 것은? 2022 기출

① 종합 소매업을 주된 업종으로 영위하는 소매업자 50인 이상이 공동으로 건립하여 운영하는 물류센터는 지원 대상이 될 수 있다.

② 물류센터는 소상공인의 연간 매출액 규모를 기준으로 소상공인의 회원 가입을 제한할수 있다.

③ 물류센터가 소상공인의 물류체계 현대화를 위하여 수행하는 사업에는 상품의 전시도 포함된다.

④ 물류센터는 화물의 운송 · 보관 · 하역과 관련된 가공 · 조립 · 분류 · 수리 · 포장 · 상표부착 · 판매 · 정보통신 등의 활동을 위한 시설을 갖추어야 한다.

⑤ 물류센터 건립 · 운영 지원 사업을 위하여 소상공인시장진흥기금을 사용할 수 있다.

해설 ② 소상공인은 누구나 회원으로 가입하여 이용할 수 있도록 해야 한다.

04 소상공인 보호 및 지원에 관한 법률상 소상공인시장진흥기금을 조성하는 재원으로 옳지 않은 것은? 2023 기출

① 지방자치단체의 출연금 및 융자금

② 정부나 지방자치단체 외의 자가 출연하는 현금 . 물품 또는 그 밖의 재산

③ 다른 기금으로부터의 전입금 및 차입금

④ 「복권 및 복권기금법」에 따라 배분된 복권수익금

⑤ 기금의 운용으로 생기는 수익금

해설 ① 각 기금별 재원을 비교하면 아래와 같다.

중소벤처기업 진흥기금	소상공인 시장 진흥기금	성과보상기금
①정부 . 지자체 출연금 . 융자금 ②정부 . 지자체 외의 자 출연금 . 융자금	①정부 출연금(관세징수액 3%) ②정부 . 지자체 외의 자 출연 현금 · 물품, 그 밖의 재산	①정부 . 지자체 출연금 ②중소기업 또는 그 밖의 자의 출연금

05 소상공인 보호 및 지원에 관한 법령상 소상공인연합회에 관한 설명으로 옳은 것은? 2023 기출

① 회원의 100분의 80이 소상공인인 조합은 소상공인연합회를 설립할 수 있다.

② 대표자가 소상공인이 아닌 법인도 소상공인연합회를 설립할 수 있다.

③ 소상공인연합회를 설립하려는 자는 중소벤처기업부장관에게 설립신고를 하여야 한다.

④ 소상공인연합회 정회원의 활동범위는 6개 이상의 특별시 . 광역시 . 특별자치시 . 도 또는 특별자치도에 걸쳐 있어야 한다.

⑤ 중소벤처기업부장관은 필요한 경우 연합회의 사무에 관하여 지도 . 감독할 수 있다.

해설 ⑤
① 회원의 100분의 90이 소상공인인 조합은 소상공인연합회를 설립할 수 있다.
② 대표자가 반드시 소상공인이어야 한다.
③ 설립신고가 아니라 설립허가를 받아야 한다.
④ 9개 이상의 특별시 . 광역시 . 특별자치시 . 도 또는 특별자치도에 걸쳐 있어야 한다.

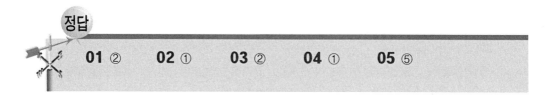

정답

01 ②   **02** ①   **03** ②   **04** ①   **05** ⑤

 # 중소기업 기술혁신 촉진법

제1절	총 칙

> 1. 목적
> 2. 용어의 정의
> 3. 정부 등의 책무

1. 목적

이 법은 중소기업의 기술혁신을 촉진하기 위한 기반을 확충하고 관련 시책을 수립·추진함으로써 중소기업의 기술경쟁력을 강화하여 국가경제 발전에 이바지함을 목적으로 한다.(기술법 제1조)

2. 용어의 정의 2024 기출

가. "중소기업"이란?
「중소기업기본법」 제2조에 따른 중소기업을 말한다.

나. "중소기업자"란?
중소기업을 경영하는 자를 말한다. 이 경우 중소기업자는 창업지원법에 따라 창업을 준비 중인 자를 포함한다.

다. "기술혁신"이란?
새로운 기술의 개발, 활용 중인 기술의 중요한 부분의 개선 또는 외부로부터 기술의 도입을 통하여 기업경영 개선 및 생산성을 높이고, 그 성과물을 거래하거나 사업화함으로써 새로운 부가가치를 창출하여 나가는 일련의 과정을 말한다.

라. "기술혁신형 중소기업"이란?
기술혁신활동을 통하여 기술경쟁력의 확보가 가능하거나 미래 성장가능성이 있는 중소기업으로서 중기부장관이 선정한 기업을 말한다.

마. "경영혁신"이란?

새기업의 경쟁력을 높이기 위하여 업무수행 방식, 조직구조 및 영업활동 등에서 새로운 경영기법을 개발하거나 경영기법의 중요한 부분을 개선하는 것을 말한다.

바. "경영혁신형 중소기업"이란?

경영혁신 활동을 통하여 경쟁력의 확보가 가능하거나 미래 성장가능성이 있는 중소기업으로서 제15조의3에 따라 중기부장관이 선정한 기업을 말한다.

사. "기술혁신 성과물"이란?

기술혁신의 과정에서 얻어지거나 결과로 도출되는 제품(시제품 및 시작품을 포함한다), 연구장비 및 시설 등 유형적 성과와 기술데이터, 지식재산권, 연구보고서의 판권 등 무형적 성과를 말한다.

아. "사업화"란? 2024 기출

기술을 이용하여 제품을 개발·생산 또는 판매하거나 그 과정에서 관련 기술을 향상시키는 것을 말한다.

자. "중소기업 기술거래"란?

중소기업이 기술수요자 또는 기술공급자로 참여하는 경우로서 기술의 양도, 실시권 허락, 기술지도, 공동연구, 합작투자 또는 인수·합병 등의 방법으로 기술이 기술보유자(해당 기술을 처분할 권한이 있는 자를 포함한다)로부터 그 외의 자에게 이전되는 것을 말한다.

차. "공공기관"이란?

「중소기업제품구매촉진 및 판로지원에 관한 법률」 제2조제2호에 따른 공공기관을 말한다.

3. 정부 등의 책무

정부는 중소기업의 기술혁신을 촉진하기 위하여 필요한 시책을 수립·시행해야 하고, 지방자치단체는 정부의 시책에 따라 관할구역의 특성을 고려하여 해당 구역 중소기업의 기술혁신을 촉진하기 위한 시책을 수립·시행할 수 있다. 공공연구기관은 중소기업의 기술혁신을 촉진하기 위하여 적극 노력해야 한다.(기술법 제3조)

제2절	기술혁신 촉진계획

1. 기술혁신 촉진계획   3. 실태조사 및 통계조사
2. 기술통계

기술법 상 지원체계를 이해하기 위해서는 필히 중기부장관이 주체가 되는 "기술혁신 촉진계획", "기술혁신 촉진 지원사업"과 관계중앙행정기관 및 공공기관이 주체가 되는 "기술혁신 지원계획"을 혼동하면 안 된다. 2013 기출

1. 기술혁신 촉진계획

중기부장관은 중소기업의 기술혁신을 촉진하기 위하여 「과학기술기본법」 제7조에 따른 과학기술기본계획에 따라 중소기업 기술혁신 촉진계획을 5년 단위로 수립해야 한다. 2021 기출

촉진계획에는 다음의 사항이 포함되어야 한다.
① 중소기업의 기술혁신 촉진을 위한 정책목표 및 기본방향에 관한 사항
② 기술혁신과제의 사업타당성 조사 등 기술혁신 촉진을 위한 제도개선에 관한 사항
③ 중소기업 기술혁신 성과의 보호 및 사업화 촉진에 관한 사항
학습의 관점에서 ③항 이후의 내용은 생략한다.

중기부장관은 촉진계획을 수립하기 위하여 기술혁신 지원계획을 시행하는 관계중앙행정기관의 장, 특별시장·광역시장·특별자치시장·도지사 또는 특별자치도지사(이하 "시·도지사"라 한다) 및 중소기업 기술지원 관련 기관 또는 단체의 장에게 관련 자료의 제공을 요청할 수 있다.

관계중앙행정기관의 장, 시·도지사 및 중소기업 기술지원 관련 기관 또는 단체의 장은 중소기업 기술지원 관련 사업을 추진할 때에는 촉진계획과 연계되도록 해야 한다.

중기부장관이 촉진계획을 수립할 때에는 국가과학기술자문회의 심의를 거쳐야 한다. 2021
기출

2. 기술통계

중기부장관은 촉진계획을 효율적으로 수립·추진하기 위하여 중소기업 기술통계를 작성해
야 하며, 그 작성 대상은 통계청장이 고시하는 한국표준산업분류에 따른 업종을 영위하는 중
소기업으로 한다.(기술법 제8조, 기술령 제5조의2)

기술통계에는 다음의 사항이 포함되어야 한다. 2014, 2018 기출

① 중소기업의 기술경쟁력 및 기술수준

② 중소기업의 애로기술 및 기술 관련 취약요인

③ 국내외 기술동향 분석

학습의 관점에서 ③항 이후의 내용은 생략한다.

중기부장관은 기술통계 작성에 관한 권한의 일부를 중소기업중앙회와 기술진흥전문기관의
장에게 위탁할 수 있다.(기술법 제8조 ②~④항)

3. 실태조사 및 통계조사

기술혁신형 중소기업에 관한 실태조사와 통계조사(이하 "실태조사 및 통계조사"라 한다)는
전항의 기술통계와 다르다. 기술통계와 실태조사 및 통계조사 모두 촉진계획을 효율적으로
수립·추진하기 위해 실시되나 실태조사 및 통계조사는 추가적으로 기술혁신 중소기업의 발
굴·육성을 위한 목적으로도 실시된다.

더불어 실태조사는 매년 정기적으로 실시되도록 규정되어 있으나 통계조사와 기술통계는
그렇지는 않다.

중기부장관은 촉진계획의 수립·시행 및 기술혁신형 중소기업의 발굴·육성을 효율적으로
추진하기 위하여 기술혁신형 중소기업의 활동현황, 자금, 인력, 경영, 성장 장애요인 및 정부
지원 활용 현황 등에 관한 실태조사를 매년 정기적으로 실시하고, 기술혁신형 중소기업에 관
한 통계자료를 조사·작성·분석 및 관리할 수 있다. 2022 기출

중기부장관은 실태조사 및 통계조사를 효율적으로 실시하기 위하여 전문연구평가기관·전

제
7
장

문연구단체나 관계 전문가에게 실태조사 및 통계조사를 의뢰할 수 있으며, 실태조사 및 통계조사를 실시한 경우 그 결과를 중기부 인터넷 홈페이지에 게재하여야 한다.

중기부장관은 이에 따른 실태조사 및 통계조사를 위해 필요한 경우 중앙행정기관의 장, 지방자치단체의 장 또는 공공기관의 장에게 관련 자료를 요청할 수 있다. 이 경우 자료를 요청받은 중앙행정기관의 장 등은 특별한 사유가 없으면 그 요청에 따라야 한다.

통계자료의 작성 및 관리에 관하여 이 법에서 정한 것을 제외하고는 「통계법」을 준용한다.

제3절 기술혁신 촉진 지원사업

3.1 기술혁신 촉진 지원사업

1. 기술혁신 촉진 지원사업

중기부장관은 중소기업의 기술혁신을 촉진하기 위해 다음의 기술혁신 촉진 지원사업을 추진해야 한다.

① 기술혁신에 필요한 자금지원

② 기술혁신 과제의 사업타당성 조사

③ 수요와 연계된 기술혁신의 지원

학습의 관점에서 ③항 이후의 사업은 생략한다.

중기부장관은 지원사업을 추진하는 데에 필요하다고 인정하는 경우에는 미리 관계중앙행정기관의 장과 협의해야 한다.(기술법 제9조)

제
7
장

2. 기술혁신 촉진 지원사업 평가

중기부장관은 기술혁신 촉진 지원사업의 투자효율성 제고 및 성과의 활용 촉진을 위하여 기술혁신 촉진 지원사업에 대한 평가를 실시하여야 하며, 평가에는 기술혁신 촉진 지원사업의 성과 검증 및 실패사유 분석이 포함되어야 한다.(기술법 제10조의2)

중기부장관은 기술혁신 촉진 지원사업의 성과 검증 및 실패사유 분석 등을 위하여 필요한 경우에는 현장방문조사를 실시할 수 있다. 이 경우 기술혁신 촉진 지원사업을 수행하거나 참여한 기관, 단체 또는 기업의 장은 현장방문조사에 성실히 응하여야 한다.

위에 따라 평가를 하는 경우 그 평가지표는 다음과 같다.
① 기술혁신촉진지원사업을 통해 지원받은 중소기업의 경제적 성과
② 기술혁신촉진지원사업을 통해 지원받은 중소기업의 기술적 성과
③ 그 밖에 중기부장관이 기술혁신촉진지원사업의 성과 검증 및 실패사유 분석 등을 위해 필요하다고 인정하여 고시하는 사항

위에 따라 평가를 하는 경우 그 평가대상은 다음과 같다.
① 기술혁신촉진지원사업
② 그 밖에 중기부장관이 평가할 필요가 있다고 인정하는 기술혁신촉진지원사업

중기부장관은 평가대상 사업을 통해 지원받은 중소기업에 평가지표별 성과를 확인할 수 있는 자료의 제출을 요청할 수 있으며, 지금까지 규정한 사항 외에 기술혁신촉진지원사업의 평가에 필요한 세부사항은 중기부장관이 정하여 고시한다.

3. 기술진흥 전문기관

중기부장관은 기술혁신 촉진 지원사업을 효율적으로 지원하기 위하여 전문인력 및 조사·연구 능력 등을 갖춘 기관을 중소기업 기술진흥 전문기관[1]을 지정할 수 있다.

가. 지정대상 기관 2023 기출
기술진흥전문기관으로 지정될 수 있는 자는 다음의 어느 하나에 해당하는 기관으로 한다.
① 국·공립 연구기관

---

[1] 기술법 제20조에 따른 중소기업기술정보진흥원이 전문기관으로 지정되어 있다.('02.6.21)

② 「정부출연연구기관 등의 설립·운영 및 육성에 관한 법률」에 따른 정부출연연구기관

③ 「과학기술분야 정부출연연구기관 등의 설립·운영 및 육성에 관한 법률」에 의하여 설립된 연구기관

④ 「특정연구기관 육성법」의 적용을 받는 특정연구기관

⑤ 중소기업기술정보진흥원

⑥ 중소벤처기업진흥공단

⑦ 「중소기업기본법」 제25조의2에 따른 중소벤처기업연구원

⑧ 기술보증기금

⑨ 기타 다음의 요건을 모두 갖춘 기관

　㉠ 해당 기관의 사업 내용에 기술혁신촉진지원사업에 관한 업무가 포함되어 있을 것

　㉡ 전담조직과 10명 이상의 전담인력을 보유하고 있을 것

　㉢ 사업 수행에 필요한 전용 업무공간과 시설을 갖추고 있을 것

기술진흥전문기관으로 지정받으려는 자는 중기부령으로 정하는 지정신청서를 중기부장관에게 제출해야 한다. 이 경우 위 ⑦항에 해당하는 기관은 해당 요건을 모두 갖추었음을 증명하는 서류를 첨부해야 한다.(기술령 제5조 ②항)

나. 지정 취소

중기부장관은 기술진흥전문기관이 다음의 어느 하나에 해당하는 경우에는 그 지정을 취소하거나 6개월 이내의 기간을 정하여 업무의 전부 또는 일부의 정지를 명할 수 있다. 다만, ①항에 해당하면 그 지정을 취소하여야 한다. 2023 기출

① 거짓이나 그 밖의 부정한 방법으로 지정을 받은 경우

② 지정기준에 적합하지 아니하게 된 경우

중기부장관은 기술진흥전문기관의 지정을 취소하거나 업무의 정지를 명하려는 경우에는 청문을 하여야 한다. 2023 기출

다. 기술진흥 전문기관의 사업

기술진흥전문기관은 다음의 사업을 한다.

① 중소기업의 기술혁신을 촉진하기 위한 수요조사 및 연구·기획

② 기술혁신 촉진 지원사업의 평가·관리

③ 중기부장관으로부터 위탁받은 기술료의 징수 등

중기부장관은 기술진흥전문기관이 위에 따른 업무를 수행하는 데에 필요한 경비를 예산의 범위에서 출연할 수 있으며, 기술진흥전문기관은 출연금을 지급받은 경우 별도의 계정을 설정하여 그 출연금을 관리해야 한다.(기술법 제7조)

기술진흥전문기관으로 지정받은 자는 당해연도의 사업계획 및 전년도의 추진실적을 매년 1월 31일까지 중기부장관에게 보고해야 한다.(기술령 제5조) 2023 기출

3.2 기술혁신 지원계획

1. 기술혁신 지원계획의 수립·시행

가. 시행기관 2015 기출

중앙행정기관 및 공공기관으로서 직전 3개 연도 평균 연구개발예산이 300억 원 이상인 기관(이하 "시행기관"이라 한다)의 장은 매년 중소기업의 기술혁신을 지원하기 위한 계획을 수립·시행하여야 하며, 기술혁신 지원계획[2]에는 다음의 사항이 포함되어야 한다.(기술법 제13조 ①항, 기술령 제11조 ①항)
① 지원대상분야 및 지원예산규모
② 지원의 범위 및 한도
③ 지원대상기업의 선정기준
④ 그밖에 중소기업의 기술혁신을 지원하기 위하여 필요하다고 인정하는 사항

이 때 연구개발예산은 다음의 구분에 따른 예산으로 한다.
① 중앙행정기관의 경우 : 국가 연구개발사업의 예산(해당 기관이 추진하는 연구개발사업의 예산)
② 공공기관의 경우 : 국가과학기술자문회의의 연구개발투자 권고에 따라 각 기관이 예산 편성에 반영한 연구개발사업의 예산

나. 시행지침

중기부장관은 기술혁신 지원계획의 효율적인 수립·시행을 위하여 필요하다고 인정하는 경우에는 다음의 사항이 포함된 시행지침을 정하여 이를 시행기관의 장에게 통보할 수 있으

---

[2] KOSBIR(Korea Small Business Innovation Research Program ; 코스비) 대규모 R&D 예산을 운영하는 정부나 공공기관이 소관 R&D 예산의 일정 비율 이상을 중소기업에 지원토록 해 중소기업에 대한 R&D 지원을 확대하고자 하는 취지로 1998년에 미국의 SBIR를 벤치마킹하여 도입되었다.

다.(기술령 제11조 ⑥항)

① 기술혁신지원사업의 시행방법·시행절차 및 우대지원 등에 관한 사항

② 기술혁신지원사업의 지원비율·지원한도 및 기술료의 징수 등에 관한 사항

③ 그밖에 중기부장관이 기술혁신 지원계획의 효율적인 수립 및 시행을 위하여 필요하다고 인정하는 사항

다. 지원비율

중기부장관은 시행기관의 장에게 해당 기관이 추진하는 연구개발사업의 특성, 직전 3개 연도 지원실적 등을 고려하여 해당 기관 연구개발예산의 일정 비율 이상을 중소기업의 기술혁신을 위하여 지원하도록 요청할 수 있다. 이 경우 지원요청을 받은 시행기관의 장은 특별한 사유가 없으면 이에 따라야 한다.(기술법 제13조 ③항)

중기부장관이 시행기관의 장에게 요청할 수 있는 지원비율(해당 기관의 총 연구개발예산에서 지원실적이 차지하는 비율)은 다음의 구분에 따라 산정한 비율로 하며, 요청을 받은 시행기관의 장은 통보받은 지원비율을 기술혁신 지원계획에 반영하기 어려운 특별한 사유가 있는 경우에는 중기부장관과 협의하여 그 지원비율을 따로 정할 수 있다.(기술법 제13조 ③항, 기술령 제11조 ⑤항)

① 직전 연도에 전체 시행기관의 평균 지원비율 이상으로 지원한 시행기관의 경우 : 직전 3개 연도 지원비율의 평균

② 직전 연도에 전체 시행기관의 평균 지원비율 미만으로 지원한 시행기관의 경우 : 직전 연도 지원비율에 직전 3개 연도의 지원비율 연평균 증가율을 더한 비율

다만, 다음의 경우에는 각각의 구분에 따른 비율로 한다.

㉠ 연평균 증가율이 음수인 경우 : 직전 3개 연도 지원비율 중 가장 높은 비율

㉡ 직전 3개 연도 지원비율이 동일한 경우 : 직전 연도 지원비율에 중기부장관이 정하는 적정 증가율을 더한 비율

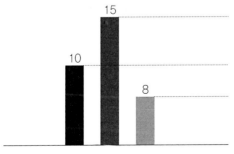

① 직전 연도에 전체평균 이상으로 지원(직전 3년 평균 지원비율)

직전 연도 전체 시행기관의 평균 지원비율

② 직전 연도에 전체평균 미만으로 지원(직전 연도 지원비율 + 연평균 성장률)

제7장

351

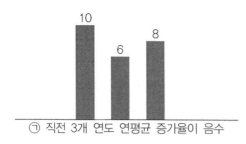

⊙ 직전 3개 연도 연평균 증가율이 음수

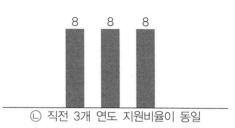

ⓒ 직전 3개 연도 지원비율이 동일

라. 우선지원

시행기관의 장은 기술혁신 지원계획에 따라 기술혁신사업을 수행하는 중소기업을 선정하여 해당 기술혁신사업에 드는 비용의 전부 또는 일부에 대하여 출연, 보조 또는 계약 등의 방식으로 지원할 수 있다. 이 경우 기술혁신형 중소기업 및 벤처기업에 우선적으로 지원할 수 있다.(기술법 제13조 ②항)

마. 지원실적 통보

시행기관의 장은 매년 2월 말일까지 해당 연도의 기술혁신 지원계획과 전년도의 기술혁신 지원실적을 중기부장관에게 통보하여야 하며, 지원실적은 다음의 구분에 따른 금액을 합산한 금액으로 한다.(기술법 제13조 ④항, 기술령 제11조 ④항)

① 중소기업지원액이 해당 연구개발사업의 사업비 중 30퍼센트 이상인 연구개발사업인 경우 : 중소기업지원액

② 중소기업지원액이 10억 원 이상인 연구개발사업인 경우 : 중소기업지원액

③ 중소기업이 개발한 제품의 구매를 조건으로 기술개발을 위하여 해당 중소기업에 지원한 연구개발사업인 경우 : 해당 연구개발사업의 사업비 전액

상기 실적 기준에 미달하는 지원실적은 집계하지 않는데 이는 소규모 기술개발 지원실적까지 집계해야 하는 문제를 해결하기 위한 조치라 할 수 있다.

중기부장관은 시행기관의 장으로부터 통보받은 기술혁신 지원계획을 종합하여 공고할 수 있다.(기술령 제11조 ⑨항)

바. 지원계획과 실적의 보고

중기부장관은 각 시행기관의 장이 통보한 시행기관별 기술혁신 지원계획 및 지원실적을 종합하여 국가과학기술자문회의와 국무회의에 보고하고 이를 국회 소관 상임위원회에 제출하여야 한다.(기술법 제13조 ⑤항)

2. 기술혁신 지원단

중기부장관은 기술혁신 지원계획의 원활한 수립·시행을 지원하기 위하여 중소기업 기술혁신 지원단을 설치·운영할 수 있다.

가. 지원단의 업무
지원단은 다음의 업무를 수행한다.(기술법 제13조의2 ②항) 2021 개정
① 기술혁신 지원계획과 관련한 전문적인 조사·연구·평가에 관한 업무
② 시행기관의 기술혁신 지원계획의 사전검토에 관한 업무
③ 기술혁신 지원계획 수립·운영의 개선에 관한 업무
학습의 관점에서 ③항 이후의 내용은 생략한다.

나. 지원단의 구성
지원단은 단장을 포함하여 6명 이상으로 구성한다.
단장은 중기부 고위공무원단 소속 공무원 또는 3급 이상 공무원으로 하고, 단원은 중기부·시행기관 또는 기술진흥전문기관의 소속 공무원 또는 임직원으로 한다.

다. 지원단 운영 및 지원
중기부장관은 지원단의 원활한 업무수행을 위하여 필요하면 시행기관의 장 또는 기술진흥전문기관의 장에게 소속 공무원 또는 임직원의 파견을 요청할 수 있다.

단장 및 단원은 겸직으로 또는 파견을 받아 근무하도록 할 수 있으며, 파견근무 기간은 특별한 사유가 없으면 1년으로 한다.

중기부장관은 지원단의 운영에 드는 경비의 전부 또는 일부를 예산의 범위에서 지원할 수 있다.

3. 이행점검

중기부장관은 기술혁신 지원계획의 실효성 향상을 위하여 지원계획의 시행기관이 실시하는 기술혁신 지원사업에 관하여 실태조사를 하거나 기술혁신 지원계획의 이행 여부에 대한 점검을 할 수 있다. 이 경우 중기부장관은 소속 공무원에게 시행기관의 기술혁신 지원계획과 관련한 자료를 확인하게 할 수 있다.

제 7 장

중기부장관은 이에 따른 실태조사 또는 이행점검 결과 개선이 필요하다고 인정하는 사항에 대하여는 해당 시행기관의 장에게 개선을 권고할 수 있다. 이에 따라 개선 권고를 받은 시행기관의 장은 특별한 사유가 없으면 권고에 따라야 하고, 권고를 받은 날부터 1개월 이내에 그 결과를 중기부장관에게 통보해야 한다. 이 경우 권고를 받은 시행기관의 장은 중기부장관의 권고를 이행할 수 없을 때에는 그 사유를 중기부장관에게 통보해야 한다.(기술법 제13조의3)

3.3 기술혁신사업과 산학협력 지원사업

1. 기술혁신사업

중기부장관은 중소기업의 기술혁신을 촉진하기 위하여 필요하다고 인정하는 경우 기술혁신능력을 보유한 중소기업자가 단독으로 또는 공동으로 수행하는 기술혁신사업에 출연할 수 있다. (기술법 제10조 ①항)

2. 산학협력 지원사업

중기부장관은 중소기업의 기술혁신 등을 촉진하기 위하여 다음의 학교·기관 또는 단체가 중소기업자와 공동으로 수행하는 산학협력 지원사업에 출연할 수 있다.(기술법 제11조 ①항)
① 대학·산업대학·전문대학 또는 기술대학
② 「국민 평생 직업능력 개발법」에 따른 기능대학
③ 국립 및 공립 연구기관
④ 「과학기술분야 정부출연연구기관 등의 설립·운영 및 육성에 관한 법률」 제8조에 따른 연구기관
⑤ 「특정연구기관 육성법」의 적용을 받는 특정연구기관
⑥ 중소벤처기업진흥공단
⑦ 그 밖에 기술혁신 등을 촉진하기 위하여 필요하다고 인정하여 중기부장관이 지정하는 법인 또는 단체

위에 따른 학교·기관 또는 단체는 중소기업 지원을 전담하는 조직인 중소기업산학연협력센터(이하 "협력센터"라 한다)를 설치·운영할 수 있으며, 중기부장관은 협력센터의 운영 현황을 조사하기 위하여 필요한 경우에는 협력센터를 설치·운영하는 학교·기관 또는 단체에

관련 자료의 제출을 요청할 수 있다.(기술령 제9조의2)

3. 선도연구기관

가. 지정대상

중기부장관은 중소기업의 산학연 공동기술혁신을 효율적으로 지원하기 위하여 관계 중앙행정기관의 장과 협의하여 다음의 어느 하나에 해당하는 기관을 중소기업 지원 선도연구기관(이하 "선도연구기관"이라 한다)으로 지정할 수 있다.(기술법 제11조의2 ①항)

① 「과학기술분야 정부출연연구기관 등의 설립·운영 및 육성에 관한 법률」 제8조에 따라 설립된 연구기관

② 「산업기술혁신 촉진법」 제42조에 따라 설립된 전문생산기술연구소

나. 지정기준

선도연구기관의 지정기준은 다음과 같다. (기술령 제9조의2)

① 선도연구기관의 업무 수행에 필요한 전담조직을 갖출 것

② 선도연구기관의 업무 수행에 필요한 연구시설·장비 및 전문인력을 보유할 것

다. 지정신청

선도연구기관으로 지정받으려는 기관은 다음의 서류를 갖추어 중기부장관에게 제출해야 한다.

① 선도연구기관의 운영에 관한 사업계획

② 지정기준에 관한 증빙자료

라. 지정취소

중기부장관은 선도연구기관에 다음의 어느 하나에 해당하는 사유가 있다고 인정될 때에는 그 지정을 취소할 수 있다. 다만, ①항에 해당하는 경우에는 그 지정을 취소하여야 한다.

① 거짓이나 그 밖의 부정한 방법으로 지정을 받은 경우

② 지정기준에 미달하게 된 경우

③ 정당한 사유 없이 1년 이상 사업실적이 없는 경우

선도연구기관 지정의 유효기간은 지정받은 날부터 5년으로 하며, 중기부장관은 선도연구기관이 수행하는 데 드는 비용의 전부 또는 일부를 지원할 수 있다. (기술법 제11조의2) 2021 기출

제 7 장

3.4 기타 지원사업

1. 기술혁신과제 사업타당성 조사와 사업화 지원

가. 기술혁신과제 사업타당성 조사

중기부장관은 중소기업의 기술혁신을 촉진하고 성공가능성을 높이기 위하여 중소기업의 기술혁신 과제에 대한 사업타당성 조사를 할 수 있다.(기술법 제12조)

중기부장관은 "3.1.3 기술진흥 전문기관" 지정대상 법인 또는 단체를 사업타당성 조사의 실시기관으로 선정할 수 있으며, 사업타당성 조사를 실시하는 기관 또는 단체에 그 사업에 드는 비용을 출연할 수 있다.(기술령 제10조)

중기부장관은 사업타당성 조사사업에 출연하려는 때에는 해당 사업을 수행하는 자와 다음의 사항이 포함된 협약을 체결해야 한다.

① 사업의 내용

② 출연금의 용도 및 관리계획

③ 사업성과의 활용

학습의 관점에서 ③항 이후의 사업은 생략한다.

중기부장관은 위의 규정에 의한 출연금을 사업의 내용 또는 착수시기 등을 고려하여 일시에 지급하거나 분할하여 지급할 수 있다.

출연금을 지급 받은 자는 그 출연금에 대하여 별도의 계정을 설정하여 이를 관리해야 하며, 출연금을 협약에 정한 용도에만 사용해야 한다.

중기부장관은 출연금을 지급 받은 자가 정당한 사유 없이 규정된 용도 외의 용도로 출연금을 사용한 때에는 그 출연금의 전부 또는 일부를 회수할 수 있다.(기술령 제8조)

나. 혁신성과 사업화 지원

중기부장관은 기술혁신 성과 등을 사업화하는 중소기업자에게 다음의 지원을 할 수 있다.

① 시험제품 제작·설비투자에 드는 자금의 지원

② 제품 성능검사를 위한 시험·분석 지원

③ 중소기업이 대학·연구기관 등으로부터 이전받는 기술의 실용화 지원

④ 그 밖에 기술혁신 성과의 사업화를 촉진하기 위하여 필요한 사항

이에 따라 지원을 받으려는 중소기업자는 중기부장관에게 신청해야 하고, 혁신성과 사업화 지원 및 신청 절차 등에 관하여 필요한 사항은 중기부령으로 정한다.

2. 기술 · 경영혁신형 중소기업 발굴·육성

중기부장관은 기술혁신 및 경영혁신 활동을 통하여 (기술)경쟁력의 확보가 가능하거나 미래 성장가능성이 있는 기술 · 경영혁신형 중소기업을 발굴 · 육성하기 위하여 필요한 사업을 추진할 수 있다.(기술법 제15조 ①항, 제15조의3 ①항)

이를 근거로 현재 기술혁신형 중소기업은 "이노비즈(innobiz)"로, 경영혁신형 중소기업은 "메인비즈(mainbiz)"로 구분하여 각각 인증제도를 시행하고 있다.

(1) 기술혁신형 중소기업(이노비즈)

중기부장관은 기술혁신형 중소기업 육성사업을 추진할 수 있다. 이 경우 중기부장관은 비수도권 지역의 기술혁신형 중소기업을 발굴 · 육성하기 위하여 노력하여야 한다. *2022 기출*

가. 기술혁신형 중소기업 선정

"기술혁신"이란 기업경영 개선 및 생산성을 높이기 위하여 새로운 기술을 개발하거나 활용중인 기술의 중요한 부분을 개선하는 것을 말한다. 중기부장관은 기술혁신형 중소기업을 선정하려면 그 선정절차와 다음의 구분에 따른 평가기준을 정하여 공고해야 한다.(기술법 제15조)

① 기술혁신형 중소기업의 경우에는 기술혁신성과 및 기술사업화 능력 등에 관한 사항
② 경영혁신형 중소기업의 경우에는 경영혁신 활동 및 경영혁신성과 등에 관한 사항

중기부장관은 위의 평가기준에 따라 기업에 대한 평가를 실시하고, 그 평가 결과가 우수한 기업을 각각 기술혁신형 중소기업으로 선정해야 한다.(기술령 제13조 ①,②항)

중기부장관은 기술혁신형 중소기업으로 선정 받으려는 기업에 평가 등에 소요되는 비용을 부담하게 할 수 있다. 이 경우 비용의 산정 및 납부에 필요한 사항은 중기부장관이 정하여 고시한다.(기술법 제15조 ④항) *2022 기출*

나. 기술혁신형 중소기업 지원

중기부장관은 기술혁신형 중소기업 육성사업을 지원하기 위하여 필요한 경우에는 공공기관에 지원을 요청할 수 있다. 이 경우 지원을 요청받은 공공기관의 장은 특별한 사유가 없으면 지원을 위한 대책을 마련해야 한다.(기술법 제15조 ②항)

중기부장관은 기술혁신형 중소기업 육성사업을 추진하는 기관 또는 단체에 필요한 비용의 전부 또는 일부를 출연할 수 있다.(기술법 제15조 ③항) *2022 기출*

중기부장관은 기술혁신형 중소기업으로 선정된 기업에 대하여 각각 기술혁신 촉진지원사업 추진 시 우선적으로 지원할 수 있다.(기술령 제13조) 2022 개정

다. 기술혁신형 중소기업의 합병절차 등에 대한 특례

주식회사인 기술혁신형 중소기업의 합병절차, 영업양수, 소규모합병, 간이합병
, 간이영업양도에 관하여는 벤처법 제15조의3(합병절차 간소화), 제15조의8(다른 주식회사의 영업양수의 특례), 제15조의9(소규모합병), 제15조의10(간이합병), 제15조의11(간이영업양도)을 각각 준용한다. 이 경우 "벤처기업"은 "기술혁신형 중소기업"으로 본다.(기술법 제15조의2) 2017 개정

이에 대해서는 벤처법 "제3절 기업활동 원활화"의 해설을 참고하기 바라며, 벤처법과 기술법을 비교하면 다음과 같다.

벤처법	기술법
주식교환 + 반대주주의 주식매수청구권	×
신주발행 주식교환 + 반대주주의 주식매수청구권	×
주식교환 특례	×
합병절차 간소화	○
간이합병 · 소규모합병 특례	○
간이 영업양도 특례	○
다른 주식회사의 영업양수 특례	○

(2) 경영혁신형 중소기업(메인비즈)

"경영혁신"이란 기업의 경쟁력을 높이기 위하여 업무수행 방식, 조직구조 및 영업활동 등에서 새로운 경영기법을 개발하거나 경영기법의 중요한 부분을 개선하는 것을 말한다.(기술법 제15조의3 ②항)

경영혁신형 중소기업이란 제품 및 공정중심의 기술혁신과 달리 마케팅 및 조직혁신 등 비기술분야 혁신을 통해 경쟁력 확보가 가능한 중소기업을 발굴 육성하기 위한 제도이다.

가. 경영혁신형 중소기업 선정

중기부장관은 경영혁신형 중소기업을 선정하려면 그 선정절차와 다음의 구분에 따른 평가기준을 정하여 공고해야 한다.

① 기술혁신형 중소기업의 경우에는 기술혁신성과 및 기술사업화 능력 등에 관한 사항
② 경영혁신형 중소기업의 경우에는 경영혁신 활동 및 경영혁신성과 등에 관한 사항

중기부장관은 위의 평가기준에 따라 기업에 대한 평가를 실시하고, 그 평가 결과가 우수한 기업을 각각 경영혁신형 중소기업으로 선정해야 한다.(기술령 제13조 ①, ②항)

중기부장관은 경영혁신형 중소기업으로 선정 받으려는 기업에 평가 등에 소요되는 비용을 부담하게 할 수 있다. 이 경우 비용의 산정 및 납부에 필요한 사항은 중기부장관이 정하여 고시한다.(기술법 제15조 ④항)

나. 경영혁신형 중소기업 지원

중기부장관은 경영혁신형 중소기업 육성사업을 지원하기 위하여 필요한 경우에는 공공기관에 지원을 요청할 수 있다. 이 경우 지원을 요청받은 공공기관의 장은 특별한 사유가 없으면 지원을 위한 대책을 마련해야 한다.(기술법 제15조 ②항)

중기부장관은 경영혁신형 중소기업 육성사업을 추진하는 기관 또는 단체에 필요한 비용의 전부 또는 일부를 출연할 수 있다.(기술법 제15조 ③항)

중기부장관은 경영혁신형 중소기업으로 선정된 기업에 대하여 각각 기술혁신 촉진지원사업 추진 시 우선적으로 지원할 수 있다.(기술령 제13조)

3. 해외규격획득 및 품질향상 지원사업

(1) 해외규격획득 지원사업

중기부장관은 중소기업의 기술혁신을 촉진하기 위하여 외국의 산업·안전 등에 관한 규격의 획득을 지원하는 다음 각 호의 사업(이하 "해외규격 획득 지원사업"이라 한다)을 추진할 수 있다.(기술법 제17조 ①항) 2018 기출
① 해외규격 획득에 필요한 상담 지원사업
② 해외규격의 확보·보급
③ 해외규격 획득에 필요한 전문인력 양성사업

가. 해외규격획득 상담 지원사업의 위탁기관

중기부장관은 해외규격획득 지원사업 중 "해외규격획득 상담 지원사업"을 아래의 요건을 모두 갖춘 기관 또는 단체에 위탁할 수 있다.(기술령 제19조 ②항 제1호)
① 해외규격획득 상담에 필요한 전문인력을 2인 이상 보유할 것
② 위의 전문인력이 최근 2년 이내에 해외규격 획득을 지원한 실적의 총합이 4건 이상일 것

제 7 장

나. 해외규격획득 확보·보급 등 지원사업의 위탁기관

중기부장관은 해외규격획득 지원사업 중 "해외규격 확보·보급" 및 "전문인력 양성" 사업을 아래의 기관 또는 단체에 위탁할 수 있으며, 따라 업무를 위탁한 경우에는 그 위탁 내용 및 수탁자 등에 관한 사항을 관보에 고시하고, 중기부의 인터넷 홈페이지에 게재하여야 한다.

① 기술진흥 전문기관으로 지정될 수 있는 법인 또는 단체

② 한국산업기술시험원

③ 대한상공회의소

④ 한국표준협회

중기부장관은 해외규격획득 지원사업을 추진하기 위하여 필요하다고 인정하는 경우에는 해외규격획득 지원사업을 위탁하는 기관 또는 단체에 필요한 출연 또는 보조 등을 할 수 있다.

(2) 품질향상사업

중기부장관은 중소기업제품의 품질향상을 위하여 다음의 사업(이하 "품질향상사업"이라 한다)을 추진할 수 있다.(기술법 제17조 ②항)

① 중소기업제품의 품질 불량률 관리

② 품질향상을 위하여 필요한 전문인력 양성사업

중기부장관은 품질향상사업을 일정 요건을 갖춘 기관 또는 단체에 위탁할 수 있다. 위탁 가능한 기관 또는 단체는 위 해외규격획득 확보·보급 등 지원사업의 위탁기관과 정확히 일치한다.(기술령 제19조 ②항 제3호)

중기부장관은 품질향상사업을 추진하기 위하여 필요하다고 인정하는 경우에는 품질인증업무 수행기관 또는 단체에 필요한 출연 또는 보조 등을 할 수 있다.(기술법 제17조 ③항)

4. 생산성 향상 지원사업

중기부장관은 중소기업의 생산환경을 개선하여 중소기업으로의 인력 유입을 촉진하고 생산성 향상을 도모하기 위하여 다음의 사업을 추진할 수 있다. 2013, 2017 기출

① 생산환경 개선을 위한 실태조사

② 생산환경 개선을 위한 설비 또는 장비의 개발

③ 쾌적한 작업환경의 조성을 위한 시설 투자의 지원

학습의 관점에서 ③항 이후의 사업은 생략한다.

중기부장관은 위에 따른 사업을 추진하기 위하여 필요하다고 인정할 때에는 대학·연구기관·공공기관 및 중소기업 등에 사용되는 비용의 일부를 출연할 수 있다.

5. 정보화 지원사업

중기부장관은 중소기업의 정보화에 필요한 중소기업 정보화의 기반조성과 정보기술의 보급·확산에 관한 지원사업을 추진할 수 있으며, 이에 따른 사업을 효율적으로 추진하기 위하여 필요하다고 인정할 때에는 대학·연구기관·공공기관·민간단체 및 중소기업 등에 사용되는 비용을 출연할 수 있다.(기술법 제18조)

(1) 통합정보화경영체제 지원사업

가. 사업의 내용

중기부장관은 중소기업의 통합정보화경영체제를 촉진할 수 있도록 다음의 통합정보화경영체제 지원사업을 추진할 수 있다.(기술법 제19조 ①항)

① 정보화 표준모델의 개발·보급 및 표준모델과의 부합화 지원사업

② 중소기업 통합정보화경영체제에 필요한 상담 지원사업

③ 중소기업 통합정보화경영체제를 위한 전문인력 양성사업

나. 전담기관

중기부장관은 다음 어느 하나의 법인 또는 단체를 통합정보화경영체제지원사업의 전담기관으로 지정할 수 있다.(기술령 제15조 ①항)

① 중소벤처기업진흥공단

② 중소기업기술정보진흥원

③ 과학기술분야 정부출연연구기관

제 7 장

통합정보화경영체제지원사업의 추진방법 및 전담기관의 업무수행범위 등에 관하여 필요한 세부사항은 중기부장관이 이를 정하여 고시한다.(기술령 제15조 ②항)

중기부장관은 통합정보화경영체제 지원사업을 추진하는 기관에 필요한 비용을 출연할 수 있다.(기술법 제19조 ③항)

6. 중소기업기술정보진흥원

중소기업의 기술혁신 및 정보화경영을 효율적으로 촉진하기 위하여 중소기업기술정보진흥원(약칭 기정원[3])을 둔다. 기술정보진흥원은 중소기업자·개인 또는 단체가 출연하여 설립하고, 법인으로 하며, 주된 사무소의 소재지에서 설립등기를 함으로써 성립한다.(기술법 제20조 ①항~③항) 2015 기출

가. 기술정보진흥원 업무

기술정보진흥원은 다음의 사업을 한다. 2013, 2017 기출

① 중소기업 기술혁신 기반조성
② 중소기업 기술혁신을 위한 정책연구 및 중장기 기획
③ 중소기업 기술혁신사업의 수요 발굴 및 조사·분석

학습의 관점에서 ③항 이후의 사업은 생략한다.

나. 기술정보진흥원에 대한 출연 및 보조

정부는 기술정보진흥원의 설립·운영에 필요한 경비를 예산의 범위에서 출연할 수 있으며, 중앙행정기관의 장 및 지방자치단체의 장은 위의 사업을 기술정보진흥원으로 하여금 수행하게 할 수 있고 그에 드는 비용의 전부 또는 일부를 출연 또는 보조할 수 있다.

공공기관·중소기업자·개인 또는 단체는 위의 사업 수행에 필요한 경비를 지원할 수 있으며, 기술정보진흥원에 관하여 이 법에서 규정한 것을 제외하고는 「민법」 중 재단법인에 관한 규정을 준용한다.

7. 기술혁신 성과물 보호

중기부장관은 중소기업의 기술혁신 성과물의 보호를 위한 보안기술의 보급·확산 및 기반

---

[3] 특수법인인 중소기업 정보화경영원으로 개원(2002.1.22.)했고, 중소기업 기술진흥 전문기관(2002.6.21.)으로 지정되었으며 현재의 중소기업 기술정보 진흥원(06.3.1)으로 개편되었다.

조성을 위해 다음의 지원사업을 추진할 수 있다.(기술법 제19조의2 ①항)

① 기술혁신 성과물의 유출 실태조사

② 기술혁신 성과물의 보호를 위한 상담·컨설팅

③ 「대·중소기업 상생협력 촉진에 관한 법률」에[4] 따른 기술자료 임치(任置) 지원

학습의 관점에서 ③항 이후의 사업은 생략한다.

중기부장관은 위에 따른 사업을 추진하기 위하여 필요하다고 인정할 때에는 대학·연구기관·공공기관·민간단체 및 중소기업 등에 비용을 출연 또는 보조할 수 있으며, 이 사업에 참여하여 관련 비용을 출연 또는 보조받으려는 대학·연구기관·공공기관·민간단체 및 중소기업 등(이하 이 조에서 "대학 등"이라 한다)은 다음의 사항이 포함된 사업계획서를 작성하여 중기부장관에게 제출하여야 한다.(기술법 제19조의2 ②항)

① 사업의 목적 및 내용

② 사업의 필요성 및 효과

③ 사업 추진 역량

④ 그 밖에 중기부장관이 필요하다고 인정하여 고시하는 사항

중기부장관은 사업계획서에 따른 사항 및 관련 외부전문가의 의견을 고려하여 출연 또는 보조 대상을 선정하고, 출연 또는 보조 대상으로 선정된 대학 등은 사업 완료 후 2개월 이내에 그 결과와 지출 내역을 중기부장관에게 보고해야 한다.

출연 또는 보조 대상의 선정 방법, 절차 및 기준과 그 밖에 사업 추진을 위하여 필요한 사항은 중기부장관이 정하여 고시한다.(기술령 제15조의2 ③항 ~ ⑤항)

8. 국제기술협력 지원

(1) 국제기술협력 지원

중기부장관은 중소기업과 국제기구 또는 외국의 정부·기업·대학·연구기관 및 단체 등과의 기술협력을 촉진하기 위하여 다음의 사업을 추진할 수 있다.

① 중소기업의 국제기술협력을 위한 조사

---

4) 제24조의2(기술자료 임치제도) ① 수탁·위탁기업[수탁·위탁기업 외에 단독 또는 공동으로 기술자료를 임치(任置)하고자 하는 기업을 포함한다]은 전문인력과 설비 등을 갖춘 기관으로서 대통령령으로 정하는 기관[이하 "수치인"(受置人)이라 한다]과 서로 합의하여 기술자료를 임치하고자 하는 기업(이하 "임치기업"이라 한다)의 기술자료를 임치할 수 있다.

② 기술도입 및 기술교류

③ 국제 전시회 또는 학술회의의 개최

학습의 관점에서 ③항 이후의 사업은 생략한다.

중기부장관은 위에 따른 사업을 전문적으로 시행할 기관을 지정하고 업무수행에 필요한 비용의 일부를 출연할 수 있다.(기술법 제11조의2)

3.5 출연금 및 기술료 징수

1. 출연금

출연금은 법령에 근거하여 반대급부 없이 민간에 행하는 금전적 보조를 말하며, 기술법 체계에 있어 거의 대부분의 지원사업에 대한 출연 근거가 마련되어 있다.

다만, 출연금 환수 규정은 "기술혁신사업"과 "산학협력 지원사업"에 대해서만 적용된다.

가. 출연금 관리

중기부장관은 기술혁신사업, 산학협력 지원사업, 기술지도 사업 및 기술혁신과제 사업타당성조사 사업에 출연하려는 때에는 해당 사업을 수행하는 자와 다음의 사항이 포함된 협약을 체결해야 한다.(기술령 제8조)

① 사업의 내용

② 출연금의 용도 및 관리계획

③ 사업성과의 활용

학습의 관점에서 ③항 이후의 내용은 생략한다.

중기부장관은 위의 규정에 따른 출연금을 사업의 내용 또는 착수시기 등을 고려하여 일시에 지급하거나 분할하여 지급할 수 있다. 2023 기출

출연금을 지급받은 자는 그 출연금에 대하여 별도의 계정을 설정하여 이를 관리해야 하며, 출연금을 협약에 정한 용도에만 사용해야 한다. 2023 기출

중기부장관은 협약을 체결해야 하는 사업이 종료된 후 정산 결과 사용 잔액이 있거나 협약 내용과 다르게 집행한 금액이 있는 경우에는 그 출연금의 전부 또는 일부를 회수할 수 있으

며 출연금의 회수기준 및 범위는 중기부장관이 정하여 고시한다.(이상 기술령 제8조)

나. 출연금 환수

중기부장관은 "기술혁신사업" 및 "산학협력 지원사업"에 참여한 중소기업자·학교·기관·단체 또는 그 소속 임직원이나 소속 외의 연구책임자·연구원이 기술혁신 촉진 지원사업 참여제한 사유에 해당하는 경우에는 이미 출연한 사업비의 전부 또는 일부를 환수할 수 있다. (기술법 제32조 ①항)

중기부장관이 이미 출연한 사업비를 환수할 수 있는 사유와 환수금액의 범위는 별표 2에 규정돼 있으나 본서에서는 생략한다.(기술령 제21조 ①항)

중기부장관은 사업비 환수 처분을 받은 자가 환수금을 기한 내에 납부하지 아니하면 기한을 정하여 독촉을 하고, 그 지정된 기간에도 납부하지 아니하면 국세 체납처분의 예에 따라 징수할 수 있다.(기술법 제32조의 ②항)

기술법과 기술령에서 규정한 사항 외에 출연금 환수에 관한 세부기준 및 절차 등은 중기부장관이 정하여 고시한다.

다. 출연금 환수 시 감액

중기부장관은 연구수행 방법 및 과정이 체계적이고 충실하게 수행된 사실이 인정되는 경우로서 기술혁신사업 참여제한기간 단축 사유의 어느 하나에 해당되는 경우에는 별표2 제2호가목1)[5] 에 따른 환수금액을 감액하거나 환수하지 아니할 수 있다. 이는 참여제한 기간을 단축 사유와 동일하다. (기술법 제32조 ①항, 기술령 제21조 ②항)

학습의 관점에서 기술령 별표2의 인용은 생략한다.

2. 기술료 징수

중기부장관은 중소기업자가 단독으로 또는 공동으로 시행하는 "기술혁신사업"이나 학교·기관 또는 단체가 중소기업자와 공동으로 수행하는 "산학협력 지원사업"이 완료된 경우에는 출연금액의 50% 이내의 범위에서 사업자로부터 기술료를 징수할 수 있으며, 기술료를 징수하는 경우에는 협약으로 정하는 바에 따라 5년 이내의 기간 동안 분할하여 납부하게 할 수

---

[5] 연구개발의 결과가 극히 불량하여 중소벤처기업부장관이 실시하는 평가에 따라 실패한 사업 또는 중단 사업으로 결정된 경우

있다.(기술법 제28조 ①항, 기술령 제18조 ①항) 2022 기출

징수한 기술료는 기술법에 따라 출연하는 기술혁신 촉진 지원사업에 사용해야 한다.(기술법 제28조 ②항) 2013 기출

가. 기술료 면제

중기부장관은 "기술혁신사업"이나 "산학협력 지원사업"의 성과로 나온 지식재산권이 해당 중소기업에 귀속되지 않는 경우 등 다음에서 정하는 사유에 해당하는 경우에는 기술료를 면제할 수 있다.(기술법 제28조 ③항, 기술령 제18조 ②항)

① "기술혁신사업" 성과로 나온 지식재산권이 해당 중소기업에 귀속되지 않는 경우

② "산학협력 지원사업"의 성과로 나온 지식재산권이 해당 중소기업에 귀속되지 않는 경우

③ "산학협력 지원사업" 중 학교·기관 또는 단체가 중소기업자와 공동으로 수행하는 사업으로서 주관기관(기술개발사업 과제를 주관하여 수행하는 기관·단체 또는 기업을 말한다)이 해당 중소기업이 아닌 경우

④ "기술혁신사업"이나 "산학협력 지원사업"으로서 연구기반 구축 또는 기술인력 양성을 목적으로 하는 경우

⑤ 부도, 폐업, 법정관리 또는 이에 준하는 상황이 발생하여 기술료 납부가 사실상 불가능한 경우

⑥ 그 밖에 중기부장관이 중소기업의 기술혁신을 촉진하기 위하여 기술료 면제가 필요하다고 인정하는 경우

나. 기술료 감면

중기부장관은 다음의 사유에 해당하는 경우 "기술혁신사업"이나 "산학협력 지원사업"을 수행한 자에 대한 기술료 중 일정 금액을 감면할 수 있다.(기술법 제28조 ④항)

① 기술료를 일시에 납부하거나 조기에 상환하는 경우

② 기술료를 분할하여 납부하기 위하여 지급이행보증증권을 제출하는 경우

③ 그 밖에 중기부장관이 기술개발의 장려, 촉진 등을 위하여 기술료 감면이 필요하다고 인정하는 경우

기술료 징수와 관련하여 규정된 사항 외에 기술료의 징수방법, 징수기준 및 절차 등에 관하여 필요한 세부사항은 중기부장관이 정하여 고시한다.(기술령 제18조 ④항)

3. 제재부가금

중기부장관은 출연금을 연구개발비의 연구용도 외의 용도로 사용하는 행위가 있을 때에는 해당 중소기업자·학교·기관·단체 또는 그 소속 임직원이나 소속 외의 연구책임자·연구원에 대하여 그 연구용도 외의 용도로 사용한 금액의 5배 이내의 범위에서 제재부가금을 부과·징수할 수 있다.(기술법 제31조 ②항) 2024 개발

가. 부과 기준

중기부장관은 제재부가금의 부과 여부나 부과할 제재부가금의 금액 등을 결정하기 위하여 필요한 경우에는 관계 공무원 및 전문가 등의 의견을 들을 수 있다. 제재부가금의 부과기준은 별표 3에 규정돼 있으나 별표 3의 인용은 생략한다.(기술령 제20조의3)

나. 부과 및 납부

중기부장관은 제재부가금을 부과하는 경우에는 위반행위의 종류와 제재부가금의 금액 등을 밝혀 이를 납부할 것을 서면으로 알려야 한다.

제재부가금 납부를 통지받은 자는 통지일로부터 30일 이내에 중기부장관이 정하는 수납기관에 제재부가금을 납부해야 하나, 천재지변이나 전시 또는 사변 등 부득이한 사유로 그 기간 내에 제재부가금을 납부할 수 없는 경우에는 그 사유가 없어진 날부터 7일 이내에 납부해야 한다.

제재부가금을 받은 수납기관은 제재부가금을 납부한 자에게 영수증을 발급하고, 제재부가금을 받은 사실을 지체 없이 중기부장관에게 통보해야 한다.

제재부가금 부과처분을 받은 자가 제재부가금을 기한 내에 납부하지 아니하면 국세 체납처분의 예[6]에 따라 징수한다.(기술법 제31조 ③항)

4. 기술혁신 촉진 지원사업 참여제한

중기부장관은 "기술혁신사업" 및 "산학협력 지원사업"에 참여한 중소기업자·학교·기관·단체 또는 그 소속 임직원이나 소속 외의 연구책임자·연구원이 다음의 어느 하나에 해당하는 경우 5년(동일한 참여제한 사유로 「과학기술기본법」 제11조에 따른 국가연구개발사업 과

---

6) 제재부가금이 국세는 아니지만 국세징수법에 따라 체납된 국세를 강제징수 하는 절차에 따라 강제징수 할 수 있다는 규정이다.

제에서 참여를 제한받은 자에 대하여는 10년) 이내의 범위에서 기술혁신 촉진 지원사업에의 참여를 제한할 수 있으며, 참여제한을 결정한 경우에는 관계 중앙행정기관의 장에게 그 사실을 알려야 한다.(기술법 제31조, 기술령 제20조 ④항) 2015 개정

① 연구개발의 결과가 극히 불량하여 중기부장관이 실시하는 평가에 따라 실패한 사업 또는 중단 사업으로 결정된 경우
② 정당한 절차 없이 연구개발 내용을 누설하거나 유출한 경우
③ 정당한 사유 없이 연구개발 과제의 수행을 포기한 경우
학습의 관점에서 ③항 이후의 내용은 생략한다.

중기부장관은 위 ①항에 해당하는 경우로서 연구수행 방법 및 과정이 체계적이고 충실하게 수행된 사실이 인정되는 경우로서 다음의 어느 하나에 해당하는 경우에는 별표 2 제2호가목 1)[7]에 따른 참여제한 기간을 단축하거나 참여제한을 하지 아니할 수 있다.

① 당초 목표를 도전적으로 설정하여 목표를 달성하지 못한 경우
② 환경 변화 등 외부요인에 따라 목표를 달성하지 못한 경우

위에서 규정한 것 외에 참여제한에 관한 세부기준 및 절차 등에 관한 사항은 중기부장관이 정하여 고시한다. 참여 제한 사유별 참여 제한 기간 및 출연금 환수 범위에 대한 구체적 기준은 기술령 별표 2에 규정돼 있으나 본서에는 생략한다.(기술령 제20조)

중기부장관은 기술혁신사업 및 산학협력 지원사업을 수행하는 자로 하여금 연구개발 결과에 대한 보고서를 사업이 끝난 날부터 2개월 이내에 중기부장관에게 제출하게 할 수 있으며, 중기부장관은 연구개발에 대한 평가 결과를 해당 사업을 수행하는 자에게 통보해야 한다.(기술령 제20조의2 ②항, ③항)

위에서 규정한 사항 외에 연구개발 결과에 대한 평가에 필요한 세부사항은 중기부장관이 정하여 고시한다.(기술령 제20조의2 ④항)

---

7) 연구개발의 결과가 극히 불량하여 중소벤처기업부장관이 실시하는 평가에 따라 실패한 사업 또는 중단 사업으로 결정된 경우

제4절   기술혁신 촉진기반 확충

1. 기술인력 양성 및 공급   5. 기술연구회와 기술혁신소그룹
2. 연구인력지원   6. 시험·분석 지원 및 공동활용
3. 기술지원정보 제공   7. 금융 및 세제지원
4. 기술혁신 홍보

1. 기술인력 양성 및 공급

중기부장관은 중소기업의 기술인력과 정보화인력(이하 "중소기업 기술인력"이라 한다) 양성 및 공급을 위하여 다음의 사업을 추진할 수 있다.(기술법 제21조 ①항)

① 중소기업 기술인력 현황 및 실태 파악을 위한 사업

② 산·학 협력을 통한 중소기업 기술인력의 양성 및 활용 지원 사업

③ 대기업·공공기관 등의 시설·인력 및 교육프로그램 등을 활용한 중소기업 기술인력 양성·공급 사업

학습의 관점에서 ③항 이후의 내용은 생략한다.

가. 선정기준

중소기업 기술인력 양성 및 공급을 위한 사업(이하 "기술인력양성·공급사업"이라 한다)을 추진하는 기관의 선정기준은 다음과 같다.(기술령 제16조 ①항)

① 기술인력양성·공급사업의 사업계획이 목표가 명확하고 실현 가능성이 있을 것

② 기술인력양성·공급사업에 필요한 시설 및 전문인력을 확보할 것

나. 신청절차

기술인력양성·공급사업을 추진하는 기관(이하 "기술인력양성·공급기관"이라 한다)으로 선정되려는 기관은 다음의 서류를 첨부하여 중기부장관에게 제출해야 한다.(기술령 제16조 ②항)

① 기술인력양성·공급기관의 운영에 관한 사업계획

② 선정기준에 관한 증빙자료

중기부장관은 기술인력양성 · 공급기관을 선정한 때에는 해당 기관과 기술인력양성 · 공급 사업의 실시에 관한 협약을 체결해야 한다.(기술령 제16조 ③항)

중기부장관은 위의 사업을 추진하는 지방자치단체에 필요한 비용을 지원하거나, 공공기관 · 대학 · 연구기관 · 기업 · 단체 등에 필요한 비용을 출연할 수 있다.(기술법 제21조 ②항)

2. 연구인력 지원

가. 파견지원사업

중기부장관은 중소기업의 기술혁신을 촉진하기 위하여 다음의 연구기관에서 파견한 연구 인력이 "기술 · 경영혁신형 중소기업" 및 "벤처기업"에 해당하는 중소기업에서 기술혁신을 촉 진하기 위한 업무를 수행하도록 하고, 해당 연구인력 인건비 일부를 지원하는 파견지원사업 을 할 수 있다.(기술법 제21조의2 ①항, 기술령 제16조의2 ①항, ①항) ²⁰²³ 개정

① 「과학기술분야 정부출연연구기관 등의 설립 · 운영 및 육성에 관한 법률」 제8조제1항에
   따라 설립된 연구기관
② 「산업기술혁신 촉진법」 제42조에 따라 설립된 전문생산기술연구소
③ 그 밖에 중소기업의 기술혁신을 촉진하기 위하여 중기부장관이 필요하다고 인정하는
   기술 관련 전문연구기관

나. 채용지원사업

중기부장관은 중소기업의 기술혁신 촉진을 위하여 중소기업에서 채용한 연구인력이 기업 부설연구소 또는 연구개발전담부서에서 기술혁신을 촉진하기 위한 업무를 수행하고, 해당 연 구인력 인건비 일부를 지원하는 채용지원사업을 할 수 있다.(기술법 제21조의2) ²⁰²⁴ 개정

중기부장관은 파견지원사업 및 채용지원사업에 필요한 자금을 지원할 수 있으며, 파견지원 사업 및 채용지원사업의 연구인력에 대한 지원기간은 3년 이내로 하되, 파견지원사업에 따른 지원을 받는 파견인력이 파견 중인 중소기업으로 이직하는 경우 최초의 지원 기간에서 3년을 연장할 수 있다.

파견지원사업 및 채용지원사업의 연구인력에 대한 자금 지원은 일시에 지급하거나 분할하 여 지급할 수 있으며, 지원금을 받는 중소기업은 별도의 계정을 설정하여 관리해야 한다.

3. 기술지원정보 제공

중기부장관은 중소기업 관련 기술을 소개 · 보급하고, 각종 중소기업 기술지원정보를 전산

화하여 중소기업이 효율적으로 이용할 수 있도록 필요한 사업을 추진할 수 있다.

중기부장관은 위에 따른 정보의 전산화를 위하여 필요한 중소기업 기술지원의 종류, 규모, 신청 절차 등 관련 정보의 제공을 관계 기관의 장에게 요청할 수 있고, 관계중앙행정기관의 장 및 시·도지사는 중소기업의 기술지원을 위하여 필요한 경우 중기부장관에게 이에 따라 구축된 정보의 제공을 요청할 수 있다.(기술법 제22조)

4. 기술혁신 홍보

정부는 중소기업 기술혁신의 중요성에 대한 사회적 분위기를 조성하기 위하여 다음의 홍보 사업을 할 수 있다.(기술법 제23조)

① 중소기업의 우수한 혁신기술의 성과에 대한 전시·홍보

② 우수한 혁신기술을 보유한 중소기업 및 유공자에 대한 포상

③ 중소기업의 기술혁신 세미나, 기술혁신에 대한 사례 발표회

④ 그 밖에 중기부장관이 필요하다고 인정하여 공고하는 사업

5. 기술연구회와 기술혁신소그룹

가. 기술연구회

중기부장관은 중소기업의 기술혁신을 촉진하기 위하여 중소기업이 대학·연구소, 연구조합, 업종별 단체 또는 연구산업을 경영하는 중소기업자 등과 중소기업 기술연구회를 구성하여 공동연구를 수행하는 데에 필요한 지원을 할 수 있다. 2014 기출

기술연구회는 다음의 요건을 갖추어야 한다.(기술칙 제3조 ②항)

① 회원 수가 3인 이상일 것

② 출자금 총액이 1억원 이상일 것

③ 존속기간이 3년 미만일 것

④ 기술연구회 사업의 공동연구 목적에 부합하는 기술개발계획과 규약이 정해져 있을 것

기술연구회는 다음에 해당하는 사유가 있는 때에는 해산한다.(기술칙 제7조)

① 존속기간의 만료

② 기술연구회의 구성목적이 달성되었다고 회원 전원이 동의하는 경우

③ 회원 간의 이해상충 또는 불성실한 사업 수행으로 공동연구 개발이 중단되는 등의 사유가 발생하여 기술연구회의 구성목적을 달성할 수 없다고 중기부장관이 인정하는 경우

제
7
장

로서 회원 총수의 과반수의 동의를 얻은 경우

나. 기술혁신소그룹

중기부장관은 중소기업의 기술혁신을 촉진하기 위하여 중소기업이 교수, 연구원 등 전문가와 공동으로 기술혁신에 관한 자발적 연구조직인 기술혁신 소그룹을 결성·운영하는 데에 필요한 지원을 할 수 있다.(기술법 제24조의2)

기술혁신 소그룹의 지원 절차 및 방법 등에 관하여 필요한 사항은 중기부령으로 정한다.

6. 시험·분석 지원 및 공동활용

가. 기술혁신 및 제품인증을 위한 시험·분석지원

중기부장관은 중소기업의 기술혁신 및 제품인증 등을 위한 시험·분석에 필요한 다음의 지원을 할 수 있다.

① 지방중소기업청이 보유한 시험·분석설비의 이용

② 공공기관·연구기관·대학 등이 보유한 시험·분석설비의 이용알선

③ 위의 지원기관이 보유한 시험·분석설비에 대한 정보의 제공

중기부장관은 시험·분석설비의 이용 방법 및 절차 등에 관하여 필요한 사항을 정하여 고시할 수 있다.(기술법 제25조, 기술령 제17조)

나. 기술혁신을 위한 연구시설·장비 공동 이용

중기부장관은 중소기업의 기술혁신을 촉진하기 위하여 대학·연구기관·공공기관 등이 보유한 연구시설·장비에 대한 이용알선 및 활용사업을 추진할 수 있다.

중기부장관은 이에 따른 사업을 추진하기 위하여 필요하다고 인정할 때에는 대학·연구기관·공공기관 및 중소기업 등에 사용되는 비용의 일부를 출연할 수 있다.

7. 금융 및 세제지원

정부와 지방자치단체는 중소기업자의 기술혁신과 정보화 지원 관련 자금공급을 원활히 하기 위하여 재정 지원, 신용보증 지원 등 필요한 시책을 실시할 수 있다.

정부와 지방자치단체는 중소기업자의 기술혁신과 정보화를 지원하기 위하여 필요한 경우 「조세특례제한법」, 「지방세특례제한법」 등 조세 관계 법률에서 정하는 바에 따라 세제지원을 할 수 있다.(기술법 제27조)

제5절
기술거래 활성화 지원

```
1. 기술거래 및 사업화 촉진        2. 기술혁신 계정
```

1. 기술거래 및 사업화 촉진

중기부장관은 중소기업 기술거래 및 사업화를 촉진하기 위하여 다음의 사업을 추진할 수 있다.(기술법 제27조의2)

① 중소기업 기술거래를 위한 알선 및 중개

② 중소기업 기술거래정보 · 기술평가정보의 수집 · 분석 · 유통 및 제공

③ 중소기업 기술거래 및 사업화 촉진을 위한 정보망의 구축 · 운영 및 관리. 이 경우 「기술의 이전 및 사업화 촉진에 관한 법률」 제7조에 따라 구축 · 운영되는 정보망과의 연계를 위하여 산업통상자원부장관과 협의하여야 한다.

학습의 관점에서 ③항 이후의 내용은 생략한다.

중기부장관은 기술보증기금으로 하여금 위의 사업을 수행하게 할 수 있으며, 이 경우 지체 없이 그 사실을 고시해야 하고, 예산의 범위에서 그 사업 수행에 필요한 비용을 지원할 수 있다.

기술보증기금은 위의 사업을 수행하는 경우에는 사업 수행과 관련하여 기술평가, 기술거래의 중개 등의 업무를 수행할 때 수수료를 받을 수 있다.

이에 따른 수수료에 관한 다음의 사항을 적은 서류를 중기부장관에게 제출하여 승인을 받아야 한다.

① 수수료의 종류

② 수수료의 요율

③ 징수 방법 및 징수 절차

④ 그 밖에 수수료 징수에 필요한 사항

위에 따라 기술보증기금의 승인 요청을 받은 중기부장관은 사업의 수행기간·난이도 등을 고려하여 승인 여부를 결정해야 한다.

지금까지 규정한 사항 외에 중소기업 기술거래·사업화 촉진 사업의 추진에 필요한 사항은 중기부장관이 정하여 고시한다.

2. 기술혁신 계정

중기부장관은 중소기업의 기술혁신을 촉진하기 위하여 기술보증기금에 중소기업 기술혁신 계정(이하 "계정"이라 한다)을 설치하고 이의 운용 및 관리를 위탁할 수 있다.

다음의 어느 하나에 해당하는 자는 기술거래 및 사업화 촉진 사업 추진에 필요한 비용의 전부 또는 일부를 계정에 출연하거나 지원할 수 있다.

① 중앙행정기관 및 지방자치단체

②「공공기관의 운영에 관한 법률」에 따른 공공기관으로서 대통령령[8]으로 정하는 기관

③ 기타 기술거래 및 사업화 촉진 사업과 관련된 기업 또는 단체 등

가. 계정의 수입 및 지출

계정의 수입은 다음의 항목으로 구분한다.

① 기술평가, 기술거래의 중개 등의 업무를 수행에 따른 수수료

② 중앙행정기관, 지방자치단체 및 공공기관 등의 출연금 및 지원금

③ 계정의 운용수익

④ 그 밖의 부대수입

계정의 지출은 다음의 항목으로 구분한다.

① 기술거래 및 사업화 촉진 사업 추진에 필요한 사업비 및 부대경비

② 계정의 조성·운용 및 관리에 필요한 경비

---

8) 2024년 12월 현재 시행령에 별도의 규정은 없다.

나. 운용, 회계 및 결산

중기부장관은 계정의 운용 및 관리업무를 기술보증기금에 위탁하며, 기술보증기금은 계정에 여유자금이 있는 경우에는 다음의 방법에 따라 운용해야 한다.(기술령 제17조의4)

① 금융기관에의 예치

② 국채, 지방채와 국가 · 지방자치단체 또는 금융기관이 지급을 보증한 채권의 매입

기술보증기금은 계정의 회계를 다른 회계와 구분하여 처리해야 하고, 계정의 회계연도는 정부의 회계연도에 따른다.

기술보증기금은 계정의 회계연도마다 계정의 결산보고서, 재무상태표 및 손익계산서를 작성하여 다음 연도 2월 말일까지 중기부장관에게 제출해야 한다.

제
7
장

제6절	**보 칙**

1. 권한의 위탁	2. 벌칙

1. 권한의 위탁

중기부장관은 다음의 업무를 기술진흥전문기관의 장에게 위탁한다.(기술법 제29조 ①항, 기술령 제19조 ①항)

① 기술혁신 촉진 지원사업에 대한 평가에 관한 업무

② 기술혁신사업 및 산학협력 지원사업에 대한 기술료의 징수에 관한 업무

③ 기술혁신 촉진 지원사업에 대한 참여 제한에 관한 업무

※ 기술법에서의 용어상 혼동을 방지하기 위해 아래의 표를 참고하기 바란다.

용 어	내용과 조문
기술혁신 촉진계획	중기부장관 수립(기술법 제5조)
기술혁신 지원계획	지원계획 수립 대상기관이 수립(기술법 제13조)
기술혁신 촉진 지원사업	중기부장관이 시행(기술법 제9조)
기술혁신사업	중소기업자 단독 또는 공동으로 수행(기술법 제10조)
산학협력 지원사업	중소기업자가 학교 · 기관 · 단체와 공동으로 수행 또는 중소기업자에 대한 기술지도 사업(기술법 제11조)

2. 벌칙

중소기업기술정보진흥원 또는 이와 비슷한 명칭을 사용한 자에게는 100만원 이하의 과태료를 부과하며, 과태료는 중기부장관이 부과 · 징수한다.(기술법 제33조)

기출 및 연습문제

01 중소기업 기술혁신 촉진법령상 중소기업 기술진흥 전문기관에 관한 설명으로 옳지 않은 것은? 2022 기출

① 중소벤처기업부장관은 기술혁신 촉진 지원사업을 효율적으로 지원하기 위하여 국·공립 연구기관을 중소기업 기술진흥 전문기관으로 지정할 수 있다.
② 중소기업 기술진흥 전문기관은 중소벤처기업부장관으로부터 위탁받은 기술료 징수의 사업을 한다.
③ 중소벤처기업부장관은 중소기업 기술진흥 전문기관이 부정한 방법으로 지정을 받은 경우에는 업무의 전부 또는 일부의 정지를 명할 수 있다.
④ 중소벤처기업부장관은 중소기업 기술진흥 전문기관의 업무 정지를 명하려는 경우에는 청문을 하여야 한다.
⑤ 중소기업 기술진흥 전문기관으로 지정받은 자는 당해 연도의 사업계획 및 전년도의 추진실적을 매년 1월 31일까지 중소벤처기업부장관에게 보고하여야 한다.

해설 ③ 전문기관이 부정한 방법으로 지정을 받은 경우에는 반드시 그 지정을 취소해야 한다.

02 중소기업기술혁신 촉진법 상 산학협력 지원사업에 참여할 수 있는 학교 또는 기관으로 옳지 않은 것은?

① 대학·산업대학·전문대학 또는 기술대학
② 특정연구기관
③ 기술보증기금
④ 중소벤처기업진흥공단
⑤ 「과학기술분야 정부출연연구기관 등의 설립·운영 및 육성에 관한 법률」 제8조에 따른 연구기관

해설 ③ 기보는 참여 대상 기관이 아니다.

03 중소기업 기술혁신 촉진법령상 기술료 징수에 관한 내용이다. ( )에 들어갈 숫자는? 2022 기출

> ○ 중소벤처기업부장관이 출연한 산학협력 지원사업이 완료된 경우 사업자로부터 징수할 수 있는 기술료의 범위는 출연한 금액의 100분의 (ㄱ) 이내이다.
> ○ 이 경우 기술료는 협약으로 정하는 바에 따라 (ㄴ)년 이내의 기간 동안 분할하여 납부할 수 있다.

① ㄱ: 30, ㄴ: 3   ② ㄱ: 30, ㄴ: 5   ○ ㄱ: 50, ㄴ: 5
④ ㄱ: 50, ㄴ: 10   ⑤ ㄱ: 70, ㄴ: 10

해설 ③
> ○ 중소벤처기업부장관이 출연한 산학협력 지원사업이 완료된 경우 사업자로부터 징수할 수 있는 기술료의 범위는 출연한 금액의 100분의 (50) 이내이다.
> ○ 이 경우 기술료는 협약으로 정하는 바에 따라 (5)년 이내의 기간 동안 분할하여 납부할 수 있다.

제
7
장

04 중소기업 기술혁신 촉진법상 제재부가금을 부과할 수 있는 경우는? 2022 기출

① 정당한 사유 없이 연구개발 과제의 수행을 포기한 경우
② 출연금을 연구개발비의 연구용도 외의 용도로 사용한 경우
③ 거짓이나 그 밖의 부정한 방법으로 연구개발을 수행한 경우
④ 정당한 사유 없이 연구개발 결과물인 지식재산권을 소속 임직원의 명의로 등록한 경우
⑤ 연구개발의 결과가 극히 불량하여 중소벤처기업부장관이 실시하는 평가에 따라 실패한 사업으로 결정된 경우

해설 ② 이 사유 외 나머지 지문은 참여제한 사유에 해당한다.

05 중소기업기술혁신 촉진법 상 기술혁신 촉진 지원사업 참여제한 사유로 옳지 않은 것은?

① 정당한 절차 없이 연구개발 내용을 누설하거나 유출한 경우
② 정당한 사유 없이 연구개발 결과물인 지식재산권을 소속 임직원 명의로 출원하거나 등록한 경우
③ 정당한 사유 없이 기술료를 내지 아니하거나 납부를 게을리한 경우
④ 정당한 사유 없이 기술료 납부를 위한 지급이행보증증권을 제출하지 않은 경우
⑤ 거짓이나 그 밖의 부정한 방법으로 연구개발에 참여하거나 수행한 경우

해설 ④ 정당한 사유 없이 기술료를 내지 아니하거나 납부를 게을리한 경우 참여제한 사유에 해당하지만 기술료를 분납하기 위해 지급이행보증보험 증권을 제출하는 것은 기술료 감면 사유에 해당한다.

06 중소기업 기술혁신 촉진법령상 중소벤처기업부장관이 지원할 수 있는 연구인력파견지원사업의 지원대상에 해당하는 것을 모두 고른 것은? 2023 기출

> ㄱ. 경영혁신형 중소기업
> ㄴ. 「벤처기업육성에 관한 특별조치법」에 따른 벤처기업
> ㄷ. 「기초연구진흥 및 기술개발지원에 관한 법률」에 따른 기업부설연구소를 보유한 중소기업

① ㄱ   ② ㄷ   ③ ㄱ, ㄴ   ④ ㄴ, ㄷ   ⑤ ㄱ, ㄴ, ㄷ

해설 ③ 파견지원사업과 채용지원사업 지원 대상을 비교하면 다음과 같다.

사업명	지원대상
연구인력 파견지원사업	기술 · 경영혁신형중기, 벤처기업
연구인력 채용지원사업	기업부설연구소 · 연구개발전담부서 보유 중기 대상

정답

01 ③	02 ③	03 ③	04 ②	05 ④
06 ③				

제8장 # 중소기업 인력지원 특별법

제1절	**총 칙**

1. 목적	3. 적용범위
2. 용어의 정의	4. 국가 등의 책무

1. 목적

이 법은 중소기업의 인력수급 원활화와 인력구조 고도화 및 인식개선사업을 지원하여 중소기업의 경쟁력을 높이고 고용을 촉진함으로써 국민경제와 사회의 균형 있는 발전에 이바지함을 목적으로 한다.(인력법 제1조)

2. 용어의 정의

가. "중소기업"이란?

「중소기업기본법」 제2조제1항에 따른 중소기업을 말한다.

나. "협동조합 등"이란?

「중소기업협동조합법」 제3조제1항에 따른 협동조합·사업협동조합·협동조합연합회 및 중소기업중앙회를 말한다. 2013 기출

다. "인력구조 고도화사업"이란?

중소기업 관련 단체 및 협동조합 등이 고급인력의 확보, 인력관리의 개선, 근로시간의 단축 등을 목적으로 사업계획을 수립하고 실시하는 사업을 말한다. 2017 기출

라. "인식개선사업"이란?

중소기업에 대한 정확한 정보제공, 대학생의 중소기업 체험학습, 교육·연수 프로그램 운영, 홍보 등 올바른 직업관 확립을 위하여 우수 중소기업을 발굴·홍보하고 중소기업으로의 인력유입을 촉진하기 위하여 실시하는 사업을 말한다. 2015, 2017 기출

마. "인재육성형 중소기업"이란?

기술능력, 연구개발역량 등 전문적 지식과 기능을 지닌 우수인력을 채용하거나 교육훈련 투자 등을 통하여 인재를 모범적으로 육성하는 중소기업을 말한다. 2017 기출

바. "중소기업 청년근로자"란?

중소기업의 대표자가 사업상 필요하여 신규 채용하는 근로자로서 채용 시점의 연령이 15세 이상 34세 이하인 근로자를 말한다. 2023 기출

사. "중소기업 핵심인력"이란?

직무 기여도가 높아 해당 중소기업의 대표자가 장기재직이 필요하다고 지정하는 근로자를 말한다. 2015, 2017 기출

3. 적용범위

인력법은 중소기업의 인력지원에 관하여 적용한다. 그러나 통계청장이 고시하는 한국표준산업분류에 따른 아래 업종의 중소기업에 대하여는 적용하지 아니한다. 2017, 2018, 2021, 2024 기출

① 일반유흥 주점업
② 무도유흥 주점업
③ 기타 주점업
④ 기타 사행시설 관리 및 운영업
⑤ 무도장 운영업

※ 부동산업은 적용범위에 해당하지 않았으나 개정[1]을 통해 부동산업도 인력법 적용범위에 포함되어 인력법에 따른 지원을 받을 수 있게 되었다.

4. 국가 등의 책무

국가는 중소기업에 대한 인력지원을 위하여 필요한 시책을 수립하고 시행해야 하고, 지방자치단체는 관할지역에 있는 중소기업에 대한 인력지원을 위하여 지역산업 특성에 적합한 계획을 수립하고 시행할 수 있다.(인력법 제4조)

제 8 장

---

1) 2021년 12월 8일 개정

<table>
<tr><td colspan="2">제2절</td><td>인력지원 기본계획</td></tr>
</table>

> 1. 인력지원 기본계획 3. 지방중소기업 인력지원협의회
> 2. 실태조사

1. 인력지원 기본계획

중기부장관은 중소기업의 원활한 인력 확보를 지원하기 위하여 다음의 사항이 포함된 중소기업 인력지원 기본계획(이하 "기본계획"이라 한다)을 관계 중앙행정기관의 장의 의견을 들어 5년마다 수립해야 한다.(인력법 제5조 ①항) 2014, 2017, 2018, 2021, 2023 기출

① 중소기업 인력지원의 목표 및 정책 기본방향

② 산업구조의 변화를 반영한 중소기업의 인력활용에 관한 사항

③ 중소기업의 경쟁력 강화를 위한 인력구조 고도화 및 중소기업 재직자 교육·연수에 관한 사항

학습의 관점에서 ③항 이후의 내용은 생략한다.

가. 연도별 시행계획 수립 2017, 2023 기출

중기부장관 및 관계 중앙행정기관의 장은 기본계획에 따라 매년 연도별 시행계획을 수립·시행해야 하며, 특히 중기부장관은 관계 중앙행정기관의 장이 연도별 시행계획을 수립하고 시행할 수 있도록 다음 해의 시행계획 수립지침을 정하고, 이를 매년 11월 30일까지 관계 중앙행정기관의 장에게 통보해야 한다.(인력법 제5조 ②항, 인력령 제3조 ①항) 2023 기출

관계 중앙행정기관의 장은 소관 분야의 시행계획을 수립하는 때에는 시행계획 수립지침에 따라야 하며, 매년 2월 15일까지 해당 연도의 시행계획과 전년도의 지원실적을 중기부장관에게 통보해야 한다.(인력법 제5조 ③항, 인력령 제3조 ③항)

관계 중앙행정기관의 장은 중기부장관에게 통보한 시행계획의 주요내용을 변경하려면 그 내용을 미리 중기부장관에게 통보해야 한다.(인력령 제3조 ⑤항)

중기부장관은 기본계획을 수립하기 위해 필요하면 관계 중앙행정기관, 지방자치단체, 관련 교육·연구 기관 및 국가연구사업에 참여하는 법인·단체에 필요한 자료의 제출을 요청할

수 있다.(인력법 제5조 ④항)

※ 중기법은 각 법에 따라 지원계획 및 시책을 강구하도록 규정하고 있다. 이를 개별법에 따라 학습하는 경우
시행주체와 주기 및 날짜에 있어 혼란이 가중될 것이므로 중기법에서 규정되는 지원계획 등을 비교 정리한다.

법 령	지원계획 및 시책	내　용
기본법	종합계획	정부가 3년마다 국무회의 심의 거쳐 수립·시행
	육성계획 수립지침	중기부장관이 관계중앙행정기관장에 제출(12/31 까지)
	육성계획	정부가 종합계획에 따라 매년 수립 실태조사: 매년실시 관계중앙행정기관장이 당년 육성계획 수립지침에 따라 해당연도 육성 계획과 관련 예산을 중기부장관에 제출(1/31까지) 정부가 당년 육성계획과 예산 국회제출(3월 까지) 관계중앙행정기관장이 전년 실적·성과 중기부장관에 제출(7/31까지)
	연차보고	중기부장관이 정기국회 전(9/1) 국회제출
	옴부즈만 활동결과	매년 1월말까지 규제개혁위원회와 국무회의 및 국회에 보고
	통합시스템 지원사업 범위 협의	매년 3월 31일까지 지원사업 수행 관계 중앙행정기관장 및 지자체장 과 협의
벤처법	벤처기업 육성계획	중기부장관이 3년마다 관계중앙행정기관장 협의 거쳐 수립·시행 실태조사: 매년 실시
진흥법	구조고도화지원계획	시·도지사가 매년수립
	사회적책임경영 기본계획	중기부장관이 5년마다 수립·시행 기본계획에 따라 연차별 시행계획 수립·시행
소기본법	소상공인지원 기본계획	정부가 3년마다 국무회의 심의 거쳐 수립·시행 실태조사: 매년 실시
	시행계획	정부가 기본계획에 따라 매년 수립
	지역별 시행계획	시·도지사가 해마다 수립·시행 지역별 시행계획 추진실적: 계획연도 종료 후 1개월 내
	연차보고	중기부장관이 정기국회 전(9/1) 국회제출
기술법	기술혁신 촉진계획	중기부장관이 5년마다 수립 기술통계: 실시주기 규정 × 실태조사: 매년 정기적으로 통계조사: 실시주기 규정×
	기술혁신 지원계획	시행기관(연구개발 예산 300억 이상)이 수립 당년 지원계획·전년 지원실적 중기부장관에 통보(2월말까지)
인력법	인력지원 기본계획	중기부장관이 5년마다 수립 실태조사: 실시주기 규정 ×
	연도별 시행계획	중기부장관·관계중앙행정기관장이 매년수립 당년 시행계획·전년 지원실적 중기부장관에 통보(2/15까지)
	시행계획 수립 지침	중기부장관이 정하여 관계중앙행정기관장에 통보(11/30까지)
전환법	사업전환 촉진계획	중기부장관이 2년마다 수립 실태조사: 2년마다(필요 시 수시로 실시 가능)

제
8
장

2. 실태조사

중기부장관은 기본계획의 수립 등을 위하여 중소기업의 인력 및 인식개선에 관한 실태조사를 해야 한다. 2014, 2016 기출

실태조사에는 다음의 사항이 포함되어야 한다.

① 중소기업의 지역별·업종별·직종별 인력의 실태 및 특성에 관한 사항

② 중소기업의 인력구성 및 인력수요의 변화에 관한 사항

③ 중소기업의 교육훈련 및 인력관리에 관한 사항

학습의 관점에서 ③항 이후의 내용은 생략한다.

중기부장관은 실태조사를 하기 전에 산업통상자원부장관, 고용노동부장관 등 관계 중앙행정기관의 장의 의견을 들어야 한다.

중기부장관은 실태조사를 위하여 필요하다고 인정하는 경우에는 관계 중앙행정기관의 장 및 지방자치단체의 장에게 중소기업 관련 자료의 제출이나 조사업무 수행상의 협조를 요청할 수 있다. 이 경우 요청을 받은 관계 중앙행정기관의 장 및 지방자치단체의 장은 특별한 사유가 없으면 협조해야 한다.(인력법 제7조)

3. 지방중소기업 인력지원협의회

가. 지방중소기업인력지원협의회 설치

지방중기청장은 지방자치단체, 지방고용노동관서의 장, 대학·산업대학·전문대학 및 기술대학(분교 포함) 등의 장과 협력하여 기본계획과 연도별 시행계획을 원활하게 추진하기 위하여 지역중소기업인력지원협의회(약칭 지역협의회)를 설치·운영할 수 있다.(인력령 제4조 ①항)

나. 지역협의회 위원

지역협의회의 위원은 중기부령으로 정하는 기관에서 인력지원 업무를 담당하는 자 중에서 지방중소벤처기업청장이 지명 또는 위촉한다.(인력령 제4조 ②항)

다. 지역협의회 심의 사항

지역협의회는 지방중기청장이 관할하는 구역에서의 기본계획 각호의 사항과 다음의 사항을 심의한다.(인력령 제4조 ③항)

① 인력법 제18조 ①항(산학협력을 통한 중소기업 필요인력의 양성 등)에 따른 산학협력사업 및 제18조 ③항에 따른 대 · 중소기업 협력사업 각호의 규정에 따른 사업의 지역별 추진에 관한 사항

② 지방중소기업에 대한 인력지원방안에 관한 사항

③ 지역 내 중소기업 관련 시설 · 장비 및 인력의 활용에 관한 사항

④ 그 밖에 지역협의회의 위원이 심의를 요청하는 사항

이상의 규정된 사항 외에 지역협의회의 구성 및 운영에 관하여 필요한 사항은 지역협의회의 의결을 거쳐 지방중기청장이 정한다.(인력령 제4조 ④항)

제 8 장

제3절 　인력수급 원활화

3.1 산학협력

1. 산학협력 필요인력 양성

가. 산학협력사업

정부는 중소기업의 인력수급을 원활하게 하기 위하여 다음의 산학협력사업의 추진을 지원할 수 있다.(인력법 제8조 ①항)

① 지역별 · 업종별 · 직종별 중소기업의 인력수요에 적합한 인력양성사업

② 미취업 인력을 대상으로 시행하는 중소기업 현장연수사업

③ 중소기업 재직자의 능력개발을 위한 사업

④ 중소기업으로 구성된 단체와 「초 · 중등교육법」 제2조제3호[2] 및 「고등교육법」에 따른 각급학교, 인력양성기관 등이 인력공동관리협의회를 구축하여 시행하는 공동교육 및 공동채용사업

⑤ 그 밖에 중소기업에 필요한 인력의 양성 · 공급을 위한 사업

---

2) 초·중등교육법 제2조(학교의 종류) 초 · 중등교육을 실시하기 위하여 다음 각 호의 학교를 둔다.
1. 초등학교 · 공민학교 2. 중학교 · 고등공민학교 3. 고등학교 · 고등기술학교 4. 특수학교 5. 각종학교

중기부장관은 위 규정에 따른 산학협력사업을 인력법 정의에서 말하는 협동조합 등, 「산업발전법」 제38조[3])에 따라 설립된 사업자단체, 중소기업 및 중소기업 유관기관과 대학 간에 중기부령이 정하는 내용을 포함하는 산학협약을 체결하여 추진하는 경우에는 우선적으로 지원할 수 있다.(인력령 제6조 ①항)

중기부장관은 중소기업, 협동조합 등 또는 사업자단체 등이 대학 및 중소기업 관련기관 등과 연계하여 청년실업자에게 직업훈련 기회 및 구인정보 등을 제공하는 경우 이에 필요한 경비의 전부 또는 일부를 지원할 수 있다.(인력령 제6조 ③항)

중기부장관은 연구개발을 위한 산학협력사업을 추진하는 과정에 현장연수기회를 제공할 수 있다.(인력령 제6조 ②항)

나. 지역특성화산업·지역선도산업 육성을 위한 협력사업

정부는 지역특성화산업 또는 지역선도산업을 육성하는 데에 필요한 인력을 양성하기 위하여 본사, 주사무소 또는 사업장 중 어느 하나가 수도권[4])이 아닌 지역에 있는 중소기업(이하 "지방 소재 중소기업"이라 한다)이 참여하는 다음의 협력사업을 지원할 수 있다.(인력법 제8조 ②항)

① 대학, 산업대학, 전문대학 및 기술대학(분교 포함) 중 수도권이 아닌 지역에 있는 지방대학[5])과 협력하여 하는 중소기업 수요에 맞는 교육과정 개설 및 취업연계사업

② 지방대학 및 연구기관의 연구인력과 연구시설·장비의 공동활용사업

③ 지역 특성에 맞는 인력양성을 위하여 중소기업 또는 협동조합 등과 인력양성기관이 공동으로 제안하는 사업

학습의 관점에서 ③항 이후의 내용은 인용을 생략한다.

중기부장관과 지방자치단체의 장은 위 ①항에 따른 사업을 원활히 추진하기 위하여 지방대학이 중소기업과 협약을 체결하고 해당 지역에 소재한 중소기업의 인력수요에 맞는 교육과정

---

3) 제38조(사업자단체) ① 사업자는 대통령령으로 정하는 바에 따라 산업통상자원부장관의 인가를 받아 업종별로 해당 업종의 사업자단체(이하 "사업자단체"라 한다)를 설립할 수 있다. ② 사업자단체는 법인으로 한다. ③ 사업자단체의 정관 기재사항과 운영, 감독에 필요한 사항은 대통령령으로 정한다. ④ 사업자단체에 관하여 이 법에 규정된 것을 제외하고는 「민법」 중 사단법인에 관한 규정을 준용한다.

4) 수도권정비계획법 제2조(정의) 이 법에서 사용하는 용어의 뜻은 다음과 같다. 1. "수도권"이란 서울특별시와 대통령령으로 정하는 그 주변 지역을 말한다. (결국 수도권에 포함되는 지역은 서울시, 인천시 그리고 경기도를 말한다.)

5) 지방대학이란 수도권이 아닌 지역에 있는 대학을 말한다.

을 개설하는 경우 이에 필요한 지원을 할 수 있다.(인력령 제7조)

중기부장관은 위 ②항의 규정에 따른 공동활용사업을 효율적으로 추진하기 위하여 지역별로 연구인력 · 연구시설 및 연구장비의 보유현황에 대한 정보를 제공할 수 있는 전산망을 구축 · 관리할 수 있다.(인력령 제8조)

다. 대·중소기업 협력사업

정부는 중소기업과 대기업이 함께 추진하는 다음의 협력사업을 지원할 수 있다.

① 인력양성을 위한 시설 · 인력 및 교육프로그램의 공동활용사업

② 기술인력의 파견근무, 기술지도 활동 등을 통한 인력의 공동활용사업

③ 그 밖에 중소기업의 경쟁력을 높이기 위한 인력 관련 협력사업

정부는 중소기업이 퇴직 및 전직(轉職) 인력을 적극 활용할 수 있도록 지원할 수 있다.

중기부장관은 대 · 중소기업 협력사업을 활성화하기 위하여 이에 관련된 정보를 수집하여 중소기업에게 제공하고 협력사업의 추진을 촉진하기 위한 지원을 할 수 있다. 중기부장관은 협력사업의 모범사례를 발굴 · 포상하는 등 중소기업 및 대기업에게 모범적인 사례를 확산해야 한다.(인력령 제9조)

2. 산학연계 맞춤형 인력양성

중기부장관은 중소기업의 수요에 맞는 인력양성을 촉진하기 위하여 중소기업과 고등학교, 대학(전문대학 포함)을 연계하여 재학생을 대상으로 맞춤형 교육을 실시할 수 있다. 이 경우 중기부장관은 지방자치단체의 장의 요청이 있는 경우 협의를 거쳐 사업에 참여시킬 수 있다.(제10조 ①항)

참고사항 산학연계 맞춤형 인력양성 사업의 실제

산학연계 맞춤형 인력양성 사업은 고등학교 특히 특성화고와 대학(전문대학 포함)의 연계를 통해 산업계가 요구하는 인력을 양성하여 공급하고, 중소기업은 이를 통해 5년~7년간 체계적으로 양성된 우수인력을 채용함으로써 정책목표를 달성할 수 있게 된다.

선정된 사업단(대학, 특성화고)에는 협약기업이 필요로 하는 인력양성을 위한 교육과정 개발 및 운영, 기자재 구입, 학생 · 교원의 연수, 현장실습 등에 소요되는 비용을 지원 받을 수 있으며 참여기업은 체계적으로 교육받은 우수인력을 채용함은 물론 병역특례업체로 우선 선정 되고 학생에게는 학사 취득 및 우수기업 취업 보장, 산업기능요원으로 우선 편입될 수 있는 혜택을 주고 있다.(중기부 산학연계 맞춤형 인력양성 사업 추진계획 발췌 · 정리)

중기부장관은 이 사업에 참여하는 학교, 교사 및 학생에게 교육프로그램 개발비, 실습기자재 구입비 등 필요한 경비를 지원할 수 있다.(인력법 제10조 ②항)

가. 참여학교 요건 및 선정 절차

산학연계 맞춤형 인력양성사업에 참여하려는 학교는 다음의 요건을 모두 갖추어야 한다.

① 중소기업 인력난과 청년실업 해소에 적합한 교육과정 운영계획을 갖추고 있을 것

② 맞춤형 인력양성사업을 수행할 수 있는 전담인력·설비를 갖추고 있을 것

③ 그 밖에 중기부장관이 정하여 고시하는 요건을 갖추고 있을 것

중기부장관은 산학연계 맞춤형 인력양성사업의 참여를 신청한 중소기업과 학교 중 중기부장관이 정하여 고시하는 기준에 적합한 중소기업과 학교를 선정해야 하며, 선정된 중소기업과 학교는 교육훈련에 관한 협약을 체결한 후 교육을 실시해야 한다.

기타 산학연계 맞춤형 인력양성사업 참여자의 선정기준, 지원절차 및 지원방법에 필요한 세부사항은 중기부장관이 정하여 고시[6]한다.(인력령 제9조의3)

3. 기업부설연구소 특례

중소기업이 대학 연구인력의 활용을 확대하기 위하여 대학에 「산업교육진흥 및 산학협력 촉진에 관한 법률」 제37조에 따른 협력연구소를 설치하는 경우에는 이를 기업부설연구소로 본다.(인력법 제16조) 2016 기틀

3.2 취업지원 및 구인지원 사업

1. 인력채용 연계사업

이 규정에 따라 2011년까지 중소기업중앙회가 주관기관으로서 "인력채용패키지사업"이 시행되었다. 청년 미취업자에게 3개월 가량의 직업훈련을 이수케 한 뒤 사업참여 중소기업체에 6개월 이내의 범위에서 인턴신분으로 취업하게 되며, 중소기업은 이 과정을 거쳐 사업참여 미취업자(인턴)를 정규직으로 채용하면 최대 1년간 고용장려금을 지원해주는 체제로 시행되었다.

---

6) 중소기업 특성화고 인력양성사업 운영요령(중소벤처기업부고시 제2023-63호)

중기부장관은 미취업자를 대상으로 산업현장에서 필요한 실무교육과 현장연수를 받게 한 후 중소기업에 채용을 알선하는 사업을 할 수 있다. 이 경우 중기부장관은 지방자치단체의 장의 요청이 있는 경우 협의를 거쳐 사업에 참여시킬 수 있다.(인력법 제9조 ①항) 2018 기출

가. 참여 대상자

인력채용 연계 사업의 대상자는 다음 순위에 따라 선발한다.(인력령 제9조의2 ①항)

① 15세 이상 29세 이하인 미취업자

② 장기복무제대군인(전역예정자를 포함한다)

③ 고령자[7]인 미취업자

④ 그 밖에 지원이 필요하다고 인정하여 중기부장관이 정하는 미취업자

나. 서류의 제출

① 인력채용 연계사업의 지원을 받으려는 미취업자는 다음의 서류를 첨부한 신청서를 중기부장관에게 제출해야 한다.(인력령 제9조의2 ②항)

　㉠ 참여대상자 요건에 해당함을 입증하는 서류

　㉡ 직업안정기관이나 직업소개사업자등에게 구직신청을 한 사실을 입증하는 서류

② 인력채용 연계사업의 지원을 받으려는 사업수행자는 다음의 서류를 첨부한 신청서를 중기부장관에게 제출해야 한다.(인력령 제9조의2 ③항)

　㉠ 중소기업 채용수요 조사결과

　㉡ 집합교육 및 현장연수 계획서

중기부장관은 이에 따른 사업에 참여하는 미취업자에 대한 실무교육 및 현장연수 수당과 그 사업을 수행하는 자에게 필요 경비 등을 지원할 수 있다.(인력법 제9조 ②항)

2. 청년실업자 취업지원

고용노동부장관은 15세 이상 34세 이하인 미취업자의 중소기업 취업을 촉진하기 위하여 이들을 고용하는 중소기업에 고용장려금을 지급할 수 있으며, 이에 따른 지원대상, 지원 내용 및 지원절차 등에 관하여 필요한 사항은 고용노동부장관이 고시로 정한다.(인력법 제12조)

고용노동부장관은 위의 규정에 따라 고용장려금의 지급 및 고용창출사업의 지원에 관한 고시를 정하는 때에는 중기부장관과 협의해야 한다. (인력령 제13조) 2014, 2018, 2024 기출

---

7) 고용상 연령차별금지 및 고령자고용촉진에 관한 법률에 따르면 고령자란 55세 이상인 사람을 말하고, 준고령자란 50세 이상 55세 미만인 사람을 말한다.

3. 청년근로자 고용과 핵심인력 장기재직 촉진 지원

중기부장관은 중소기업 청년근로자의 고용과 핵심인력의 장기재직을 촉진하기 위한 지원방안을 강구하여야 한다.(인력법 제12조의2)

4. 구인 및 구직활동 지원

중기부장관은 중소기업의 원활한 인력 확보를 위하여 중소기업의 구인활동 및 구직자의 중소기업 취업활동에 필요한 지원을 할 수 있다.(인력법 제18조)

5. 전문연구요원 및 산업기능요원

중기부장관은 「병역법」 제36조제1항에 따른 전문연구요원 및 산업기능요원의 활용 실태를 조사하고 중소기업의 의견을 수렴하여 전문연구요원제도 및 산업기능요원제도의 개선에 관하여 병무청장에게 협의를 요청해야 하며, 중소기업이 중소기업의 인력지원을 위하여 제시한 개선의견을 적극 반영해야 한다.

병무청장은 중기부장관이 협의를 요청한 사항에 대해 개선방안을 검토한 후, 그 결과를 중기부장관에게 통보해야 한다.(인력법 제14조, 인력령 제16조)

6. 외국전문인력활용

중기부장관은 중소기업이 필요한 외국 전문인력을 안정적으로 활용할 수 있도록 지원하고 외국전문인력을 활용하는 데 필요한 정보·경비 등의 지원내용과 절차에 관하여 공고해야 한다. 중기부장관은 외국전문인력의 사증("비자"를 말한다) 발급을 지원하기 위해 「출입국관리법 시행령」 제7조제3항[8]의 규정에 따른 추천서를 발부할 수 있다.(인력법 제13조, 인력령 제14조,제15조)

3.3 현장연수와 체험사업

1. 중소기업 현장연수

「군인사법」 제46조의2에 따른 전직지원교육 대상이 되는 전역 예정자는 전직지원교육의 일환으로 중소기업 사업장에서 유급의 현장연수를 받을 수 있다.(인력령 제17조)

---

8) 법무부장관은 사증 발급에 필요하다고 인정하는 때에는 사증을 발급받으려는 외국인에게 관계 중앙행정기관의 장으로부터 추천서를 발급받아 제출하게 하거나 관계 중앙행정기관의 장에게 의견을 물을 수 있다.

2. 중소기업 체험사업

중기부장관은 학교에 재학 중인 학생의 중소기업에 대한 관심을 높이고 중소기업에의 취업을 촉진하기 위하여 중소기업에서 기업활동을 체험하게 하거나 중소기업 경영자가 교육 강사로 참여하는 "중소기업체험사업"을 할 수 있다. 이 경우 중기부장관은 지방자치단체의 장의 요청이 있는 경우 협의를 거쳐 사업에 참여시킬 수 있다.

중기부장관은 중소기업체험사업에 대하여 다음의 사항이 포함된 사업계획을 수립·공고해야 한다.(인력령 제11조)

① 사업추진 절차 및 방법

② 사업 참여자에 대한 지원내용

③ 그 밖에 사업추진을 위하여 중기부장관이 필요하다고 인정하는 사항

중기부장관은 중소기업체험사업을 효율적으로 실시하기 위하여 사업에 참가하는 학생, 학교, 교육 강사 및 중소기업 등에 비용보조·취업 알선 및 정보 제공 등의 지원을 할 수 있으며, 학교는 학생의 현장실습 등을 장려하기 위하여 학칙으로 정하는 바에 따라 중소기업체험사업 참가 실적을 학점 또는 단위로 인정할 수 있다.

중기부장관은 참가실적을 학점 또는 단위로 인정하는 학교에 위의 규정에 따른 지원을 우선적으로 할 수 있다.(인력법 제11조, 인력령 제12조)

3.4 인재육성형 중소기업

1. 지정기준

중기부장관은 중소기업의 우수인력 채용 및 육성을 촉진하기 위하여 인재육성형 중소기업(이하 "인재육성형 중소기업"이라 한다)을 지정할 수 있으며, 인재육성형 중소기업으로 지정받으려는 기업은 다음의 사항에 대하여 평가한 결과가 중기부장관이 정하여 고시하는 기준을 충족하여야 한다.(인력법 제18조의2, 인력령 제17조의2 ①항)

① 교육훈련 투자 및 우수인재 채용 등 인재육성을 위한 기업의 노력에 관한 사항

② 매출 및 임금의 증가, 고용 창출 등 인재육성을 통한 기업의 성과 및 성과의 보상에 관한 사항

③ 근로시간 단축, 고용안정성 강화 등 근로환경 개선을 위한 기업의 노력에 관한 사항

2. 지정절차

인재육성형 중소기업으로 지정받으려는 기업은 중기부장관이 정하는 바에 따라 신청서에 지정기준 요건을 갖추었음을 증명할 수 있는 서류를 첨부하여 중기부장관에게 제출하여야 하며, 지정신청 서류를 제출받은 중기부장관은 인재육성형 중소기업으로 지정하기에 적합하다고 인정되는 경우에는 인재육성형 중소기업 지정서를 발급하여야 한다.

인재육성형 중소기업 지정의 유효기간은 지정을 받은 날부터 3년으로 한다. 2017, 2018, 2023 기출

중기부장관은 지정서를 발급한 경우 지체 없이 그 사실을 관계 중앙행정기관의 장 및 지방자치단체의 장에게 알리고, 중기부 인터넷 홈페이지에 게재하여야 한다. 인재육성형 중소기업의 지정 기준과 절차 등에 관한 세부적인 사항은 중기부장관이 정하여 고시한다.

3. 지정취소

중기부장관은 인재육성형 중소기업으로 지정을 받은 자가 다음의 어느 하나에 해당하는 경우에는 그 지정을 취소할 수 있다. 다만, ①항 및 ③항의 어느 하나에 해당하는 경우에는 지정을 취소하여야 한다. 2015, 2018 기출
① 거짓이나 그 밖의 부정한 방법으로 지정을 받은 경우
② 지정기준에 적합하지 아니하게 된 경우
③ 지정을 받은 자가 그 사업을 폐업한 경우

중기부장관은 위에 따라 지정을 취소하고자 하는 경우에는 청문을 실시하여야 하며, 인재육성형 중소기업의 지정을 취소하였을 경우에는 지체 없이 그 사유를 구체적으로 밝혀 해당 중소기업의 대표자, 관계 중앙행정기관의 장 또는 지방자치단체의 장에게 알리고, 그 사실을 중기부 인터넷 홈페이지에 게시하여야 한다.(인력법 제18조의3 ②항, 인력령 제17조의3)

중기부장관은 지정이 취소된 자에 대하여는 그 취소일부터 3년의 범위에서 지정을 하지 않을 수 있다.(인력법 제18조의3 ③항)

제
8
장

3.5 교육공무원 등 특례

1. 교육공무원 등의 휴직

다음 어느 하나에 해당하는 사람(교육공무원 등이라 한다.)은 중소기업 부설연구소의 연구소장 또는 연구원으로 근무하기 위해 휴직할 수 있다. 이에 따른 휴직 기간은 3년 이내로 하되, 소속 기관의 장이 필요하다고 인정하면 3년 이내에서 휴직 기간을 연장할 수 있다. 이 경우 대학교원의 휴직 기간은 「교육공무원법」 제11조의3 제2항[9])에도 불구하고 임용기간 중의 잔여기간을 초과할 수 있다.

① 대학(산업대학과 전문대학을 포함한다.)의 교원(대학부설연구소의 연구원을 포함한다)
② 국 · 공립 연구기관의 연구원
③ 정부출연연구기관의 연구원
④ 과학기술분야 정부출연연구기관[10])의 연구원

위의 교육공무원 등이 6개월 이상 휴직하는 경우에는 휴직일부터 그 대학이나 연구기관에 그 휴직자의 수에 해당하는 교원이나 연구원의 정원이 따로 있는 것으로 보며, 교육공무원 등이 휴직한 후 복직하는 경우 해당 소속 기관의 장은 그 휴직으로 인하여 신분상 및 급여상의 불이익을 주어서는 안 된다.(인력법 제15조의2)

2. 교육공무원 등의 겸임 · 겸직 특례

다음의 어느 하나에 해당하는 사람은 그 소속 기관의 장의 허가를 받아 중소기업 대표자 또는 임직원을 겸임하거나 겸직할 수 있다. 다만, 공무원의 겸임 또는 겸직은 직무상 능률을 저해할 우려가 없는 경우에만 할 수 있다.(인력법 제15조) 2016 7월

① 대학의 교원(부설연구소의 연구원을 포함한다)
② 국 · 공립 연구기관의 연구원(한국과학기술원, 광주과학기술원, 대구경북과학기술원 및 울산과학기술원의 교원 및 연구원을 포함한다)
③ 정부출연연구기관의 연구원
④ 과학기술분야 정부출연연구기관의 연구원

---

9) 제11조의3(계약제 임용 등) ① 대학의 교원은 대통령령으로 정하는 바에 따라 근무기간, 급여, 근무조건, 업적 및 성과 약정 등 계약조건을 정하여 임용할 수 있다.

10) 「과학기술분야 정부출연연구기관 등의 설립 · 운영 및 육성에 관한 법률」 제2조(정의) "과학기술분야 정부출연연구기관"이란 정부가 출연하고 과학기술분야의 연구를 주된 목적으로 하는 기관을 말한다.

이에 따른 교원 및 연구원은 중소기업 임원 및 직원으로 겸임·겸직하는 경우 소속기관의 장이 정하는 규정에 따라 복무해야 하며, 소속기관의 장은 겸임·겸직 허가를 받은 교원 및 연구원에게 겸임 또는 겸직을 이유로 인사상의 불이익을 주어서는 안 된다.

인력법 상 휴직·겸임·겸직 규정(인력법 제15조, 제15조의2)과 전문회사에 적용되는 휴직·겸임·겸직 규정(벤처법 제11조의5 준용규정) 및 벤처일반에 적용되는 규정(벤처법 제16조, 제16조의2)은 다르다. 이들의 차이를 비교한다.

① 사유 및 대상자

구분	전문회사	벤처일반	인력법
휴직 사유	전문회사 대표·임직원 근무	벤처기업 또는 창업기업 대표·임원 근무	중소기업 부설연구소 연구소장·연구원 근무
겸임·겸직 사유	상동	좌동	중소기업 대표·임직원 겸임 겸직
대상자	교원·연구원·직원	교원·연구원·직원	교원·연구원
겸임·겸직 제한	① 전공, 기술, 직무경험 등 무관 분야 겸임·겸직 ② 직무상 능률 저해 우려가 있는 경우		좌측 ①번 항목 × 좌측 ②번 항목 ○

② 휴직·겸임·겸직 규정 적용 대상 기관

기관	벤처 휴직	벤처 겸임·겸직	인력법 휴직	인력법 겸임·겸직
대학 교원, 연구원	○[1]	○[1]	○[1]	○[3]
국공립연구기관 연구원	○[2]	○[2]	○	○[2]
정부출연연구기관 연구원	×	○	○	○
과학기술분야 정부출연연구기관 연구원	○	○	○	○
전문생산기술연구소 연구원	○	○	×	×
과학기술분야 지방자치단체 출연기관 연구원	○	○	×	×
공공기관 직원 등	○	×	×	×
한국원자력의학원 한국원자력안전기술원 한국과학기술기획평가원	×	○	×	×

제
8
장

1) 전문대학과 산업대학을 포함하고, 대학부설연구소 연구원을 포함한다.
2) KAIST, DGIST, GIST 및 UNIST를 포함한다.
3) 대학부설연구소 연구원을 포함한다.
※ 벤처법과 인력법에서 규정된 "교육공무원 등"은 차이가 있다. 위 비교테이블에서 음영처리된 기관이 각각 벤처법과 인력법에서 규정된 "교육공무원 등"이다.

<table>
<tr><td>제4절</td><td>인력구조 고도화</td></tr>
</table>

> 1. 인력구조고도화 사업계획
> 2. 공동교육훈련시설
> 3. 원격훈련 지원
> 4. 고용창출지원사업
> 5. 국제협력증진

1. 인력구조고도화 사업계획

인력고도화계획은 시행주체가 중기부장관이 아니다. 중소기업 관련 단체 및 협동조합 등이 수립·시행하고 중기부장관이 이를 관리하고 지원하는 체계임을 유의해야 한다. 2015, 2017 기출

가. 인력고도화계획의 사업내용

중소기업 관련 단체 및 협동조합 등은 중소기업에 필요한 인력을 확보하기 위해 다음의 사업을 내용으로 하는 인력구조 고도화사업계획(이하 "인력고도화계획"이라 한다)을 수립·시행할 수 있다.(인력법 제19조 ①항)

① 중소기업의 인력관리 실태에 대한 조사

② 중소기업의 우수인력 확보를 지원하기 위한 공동채용 활동

③ 중소기업에 우수인력의 유입을 촉진하기 위한 근로시간의 단축, 근로환경의 개선 등을 위한 사업

학습의 관점에서 ③항 이후의 내용은 인용을 생략한다.

나. 지원요건

인력고도화계획이 아래의 요건을 충족하는 경우에는 인력고도화계획의 시행에 드는 경비의 일부를 지원할 수 있으며, 지원금을 사업의 내용 또는 시행 시기 등을 고려하여 일시에 지급하거나 분할하여 지급할 수 있다.(인력령 제18조, 제19조 ②항) 2022 기출

① "인력고도화계획"의 목표 및 내용이 중소기업의 원활한 인력 확보 및 인력구조의 고도화에 기여할 수 있을 것

② 지원대상인 중소기업이 20개 이상일 것

③ 인력고도화계획의 시행을 해당 연도에 시작할 수 있을 것

④ 기타 사업계획의 원활한 추진을 위하여 중기부장관이 정하여 공고하는 요건을 갖출 것

다. 관리 및 취소

정부는 경비를 지원받은 중소기업 관련 단체 및 협동조합 등이 인력고도화계획을 적절하게 시행하고 있는지 관리해야 하며, 지원받은 중소기업 관련 단체 및 협동조합 등이 인력고도화계획에 따라 사업을 시행하지 않는 경우 지원을 취소하고 지원자금을 회수할 수 있다.(인력법 제20조)

중기부장관은 인력고도화계획의 시행에 소요되는 경비의 일부를 지원하려는 경우 지원받을 중소기업 관련 단체 및 협동조합 등과 다음의 사항이 포함된 협약을 체결해야 한다.(인력령 제19조 ①항)

① 사업의 내용

② 지원금의 용도 및 관리계획

③ 사업시행의 기대성과

학습의 관점에서 ③항 이후의 내용은 인용을 생략한다.

2. 공동교육훈련시설

정부는 중소기업의 직업능력개발훈련 실시를 촉진하기 위하여 중소기업 공동교육훈련시설의 설치 및 운영에 필요한 지원을 할 수 있다. 이에 따라 중기부장관은 중소기업 공동교육훈련을 활성화하기 위해 아래의 지정요건을 갖춘 대학, 중소기업 관련기관, 중소기업 등을 공동교육훈련시설로 지정할 수 있다.(인력법 제20조의2, 인력령 제10조 ②항)

중소기업 공동교육훈련시설 지정 요건은 다음과 같다.

① 중기부장관이 고용노동부장관과 협의하여 고시하는 업종별 교육훈련 교원 및 직원을 확보하고 있을 것

② 연간 교육가능인원이 2천 명 이상일 것

③ 중소기업 공동교육훈련을 위한 시설을 소유하거나 임차하고 있을 것

④ 그 밖에 원활한 교육훈련을 위하여 필요한 사항으로서 중기부장관이 고용노동부장관과 협의하여 고시하는 사항을 충족할 것

중기부장관은 공동교육훈련시설에 대한 수요를 업종별 및 지역별로 조사하여 중앙행정기

제 8 장

397

관·지방자치단체 및 대학 등에 제공할 수 있고, 고용노동부장관은 중기부장관과 협의하여 정하는 바에 따라 중소기업 밀집지역의 공동교육훈련시설의 설치 및 운영에 필요한 비용을 지원할 수 있다.(인력령 제10조 ③, ④항)

3. 원격훈련 지원

정부는 중소기업의 생산성 향상과 근로자의 능력 향상을 위하여 첨단 정보통신매체를 활용한 원격훈련 시행에 필요한 정보처리시스템의 도입, 원격교육과정의 개발, 교육운영비용 등을 지원할 수 있다.(인력법 제20조의3)

4. 고용창출지원사업

고용노동부장관은 중소기업이 다음의 어느 하나에 해당하는 조치를 하여 고용 기회의 확대를 도모하는 경우에는 「고용보험법」 제19조에 따른 고용안정·직업능력개발 사업으로 보아 지원할 수 있다.

① 고용환경 개선을 위한 시설·설비에 투자하여 근로자를 채용하는 경우
② 경쟁력 향상 등을 위하여 고용노동부장관이 고시로 정하는 전문인력을 채용하는 경우
③ 새로운 업종에 진출하여 근로자를 채용하는 경우
④ 근로시간을 단축하여 근로자를 채용하는 경우

이에 따른 지원 요건·대상·방법 및 절차 등에 관하여 필요한 사항은 고용노동부장관이 고시로 정한다.

5. 국제협력증진

중기부장관은 중소기업 기술인력의 기술 수준 향상을 위하여 다음의 사업을 수행할 수 있다.
① 외국정부·국제기구 또는 교육훈련기관 및 산업체 등과의 협력체계 구축
② 외국 대학과의 산학협력을 통한 기술인력 협력
③ 중소기업의 인력 관련 국제 학술대회, 박람회 및 회의의 개최와 참가
④ 중소기업 인력양성 및 인력지원 관련 정보의 교류
⑤ 그 밖에 중소기업 인력지원 관련 국제협력을 위하여 필요한 사업

중기부장관은 위 사업을 수행하거나 참여하는 자에게 비용의 전부 또는 일부를 지원할 수 있다.(인력법 제23조)

제5절 인력유입 환경조성

5.1 인식개선 및 인력유입 환경조성

인력법 상 인력유입을 위한 환경조성 사업에 대해서는 인력법 조문의 순서를 무시하고, 유사한 성격의 사업으로 재분류하여 설명한다.

1. 인식개선 및 우수사례 보급 · 확산

중기부장관은 우수 인력이 중소기업에 유입될 수 있도록 인식개선사업을 실시할 수 있고, 다음의 어느 하나에 해당하는 우수 중소기업을 발굴하여 포상, 홍보하는 등 인식개선사업을 실시해야 하며, 중소기업의 인력관리체제 개선을 촉진하기 위하여 우수 사례가 보급 · 확산되도록 노력해야 한다.(인력법 제26조 ①, ②항) 2016 기출

① 우수한 혁신기술을 보유한 중소기업

② 근로환경 · 직업능력개발 및 복리후생, 인력의 효율적인 활용 등 인력관리체제를 모범적으로 개선한 중소기업

③ 산(産) · 학(學) · 연(研) 협동을 성공적으로 수행한 중소기업

④ 그 밖에 중기부장관이 중소기업 인식개선에 이바지한다고 인정하는 중소기업

제 8 장

　　중기부장관은 위의 규정에 따라 우수중소기업을 발굴하기 위해 중소기업 관련 단체 및 협동조합 등으로부터 추천을 받을 수 있고 중소기업 관련 기관 및 협동조합 등과 함께 추진하는 경우에는 필요한 경비의 일부를 지원할 수 있다. 또한 포상한 중소기업에게는 제반 중소기업 지원시책을 시행함에 있어 우선적으로 지원할 수 있다.

　　중기부장관은 교육공무원 및 사립학교의 교원, 대학에서 취업상담을 담당하는 자 등을 대상으로 중소기업에 대한 인식을 개선하기 위한 연수기회를 제공하거나 홍보활동을 할 수 있다.(인력법 제26조 ③항, 인력령 제24조 ②~④항)

2. 근로시간 단축

　　정부는 중소기업의 근로시간 단축을 촉진하기 위하여 다음의 지원을 제공할 수 있다.(인력법 제27조) 2018 기출
　　① 중소기업의 근로시간 단축을 지원하기 위한 경영상담, 지도 활동, 교육 및 홍보
　　② 근로시간 단축에 따라 생산성을 높이기 위한 지원
　　③ 근로시간을 단축한 중소기업에 대한 경영지원 및 세제지원

　　중기부장관은 ③항에 따라 생산성 제고를 위한 설비를 도입하려는 중소기업에게 진흥법 제4조제1항에 따른 자동화 지원사업을 우선적으로 지원할 수 있으며, 설비를 도입한 중소기업에게 설비도입의 성과를 높이기 위해 전문인력의 활용에 필요한 정보를 제공하고 소요경비의 일부를 지원할 수 있다.(인력령 제26조)

　　중기부장관은 이에 따라 중소기업의 근로시간 단축을 촉진하기 위해 다음의 사항을 우선적으로 추진할 수 있다.(인력령 제25조)
　　① 중소기업의 근로시간 단축 현황 및 영향 등에 대한 실태조사
　　② 중소기업 근로시간 단축을 위한 교육·홍보
　　③ 주 40시간 근무제도를 조기에 도입한 중소기업에 대한 지원

3. 공동복지시설 지원

정부는 다음의 중소기업 공동복지시설의 설치 및 운영에 필요한 경비를 지원할 수 있다.

2018 기출

① 여러 중소기업이 재직자의 복리후생 증진을 위해 중소기업 밀집지역에 설치·운영하는 공동복지시설
② 여러 중소기업이 직장과 주거의 거리가 먼 재직자를 위해 제공하는 공동숙박시설
③ 여러 중소기업이 공동으로 설치·운영하는 어린이집

중기부장관은 진흥법에 따라 협동화실천계획을 승인받고자 하는 자가 당해 협동화실천계획에 공동복지시설의 설치를 포함하도록 장려하기 위한 방안을 강구해야 한다.

4. 성과공유 촉진

정부는 중소기업에 근무하는 근로자의 임금 또는 복지수준을 향상시키기 위하여 아래에서 정하는 성과공유 유형 중 어느 하나에 해당하는 방법으로 근로자와 성과를 공유하고 있거나 공유하기로 약정한 중소기업(이하 "성과공유기업"이라 한다)을 우대하여 지원할 수 있다. 2018 기출

가. 성과공유 유형

성과공유 유형이란 다음의 유형을 말한다.(인력령 제26조의2 ①항)

① 중소기업과 근로자가 경영목표 설정 및 그 목표 달성에 따른 성과급 지급에 관한 사항을 사전에 서면으로 약정하고 이에 따라 근로자에게 지급하는 성과급(우리사주조합을 통하여 성과급으로서 근로자에게 지급하는 우리사주를 포함한다) 제도의 운영
② 중소기업 청년근로자 및 핵심인력에 대한 성과보상공제사업의 가입
③ 다음 각 목의 어느 하나의 요건에 해당하는 임금수준의 상승
   ❶ 근로자의 해당 연도 평균임금 증가율이 직전 3개 연도 평균임금 증가율의 평균보다 클 것
   ❷ 근로자의 해당 연도 평균임금 증가율이 전체 중소기업의 임금증가율을 고려하여 중기부장관이 정하여 고시하는 비율보다 클 것
④ 「근로복지기본법」에 따른 우리사주제도·사내근로복지기금 또는 공동근로복지기금의 운영
⑤ 「상법」 또는 벤처법 제16조의3에 따른 주식매수선택권의 부여
⑥ 그 밖에 성과공유 활성화를 위하여 중기부장관이 정하여 고시하는 유형

나. 성과공유 기업 확인

성과공유기업으로 확인을 받으려는 중소기업은 중기부장관이 정하여 고시하는 바에 따라 성과공유유형 중의 어느 하나에 해당함을 증명하는 서류를 첨부하여 중기부장관에게 신청하여야 한다.(인력령 제26조의2 ②항)

중기부장관은 성과공유기업 확인 신청을 받아 성과공유기업으로 확인한 경우에는 해당 중소기업에 성과공유기업 확인서를 발급할 수 있다.

성과공유기업 확인과 관련하여 위에서 규정한 사항 외에 성과공유 유형의 세부기준, 성과공유기업의 확인 절차 및 방법 등에 관하여 필요한 사항은 중기부장관이 정하여 고시한다.

다. 성과공유 기업 지원

정부는 중소기업과 근로자 간의 성과공유 확산을 위하여 성과공유기업이 되려는 중소기업에 컨설팅 비용 등 필요한 경비를 지원할 수 있으며, 이에 따라 중기부장관은 성과공유기업 및 성과공유기업이 되려는 중소기업에 대하여 다음의 사항을 지원할 수 있다.(인력법 제27조의2 ②항, 인력령 제26조의3)

① 성과공유 표준안의 보급
② 성과공유에 관한 교육 및 컨설팅 경비 등 관련 비용의 지원
③ 기본법에 따른 중소기업 지원사업에 대한 우대 지원(성과공유기업으로 한정한다)
④ 그 밖에 성과공유 활용 촉진을 위하여 중기부장관이 필요하다고 인정하는 비용의 지원

정부는 성과공유기업 및 성과공유기업이 되려는 중소기업이 정부 지원을 거짓 또는 부정한 방법으로 받은 경우 지원을 취소하고 지원 금액의 반환을 요구할 수 있다.

위에 따른 지원대상 중소기업의 선정절차 및 방법 등에 관하여 필요한 사항은 중기부장관이 정하여 고시한다.

5. 일자리평가

중기부장관은 중소기업의 일자리 증감 및 고용의 질 등에 대하여 평가(이하 "일자리평가"라 한다)를 할 수 있으며, 정부는 중소기업의 고용 촉진과 인력 유입을 위한 환경조성을 유도하기 위하여 기본법에 따른 중소기업 지원사업의 대상자를 선정할 때 일자리평가의 결과를 반영할 수 있다.(기술법 제25조)

가. 일자리평가 대상

중소기업 일자리평가 대상은 다음과 같다.

① 중소기업 지원사업 빅데이터 플랫폼을 통하여 관리하는 중소기업 지원사업

② 중기부장관이 정하여 고시하는 바에 따라 총사업비의 50퍼센트 이상을 중소기업 또는 중소기업 근로자에게 지원하는 사업

③ 중기부장관이 중소기업 지원사업의 규모, 대상자 선정방식 및 일자리평가 결과의 반영 필요성 등을 고려하여 중소기업 지원사업을 수행하는 중앙행정기관의 장과 협의하여 선정하는 사업

나. 일자리평가 항목

중소기업 일자리평가 항목은 다음과 같다.

① 일자리의 증감

② 근로자의 임금 또는 복지수준 향상을 위한 성과공유

③ 일과 가정생활의 양립 및 육아 친화적인 근로환경 조성

④ 근로자의 능력향상을 위한 교육훈련, 능력 중심의 인사관리 등 인적자원의 개발 · 활용

다. 일자리평가 시스템

중기부장관은 중소기업 일자리 평가 업무를 효율적으로 수행하기 위하여 정보시스템(이하 "일자리평가 시스템"이라 한다)을 구축 · 운영할 수 있고, 일자리평가 시스템의 구축 · 운영에 필요한 자료의 제출 또는 정보의 제공을 관계 행정기관의 장에게 요청할 수 있다.

일자리평가 대상 중소기업 지원사업을 수행하는 중앙행정기관의 장은 일자리평가 시스템에 중소기업 지원사업명, 지원사업에 참여하려는 중소기업의 명칭 및 사업자등록번호 등의 정보를 등록해야 한다.

라. 중소기업 지원사업 대상자 선정 시 우대

중기부장관은 일자리평가 시스템에 등록된 중소기업을 대상으로 중소기업 일자리평가를 실시하고 그 결과를 해당 중소기업 지원사업을 수행하는 중앙행정기관의 장에게 통보해야 한다.

중앙행정기관의 장은 중소기업 지원사업의 대상자를 선정할 때 중기부장관으로부터 통보받은 일자리평가 결과를 중소기업 지원사업 대상자 선정에 관한 총평가점수의 30퍼센트 범위에서 반영할 수 있다.(기술령 제23조의3 ⑦항)

제
8
장

이상에서 규정한 사항 외에 일자리평가의 기준과 절차, 일자리평가 시스템의 운영, 중소기업 일자리평가 결과 반영 비율 등에 필요한 세부사항은 중기부장관이 고용노동부장관 등 관계 중앙행정기관의 장과 협의하여 고시한다.

5.2 근로자 지원

1. 우수근로자 지원

가. 우수근로자 연수

정부는 매년 중소기업, 협동조합등 또는 중소기업 관련 기관·단체의 추천을 받아 같은 중소기업에 5년 이상 근속한 사람으로서 업무수행 능력이 우수한 근로자를 선발하여 국내 및 국외 연수와 그에 따른 비용 등 필요한 지원을 할 수 있다. 이 경우 선발 기준 및 절차와 구체적인 지원의 내용은 대통령령[11]으로 정한다.(인력법 제29조 ①항) 2016 개정

① 국내 및 국외 연수

② 포상 수여

③ 기타 근로자의 장기재직을 촉진하기 위하여 중기부장관이 필요하다고 인정하는 지원

나. 전문기술·기능인력 발굴

중기부장관은 중소기업에 근무하는 근로자의 사기를 북돋우고 기술 및 기능 수준의 향상을 촉진하며, 우수 기술 및 기능의 전수를 촉진하기 위하여 업종별·분야별 전문기술인력 및 전문기능인력을 발굴하고 지원할 수 있다.

중기부장관은 전문기술·기능인력을 발굴하기 위해 중소기업 관련 단체 및 협동조합 등으로부터 중소기업에 근무하는 우수근로자를 추천받을 수 있으나 선정기준에 적합한 자를 전문

---

11) 기술령 제27조의2(우수근로자의 선발 등) ① 중앙행정기관의 장은 법 제29조제1항에 따른 업무수행 능력이 우수한 근로자를 매년 같은 중소기업에 5년 이상 근속한 근로자 중에서 담당 업무의 중요성, 업무수행 성과의 우수성 등을 평가하여 선발한다.

② 제1항에 따라 업무수행 능력이 우수한 근로자를 선발할 때에는 선발절차 및 평가기준 등이 포함된 선발계획을 수립하여 해당 기관 인터넷 홈페이지 등에 미리 공고해야 한다.

③ 중앙행정기관의 장은 제1항에 따라 선발된 업무수행 능력이 우수한 근로자에 대해서는 업무수행 능력 배양 및 신기술과 경영기법 습득 등을 위한 국내외 직무연수를 지원한다.

④ 제1항부터 제3항까지에서 규정한 사항 외에 업무수행 능력이 우수한 근로자의 선발 기준 및 절차와 지원에 필요한 세부사항은 중소벤처기업부장관이 정하여 고시한다.

기술·기능인력으로 선정해야 한다.

중기부장관은 이에 따라 발굴된 전문기술·기능인력에 대하여 해당 업종별·분야별 전문기술·기능인력임을 확인하는 증표를 교부할 수 있고, 기술 또는 기능의 전수를 위한 교육활동 등에 필요한 경비 등을 지원할 수 있다.

정부 및 공공기관의 장은 전문기술·기능인력에 대하여 공공시설 이용 시 우대하는 등의 우대조치를 할 수 있다. 우대하는 공공시설의 종류 및 우대내용은 중기부장관이 관계 중앙행정기관의 장, 지방자치단체의 장 및 공공기관의 장과의 협의를 거쳐 정하여 고시한다. 이에 따른 우대를 받으려는 전문기술·기능인력은 해당 시설의 관리자에게 전문기술·기능인력임을 확인하는 증표를 내보여야 한다. 2018 기출

전문기술·기능인력의 추천절차, 선정기준 및 증표교부 등에 필요한 사항은 중기부장관이 정하여 고시한다.(인력법 제29조 ②~④항, 인력령 제27조의2, 제27조의3)

2. 문화생활 향상 등의 지원

정부는 중소기업에 근무하는 근로자의 문화생활 향상 및 건강 증진에 필요한 비용 등을 지원하도록 노력하여야 한다.(인력법 제24조의2 ①항)

문화생활 향상 등을 위한 지원을 받을 수 있는 자는 중소기업에 5년 이상 재직한 근로자로서 중기부 선정 기준에 따라 선발된 전문기술·기능인력으로 한다. 2017 기출

중기부장관은 위에 따른 중소기업 근로자의 문화생활 향상 및 건강증진에 필요한 경비의 일부를 예산의 범위에서 지원할 수 있으며, 이에 따른 지원금의 금액, 지원금의 신청 및 지급 등에 필요한 사항은 중기부장관이 정하여 고시한다.(인력법 제24조의2, 인력령 제23조의2)

3. 장기재직 지원

정부는 중소기업 관련 단체가 대기업·중소기업 관련 단체 등과 협약을 체결하는 등의 방법으로 중소기업에 근무하는 근로자의 장기재직을 유도하기 위한 사업을 추진하는 경우 컨설팅 비용 및 홍보비용 등 필요한 경비를 지원할 수 있다.(인력법 제30조 ②항)

(1) 국민주택 등 우선 입주 2022 기출

정부는 중소기업에 5년 이상 근무(동일한 중소기업에 근무한 경우에는 3년 이상 근무)한 근로자를 「주택법」 제2조제5호의 국민주택 중 「주택도시기금법」에 따른 주택도시기금으로부터 자금을 지원받는 국민주택 등 중에서 다음의 주택에 우선하여 입주하게 할 수 있다.

이 경우 우선하여 분양받게 되는 주택에 대하여는 5년의 범위에서 중기부장관이 정하여 고시하는 일정 기간 동안 이를 타인에게 매매·증여·임대하거나 그 밖에 권리의 변동을 수반하는 어떠한 행위(상속·저당의 경우는 제외)도 할 수 없다.(인력법 제30조 ①항, 인력령 제28조) 2016 기출

① 「주택법」 제2조제5호의 국민주택[12]
② 다음의 어느 하나에 해당하는 주택 중 주거전용면적이 85㎡ 이하인 주택
   ❶ 국가, 지방자치단체, 한국토지주택공사 또는 주택사업을 목적으로 설립된 지방공사가 건설하는 주택
   ❷ 「공공주택 특별법」 제2조제1호의2에 따른 공공건설임대주택
③ 「공공주택 특별법」 제2조제1호에 따른 공공주택
④ 주택관련 법령에 따른 민영주택으로서 주거전용면적이 85㎡ 이하인 주택

중소기업 근로자의 국민주택에의 우선입주에 있어 분양세대수 및 입주대상자 선정기준 등은 중기부장관이 해당 주택을 건설하는 사업주체와 협의하여 정한다.

(2) 주거자금 지원

국가와 지방자치단체는 중소기업 근로자의 장기재직을 유도하기 위하여 근로자가 재직하고 있는 중소기업이 소재한 지역에서 주거지를 마련하거나, 중소기업이 근로자의 주거시설을 지원하는 경우에는 필요한 자금을 지원할 수 있다.

가. 자금지원 대상
자금지원의 대상은 다음과 같다.
① 근로자 지원 : 근로자가 근무하고 있는 중소기업 사업장이 소재한 특별시·광역시·특

---

12) 주택법 제2조 5호: 5. "국민주택"이란 다음 각 목의 어느 하나에 해당하는 주택으로서 국민주택규모(85㎡) 이하인 주택을 말한다.
가. 국가·지방자치단체, 한국토지주택공사 또는 주택사업을 목적으로 설립된 지방공사가 건설하는 주택
나. 국가·지방자치단체의 재정 또는 주택도시기금으로부터 자금을 지원받아 건설되거나 개량되는 주택

별자치시 · 도 · 특별자치도(이하 "시 · 도"라 하며, 해당 시 · 도에 연접한 시 · 도를 포함한다)에 주거지를 마련하는 경우

② 중소기업 지원 : 중소기업이 재직 근로자의 주거시설을 지원하기 위하여 기숙사를 신축하거나 매입하는 경우

나. 근로자 지원 기준

중소기업 근로자에 대한 자금 지원의 기준은 다음과 같다.

① 근로자의 소득수준

② 근로자가 마련하는 주택의 종류

③ 그 밖에 근로자의 장기재직 유도에 필요하다고 인정하여 중기부장관이 정하는 기준

다. 중소기업 지원 기준

중소기업 지원의 기준은 다음과 같다.

① 중소기업의 기술수준

② 중소기업의 경영능력

③ 기타 중소기업으로의 인력유입 촉진에 필요하다고 인정하여 중기부장관이 정하는 기준

위에 따른 자금 지원을 받으려는 자는 중기부장관 또는 지방자치단체의 장에게 자금 지원 신청서를 제출해야 하며, 위에서 규정한 사항 외에 자금 지원에 필요한 세부사항은 중기부장관이 정하여 고시한다. 다만, 지방자치단체가 지원하는 부분에 관하여는 해당 지방자치단체의 조례로 정한다.

※ 이상의 지원을 요건별로 정리하면 다음과 같다.

국내외 연수대상	5년 이상 장기근속
장기재직 지원	5년 이상 근무(동일한 기업에서 근무한 경우 3년)
공공시설 이용우대 등 지원대상	전문기술 · 기능인력 선발된 자
문화생활 지원대상	5년 이상 근무 and 전문기술 · 기능인력 선발된 자

제
8
장

4. 우선적 창업지원

중기부장관은 다음의 어느 하나에 해당하는 사람이 해당 직종과 관련된 분야에서 신기술에 기반한 창업을 하려는 경우에는 중기부장관이 지원하는 창업자금의 지원대상에 우선적으로 선정하고, 창업법 상 상담회사가 이 창업기업에게 용역을 제공한 경우 그 용역 대금을 지원 및 관련 정보를 제공하는 등 우선적으로 지원할 수 있다. 2015 기출

  ① 「숙련기술장려법」 제11조제1항에 따른 대한민국 명장으로서 선정 당시와 같은 분야의 중소기업에 3년 이상 종사한 사람
  ② 국가기술자격을 취득하고 같은 분야의 중소기업에 5년 이상 종사한 사람
  ③ 국내 기능경기대회 및 국제기능올림픽대회 입상자로서 같은 분야의 중소기업에 5년 이상 종사한 사람
  ④ 중소기업에서 같은 분야 및 직종에 10년 이상 종사한 사람

5.3 기타 지원

1. 소기업우대

정부는 이 법에 따른 인력지원사업을 할 때 소기업 중 제조업을 영위하는 기업을 우대한다.(인력법 제33조)

정부는 직업능력개발사업을 할 때, 근로자에게 학자금을 지원할 때 소기업 근로자를 우대한다.(인력법 제34조, 제35조) 2017 기출

중기부장관은 소기업을 우대 지원하는 방안을 관계중앙행정기관의 장과 협의하여야 한다.(인력령 제30조)

2. 지방 소재 중소기업에 대한 인력지원 우대

정부는 이 법에 따른 인력지원사업을 할 때 지방 소재 중소기업을 우대한다.(인력법 제32조의2)

3. 금융 및 세제지원

정부는 중소기업 인력지원을 위한 자금을 원활히 공급하기 위하여 재정지원, 신용보증지원 등 필요한 시책을 실시할 수 있으며, 중소기업 인력지원을 위하여 「조세특례제한법」, 「지방세특례제한법」 등 조세 관련 법률에서 정하는 바에 따라 세제지원을 할 수 있다.(인력법 제31조)

4. 창업 및 진흥기금 사용 특례

진흥법 제63조에 따라 설치된 중소벤처기업창업 및 진흥기금을 관리하는 자는 인력법에서 규정한 사업의 추진에 필요한 자금을 지원할 수 있다.(인력법 제32조) 2016 기출

인력법 규정 중 특례규정을 묻는 기출문제를 인용한다.

다음 중 중소기업 인력지원 특별법에서 명시하고 있는 특례규정을 모두 고른 것은?

> ㉠ 겸임 또는 겸직에 대한 특례
> ㉡ 중소기업 지정에 대한 특례
> ㉢ 기업부설연구소 설립에 대한 특례
> ㉣ 중소벤처기업창업 및 진흥기금의 사용에 관한 특례

제
8
장

<table>
<tr><td>제6절</td><td>성과보상기금</td></tr>
</table>

1 기금의 재원	4 공제사업
2 기금운용위원회	5. 적용특례
3 기금의 관리 및 운용	

중기부장관은 중소기업 청년근로자의 고용과 핵심인력의 장기재직 촉진 및 중소기업 인력 양성을 위하여 중소기업 청년근로자 및 핵심인력 성과보상기금(이하 "성과보상기금"이라 한 다)을 설치한다.

이를 근거로 내일채움공제와 청년내일채움공제 사업이 추진되고 있다. 내일채움공제는 사 업주와 근로자가 1:2의 비율로 5년간 공동 적립한 뒤 근로자가 수령하고, 청년내일채움공제 는 사업주와 근로자는 물론 정부까지 삼자가 2년간 공동으로 적립한 뒤 근로자가 수령하는 방식으로 추진되고 있다.

1. 기금의 재원

성과보상기금은 다음의 재원으로 조성하며, 정부 또는 지방자치단체는 필요한 경우 예산의 범위에서 성과보상기금에 출연할 수 있다.(인력법 제35조) 2018, 2022 기출

① 중소기업 또는 그 밖의 자의 출연금

② 성과보상기금의 관리 및 운용에 필요한 차입금

③ 중소기업이 부담하는 기여금

④ 중소기업 청년근로자 및 핵심인력이 납부하는 공제납입금

⑤ 성과보상기금의 운용으로 발생하는 수익금

각 기금별로 유사규정을 비교한다.

구분	재원
매출채권보험계정	① 정부·매출채권보험 계약자·그 밖의 자의 출연금 ② 보험료 ③ 계정의 운용 수익 ④ 그 밖의 부대 수입
기술혁신 계정	① 중앙행정기관 · 지방자치단체 · 공공기관·그 밖의 자의 출연금 ② 기술평가, 기술거래의 중개 등의 업무를 수행할 때의 수수료 ③ 계정의 운용 수익 ④ 그 밖의 부대 수입
창업 및 진흥기금	① 정부·지자체 출연금·융자금 ② 정부·지자체 외의 자 출연금·융자금 ③ 채권발행 자금 ④ 기금운용수익금 ⑤ 복권수익금 ⑥ 기술법에 따른 기술료 등 중기부장관 실시하는 사업에 따른 기술료 ⑦ 공공자금관리기금에서의 예수금 ⑧ 일반회계로부터의 전입금
소상공인시장 진흥기금	① 정부 출연금 ② 정부·지자체 외의 자 출연 현금 · 물품, 그 밖의 재산 ③ 기금 운용 수익금 ④ 복권수익금 ⑤ 공공자금관리기금에서의 예수금 ⑥ 다른 기금으로부터의 전입금·차입금 ⑦ 기타 수입금
성과보상기금	① 정부·지자체 출연금 ② 중소기업이 부담하는 기여금 ③ 중소기업 또는 그 밖의 자의 출연금 ④ 핵심인력이 납부하는 공제납입금 ⑤ 성과보상기금 운용으로 발생하는 수익금 ⑥ 기금 관리 및 운용에 필요한 차입금

2. 기금운용위원회

가. 기금운용위원회 구성

성과보상기금은 진흥법에 따른 중소벤처기업진흥공단(이하 진흥공단이라 한다.)이 관리·운용하되 성과보상기금의 운용에 관한 사항을 심의하기 위하여 진흥공단에 기금운용위원회를 둔다.(인력법 제35조의4 ①,②항)

기금운용위원회는 위원장 1명을 포함하여 12명 이내의 위원으로 성별을 고려하여 구성한

　다. 위원회의 위원장은 진흥공단 이사장이 되고, 위원은 다음의 사람이 된다.

　① 고용노동부 및 중기부의 고위공무원단에 속하는 일반직공무원으로서 중소기업 인력지원 업무를 담당하는 사람 중에서 소속기관의 장이 지명하는 사람 각 1명

　② 진흥공단의 임원으로서 성과보상기금 업무를 담당하는 이사 중에서 진흥공단 이사장이 지명하는 사람 1명

　③ 다음의 사람 중에서 위원장이 위촉하는 사람

　　㉠ 중소기업을 대표하는 사람으로서 중소기업 관련 단체 또는 협회에서 추천하는 사람 2명 이내

　　㉡ 공제·보험·금융 또는 법률 분야에서 3년 이상 종사한 경력이 있는 사람 6명 이내

위원의 임기는 2년으로, 연임할 수 없다.(인력령 제30조의3 ③항)

나. 기금운용위원회 기능

위원회는 다음의 사항을 심의·의결한다.(인력령 제30조의4)

① 기금운용계획안의 작성 및 변경에 관한 사항

② 기금운용요강의 작성 및 변경에 관한 사항

③ 공제 규정의 제정 및 변경에 관한 사항

학습의 관점에서 ③항 이후의 내용은 인용을 생략한다.

다. 기금운용위원회 운영

　위원장은 위원회의 회의를 소집하고 그 의장이 되나, 위원장이 부득이한 사유로 그 직무를 수행할 수 없을 경우에는 진흥공단의 임원으로서 성과보상기금 업무를 담당하는 이사 중에서 진흥공단 이사장이 지명하는 위원이 그 직무를 대행한다.

　위원회의 회의는 재적위원 과반수의 출석으로 개의(開議)하고, 출석위원 과반수의 찬성으로 의결하며, 위원회의 운영에 필요한 사항은 위원회의 심의·의결을 거쳐 위원장이 정한다.(인력령 제30조의5)

라. 위원회 위원의 제척·기피·회피

　위원회의 위원(이하 "위원"이라 한다)이 다음의 어느 하나에 해당하는 경우에는 위원회의 심의·의결에서 제척된다.

　① 위원 또는 그 배우자나 배우자였던 사람이 해당 안건의 당사자(당사자가 법인·단체

등인 경우에는 그 임원을 포함한다.)가 되거나 그 안건의 당사자와 공동권리자 또는 공동의무자인 경우

② 위원이 해당 안건의 당사자와 친족이거나 친족이었던 경우

③ 위원이 해당 안건에 대하여 증언, 진술, 자문, 조사, 연구, 용역 또는 감정을 한 경우

④ 위원이 임직원으로 재직하고 있거나 최근 1년 이내에 재직했던 법인·단체 등이 해당 안건에 대하여 자문, 조사, 연구, 용역 또는 감정을 한 경우

⑤ 위원이나 위원이 속한 법인·단체 등이 해당 안건 당사자의 대리인이거나 대리인이었던 경우

해당 안건의 당사자는 위에 따른 제척사유가 있거나 위원에게 공정한 심의·의결을 기대하기 어려운 사정이 있는 경우에는 위원회에 기피 신청을 할 수 있고, 위원회는 의결로 기피 여부를 결정한다. 이 경우 기피 신청의 대상인 위원은 그 의결에 참여하지 못한다.

위원은 위의 제척 및 기피 사유에 해당하는 경우에는 스스로 해당 안건의 심의·의결에서 회피해야 한다.

마. 위원의 해촉

위원을 지명 또는 위촉한 사람은 위원이 다음 각 호의 어느 하나에 해당하는 경우에는 해당 위원의 지명을 철회하거나 해촉할 수 있다.

① 심신쇠약으로 직무를 수행할 수 없게 된 경우

② 직무와 관련된 비위사실이 있는 경우

③ 직무태만, 품위손상이나 그 밖의 사유로 위원으로 적합하지 않다고 인정되는 경우

④ 제척 또는 기피 사유에 해당하는데도 회피하지 않은 경우

⑤ 위원 스스로 직무를 수행하기 어렵다는 의사를 밝히는 경우

각 기금별로 운영(운용)위원회 유사규정을 비교한다.

구분	운영위원회와 기금운용위원회
창업 및 진흥기금	① 명칭 : 운영위원회 ② 위원장 : 중소벤처기업진흥공단 이사장 ③ 위원 : 위원장 1명과 20명 이내 위원 　　고위공무원(3)+중기중앙회 상근부회장(1)+기타 14명 이내(공단 이사장 추천 → 중기부장관 위촉) ④ 위원의 임기 : 2년, 연임 관련 규정 없음

	⑤ 의결 : 재적위원 과반수 출석·출석위원 과반수 찬성으로 의결 ⑥ 직무대행 : 위원장이 미리 지명하는 위원의 순서대로 직무대행
소상공인 시장진흥 기금	① 명칭 : 기금운용위원회 ② 위원장 : 중기부 차관 ③ 위원 : 위원장 1명을 포함한 10명 이내 위원(성별 고려하여 중기부장관이 위촉하거나 임명) ④ 위원의 임기 : 2년, 연임 관련 규정 없음 ⑤ 의결 : 재적위원 과반수의 출석으로 개의·출석위원 과반수 찬성으로 의결 ⑥ 직무대행 : 위원장이 미리 지명하는 위원이 직무대행
성과보상 기금	① 명칭 : 기금운용위원회 ② 위원장 : 중소벤처기업진흥공단 이사장 ③ 위원 : 위원장 1명을 포함하여 12명 이내의 위원(성별 고려하여 구성) ④ 위원의 임기 : 2년, 연임 불가 ⑤ 의결 : 재적위원 과반수의 출석으로 개의·출석위원 과반수 찬성으로 의결 ⑥ 직무대행 : 공단 임원으로서 성과보상기금 업무를 담당하는 이사 중에서 공단 이사장이 지명하는 자

3. 기금의 관리 및 운용

가. 기금운용계획안

중기부장관은 기금운용계획안 작성지침을 매년 10월 31일까지 진흥공단 이사장에게 통보해야 하고, 진흥공단 이사장은 작성지침에 따라 다음 회계연도의 기금운용계획안을 작성하고 기금운용위원회의 의결을 거쳐 다음 회계연도 개시 20일 전까지 중기부장관에게 보고하여야 한다. 이를 변경하려는 때에도 또한 같다.(인력법 제35조의4 ③항, 인력령 제30조의6)

기금운용계획안에는 다음의 사항이 포함되어야 한다.
① 성과보상기금의 수입계획
② 성과보상기금의 지출계획
③ 그 밖에 위원회에서 성과보상기금의 운용을 위하여 필요하다고 심의 · 의결한 사항

나. 기금운용요강

진흥공단 이사장은 성과보상기금의 관리 및 운용에 필요한 세부사항을 기금운용요강으로 정하여 중기부장관의 승인을 받아야 한다. 이를 변경하려는 경우에도 또한 같다.(인력령 제30조의2 ②항)

다. 기금의 용도

성과보상기금은 다음의 사업을 위하여 사용할 수 있다.(인력법 제35조의5)

① 중소기업 청년근로자 및 핵심인력에 대한 성과보상공제사업(이하 "공제사업"이라 한다)

② 중소기업 청년근로자 및 핵심인력의 직무역량 강화 및 전수를 위한 교육사업

③ 중소기업 청년근로자 및 핵심인력에 대한 복지사업

학습의 관점에서 ③항 이후의 내용은 인용을 생략한다.

중기부장관은 성과보상기금의 관리·운용에 필요한 비용을 지원할 수 있다.(인력법 제35조의4 ④항)

라. 전담조직

기금을 효율적으로 관리 및 운용하기 위하여 진흥공단에 중소기업 청년근로자 및 핵심인력에 대한 성과보상 업무를 담당하는 조직을 둔다. (인력령 제30조의2 ①항)

진흥공단은 성과보상기금의 관리 및 운용을 명확히 하기 위하여 성과보상기금을 진흥공단의 다른 회계와 구분하여 관리하여야 한다.(인력령 제30조의2 ③항)

4. 공제사업

진흥공단은 공제사업을 하려면 공제규정을 제정하여 중기부장관의 승인을 받아야 하며 공제규정을 변경하려는 경우에도 또한 같다.(인력법 제35조의6 ①,②항)

진흥공단이 제정하는 공제규정은 다음 사항이 포함되어야 한다.(인력령 제30조의8 ①항)

① 공제사업의 범위 및 가입대상에 관한 사항

② 공제계약 중도 해지 시 환급금의 처리 등 공제계약에 관한 사항

③ 공제회계의 기준 및 책임준비금의 적립비율에 관한 사항

학습의 관점에서 ③항 이후의 내용은 인용을 생략한다.

중기부장관은 공제사업 가입자의 모집 등 공제사업의 운영을 위하여 필요한 경우에는 공제규정의 전부 또는 일부를 중기부 인터넷 홈페이지에 게재할 수 있다.(인력령 제30조의8 ②항)

진흥공단은 공제사업을 다른 회계와 구분하여 별도의 회계로 관리하여야 하며 공제사업의 공제금에 충당하기 위하여 회계연도마다 책임준비금을 계상하고 이를 별도로 적립하여야 한

제 8 장

다.(인력법 제35조의6 ③항, 인력령 제30조의7 ①항)

진흥공단은 적립된 책임준비금을 안정성·유동성 및 수익성을 고려하여 효율적으로 운용하여야 한다.(인력령 제30조의7 ②항)

5. 적용 특례

중기부장관은 「의료법」에 따라 의료기관을 개설한 의료법인과 의료기관을 개설한 비영리법인 중 기본법의 보건업 및 사회복지 서비스업의 평균매출액 규모 기준(600억 원 이하)을 충족하는 법인과 그 소속 근로자에 대하여 성과보상기금을 적용할 수 있다.

영리기업인 개인사업자가 운영하는 의원, 병원, 한의원 등은 기본법에 따른 중소기업에 해당하게 되어 그 병원에 근무하는 근로자는 성과보상공제사업 신설 시점부터 가입대상이다.

반면 의료법인과 의료기관을 개설한 비영리법인은 의료법[13]에 따라 비영리성을 가져야 하며 비영리법인은 기본법에 따른 중소기업이 되지 못함으로써 이들 기관에 속한 근로자가 성과보상공제사업 가입대상이 되지 못하는 문제가 있었다.

개인병원과 동일한 의료행위를 수행함에도 해당 기관이 중소기업에 해당하지 않아 성과보상공제사업 가입대상에서 제외되는 형평성 문제를 해소하고자 중소기업 규모기준에 해당하는 이들 의료기관에서 근무하는 근로자도 성과보상공제사업에 가입할 수 있게 되었다.

---

13) 의료법 시행령 제20조(의료법인 등의 사명) 의료법인과 의료기관을 개설한 비영리법인은 의료업을 할 때 공중위생에 이바지하여야 하며, 영리를 추구하여서는 아니 된다.

제7절 보 칙

> 1. 인력지원전담조직
> 2. 보고와 검사
> 3. 권한의 위임과 위탁

1. 인력지원전담조직

가. 인력지원전담조직 요건

중기부장관은 중소기업에 대한 인력지원 시책을 효과적으로 수행하기 위해 다음의 요건을 갖춘 공공법인의 신청을 받아 인력지원전담조직을 설치할 수 있다.

① 중소기업 인력지원 업무의 수행에 필요한 시설을 갖추고 있을 것

② 중소기업 인력지원 업무의 수행에 필요한 전문인력을 갖추고 있을 것

③ 전담조직으로서의 업무수행에 적합한 사업계획을 마련하였을 것

나. 전담조직 업무와 운영

전담조직은 다음의 업무를 수행한다.

① 중소기업에 필요한 인력의 양성·공급업무의 지원

② 중소기업 인력지원에 관한 조사·연구 및 제도개선 과제 발굴 지원

③ 중소기업 인력지원에 관한 정보의 제공

④ 그 밖에 중기부장관이 위탁하는 사업

전담조직의 장은 중기부장관이 정하는 바에 따라 연도별 사업계획 및 전년도 사업실적을 중기부장관에게 보고해야 한다.

전담조직의 시설, 전문인력 기준 및 그 밖에 운영에 필요한 사항은 중기부장관이 정하여 고시한다.(인력법 제36조, 인력령 제30조의13)

제 8 장

417

2. 보고와 검사

중기부장관은 필요하다고 인정할 때에는 인력지원사업을 수행하는 기관 또는 단체 및 인력지원전담조직의 장에 대하여 대통령령[14]으로 정하는 바에 따라 필요한 보고를 명하거나 자료를 제출하게 할 수 있다.

이 경우 관계 공무원으로 하여금 인력지원사업을 수행하는 기관 또는 단체 및 인력지원전담조직의 사무실·사업장, 그 밖에 필요한 장소에 출입하여 장부·서류나 그 밖의 물건을 검사하거나 관계인에게 질문하게 할 수 있다. 이에 따라 검사를 하는 공무원은 그 권한을 나타내는 증표를 지니고 이를 관계인에게 보여 주어야 한다.(인력법 제37조)

3. 권한의 위임과 위탁

이 법에 따른 중기부장관과 노동부장관의 권한 및 업무의 일부를 소속 기관의 장 또는 지방자치단체의 장에게 위임하거나, 인력지원전담조직·중소기업중앙회·중소벤처기업진흥공단·중소기업기술정보진흥원에 위탁할 수 있으며, 업무를 위탁한 때에는 수탁기관과 위탁업무를 고시하여야 한다.(인력법 제38조, 인력령 제31조) 2013 기출

➡ 인력법에 따른 지정 등 요건 및 취소사유 비교하면 다음과 같다.

사업	요건	취소사유
산학연계 인력양성 참여학교	① 적합한 교육과정 운영계획 ② 전담인력·설비 보유 ③ 기타 중기부장관이 정하여 고시하는 요건	×
인력 고도화계획	① 목표 및 내용이 인력구조의 고도화에 기여 ② 지원대상인 중소기업이 20개 이상 ③ 계획 시행을 해당 연도에 시작 ④ 기타 중기부장관이 정하여 공고하는 요건	계획 따라 사업 시행 않을 시 지원 취소 및 지원자금 회수
공동 교육훈련 시설	① 교원 및 직원을 확보하고 있을 것 ② 연간 교육가능인원이 2천 명 이상일 것 ③ 공동교육훈련 시설을 소유 또는 임차 ④ 기타 중기부장관이 고시하는 사항	×
인력지원 전담조직	공공법인의 신청 받아 설치가능 ① 업무 수행에 필요한 시설 ② 업무의 수행에 필요한 전문인력 보유 ③ 적합한 사업계획을 마련하였을 것	×

[14] 2024년 12월 현재 대통령령에 별도의 규정은 없다.

기출 및 연습문제

01 중소기업 인력지원 특별법상 정의 규정의 일부이다. (   )에 들어갈 숫자는? 2023 기출

> "중소기업 청년근로자"란 중소기업의 대표자가 사업상 필요하여 신규채용하는 근로자로서 채용 시점의 연령이 (ㄱ)세 이상 (ㄴ)세 이하인 근로자를 말한다.

① ㄱ: 15, ㄴ: 29   ② ㄱ: 15, ㄴ: 34
③ ㄱ: 18, ㄴ: 24   ④ ㄱ: 18, ㄴ: 29   ⑤ ㄱ: 18, ㄴ: 34

해설 ② "중소기업 청년근로자"란 중소기업의 대표자가 사업상 필요하여 신규채용하는 근로자로서 채용 시점의 연령이 (15)세 이상 (34)세 이하인 근로자를 말한다.

02 중소기업 인력지원 특별법상 중소기업협동조합법에 따른 협동조합 등에 속하지 않는 것은? 2013 기출

① 협동조합
② 중소기업중앙회
③ 사업협동조합
④ 사회적협동조합
⑤ 협동조합연합회

해설 ④ 사회적협동조합은 협동조합기본법에 따른 협동조합이나 중소기업협동조합법에 따른 협동조합은 아니다. 협동조합의 종류를 비교하면 아래와 같다.

협동조합기본법 상 협동조합	협동조합·협동조합연합회 사회적 협동조합·사회적 협동조합연합회 이종(異種) 협동조합연합회
중소기업협동조합법 상 협동조합	협동조합·협동조합연합회 사업협동조합·중소기업중앙회
소비자생활협동조합법 상 협동조합	조합·연합회·전국연합회

03 중소기업 인력지원 특별법령상 중소기업 인력지원 기본계획(이하 '기본계획'이라 함)에 관한 설명으로 옳지 않은 것은? (단, 권한의 위임 및 업무의 위탁은 고려하지 않음) 2023 기출

① 중소벤처기업부장관은 기본계획을 관계 중앙행정기관의 장의 의견을 들어 5년마다 수립하여야 한다.
② 중소벤처기업부장관이 기본계획을 수립할 때에는 지역중소기업인력지원협의회의 심의를 거쳐야 한다.
③ 중소벤처기업부장관은 다음 해의 시행계획 수립지침을 정하고, 이를 매년 11월 30일까지 관계 중앙행정기관의 장에게 통보하여야 한다.
④ 관계 중앙행정기관의 장은 매년 2월 15일까지 해당 연도의 시행계획과 전년도의 지원실적을 중소벤처기업부장관에게 통보하여야 한다.
⑤ 중소벤처기업부장관은 기본계획의 수립 등을 위하여 중소기업의 인력 및 인식개선에 관한 실태조

사를 하여야 한다.

해설 ② 관계 중앙행정기관의 장의 의견을 들어 수립한다.

04 중소기업 인력지원 특별법에 대한 설명으로 옳은 것은?

① 중소벤처기업부장관은 15세 이상 39세 이하인 미취업자를 대상으로 산업현장에서 필요한 실무교육과 현장연수를 받게 한 후 중소기업에 채용을 알선하는 사업을 할 수 있다.

② 중소벤처기업부장관은 15세 이상 34세 이하인 미취업자의 중소기업 취업을 촉진하기 위하여 이들을 고용하는 중소기업에 고용장려금을 지급할 수 있다.

③ 고용노동부장관은 중소기업 청년근로자의 고용과 핵심인력의 장기재직을 촉진하기 위한 지원방안을 강구하여야 한다.

④ 외교부장관은 중소기업이 필요한 외국 전문인력을 안정적으로 활용할 수 있도록 지원하여야 한다.

⑤ 전직지원교육 대상이 되는 전역 예정자는 전직지원교육의 일환으로 중소기업 사업장에서 유급의 현장연수를 받을 수 있다.

해설 ⑤
  ① 15세 이상 29세 이하인 미취업자, 장기복무제대군인, 고령자인 미취업자를 대상으로 한다.
  ② 고용노동부장관의 책무에 해당한다.
  ③ 중기부장관의 책무에 해당한다.
  ④ 중기부장관의 책무에 해당한다.

05 중소기업 인력지원 특별법상 중소기업 근로자의 장기재직 지원에 관한 규정의 일부이다. ( )에 들어갈 숫자는? *2022 기출*

> 정부는 중소기업에 (ㄱ)년 이상 근무(동일한 중소기업에 근무한 경우에는 (ㄴ)년 이상 근무)한 근로자를 「주택법」 제2조제5호의 국민주택 중 「주택도시기금법」에 따른 주택도시기금으로부터 자금을 지원받는 국민주택 등 대통령령으로정하는 주택에 대통령령으로 정하는 바에 따라 우선하여 입주하게 할 수 있다.

① ㄱ: 3, ㄴ: 2   ② ㄱ: 5, ㄴ: 3   ③ ㄱ: 7, ㄴ: 5
④ ㄱ: 10, ㄴ: 5   ⑤ ㄱ: 10, ㄴ: 7

해설 ② 정부는 중소기업에 (5)년 이상 근무(동일한 중소기업에 근무한 경우에는 (3)년 이상 근무)한 근로자를 「주택법」 제2조제5호의 국민주택 중 「주택도시기금법」에 따른 주택도시기금으로부터 자금을 지원받는 국민주택 등 대통령령으로정하는 주택에 대통령령으로 정하는 바에 따라 우선하여 입주하게 할 수 있다.

06 중소기업 인력지원 특별법상 중소기업의 인력수급 원활화에 관한 설명으로 옳지 않은 것은? *2023 기출*

① 정부는 중소기업의 인력수급을 원활하게 하기 위하여 중소기업 재직자의 능력개발을 위한 사업의 추진을 지원할 수 있다.

② 정부는 중소기업이 전직(轉職) 인력을 적극 활용할 수 있도록 지원할 수 있다.

③ 국·공립 연구기관의 연구원은 중소기업부설연구소 연구원으로 근무하기 위하여 휴직할 수 있다.

④ 거짓으로 인재육성형 중소기업으로 지정받은 자에게는 500만원 이하의 과태료를 부과한다.

⑤ 인재육성형 중소기업 지정의 유효기간은 지정을 받은 날부터 3년으로 한다.

해설 ④ 이에 대한 벌칙규정은 없다.

07 중소기업 인력지원 특별법상 성과보상기금을 조성하는 재원으로 명시되지 않은 것은? *2022 기출*

① 「공공자금관리기금법」에 따른 공공자금관리기금으로부터의 예수금(預受金)

② 중소기업 청년근로자 및 핵심인력이 납부하는 공제납입금

③ 성과보상기금의 관리 및 운용에 필요한 차입금

④ 성과보상기금의 운용으로 발생하는 수익금

⑤ 중소기업 또는 그 밖의 자의 출연금

해설 ① 진흥법에 따른 진흥기금과 소상공인법에 따른 진흥기금은 공공자금관리기금으로부터의 예수금을 재원으로 사용할 수 있으나 성과보상기금은 이를 재원으로 사용할 수 없다.

제 8 장

정답

| 01 ② | 02 ④ | 03 ② | 04 ⑤ | 05 ② |
| 06 ④ | 07 ① | | | |

제9장 중소기업 사업전환 촉진에 관한 특별법

<table>
<tr><td></td></tr>
</table>

제1절	총 칙

1. 목적	3. 적용범위
2. 용어의 정의	

전환법은 2006년 3월에 제정되면서 이 법의 일몰기한을 2015년까지로 정하고 있었다. 그러나 2013년 3월 개정을 통해 일몰기한을 정한 부칙(법률 제7866호 중소기업 사업전환 촉진에 관한 특별법 부칙 제2조 및 제3조)을 삭제함으로써 일반법화 되어 계속 존속하게 되었다.

1. 목적

이 법은 경제환경의 변화로 인하여 어려움을 겪고 있거나 어려움이 예상되는 중소기업의 사업전환을 촉진하여 중소기업의 경쟁력을 강화하고 산업구조의 고도화를 달성함으로써 국민경제의 건전한 발전에 기여함을 목적으로 한다.(전환법 제1조)

2. 용어의 정의

가. "중소기업자"란?
「중소기업기본법」 제2조에 따른 중소기업자를 말한다.

나. "사업전환"이란?(사업전환의 범위)
다음 어느 하나에 해당하는 경우를 말한다. 2015, 2018, 2021 기출

① 업종전환: 중소기업자가 운영하고 있는 업종의 사업을 그만두고 새로운 업종의 사업을 운영하는 경우

② 업종추가: 중소기업자가 운영하고 있는 업종의 사업 비중을 줄이거나 유지하면서[1] 새로

---

1) 개정 전(2013.3.22 이전)에는 기존 업종의 사업 비중을 줄이고 새로 추가된 업종 비중이 일정규모 이상일 때 사업전환의 범위에 해당됐으나, 개정을 통해 "기존 업종의 사업 비중을 줄이거나 유지하면서~"로 개정되어 현재 운영하고 있는 업종을 유지하면서도 새로운 업종을 추가하는 경우에도 사업전환의 범위에 해당됨

추가된 업종의 사업을 시작한 후 3년 이내에 추가된 업종의 매출액이 총매출액의 30% 이상이 되거나 추가된 업종에 종사하는 상시 근로자 수(소기본령을 준용하여 계산한 상시 근로자 수)가 총근로자 수의 30% 이상이 되는 경우를 말한다.

③ 신사업전환: 중소기업자가 운영하고 있는 사업을 유지하면서 신사업 분야에서 기존의 제품·서비스와 차별화되는 새로운 제품·서비스를 추가하거나 새로운 제공방식을 도입하는 경우로서 해당 사업비중이 해당 사업을 시작한 후 3년 이내에 해당 사업의 매출액이 총매출액의 100분의 30 이상이 되거나 해당 사업에 종사하는 상시 근로자 수가 총 근로자 수의 100분의 30 이상이 되는 경우를 말한다.

※ 새로운 업종을 추가하는 경우 진흥법에서의 가업승계 기준과 유사하다. 이를 정리하면 다음과 같다.

가업승계(동일성유지)	사업전환 요건
① 동일업종 기준: 업종추가 시 추가업종 매출이 총매출 대비 50% 미만 ② 기업유지 기준: 10년간 유지 단, 회사책임 사유 없이 1년 휴업 인정 ③ 종업원 유지 기준: 승계 후 5년간 승계 전 5년 평균 상시 근로자 수 70% 이상유지	① 업종전환: 기존 업종 그만두고 새 업종으로 사업시작 ② 업종추가: 추가업종 매출이 총매출 대비 30% 또는 전체 상시근로자 수 대비 30% 이상(추가된 업종의 사업을 시작한 후 3년 이내 매출)

다. "신사업 분야"이란?(사업전환의 범위)

미래 유망업종 등 중소기업의 경쟁력을 강화하고 산업구조 고도화에 기여할 것으로 예상되는 분야로 다음의 어느 하나에 해당하는 분야를 말한다.

① 「규제자유특구 및 지역특화발전특구에 관한 규제특례법」에 따른 지역혁신성장사업을 통하여 육성하려는 분야

② 「금융혁신지원 특별법」에 따른 혁신금융서비스를 제공하는 사업 분야

③ 「산업융합 촉진법」에 따른 산업융합 신제품을 생산하거나 산업융합 서비스를 제공하는 사업 분야

④ 「정보통신 진흥 및 융합 활성화 등에 관한 특별법」에 따른 정보통신융합 기술·서비스를 활용하는 사업 분야

⑤ 「조세특례제한법」에 따른 신성장·원천기술을 활용한 사업 분야

⑥ 「조세특례제한법 시행령」에 따른 국가전략기술을 활용하는 사업 분야

으로써 지원 대상이 확대되었다.

3. 적용범위

전환법은 경제환경이 변하여 경쟁력을 확보하는 것이 구조적으로 어려워 사업전환이 필요하거나 미래의 유망업종이나 국가경쟁력을 강화시킬 수 있는 전략업종으로 사업전환이 필요한 상시 근로자 수 5명 이상인 중소기업자로서 중기부장관이 정하여 고시하는 바에 따라 업종 간 이동이 이루어진 중소기업자를 대상으로 적용한다.(전환법 제3조, 전환령 제3조) 따라서 전환법 적용의 대상이 되기 위해서는

① 상시 근로자 수 5명 이상이고
② 중기부장관 고시2)에 따라 사업전환이 이루어질 것

적용범위란 전환법이 적용되는 중소기업자에 대한 규정으로서 상시 근로자 수가 5명 이상인 중소기업자로서 중기부장관 고시하는 바에 따라 사업전환이 이루어지는 경우에 한하여 전환법이 적용됨을 말한다.

---

2) 중소기업 사업전환 촉진사업 운용요령(중소벤처기업부고시 제2024-90호) 제3조(적용 범위) 영 제3조 사업전환 적용 범위의 세부기준은 중소기업자가 다음 각 호의 어느 하나에 해당하는 업종 간 이동 또는 제2조제4호에 따른 신사업추가를 하는 것을 말한다. 〈각 호 외 전문개정〉
1. 제조업은 통계청장이 작성·고시한 한국표준산업분류에 따른 세분류에 의한 기준을 달리하는 경우이거나, 세세분류에 의한 기준을 달리하면서 제8조의 규정에 의한 현장실사, 진단 및 타당성평가를 통해 사업전환의 효과가 높은 것으로 인정되는 경우
2. 서비스업은 통계청장이 작성·고시한 한국표준산업분류에 따라 소분류에 의한 기준을 달리하는 경우

사업전환 촉진체계 구축

1. 사업전환 촉진계획	3. 사업전환 심의위원회
2. 사업전환 실태조사	4. 사업전환 지원센터

1. 사업전환 촉진계획

중기부장관은 중소기업자의 원활한 사업전환을 지원하기 위하여 다음의 사항이 포함된 중소기업 사업전환 촉진계획을 2년마다 수립·시행해야 한다. 2014, 2016, 2018, 2023 기출

① 중소기업 사업전환 정책의 추진방향에 관한 사항

② 사업전환 지원체계의 구축과 운영에 관한 사항

③ 사업전환을 지원하기 위한 방안에 관한 사항

④ 사업전환을 촉진하기 위한 제도개선에 관한 사항

⑤ 이 법의 적용대상이 되는 중소기업자의 업종·규모 등에 관한 사항

⑥ 그 밖에 사업전환을 촉진하기 위하여 중기부장관이 필요하다고 인정하는 사항

중기부장관은 사업전환 촉진계획을 수립하기 위하여 필요하다고 인정되는 경우에는 관계 중앙행정기관의 장, 시·도지사 및 중소기업지원기관이나 단체의 장 등에게 자료의 제공을 요청할 수 있으며, 계획을 수립하기 위하여 필요한 경우에는 중소기업 또는 중소기업지원기관이나 단체에 대하여 수요조사를 할 수 있다.(전환법 제4조, 전환령 제4조)

2. 사업전환 실태조사

중기부장관은 사업전환촉진계획의 수립과 성과관리 등을 위하여 2년마다 중소기업자의 사업전환에 관한 실태조사를 해야 하며, 필요하다고 인정하면 수시로 할 수 있다.

실태조사는 다음의 사항을 포함해야 한다.

① 중소기업자의 지역별·업종별 사업전환 실태에 관한 사항

제
9
장

② 사업전환계획 승인을 받은 중소기업자의 경영실태 등 사업전환 성과에 관한 사항

③ 중소기업자 지역별·업종별 매출액, 부도율 등 사업전환 관련 통계에 관한 사항

④ 그 밖에 중소기업자의 사업전환 실태를 파악하기 위하여 필요한 사항

중기부장관은 위에 따른 실태조사를 위하여 필요하다고 인정하면 관계 중앙행정기관의 장, 지방자치단체의 장 및 중소기업지원기관이나 단체의 장에게 자료 제출이나 조사업무의 수행에 필요한 협조를 요청할 수 있으며, 사업전환에 관한 실태조사를 한 때에는 그 결과를 공표해야 하고, 사업전환 촉진계획에 이를 반영해야 한다.

이 경우 자료 제출이나 협조의 요청을 받은 자는 특별한 사유가 없으면 그 요청에 따라야 한다.(전환법 제7조, 전환령 제7조)

3. 사업전환 심의위원회

중소기업의 사업전환에 관한 다음의 사항을 심의하기 위하여 중기부에 사업전환심의위원회(이하 "심의위원회"라 한다)를 둔다.

① 사업전환촉진계획의 수립

② 사업전환 선도기업의 선정

③ 그 밖에 사업전환과 관련하여 중기부장관이 회의에 부치는 사항

가. 위원의 구성

심의위원회는 위원장을 포함한 10명 이내의 위원으로 구성하며, 심의위원회의 위원장은 중기부차관이 되고 위원은 다음의 사람이 된다.

① 기획재정부장관, 과학기술정보통신부장관, 고용노동부장관, 금융위원회위원장이 지명하는 고위공무원단에 속하는 공무원

② 사업전환에 관한 학식과 경험이 풍부한 사람으로서 아래의 요건을 갖춘 자 중 중기부장관이 위촉하는 사람

● 「고등교육법」 제2조제1호부터 제6호[3]까지에 해당하는 대학 또는 공인된 연구기관

---

3) 제2조(학교의 종류) 고등교육을 실시하기 위하여 다음 각 호의 학교를 둔다.

1. 대학
2. 산업대학
3. 교육대학
4. 전문대학
5. 방송대학·통신대학·방송통신대학 및 사이버대학(이하 "원격대학"이라 한다)

에서 조교수 이상 또는 이에 상당하는 직에 재직하고 있거나 재직했던 사람으로서 중소기업 또는 산업 관련 분야 등과 관련된 연구경력이 5년 이상인 사람

Ⓛ 그 밖에 중소기업 또는 산업에 관한 학식과 경험이 풍부한 사람

나. 위원의 제척·기피·회피

심의위원회의 위원(이하 "위원"이라 한다)이 다음 각 호의 어느 하나에 해당하는 경우에는 심의위원회의 심의 · 의결에서 제척(除斥)된다.(전환령 제5조의2)

① 위원 또는 그 배우자나 배우자였던 사람이 해당 안건의 당사자가 되거나 그 안건의 당사자와 공동권리자 또는 공동의무자인 경우

② 위원이 해당 안건의 당사자와 친족이거나 친족이었던 경우

③ 위원이 해당 안건에 대하여 증언, 진술, 자문, 연구, 용역 또는 감정을 한 경우

④ 위원이나 위원이 속한 법인 · 단체 등이 해당 안건의 당사자의 대리인이거나 대리인이었던 경우

당사자는 제척사유가 있거나 위원에게 공정한 심의 · 의결을 기대하기 어려운 사정이 있는 경우에는 심의위원회에 기피 신청을 할 수 있고, 심의위원회는 의결로 기피 여부를 결정한다. 이 경우 기피 신청의 대상인 위원은 그 의결에 참여하지 못한다.

위원은 위의 제척 및 회피 사유에 해당하는 경우에는 스스로 해당 안건의 심의 · 의결에서 회피(回避)해야 한다.

다. 위원의 해촉

중기부장관은 위원이 다음의 어느 하나에 해당하는 경우에는 해당 위원을 해촉(解囑)할 수 있다.

① 심신쇠약으로 직무를 수행할 수 없게 된 경우

② 직무와 관련된 비위 사실이 있는 경우

③ 직무태만, 품위손상이나 그 밖의 사유로 위원으로 적합하지 않다고 인정되는 경우

④ 위원 스스로 직무를 수행하기 어렵다는 의사를 밝히는 경우

⑤ 제척사유에 해당하는데도 불구하고 회피하지 않은 경우

위원 중 공무원이 아닌 위원의 임기는 2년으로 하며, 한 차례만 연임할 수 있다.

---

6. 기술대학
7. 각종학교

심의위원회의 회의는 재적위원 과반수의 출석으로 개의(開議)하고, 출석위원 과반수의 찬성으로 의결하며, 위에서 규정한 사항 외에 심의위원회의 구성 및 운영에 필요한 사항은 심의위원회의 의결을 거쳐 중기부장관이 정한다.

심의위원회는 심의 사항을 전문적으로 검토하기 위하여 심의위원회에 전문위원회를 둘 수 있으며, 전문위원회의 구성 및 운영에 관하여 필요한 사항은 중기부장관이 정하여 고시한다.

4. 사업전환 지원센터

중기부장관은 중소기업자의 사업전환을 효율적으로 지원하기 위하여 중소기업지원기관이나 단체를 지정하여 중소기업 사업전환지원센터를 설치·운영할 수 있다. 2017 기출

(1) 지정기준 및 지정신청 절차

사업전환지원센터를 설치·운영하는 중소기업지원기관이나 단체의 지정기준은 다음과 같다.(전환령 제6조 ①항)

가. 물적요건
① 법인일 것
② 법인의 사업 내용에 사업전환에 관한 업무가 포함되어 있을 것
③ 중소기업의 사업전환을 지원할 수 있는 전담 조직을 갖추고 있을 것

나. 인적요건
다음의 어느 하나에 해당하는 전문인력을 3명 이상 보유할 것
① 중소기업지원기관이나 단체에서 사업전환과 관련된 기획·분석·평가 또는 지원업무에 3년 이상 종사한 경력이 있는 사람
② 경영지도사 또는 기술지도사로서 사업전환과 관련된 컨설팅 업무에 3년 이상 종사한 경력이 있는 사람
③ 위 ①항 및 ②항에서 정한 사람과 동등한 수준의 경력이 있다고 중기부장관이 인정하여 고시하는 사람

중기부장관은 지원센터를 설치·운영하는 중소기업지원기관이나 단체 즉 지원센터 설치·운영법인을 지정한 경우 이를 고시해야 한다.(전환령 제6조 ②항)

다. 지정신청 절차

사업전환지원센터와 벤처법 상의 인수합병지원센터는 지정신청 시 제출해야 하는 서류 등에 대한 규정이 없다.

(2) 지원센터의 지정취소

중기부장관은 제1항에 따라 지정한 지원센터가 다음의 어느 하나에 해당하는 경우 그 지정을 취소할 수 있다. 다만, ①항에 해당하는 경우에는 그 지정을 취소하여야 한다.

① 거짓이나 그 밖의 부정한 방법으로 지원센터로 지정받은 경우

② 지정기준에 적합하지 아니하게 된 경우

중기부장관은 제4항에 따라 지원센터의 지정을 취소하고자 하는 경우에는 청문을 하여야 하며, 지정이 취소된 지원센터는 지정이 취소된 날부터 2년 이내에는 새로이 지정을 받을 수 없다.

(3) 지원센터 업무 등

가. 지원센터 업무

지원센터의 업무는 다음과 같다.(전환법 제6조 ②항) 2013, 2016, 2017 기출

① 사업전환계획 및 공동사업전환계획의 수립 지원에 관한 사항

② 사업전환을 위한 정보의 제공과 컨설팅 지원에 관한 사항

③ 자금의 융자 주선과 인수·합병의 연계 지원에 관한 사항

학습의 관점에서 ③항 이후의 내용은 생략한다.

나. 실적의 보고

지원센터 설치·운영법인으로 지정받은 자는 지원센터의 지난해 운영실적을 매년 1월 31일까지 중기부장관에게 제출해야 한다.(전환령 제6조 ③항)

사업전환지원센터는 지난해 운영실적을 제출할 것으로 족하며 해당 연도의 사업계획을 제출할 것을 요하지 않는다.

다. 지원센터에 대한 지원

정부는 지원센터의 설치와 운영에 드는 경비의 전부나 일부를 보조할 수 있다.

제9장

제3절	**사업전환계획**

1. 전환계획 승인	3. 전환계획 취소
2. 전환계획 변경 및 중단	4. 전환계획 이행실적 조사

1. 전환계획 승인

가. 사업전환계획의 승인

사업전환을 하려는 중소기업자는 다음의 사항을 포함한 사업전환에 관한 계획을 중기부장관에게 제출하여 승인을 받을 수 있다.(전환법 제8조 ①항) _{2017, 2018 기출}

① 사업전환의 필요성

② 사업전환으로 달성하려는 매출액 등 목표수준

③ 사업전환의 내용과 실시기간

학습의 관점에서 ③항 이후의 내용은 생략한다.

중기부장관은 환경보호, 사회적 책임 또는 지배구조의 개선을 위하여 사업전환을 하려는 중소기업자 및 신사업 분야로 사업전환을 하려는 중소기업자 중 다음의 요건을 모두 갖춘 사업전환계획을 우선 승인할 수 있다.

① 환경보호, 사회적 책임 또는 지배구조의 개선을 목적으로 하거나 사업전환을 하려는 분야가 신사업 분야에 해당할 것

② 위의 목적 달성에 필요한 기술개발 및 설비투자 계획 등 중기부장관이 정하여 고시하는 기준에 적합할 것

사업전환계획의 승인기준은 다음과 같다.(전환령 제8조 ①항) _{2013 기출}

① 사업전환계획이 사업전환의 범위에 해당할 것

② 사업전환계획의 승인을 받으려는 중소기업자가 전환법의 "적용범위"에 해당할 것

③ 새로 운영하거나 추가하려는 업종이 제조업 및 서비스업(한국표준산업분류상 제조업,

건설업, 광업, 농업, 임업, 어업, 전기·가스·증기 및 수도사업을 제외한 업종을 말한다)에 포함되고 창업법 상 지원제외 업종에 해당하지 않을 것

④ 사업전환계획의 이행 방법이 구체적이고 실현 가능할 것

사업전환계획의 승인을 받으려는 중소기업자는 중기부장관이 정하여 고시하는 사업전환계획 승인 신청서에 사업전환계획을 첨부하여 중기부장관에게 제출해야 하고, 중기부장관은 승인 신청서를 받은 경우 해당 사업장에 대한 현장 조사를 한 후 승인 여부를 결정한다.

단, 해당 사업장에 대한 현장 조사가 필요하지 않다고 판단되면 이를 생략할 수 있다. 현장 실사의 범위, 방법, 절차, 그 밖에 필요한 사항은 중기부장관이 정하여 고시한다.(전환령 제8조 ②~④항) 2022 기출

나. 공동사업전환계획의 승인

중소기업자가 다음의 어느 하나에 해당하는 사업전환(이하 "공동사업전환"이라 한다)을 하려는 경우에는 당사자 간 협의를 통해 대표 중소기업자를 선정하고 사업전환계획에 포함되어야 할 사항 및 공동사업전환에 관한 사항이 포함된 공동사업전환계획(이하 "공동사업전환계획"이라 한다)을 중기부장관에게 제출하여 승인을 받을 수 있다.

① 대기업과 협력관계에 있는 중소기업자가 그 대기업과 공동으로 사업전환을 하려는 경우
② 대기업과 협력관계에 있는 중소기업자가 그 대기업과 협력관계에 있는 다른 중소기업자와 공동으로 사업전환을 하려는 경우
③ 2개 이상의 중소기업자가 공동으로 사업전환을 하려는 경우

공동사업전환계획 승인의 기준은 다음과 같다.
① 공동사업전환계획이 사업전환의 범위에 해당할 것. 이 경우 매출액 또는 상시 근로자 수는 공동사업전환계획에 참여하는 중소기업자 전체를 합산하여 산정한다.
② 대표 중소기업자가 적용범위에 해당하는 중소기업자일 것
③ 사업전환하려는 업종이 제조업 및 서비스업(한국표준산업분류상 농업, 임업, 어업, 광업, 제조업, 전기·가스·증기 및 수도사업과 건설업을 제외한 업종을 말한다)에 포함되고 창업법 상 지원제외 업종에 해당하지 않을 것
④ 공동사업전환계획의 이행방법이 구체적이고 실현 가능할 것

중기부장관이 공동사업전환계획을 승인하는 경우에는 해당 공동사업전환에 참여하는 중소

기업자의 사업전환을 일괄하여 승인할 수 있으며, 중기부장관은 신사업 분야로 사업전환을 하려는 중소기업자의 공동사업전환계획을 우선 승인할 수 있다.

사업전환계획과 공동사업전환계획의 승인 기준을 비교하면 다음과 같다.

사업전환계획	공동사업전환계획
①사업전환계획이 사업전환의 범위에 해당할 것	①공동사업전환계획이 사업전환 범위에 해당할 것
②사업전환계획의 승인을 받으려는 중소기업자가 전환법의 "적용범위"에 해당할 것	②대표 중소기업자가 중소기업일 것
③새로 운영하거나 추가하려는 업종이 제조업 및 서비스업에 포함되고, 창업법 상 지원제외 업종에 해당하지 않을 것	③사업전환하려는 업종이 제조업 및 서비스업에 포함되고, 창업법 상 지원제외 업종에 해당하지 않을 것
④사업전환계획의 이행 방법이 구체적이고 실현 가능할 것	④공동사업전환계획의 이행방법이 구체적이고 실현 가능할 것

2. 전환계획 변경 및 중단

승인기업이 사업전환계획 또는 공동사업전환계획의 주요 내용을 변경하려면 중기부장관의 승인을 받아야 하나, 사업전환계획 또는 공동사업전환계획을 중단하려면 중기부장관에게 통지하는 것으로 족하다.(전환법 제11조 ①항) 2015, 2017, 2018, 2022 기출

가. 변경승인

사업전환계획 또는 공동사업전환계획 중 다음의 어느 하나에 해당하는 내용을 변경하려는 경우에는 중기부장관이 정하여 고시하는 사업전환계획 또는 공동사업전환계획 변경신청서에 사업전환계획 또는 공동사업전환계획의 변경과 관련된 서류를 첨부하여 중기부장관에게 제출해야 한다.(전환령 제12조 ①항)

① 새로 운영하거나 추가하려는 업종, 새로 추가하는 제품·서비스 또는 새로 도입하는 제공방식

② 사업전환의 내용과 실시기간

중기부장관은 사업전환계획 또는 공동사업전환계획의 변경신청을 받은 경우에는 해당 사업장에 대한 현장 조사를 거쳐 그 승인 여부를 결정한다. 단, 해당 사업장에 대한 현장 조사가 필요하지 않다고 판단되면 이를 생략할 수 있다. 현장실사의 범위, 방법, 절차, 그 밖에 필요한 사항은 중기부장관이 정하여 고시한다.(전환령 제12조 ②, ③항)

나. 변경 및 중단 권고

중기부장관은 승인사업자에 대한 이행실적조사 결과 사업전환계획 또는 공동사업전환계획의 이행이 어렵다고 판단하면 해당 승인기업에 그 계획의 변경이나 중단을 권고할 수 있다. 이때 변경이나 중단을 권고하려는 경우에는 권고사항을 명시한 문서로 해야 한다.(전환법 제11조 ②항, 전환령 제13조) *2016, 2017, 2018 기출*

승인·변경승인 신청	중기부장관에 관련 서류 제출
승인기업이 자체적으로 사업 중단	중기부장관에 통지
중기부장관이 변경 및 중단 권고	권고사항 명시한 문서로 권고
취소	지방중기청장에 위임

3. 전환계획 취소

중기부장관은 승인기업이 다음의 어느 하나에 해당하는 경우에는 승인을 취소할 수 있다. 단, ①항에 해당하는 경우에는 승인을 취소해야 한다. *2016, 2022, 2024 기출*

① 거짓이나 그 밖의 부정한 방법으로 사업전환계획 또는 공동사업전환계획의 승인을 받은 경우

② 변경승인 없이 사업전환계획 또는 공동사업전환계획을 변경한 경우

③ 휴업·폐업 또는 파산 등으로 6개월 동안 기업활동을 하지 하지 아니하는 경우

④ 승인기업이 사업전환계획 또는 공동사업전환계획의 승인을 받은 날부터 6개월 이내에 정당한 이유 없이 사업전환계획 또는 공동사업전환계획을 추진하지 아니하는 경우

중기부장관은 승인을 취소하려면 청문을 해야 하고, 승인이 취소된 경우에는 그 사실을 관계 기관에 통보해야 한다.(전환법 제31조, 전환령 제15조) *2022 기출*

4. 전환계획 이행실적 조사

중기부장관은 승인기업의 사업전환계획 또는 공동사업전환계획 이행 여부와 실적 등을 일년에 한 번 이상 정기적으로 조사해야 한다. 이에 따라 이행실적을 조사하려는 경우 미리 그 기업에 다음의 자료를 요청할 수 있다.(전환법 제10조, 전환령 제11조) *2017, 2018 기출*

① 사업전환계획의 추진상황

② 지원자금의 사용 실태

③ 그 밖에 사업전환계획의 이행실적조사에 필요한 자료

제4절 사업전환 절차 원활화

1. 주식교환	6. 간이합병 특례
2. 반대주주의 주식매수 청구권	7. 다른 주식회사의 영업양수 특례
3. 신주발행 주식교환	8. 전부 또는 중요한 일부의 양도 · 양수
4. 주식교환 특례	9. 분할 · 분할합병 절차 간소화
5. 합병절차 간소화	10. 주식교환 등에 대한 경과규정

주식교환 · 합병 · 영업양수 등에 대한 특례규정은 전환법에만 적용되는 것이 아니라 벤처법 및 벤처법의 준용규정[4])을 통해 창업자에게도 적용되고 있다. 또한 이 규정은 시사성이 크고 문제화될 수 있는 요소를 많이 갖추고 있는 만큼 이해와 암기에 심혈을 기울여야 한다.

이에 대한 상세내용을 서술하기 전에 어떤 항목들이 규정되는지 벤처법과 비교하여 개괄한다.

전환법	벤처법
주식교환 + 반대주주의 주식매수청구권	주식교환 + 반대주주의 주식매수청구권
신주발행 주식교환 + 반대주주의 주식매수청구권	신주발행 주식교환 + 반대주주의 주식매수청구권
주식교환 특례	주식교환 특례
합병절차 간소화	합병절차 간소화
분할 · 분할합병 절차 간소화	×
간이합병 특례	간이합병 특례
×	소규모합병 특례
중요한 양도 · 양수	간이 영업양도 특례
다른 주식회사의 영업양수 특례	다른 주식회사의 영업양수 특례

1. 주식교환

주식회사인 승인기업(증권시장에 상장된 법인은 제외한다. 이하 같다)은 사업전환을 위하여

---

4) 벤처법 제15조의12(준용규정): 벤처법 제15조, 제15조의2부터 제15조의11까지, 제24조제1항제4호는 창업자에 관하여 준용한다. 이 경우 "벤처기업"은 "창업자"로 본다.

정관으로 정하는 바에 따라 자기주식을 ①다른 주식회사 또는 ②다른 주식회사의 주요주주(해당 법인의 의결권 있는 발행주식 총수의 10% 이상을 보유한 주주를 말한다. 이하 같다)의 주식과 교환할 수 있다. 벤처법에도 유사한 규정이 적용되지만 이 항목과 관련하여 다른 점은 주식교환의 사유 또는 목적이라 할 수 있다. 즉, 벤처법에서는 "전략적 제휴를 위해서" 주식교환이 허용되지만, 전환법에서는 "사업전환을 위해서"라고 규정하고 있다.(전환법 제12조)

더불어 벤처법에서는 "주식회사인 벤처기업"이 ①주식회사인 다른 벤처기업 또는 ②다른 주식회사 주요주주와 주식을 교환하는데 반해 전환법에서는 "주식회사인 다른 승인기업"과 교환해야 하는 것이 아니라 승인기업 여부와 관계없이 "다른 주식회사"와 교환이 가능하다.

가. 주식교환을 위한 자기주식 취득

주식교환을 하려는 승인기업은 「상법」 제341조에도 불구하고 주식교환에 필요한 주식에 대하여는 자기의 계산으로 자기주식을 취득해야 한다. 이 경우 그 취득금액은 상법 제462조제1항에 따른 이익배당이 가능한 한도 이내이어야 하며 이익배당 한도는 다음과 같이 산출한다.

> 이익배당 한도 = 순자산 − (자본금 + 자본준비금과 이익준비금[5] + 적립할 이익준비금)

자기주식 취득은 주식교환을 위한 주주총회 승인 결의일부터 6개월 내에 완료해야 한다.

> ### 상법 제341(자기주식의 취득)
>
> #### 개정 전
> 회사는 다음의 경우 외에는 자기의 계산으로 자기의 주식을 취득하지 못한다. 1. 주식을 소각하기 위한 때 2. 회사의 합병 또는 다른 회사의 영업전부의 양수로 인한 때 3. 회사의 권리를 실행함에 있어 그 목적을 달성하기 위하여 필요한 때 4. 단주의 처리를 위하여 필요한 때 5. 주주가 주식매수청구권을 행사한 때
>
> #### 개정 후(2011.4.14 전문개정)
> ① 회사는 다음의 방법에 따라 자기의 명의와 계산으로 자기의 주식을 취득할 수 있다. 다만, 그 취득가액의 총액은 직전 결산기의 대차대조표상의 순자산액에서 제462조제1항 각 호의 금액을 뺀 금액을 초과하지 못한다. 1. 거래소에서 시세(時勢)가 있는 주식의 경우에는 거래소에서 취득하는 방법 2. 제345조제1항의 주식의 상환에 관한 종류주식의 경우 외에 각 주주가 가진 주식수에 따라 균등한 조건으로 취득하는 것으로서 대통령령으로 정하는 방법 ③ 회사는 해당 영업연도의 결산기에 대차대조표상의 순자산액이 제462조제1항 각 호의 금액의 합계액에 미치지 못할 우려가 있는 경우에는 제1항에 따른 주식의 취득을 하여서는 아니 된다.

제 9 장

---

5) 상법 제458조 (이익준비금) 회사는 그 자본의 2분의 1에 달할 때까지 매 결산기의 금전에 의한 이익배당액의 10분의 1 이상의 금액을 이익준비금으로 적립하여야 한다.

주식교환 규정은 상법 개정 전(2011.4.14 이전) 주식교환을 위한 자기주식 취득이 불가한 규정에 대한 특례규정이라 할 수 있었으나 상법의 개정으로 이러한 조문은 의미가 없게 됐다. 조속히 전환법의 관련 조문이 개정돼야 할 것이다.

> **상법 제462조(이익의 배당)**
> ① 회사는 대차대조표의 순자산액으로부터 다음의 금액을 공제한 액을 한도로 하여 이익배당을 할 수 있다. 1. 자본금의 액 2. 그 결산기까지 적립된 자본준비금과 이익준비금의 합계액 3. 그 결산기에 적립하여야 할 이익준비금의 액 4. 대통령령으로 정하는 미실현이익

나. 주식교환계약서 작성

주식교환을 하려는 승인기업은 다음의 사항이 포함된 주식교환계약서를 작성하여 주주총회의 승인을 받아야 한다. 이 경우 주주총회의 승인 결의에 관하여는 「상법」 제434조[6]를 준용한다. 즉, 출석한 주주 의결권의 $\frac{2}{3}$ 이상 찬성 및 발행주식 총수의 $\frac{1}{3}$ 이상 찬성이 있어야 승인 결의할 수 있다. 2014, 2016, 2024 기출

① 사업전환의 내용
② 자기주식의 취득 방법, 취득 가격 및 취득 시기에 관한 사항
③ 교환할 주식 가액의 총액·평가·종류 및 수량에 관한 사항
④ 주식교환을 할 날
⑤ 다른 주식회사의 주요주주와 주식을 교환할 경우 주주의 성명, 주민등록번호, 교환할 주식의 종류 및 수량

다. 주식교환계약서 열람

주식교환을 하려는 승인기업은 그에 관한 이사회의 결의가 있을 때에는 즉시 결의내용을 주주에게 통보하고, 주식교환계약서를 갖춰 놓아 열람할 수 있도록 해야 한다.

라. 교환주식 보유

주식회사인 승인기업이 주식교환에 따라 다른 주식회사 또는 다른 주식회사 주요주주의 주식을 취득한 경우에는 취득일부터 1년 이상 이를 보유해야 한다. 벤처법에서는 "다른 주식회사의 주요주주"에게도 교환주식을 1년 이상 보유할 것을 강제하지만, 전환법에서는 다른 주식회사의 주요주주에게 보유를 강제하지 않는다.

---

6) 상법 제434조(정관변경의 특별결의) 제433조제1항의 결의는 출석한 주주의 의결권의 3분의 2 이상의 수와 발행주식 총수의 3분의 1 이상의 수로써 하여야 한다.

마. 주식교환 무효의 소

주식교환무효의 소(訴)에 관하여는 「상법」 제360조의14[7]를 준용한다. 이 경우 상법의 "완전 모회사가 되는 회사"는 "주식회사인 승인기업"으로 보고, "완전 모회사가 된 회사"는 "주식회사인 승인기업"으로, "완전자회사가 된 회사"는 "다른 주식회사"로 본다.

2. 반대주주의 주식매수 청구권

주식교환 결의에 반대하는 주주는 형식적 절차에 따라 자기가 보유한 주식을 매수토록 하는 청구권(주식매수 청구권)을 행사할 수 있다. 상법에는 결의 후 20일 내에 주식매수 청구를 할 수 있다고 규정하나 전환법에는 10일 내 서면으로 주식매수 청구할 수 있다는 간소화 규정을 두고 있다는 점에서 차이가 있다.(전환법 제13조)

가. 주식매수청구 절차

주식교환을 반대하는 주주는 주주총회 승인 결의 전에 그 승인기업에 서면으로 주식교환을 반대하는 의사를 알려야 하며, 주주총회 승인 결의일부터 10일 이내에 자기가 보유한 주식의 매수를 서면으로 청구해야 한다.

나. 주식매수와 처분

반대주주로부터 매수청구를 받은 승인기업은 청구를 받은 날부터 2개월 이내에 그 주식을 매수해야 한다. 이 경우 그 주식은 6개월 이내에 처분해야 한다.

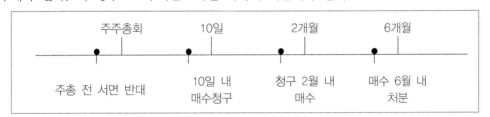

다. 주식매수가격 결정

매수가격의 결정에 관하여는 「상법」 제374조의2제3항부터 제5항까지의 규정을 준용한다. 즉 주주와 회사 간 협의를 거치되 30일 이내에 협의가 이루어지지 않은 경우 법원에 매수가격 결정을 청구할 수 있다.

---

7) 제360조의14(주식교환무효의 소) ① 주식교환의 무효는 각 회사의 주주·이사·감사·감사위원회의 위원 또는 청산인에 한하여 주식교환의 날부터 6월 내에 소만으로 이를 주장할 수 있다. ② 제1항의 소는 완전 모회사가 되는 회사의 본점 소재지 지방법원의 관할에 전속한다. ③ 주식교환을 무효로 하는 판결이 확정된 때에는 완전 모회사가 된 회사는 주식교환을 위하여 발행한 신주 또는 제360조의6의 규정에 의하여 이전한 주식의 주주에 대하여 그가 소유하였던 완전자회사가 된 회사의 주식을 이전하여야 한다.

> **상법 제374조의2(반대주주의 주식매수청구권)**
>
> ① 제374조의 규정에 의한 결의사항에 반대하는 주주는 주주총회 전에 회사에 대하여 서면으로 그 결의에 반대하는 의사를 통지한 경우에는 그 총회의 결의일부터 20일 내에 주식의 종류와 수를 기재한 서면으로 회사에 대하여 자기가 소유하고 있는 주식의 매수를 청구할 수 있다.
> ② 회사는 제1항의 청구를 받은 날부터 2월 이내에 그 주식을 매수하여야 한다.
> ③ 제2항의 규정에 의한 주식의 매수가액은 주주와 회사 간의 협의에 의하여 결정한다.
> ④ 제1항의 청구를 받은 날부터 30일 이내에 제3항의 규정에 의한 협의가 이루어지지 아니한 경우에는 회사 또는 주식의 매수를 청구한 주주는 법원에 대하여 매수가액의 결정을 청구할 수 있다.
> ⑤ 법원이 제4항의 규정에 의하여 주식의 매수가액을 결정하는 경우에는 회사의 재산 상태 그 밖의 사정을 참작하여 공정한 가액으로 이를 산정하여야 한다.

3. 신주발행 주식교환

주식회사인 승인기업은 사업전환을 위하여 정관으로 정하는 바에 따라 신주를 발행하여 다른 주식회사 또는 다른 주식회사의 주요주주의 주식과 교환할 수 있다. 이 경우 다른 주식회사 또는 다른 주식회사의 주요주주는 승인기업이 주식교환을 위하여 발행하는 신주를 배정받음으로써 그 승인기업의 주주가 된다.(전환법 제14조)

가. 주식교환계약서의 작성

신주발행으로 주식교환을 하려는 승인기업은 다음의 사항이 포함된 주식교환계약서를 작성하여 주주총회의 승인을 받아야 한다. 이 경우 출석한 주주 의결권의 $\frac{2}{3}$이상 찬성 및 발행주식 총수의 $\frac{1}{3}$이상 찬성이 있어야 승인 결의할 수 있다.

① 사업전환의 내용
② 교환할 신주 가액의 총액·평가·종류·수량 및 배정에 관한 사항
③ 주식교환을 할 날
④ 다른 주식회사의 주요주주와 주식을 교환할 경우 주주의 성명, 주민등록번호, 교환할 주식의 종류 및 수량

※ 주식교환 규정과 동일하나 주식교환의 주식교환계약서에는 "총액·평가·종류·수량"에 관한 사항이 포함되나 신주발행 주식교환계약서에는 "총액·평가·종류·수량" 외에 "배정"에 관한 사항이 포함된다는 점에서 차이가 있다.

나. 주식의 현물출자

신주발행 주식교환을 통하여 다른 주식회사 또는 다른 주식회사의 주요주주가 보유한 주식을 승인기업에 현물로 출자하는 경우 아래에서 정하는 공인평가기관이 그 주식의 가격을 평가한 때에는 「상법」제422조 제1항에 따라 검사인이 조사를 한 것으로 보거나 공인된 감정인이 감정한 것으로 본다. 대통령령에서 정하는 공인평가기관은 창업 및 벤처법에서 규정하는 기관과 미세한 차이가 있다. 2018 기출

① 투자매매업자·투자중개업자(증권의 인수·중개·주선 또는 대리업무의 인가를 받은 자만 해당한다)

② 신용평가회사

③ 회계법인으로서 소속 공인회계사가 30명 이상인 회계법인

④ 기술보증기금

⑤ 기타 주식의 가격 평가에 필요한 전문인력을 갖춘 기관 또는 단체로서 중기부장관이 정하여 고시하는 기관 또는 단체

전환법	벤처법
① 투자매매업자·투자중개업자	① 투자매매업자·투자중개업자
② 신용평가업 인가를 받은 신용평가회사	② 신용평가업 인가를 받은 신용평가회사
③ 소속 공인회계사 30명 이상인 회계법인	③ 소속 공인회계사 100명 이상인 회계법인
④ 기술보증기금	④ 기술보증기금
	⑤ 한국산업기술진흥원

다. 주식교환 규정의 준용

주식교환에서 설명되었던 "주식교환 계약서 열람", "교환주식 보유", "주식교환 무효의 소" 규정은 신주발행 주식교환에도 동일하게 적용된다. 주식교환 편을 참고하기 바란다.

라. 반대주주의 주식매수 청구권

신주발행을 통한 주식교환에 반대하는 주주의 주식매수청구권에 관하여는 "4.2. 반대주주의 주식매수청구권" 규정을 준용한다.(전환령 제15조)

4. 주식교환 특례 2023 기출

주식회사인 승인기업이 주식교환(신주발행에 따른 주식교환 포함)을 하는 경우 그 교환하는 주식의 수가 발행주식 총수의 50%를 초과하지 않으면 주주총회의 승인은 정관으로 정하는 바에 따라 이사회의 승인으로 갈음할 수 있다.

제
9
장

가. 주식교환계약서 작성 및 공고

특례에 따라 주식교환을 하려는 승인기업은 주식교환계약서에 주주총회의 승인을 받지 않고 주식교환을 할 수 있다는 뜻을 적어야 한다. 또한 주식교환계약서를 작성한 날부터 2주이내에 다음의 사항을 공고하거나 주주에게 알려야 한다.

① 주식교환계약서의 주요 내용
② 주주총회의 승인을 받지 아니하고 주식교환을 한다는 뜻

나. 주식교환의 제한

승인기업의 발행주식 총수의 20% 이상에 해당하는 주식을 소유한 주주가 특례에 따른 주식교환에 대한 공고나 통지가 있었던 날부터 2주 이내에 서면으로 주식교환에 반대하는 의사를 알린 경우에는 특례에 따른 주식교환을 할 수 없다. 주식교환 특례에 따른 주식교환의 경우에는 반대주주 주식매수 청구권 규정을 적용하지 않는다.

5. 합병절차 간소화

합병절차의 간소화는 상법에 규정된 합병절차를 간소화하는 규정이다. 따라서 이 규정은 필히 상법상의 일반 절차와 비교하여 학습하는 것이 효율적이다. 2013 기출

가. 채권자 공고·최고

주식회사인 승인기업이 다른 주식회사와 합병을 통하여 사업전환을 하려는 경우에는 채권자에 대해「상법」제527조의5 제1항[8])에도 불구하고 그 합병결의를 한 날부터 1주 내에 합병에 이의가 있으면 10일 이상의 기간 내에 이를 제출할 것을 공고하고, 알고 있는 채권자에게는 공고사항을 최고(催告)해야 한다.

상법 제527조의5 ①	2주 내, 1개월 이상의 기간 내 제출할 것을 공고
벤처법 · 전환법	1주 내, 10일 이상의 기간 내 제출할 것을 공고

나. 주주총회 소집 통보

주식회사인 승인기업이 합병 결의를 위한 주주총회 소집을 알릴 때는 「상법」제363조제1항[9])에도 불구하고 그 통지일을 주주총회일 7일 전으로 할 수 있다.

---

8) 제527조의5(채권자보호절차) ① 회사는 제522조의 주주총회의 승인 결의가 있은 날부터 2주내에 채권자에 대하여 합병에 이의가 있으면 1월 이상의 기간 내에 이를 제출할 것을 공고하고 알고 있는 채권자에 대하여는 따로따로 이를 최고하여야 한다.

9) 제363조(소집의 통지, 공고) ① 주주총회를 소집할 때에는 주주총회일의 2주 전에 각 주주에게 서면으로 통지를 발송하거나 각 주주의 동의를 받아 전자문서로 통지를 발송하여야 한다. 다만, 그 통지가 주주명부상 주주의 주소에 계속 3년간 도달하지 아니한 경우에는 회사는 해당 주주에게 총회의 소집을 통지하지

상법 제363조 ①항	주주총회일 2주 전 서면으로 통지 발송
벤처법 · 전환법	주주총회일 7일 전 서면으로 통지 발송

다. 합병계약서 공시

주식회사인 승인기업이 다른 주식회사와 합병하기 위하여 합병계약서 등을 공시할 때는 「상법」 제522조의2 제1항[10])에도 불구하고 그 공시 기간을 합병승인을 위한 주주총회일 7일 전부터 합병한 날 이후 1개월이 지나는 날까지로 할 수 있다. 2015 기술

상법 제522조의2 ①항	주주총회일 2주 전 ~ 합병일 후 6개월간
벤처법 · 전환법	주주총회일 7일 전 ~ 합병일 후 1개월간

라. 합병 반대주주의 주식매수 청구

주식회사인 승인기업이 합병에 관하여 이사회가 결의한 때에 그 결의에 반대하는 주주는 「상법」 제522조의3 제1항[11])에도 불구하고 주주총회 전에 그 중소기업에 대하여 서면으로 합병에 반대하는 의사를 알리고 자기가 소유하고 있는 주식의 종류와 수를 적어 주식의 매수를 청구해야 한다.

상법 제522조의3 ①항	주총 전 서면반대, 주총 결의 후 20일 내 주식매수 청구
벤처법 · 전환법	주총 전 서면반대 및 주식매수 청구

마. 주식매수 청구에 따른 주식매수

주식회사인 승인기업이 반대주주의 주식매수 청구를 받은 경우에는 「상법」 제374조의2 제2항 및 제530조 제2항에도 불구하고 합병에 관한 주주총회 결의일부터 2개월 이내에 그 주식을 매수해야 한다.

상법 제374조의2 ②항	청구일부터 2개월 이내
벤처법 · 전환법	주총 결의일부터 2개월 이내

바. 주식 매수가액 결정

반대주주 주식청구에 따른 주식 매수가액 결정에 관해서는 「상법」 제374조의2제3항부터 제5항까지의 규정을 준용한다. 이 경우 「상법」 제374조의2제4항 중 "제1항의 청구를 받은

아니할 수 있다.

10) 제522조의2(합병계약서 등의 공시) ① 이사는 제522조제1항의 주주총회 회일의 2주 전부터 합병을 한 날 이후 6월이 경과하는 날까지 다음 각 호의 서류를 본점에 비치하여야 한다.

11) 제522조의3(합병반대주주의 주식매수청구권) ① 제522조제1항의 규정에 의한 결의사항에 관하여 이사회의 결의가 있는 때에 그 결의에 반대하는 주주는 주주총회 전에 회사에 대하여 서면으로 그 결의에 반대하는 의사를 통지한 경우에는 그 총회의 결의일부터 20일 이내에 주식의 종류와 수를 기재한 서면으로 회사에 대하여 자기가 소유하고 있는 주식의 매수를 청구할 수 있다.

날"은 "합병에 관한 주주총회의 결의일"로 본다.(전환법 제18조 ⑥항)

① 주식의 매수가액은 주주와 회사 간 협의에 의해 결정한다.

② 합병에 관한 주주총회 결의일부터 30일 이내에 협의가 이루어지지 아니한 경우에는 회사 또는 주식의 매수를 청구한 주주는 법원에 대하여 매수가액의 결정을 청구할 수 있다.

③ 법원이 주식의 매수가액을 결정하는 경우에는 회사의 재산상태 그 밖의 사정을 참작하여 공정한 가액으로 이를 산정해야 한다.(상법 제374조의2 ③~⑤항)

상법 제374조의2 ④항	청구를 받은 날부터 30일 이내 협의 불가 시
벤처법 · 전환법	주총 결의일부터 30일 이내 협의 불가 시

6. 간이합병 특례

가. 주주총회 승인 특례

주식회사인 승인기업이 다른 주식회사와 합병을 하는 경우 합병 후 존속하는 회사가 소멸회사의 발행주식 총수 중 의결권 있는 주식의 90%[12] 이상을 보유하는 경우 그 소멸하는 회사의 주주총회 승인은 이사회의 승인으로 갈음할 수 있다.(전환법 제18조의2 ①항)

나. 반대주주의 주식매수 청구권

합병으로 인하여 소멸하는 회사는 합병계약서를 작성한 날부터 2주 내에 주주총회 승인을 얻지 않고 합병을 한다는 뜻을 공고하거나 통지해야 한다.(상법 제527조의2 ②항)

간이합병에 반대하는 주주는 간이합병 공고 또는 통지를 한 날부터 2주내에 회사에 대하여 서면으로 합병에 반대하는 의사를 통지하고, 그 기간이 경과한 날부터 20일 이내에 주식의 종류와 수를 기재한 서면으로 회사에 대하여 자기가 소유하고 있는 주식의 매수를 청구할 수 있다. 회사는 매수청구를 받은 날부터 2월 이내에 그 주식을 매수해야 한다.(전환법 제18조의2 ②항, 상법 제522조의3 제②항[13])

---

12) 벤처법 개정(2013.8.9)으로 벤처법에서의 간이합병 요건은 완화(90%→80%) 되었지만, 전환법은 개정되지 않았으므로 80%가 아니라 90%가 적용되고 있다. 조속한 시일 내에 전환법도 개정되어 유사한 규정은 일관성 있게 적용되어야 할 것이다.

13) 제522조의3(합병반대주주의 주식매수청구권) ② 제527조의2 제2항의 공고 또는 통지를 한 날부터 2주 내에 회사에 대하여 서면으로 합병에 반대하는 의사를 통지한 주주는 그 기간이 경과한 날부터 20일 이내에 주식의 종류와 수를 기재한 서면으로 회사에 대하여 자기가 소유하고 있는 주식의 매수를 청구할 수 있다.

상법 제527조의2 ①항 (상법 상 간이합병)	총주주 동의 또는 90%이상 인수 시 이사회 갈음
상법 제527조의2 ②항 (상법 · 중기법 간이합병 반대)	계약서 작성 후 2주 내 공고 · 통지
상법 제522조의3 ②항 (상법 · 중기법 간이합병 반대)	공고 · 통지 2주 내 서면반대, 20일 내 주식매수 청구

전환법 상 간이합병 반대주주의 주식매수청구에 대해 그 청구일로부터 2월 이내에 매수해야 한다는 규정은 명시되어 있지 않다. 그러나 간이합병 규정이 기본적으로 상법 제10절의 합병 규정을 기본으로 하고 있으므로 전환법에서 특례로 규정된 것 외의 절차에 대해서는 상법을 준용해야 한다.

상법 제10절의 마지막 부분에 준용규정을 두어 합병 규정 전체에 대해 반대주주의 주식매수청구권 규정(상법 제374조의2 제②항)을 준용하고 있으므로 전환법 상의 간이합병 규정에도 동일하게 적용되어야 마땅하다. 결국 전환법 상 간이합병에 대해서도 2개월 내에 매수규정이 적용된다 할 것이다.

같은 논리로 상법에 규정된 주식매수가액 결정 규정 또한 전환법 간이합병 규정에 적용된다고 봄이 타당하다.

7. 다른 주식회사의 영업양수 특례

가. 주주총회 승인 특례

주식회사인 승인기업이 영업의 전부 또는 일부를 다른 주식회사에 양도하는 경우 그 양도가액이 다른 주식회사의 최종 재무상태표상으로 현존하는 순자산액의 10%를 초과하지 않으면 다른 주식회사의 주주총회의 승인은 정관으로 정하는 바에 따라 이사회의 승인으로 갈음할 수 있다.

나. 영업양도·양수계약서 작성 및 공고

양수하는 다른 주식회사는 주주총회의 승인을 받지 않고 승인기업의 영업의 전부 또는 일부를 양수할 수 있다는 뜻을 적은 영업양도 · 양수계약서를 작성하고 작성한 날부터 2주 이내에 다음의 사항을 공고하거나 주주에게 알려야 한다.

① 영업양도 · 양수계약서의 주요 내용
② 주주총회의 승인을 받지 아니하고 영업을 양수한다는 뜻

제
9
장

445

다. 다른 주식회사의 영업양수 제한

다른 주식회사(영업의 전부 또는 일부를 양수하는 회사)의 발행주식 총수의 20% 이상에 해당하는 주식을 소유한 주주가 양수에 대한 공고나 통지가 있었던 날부터 2주 이내에 서면으로 영업양수를 반대하는 의사를 알린 경우에는 이에 따른 영업양수를 할 수 없다. 다른 주식회사 영업양수 특례에 따른 양수·양도의 경우 반대주주 주식매수 청구권 규정을 적용하지 않는다.

8. 전부 또는 중요한 일부의 양도·양수

주식회사인 승인기업이 「상법」 제374조[14]에 따른 영업양도·양수를 하는 경우의 절차에 관하여는 합병절차 간소화 규정의 "채권자 통보" 규정을 제외한 모든 규정을 준용한다.(전환법 제20조 ⑥항)

본서는 편의상 「상법」 제374조에 따른 영업양도·양수를 "중요한 양도·양수"라 칭한다.

벤처법에는 이에 대해 간이영업양도 규정을 두고 있다는 점에서 차이가 있으며 합병절차간소화, 다른 주식회사 영업양수 특례, 중요한 양도·양수 규정에 대해서는 이후의 페이지에서 별도의 테이블로 비교한다.

9. 분할·분할합병 절차 간소화

가. 분할합병 절차 간소화

주식회사인 승인기업이 사업전환을 위하여 다른 주식회사와 분할합병을 하려는 경우의 절차에 관하여는 "4.6. 합병절차간소화" 규정 전체를 준용한다. 분할합병과 (일반)합병을 동일하게 보고 같은 규정을 적용하고 있다. 역시 자세한 내용은 "4.6. 합병절차간소화" 규정을 참고하기 바란다.(전환법 제19조 ②항)

나. 분할절차 간소화

- 분할로 설립되는 회사와 존속회사가 채무연대책임: 주식회사인 승인기업이 사업전환을 위하여 분할하는 경우로서, 분할로 인해 설립되는 회사(분할 신설회사ⓒ)와 분할 후 존속하는 회사(분할 후 존속회사ⓑ)가 분할되는 회사(분할 전 회사ⓐ)의 채무에 관하여 연대

---

14) 상법 제374조(영업양도, 양수, 임대 등) ① 회사가 다음 각 호의 어느 하나에 해당하는 행위를 할 때에는 제434조에 따른 결의가 있어야 한다. 1. 영업의 전부 또는 중요한 일부의 양도, 2. 영업 전부의 임대 또는 경영위임, 타인과 영업의 손익 전부를 같이 하는 계약, 그 밖에 이에 준하는 계약의 체결·변경 또는 해약, 3. 회사의 영업에 중대한 영향을 미치는 다른 회사의 영업 전부 또는 일부의 양수

하여 변제해야 하는데, 이 경우에 해당하는 분할에 대해서는 4.6. 합병절차간소화 규정 중 "나. 주총 소집 통보"와 "다. 합병계약서 공시" 절차를 따른다.

※ 분할 전 회사(=분할되는 회사ⓐ) → 분할 후 존속회사(ⓑ) + 분할 신설회사(ⓒ)

| 분할 전 회사(ⓐ) | → | 분할 후 존속 회사(ⓑ) |
| | | 분할 신설회사(ⓒ) |

• 분할로 설립되는 회사가 출자재산에 관한 채무만 부담: 주식회사인 승인기업이 사업전환을 위하여 분할하는 경우로서, 분할로 인해 설립되는 회사(분할 신설회사ⓒ)가 분할되는 회사(분할 전 회사ⓐ)의 채무 중에서 분할 전 회사가 출자한 재산에 관한 채무만을 부담할 것을 별도로 정할 수 있다. 이 경우에 해당하는 분할에 대해서는 4.6. 합병절차간소화 규정 중 "가. 채권자 공고·최고", "나. 주총 소집 통보" 및 "다. 합병계약서 공시" 절차를 따른다.

이 규정은 분할로 회사가 설립되는 경우 분할신설 회사가 분할되는 회사 채무를 연대하여 변제할 것인가 아니면 분할 시 출자된 재산에 관한 채무만 변제할 것인가에 따라 준용규정을 달리하고 있다. 채무변제의 범위에 따라 "4.6. 합병절차간소화" 규정의 어디까지 적용되는가가 달라진다. 자세한 내용은 "4.6. 합병절차간소화" 규정을 참고하기 바란다.(전환법 제19조 ①항)

합병(분할합병)과 분할을 비교하면 다음과 같다.

| 합병 = 분할합병 | 분할 | | 중요한 양도·양수 | 간이합병 | 간이 영업양도 |
	연대책임	출자재산비율 부담			
채권자 통보	×	○	×	×	×
주총 소집	○	○	○	×	×
합병계약서 공시	○	○	○	○(공고·통지)	
반대주주 주식매수청구	×		○	○	○
주식매수가액 결정	×		○	▲	○

▲ 전환법에 해당 규정은 없으나 상법의 합병 및 분할 규정이 적용되어야 할 것이므로 상법 규정이 전환법에 간접적으로 적용됨을 의미한다.

합병·분할합병/중요한 양도·양수 반대주주	주총 전 서면반대·매수청구 → 주총 2월 내 매수
간이합병 반대주주	공고·통지 2주 내 서면반대 → 20일내 매수청구 → 청구 2월내 매수

제 9 장

최근의 출제경향에 따르면 전환법 제4장의 사업전환절차 원활화에 대해서는 단독 규정에 대해 묻는 것은 물론 이들 규정의 공통점과 차이점을 묻는 복합문제가 출제되고 있다. 이러한 출제경향을 반영하여 벤처법과 전환법의 유사 규정 모두를 비교한다.

구분	세제지원	반대주주 주식매수청구	주식매수가액 결정
주식교환	○	○	○
신주발행 주식교환	○	○	○
주식교환 특례	○	×	×
합병(분할합병)절차 간소화	○	○	○
분할	×	×	×
간이합병	△	○	▲
소규모합병	△	×	×
간이영업양도	×	○	○
중요한 양도 · 양수	×	○	○
다른 주식회사 영업양수 특례	×	×	×

※ 세제지원은 벤처법에만 적용되는 규정이며 전환법에는 적용되지 않는다.

△ 간이합병과 소규모합병도 합병의 일종이고, 벤처법에서 "합병을 하는 경우 세제지원을 할 수 있다"라는 규정을 적극적으로 해석하여 간이합병과 소규모합병도 세제지원 대상으로 판단한다.

▲ 전환법에 해당 규정은 없으나 상법의 간이합병 규정이 적용되어야 할 것이므로 상법 규정이 전환법에 간접적으로 적용됨을 의미한다.

사업전환을 위한 주식교환 등 특례규정에서 반대주주 주식매수 청구권 관련 규정은 비교하여 학습할 것을 권한다. 이하 이들을 비교 도시한다.

① 상법 상 합병 규정에 따른 주식매수청구

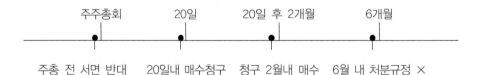

② 주식교환 규정에 따른 주식매수청구

③ 간이합병·간이영업양도 규정에 따른 주식매수청구

④ 합병(분할합병)간소화·중요한 양도·양수 규정에 따른 주식매수청구

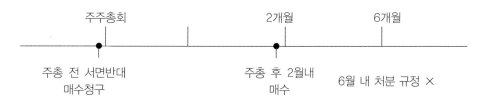

⑤ 주식교환 특례·다른 주식회사 영업양수 특례

10. 주식교환 등 경과규정

주식회사인 승인기업이 더 이상 "승인기업"에 해당되지 않게 되더라도 승인기업 이었던 당시에 이루어졌던 주식교환 및 신주발행 주식교환을 한 경우 주식교환을 통해 취득한 다른 주식회사 또는 다른 주식회사의 주요주주의 주식을 취득한 날부터 1년 이상 보유해야 한다. (전환법 제30조)

제5절	사업전환 촉진 지원사업

```
1. 성과평가 및 관리          7. 능력개발 및 고용안정 지원
2. 사업전환 선도기업 육성     8. 판로확보 지원
3. 정보제공                9. 유휴설비 유통 지원
4. 컨설팅 지원            10. 입지지원
5. 인수합병 지원          11. 벤처투자회사 등의 투자
6. 자금지원              12. 세제지원
```

1. 성과평가 및 관리

중기부장관은 사업전환 촉진을 위한 지원사업의 효율적인 운영을 위해 다음의 사항을 고려하여 승인기업의 성과를 매년 평가할 수 있으며, 평가결과에 따라 승인기업에 대한 지원을 달리 할 수 있다.(전환법 제29조의4)

① 새로이 운영하거나 추가된 사업비중 증가 등 연간 목표 달성도

② 사업전환에 따른 매출액 등 사업실적

③ 승인기업의 재무구조 개선 등 경영성과

성과평가의 방법 및 절차, 그 밖에 필요한 사항은 중기부장관이 정하여 고시하며, 중기부장관은 이에 따른 성과를 평가하기 위하여 승인기업에 자료 제출 등 협조를 요청할 수 있고 필요한 경우 현장 조사를 할 수 있다.

2. 사업전환 선도기업 육성

중기부장관은 승인기업 중 우수한 혁신역량과 성장 가능성을 보유한 중소기업을 사업전환 선도기업으로 선정할 수 있으며, 사업전환 선도기업에 대하여 행정적 · 재정적 · 기술적 지원 등을 할 수 있다.

3. 정보제공

중기부장관은 사업전환을 추진하는 중소기업자에게 판로(販路)·기술 및 진출업종 등 사업전환에 관한 정보를 제공할 수 있으며 중앙행정기관의 장, 지방자치단체의 장 및 공공기관의 장에게 이에 따른 정보제공을 위한 자료를 요청할 수 있다.(전환법 제21조) 2017 기출

중기부장관은 위에 따른 정보를 제공하기 위해 다음의 사업을 할 수 있다.
① 중소기업지원기관과 단체 등을 활용한 정보제공체제의 구축
② 경영·기술 관련 전문가를 활용한 판로·기술 및 진출업종 등에 대한 정보 데이터베이스의 구축 및 관리
③ 그 밖에 사업전환 관련 정보제공을 활성화하기 위하여 필요한 사업

4. 컨설팅 지원

중기부장관은 사업전환을 추진하는 중소기업자에게 경영·기술·재무·회계 등의 개선에 관한 컨설팅 지원을 할 수 있으며, 중소기업자 또는 컨설팅 실시기관 등에 대하여 사업에 드는 비용을 지원할 수 있다.(전환법 제22조) 2017 기출

위에 따른 컨설팅 지원사업은 다음과 같다.
① 중소기업자의 규모와 업종에 적합한 컨설팅 서비스의 제공
② 컨설팅 결과의 신뢰성을 확보하기 위한 평가체계 구축
③ 컨설팅 결과와 융자·보조 등 지원 수단의 연계
④ 그 밖에 컨설팅 기반 강화에 필요한 사업

5. 인수합병 지원

정부는 인수·합병, 영업양수·양도 등을 통하여 사업전환을 추진하는 중소기업자를 지원하기 위해 다음의 사업을 할 수 있다.(전환법 제23조)
① 인수·합병 등을 위한 중개기반의 구축 지원
② 인수·합병 등에 관한 정보 제공과 법무·회계 상담 지원
③ 인수·합병 등에 필요한 자금의 융자와 투자 지원
④ 그 밖에 인수·합병 등을 원활하게 하기 위해 필요한 사업

제9장

6. 자금지원

정부 및 지방자치단체는 승인기업에 대하여 설비구입 및 연구개발 등 사업전환에 필요한 자금의 융자나 출연 등의 지원을 할 수 있으며, 정부는 지원을 위하여 중소벤처기업창업 및 진흥기금을 활용할 수 있다.(전환법 제24조) 2017 개정

7. 능력개발 및 고용안정 지원

중소기업자는 사업전환에 따른 실업 예방과 재직 근로자의 능력개발을 위하여 노력해야 하며, 정부는 사업전환을 추진하는 중소기업자의 고용조정, 재직 근로자의 고용안정 및 능력개발 등을 위하여 다음의 사업을 포함한 지원방안을 마련할 수 있다.(전환법 제25조) 2017 개정

① 직업능력개발훈련시설과 중소기업지원기관 등이 운영하는 사업전환 중소기업의 실직자에 대한 재취업교육과 새로 진출한 업종에 대한 근로자 교육

②「고용보험법」제21조[15])에 따른 고용조정의 지원 및 같은 법 제29조에 따른 직업능력개발 지원

8. 판로확보 지원

정부는 사업전환을 추진하는 중소기업자의 국내외 판로확보를 지원하기 위하여 다음 각 호의 사업을 할 수 있다.(전환법 제29조의2)

① 국내외 유통망 확보 및 홍보·판매 지원

② 국내외 전시·박람회 개최 또는 참가 지원

③ 국내외 거래알선 및 상품홍보를 위한 정보망 구축 지원

④ 그 밖에 사업전환을 추진하는 중소기업자의 판로확보를 지원하기 위하여 필요하다고 인정하는 사업

9. 유휴설비 유통 지원

중기부장관은 사업전환과정 등에서 생기는 유휴설비의 원활한 유통을 지원하기 위해 다음의 사업을 추진할 수 있다.(전환법 제26조) 2017 개정

① 국내외 유휴설비 유통정보의 제공과 거래 주선

② 유휴설비의 매매 관련 기관 사이의 연계체제 구축

---

15) 고용유지지원금을 말한다.

③ 유휴설비의 집적(集積)과 판매를 위한 입지지원

④ 유휴설비의 신뢰성을 높이기 위한 가치평가체제의 구축

⑤ 그 밖에 유휴설비 유통 활성화에 필요한 사업

10. 입지지원

정부 및 지방자치단체는 중소기업자의 사업전환에 따른 공장의 신설·이전·증설 등을 위한 입지(立地)의 공급과 절차의 간소화 등을 위하여 노력해야 한다. 정부 및 지방자치단체는 승인기업에 대해 다음의 사업을 지원할 수 있다.

① 농공단지에의 입주

② 정부 및 지방자치단체가 공급하는 공장용지와 지식산업센터에의 우선 입주

③ 정부 및 지방자치단체가 건립하는 창업보육센터에의 입주

④ 지방자치단체가 건립하는 중소기업종합지원센터와 전시판매장 및 그 지원시설에의 입주

⑤ 중소기업상담회사 등을 통한 공장의 신설·이전·증설 등의 대행 및 입지 주선

11. 벤처투자회사 등의 투자

투자법에 따른 벤처투자회사 및 벤처조합이 같은 법에 따라 승인기업에 투자할 경우 그 투자 지분은 같은 법 제38조(벤처투자회사 투자의무) 및 제51조(벤처조합 투자의무)에 따라 사용한 것으로 본다.(전환법 제28조)

12. 세제지원

정부 및 지방자치단체는 조세 관련 법률에서 정하는 바에 따라 승인기업에 세제지원을 할 수 있다.(전환법 제29조) 2017 기출

제
9
장

제6절 ┃ **보 칙**

| 1. 보고와 검사 | 2. 권한의 위임과 위탁 |

1. 보고와 검사

중기부장관은 다음 어느 하나에 해당하는 경우에는 중소기업자, 사업전환지원센터 등 관계기관에 대하여 사업전환계획의 이행상황 등에 관한 보고를 하게 하거나 소속 공무원에게 사무소와 사업장에 출입하여 승인기업의 장부·서류 등을 검사하게 할 수 있다.(전환법 제32조 ①항, 전환령 제16조)
　① 사업전환계획의 이행실적조사가 필요한 경우
　② 승인기업이 사업전환계획의 변경을 요청하거나 중단을 알린 경우
　③ 사업전환지원센터의 운영 실태에 관한 조사가 필요한 경우

위에 따른 검사 시에는 다음의 서류를 검사할 수 있다.
　① 사업전환계획과 관련된 회계장부
　② 사업전환계획 이행과 관련된 서류
　③ 그 밖에 사업전환과 관련된 서류

위에 따라 검사를 하는 경우에는 검사 7일 전까지 검사의 일시·목적 및 내용 등을 포함한 검사계획을 검사대상자에게 통지해야 한다. 단, 긴급한 경우 또는 사전통지를 하면 증거인멸 등으로 검사목적을 달성할 수 없다고 인정하는 경우에는 그렇지 않다.

출입·검사하는 공무원은 그 권한을 표시하는 증표를 지니고 이를 관계인에게 내보여야 하며, 출입·검사를 하는 경우에는 해당 공무원의 성명·출입시간·출입목적 등이 적힌 문서를 관계인에게 내주어야 한다.(전환법 제32조 ②항)

2. 권한의 위임과 위탁

중기부장관은 이 법에 따른 권한의 일부를 지방 중기청장에게 위임한다.(전환령 제17조 ①
항) 2015, 2018 기출

① 사업전환계획 또는 공동사업전환계획의 승인

② 사업전환계획 또는 공동사업전환계획의 이행실적조사

③ 사업전환계획 또는 공동사업전환계획의 변경승인

④ 사업전환계획 또는 공동사업전환계획 승인의 취소

⑤ 승인기업에 대한 성과평가

⑥ 승인기업 및 사업합병지원센터의 검사에 관한 업무(위탁받은 업무의 처리에 필요한 경
　우로 한정한다)

중기부장관은 이 법에 따른 업무의 일부를 다른 행정기관의 장 또는 중소기업협동조합중앙
회, 중소벤처기업진흥공단 등 중소기업 관련 단체나 기관의 장에게 위탁할 수 있다.

중기부장관이 위탁한 업무를 하는 단체나 기관의 임직원은 「형법」 제127조, 제129조부터
제132조까지의 규정을 적용할 때에는 공무원으로 본다.(전환법 제34조)

참고사항　시행주체별 정리

중소기업관계법령의 출제경향을 보면 시행 주체에 대해 묻는 문제가 적지 않은 비중으로 출제된다. 전
환법에서 대부분의 시책은 "중기부장관은 ~"과 같이 규정되고 있으나 몇 가지 사항에 대해서는 정부·지
자체·중소기업자와 같이 시행 주체가 달라지는 규정이 있는데 출제경향을 반영하여 중기부장관이 주체가
아닌 규정을 별도로 정리한다.

시행주체	근거조문	사업 내용
정부	인수·합병 등의 지원(제23조)	정부는~ 사업전환을 추진하는 중소기업자를 지원하기 위하여 다음의 사업을 할 수 있다.
정부·지자체	자금지원(제24조)	정부 및 지방자치단체는 승인기업에 대하여~ 자금의 융자나 출연 등의 지원을 할 수 있다.
	입지지원(제27조)	정부 및 지방자치단체는~ 입지(立地)의 공급과 절차의 간소화 등을 위해 노력해야 한다.
	세제지원(제29조)	정부 및 지방자치단체는 조세 관련 법률에서 정하는 바에 따라 세제지원을 할 수 있다.
중소기업자	능력개발 및 고용안정지원 (제25조)	중소기업자는~ 실업 예방과 재직 근로자의 능력개발을 위해 노력해야 한다.

제9장

기출 및 연습문제

01 중소기업 사업전환 촉진에 관한 특별법의 내용으로 옳은 것을 모두 고른 것은? 2023 기출

> ㄱ. 중소벤처기업부장관은 중소기업사업전환촉진계획을 2년마다 수립 . 시행하여야 한다.
> ㄴ. 중소벤처기업부장관은 필요하다고 인정하면 수시로 중소기업자의 사업전환에 관한 실태조사를 할 수 있다.
> ㄷ. 「자본시장과 금융투자업에 관한 법률」에 따른 주권상장법인이 사업전환을 위하여 자기주식을 다른 주식회사의 주식과 교환할 수 있다.

① ㄱ   ② ㄴ   ③ ㄱ, ㄴ   ④ ㄴ, ㄷ   ⑤ ㄱ, ㄴ, ㄷ

해설 ③ 주권상장법인이 사업전환을 위하여 자기주식을 다른 주식회사의 주식과 교환할 수 없다.

02 중소기업 사업전환 촉진에 관한 특별법령상 공동사업전환계획의 승인 취소사유에 해당하지 않는 것을 모두 고른 것은? 2024 기출

> ㄱ. 거짓이나 그 밖의 부정한 방법으로 공동사업전환계획의 승인을 받은 경우
> ㄴ. 중소벤처기업부장관의 승인 없이 공동사업전환계획을 변경한 경우
> ㄷ. 휴업으로 6개월 동안 기업활동을 하지 아니하는 경우
> ㄹ. 승인기업의 간이합병에 관한 이사회 결의에 반대하는 주주가 서면으로 합병에 반대하는 의사를 통지한 경우

① ㄱ   ② ㄹ   ③ ㄱ, ㄹ   ④ ㄴ, ㄷ   ⑤ ㄱ, ㄴ, ㄷ

해설 ② 간이합병 반대주주의 반대의사 통지는 공동사업전환계획 승인 취소사유과 관련이 없다.

03 중소기업 사업전환 촉진에 관한 특별법령상 사업전환계획 승인에 관한 설명으로 옳은 것은? (단, 업무의 위탁은 고려하지 않음) 2022 기출

① 중소벤처기업부장관은 승인신청서를 받은 경우 해당 사업장에 대한 현장 조사가 필요하지 않다고 판단되더라도 현장 조사를 생략할 수 없다.
② 승인기업이 사업전환계획을 중단하려면 중소벤처기업부장관에게 통지하여야 한다.
③ 승인기업이 승인을 받은 날부터 6개월 이내에 정당한 이유 없이 사업전환계획을 추진하지 아니하는 경우 중소벤처기업부장관은 승인을 취소해야 한다.
④ 승인기업이 거짓으로 승인을 받은 경우 중소벤처기업부장관은 승인을 취소하여야 하며, 이 경우 청문을 할 필요는 없다.
⑤ 중소벤처기업부장관은 승인이 취소된 경우 그 사실을 관계 기관에 통보하여야 할 의무는 없다.

해설 ②
① 해당 사업장에 대한 현장 조사가 필요하지 않다고 판단되면 이를 생략할 수 있다.
③ 취소할 수 있는 사유이지 반드시 취소해야 하는 사유는 아니다.

④ 반드시 청문을 거쳐야 한다.

⑤ 중기부 장관은 승인이 취소된 경우에는 그 사실을 관계 기관에 통보하여야 한다.

04 중소기업 사업전환 촉진에 관한 특별법상 사업전환계획에 대한 설명으로 옳은 것은? 2014 기출

① 승인기업이 사업전환계획의 주요 내용을 변경하는 경우 중소기업청장에게 통지하여야 한다.

② 중소기업청장은 승인기업에 대하여 사업전환계획의 이행실적조사를 1년에 한 번 이상 하여야 한다.

③ 중소기업청장은 승인기업에 그 계획의 중단을 권고하려는 경우에는 권고사항을 명시한 문서로 하여야 하며, 계획의 변경을 권고하려는 경우에는 구두로도 할 수 있다.

④ 중소기업청장은 사업전환계획 승인의 취소 권한을 시·군·구의 장에게 위임한다.

⑤ 승인기업이 사업전환계획을 중단하기 위하여는 중소기업청장의 승인을 받아야 한다.

> **해설** ②
> ① 주요 내용의 변경 시에도 중기청장으로부터 승인을 받아야 한다.
> ③ 계획변경이나 중단을 권고하는 경우 모두 문서로 하여야 한다.
> ④ 승인·변경승인·승인취소 권한은 지방중소기업청장에게 위임한다.
> ⑤ 승인기업이 사업을 중단하고자 하는 경우 중기청장에게 통지하는 것으로 족하다.

05 중소기업 사업전환 촉진에 관한 특별법 상 주식교환에 대한 설명이다. ( )에 들어갈 기간을 순서대로 올바르게 연결한 것은?

> 승인기업은 반대주주의 주식 매수 청구를 받은 날부터 ( ) 이내에 그 주식을 매수하여야 한다. 이 경우 그 주식은 ( ) 이내에 처분하여야 한다.

① 1개월, 6개월

② 2개월, 6개월

③ 3개월, 6개월

④ 3개월, 1년

⑤ 6개월, 1년

> **해설** ② 승인기업은 반대주주의 주식 매수 청구를 받은 날부터 (2개월) 이내에 그 주식을 매수하여야 한다. 이 경우 그 주식은 (6개월) 이내에 처분하여야 한다.

06 중소기업 사업전환 촉진에 관한 특별법상 규정의 일부이다. (   )에 들어갈 숫자는? 2023 기출

> 주식회사인 승인기업이 제12조나 제14조에 따라 주식교환을 하는 경우는 그 교환하는 주식의 수가 발행주식총수의 100분의 ( )을 초과하지 아니하면 주주총회의 승인을 이사회의 승인으로 갈음할 수 있다.

① 10   ② 20   ③ 30   ④ 40   ⑤ 50

> **해설** ⑤ 주식회사인 승인기업이 제12조나 제14조에 따라 주식교환을 하는 경우는 그 교환하는 주식의 수가 발행주식총수의 100분의 (50)을 초과하지 아니하면 주주총회의 승인을 이사회의 승인

으로 갈음할 수 있다.

07 중소기업 사업전환 촉진에 관한 특별법상 주식회사인 승인기업이 다른 주식회사와 합병하려는 경우 합병절차에 관하여 상법에 대한 특례를 인정한 경우가 아닌 것은? 2013 기출

① 합병결의를 위한 주주총회 소집 통지일
② 합병반대주주의 주식매수청구의 의사표시기한
③ 합병계약서 등의 공시기간
④ 채권자 보호절차
⑤ 합병반대주주의 주식매수청구에 대한 매수가액 결정

> 해설 ▶ ⑤ 합병절차간소화 규정에 매수가액 결정 관련 규정이 있으나 상법의 해당 규정을 준용하는 것이지 상법 규정에 대한 간소화 규정은 아니다.

08 중소기업 사업전환 촉진에 관한 특별법상 주식회사인 사업전환계획 승인기업의 주식교환 시 주식교환 계약서에 포함되어야 하는 사항이 아닌 것은? 2024 기출

① 주식교환 반대주주의 주식 매수가액
② 주식교환을 할 날
③ 자기주식의 취득 방법 · 가격 및 시기
④ 사업전환의 내용
⑤ 교환할 주식의 가액의 총액 · 평가 · 종류 및 수량

> 해설 ▶ ① 주식교환 반대주주의 주식 매수가액은 주식교환 계약서에 포함되어야 하는 내용이 아니다.

정답

01 ③	02 ②	03 ②	04 ②	05 ②
06 ⑤	07 ⑤	08 ①		

제10장 중소기업제품 구매촉진 및 판로지원에 관한 법률

제1절 총 칙

1. 목적	3. 다른 법률과의 관계
2. 용어의 정의	

구매법은 2022년(지도사 37회)부터 중기법을 구성하는 10개 법령의 하나로 편입되었다. 중소기업자에게 실무적으로 중요한 법이라 할 수 있으나 그 내용과 분량이 방대하여 학습의 관점에서는 상당한 부담을 주는 법이라 하지 않을 수 없다.

공공조달 시장에서의 중소기업 제품 조달액은 지속적으로 증가하고 있으며 2024년 기준 중소기업 제품 구매목표액은 119조 원으로 전체 공공조달액의 74.6%를 상회하고 있는데 구매법의 역할이 지대하다고 할 수 있다.

1. 목적

이 법은 중소기업제품의 구매를 촉진하고 판로를 지원함으로써 중소기업의 경쟁력 향상과 경영안정에 이바지함을 목적으로 한다.(구매법 제1조)

2. 용어의 정의

가. "중소기업자"란? 2024 기출
다음의 어느 하나에 해당하는 자를 말한다.
① 기본법 제2조에 따른 중소기업자
② 「중소기업협동조합법」 제3조에 따른 중소기업협동조합(이하 "조합"이라 한다)
※ 인력법 정의에 따른 협동조합과 정확히 일치한다.

나. "공공기관"이란?

다음의 어느 하나에 해당하는 기관 또는 법인을 말한다.

① 국가기관(「국가재정법」의 독립기관 및 중앙관서를 말한다)

② 지방자치단체(「지방자치법」에 따른 특별시·광역시·특별자치시·도·특별자치도·시·군·구를 말한다)

③ 특별법에 따라 설립된 아래의 법인

> ㉠ 「한국은행법」에 따른 한국은행
>
> ㉡ 「농업협동조합법」에 따른 농업협동조합중앙회
>
> ㉢ 「수산업협동조합법」에 따른 수산업협동조합중앙회
>
> ㉣ 「산림조합법」에 따른 산림조합중앙회
>
> ㉤ 「중소기업협동조합법」에 따른 중소기업중앙회(이하 "중소기업중앙회"라 한다)
>
> ㉥ 「상공회의소법」에 따른 대한상공회의소

④ 「공공기관의 운영에 관한 법률」 제5조에 따른 공공기관 중 공기업, 준정부기관 및 기타 공공기관

⑤ 「지방공기업법」에 따른 지방공사 및 지방공단

⑥ 「지방의료원의 설립 및 운영에 관한 법률」에 따른 지방의료원

⑦ 특별시·광역시·특별자치시·도·특별자치도 교육청

⑧ 「유아교육법」, 「초·중등교육법」, 「고등교육법」 및 「장애인 등에 대한 특수교육법」에 따라 설치된 각급 국립·공립 교육기관

다. "물류현대화"란?

중소기업자가 생산하는 제품의 원활한 유통을 도모하고 물류비용을 절감하기 위하여 유통시설을 설치하거나 개선하는 것을 말한다.

라. "소모성자재"란?

생산에 직접 소요되는 원자재를 제외한 사무용품, 다른 제품이나 서비스를 생산하기 위하여 기업 등에 의하여 구매되는 산업용재 등 모든 간접 자재[1]를 말한다.

마. "중소 소모성 자재 납품업"이란?

한국표준산업분류에 따른 도매 및 소매업을 하는 중소기업자가 기업 등에서 필요로 하는 소모성 자재를 국내 제조업자 등으로부터 공급받아 기업 등에 납품하는 사업을 말한다.

---

1) MRO(maintenance, repair and operating) 라고 불리며 사무용품, 청소용품, 공구, 기계부품 등의 소모성 자재를 예로 들 수 있다.

바. "대규모 자재구매대행업"이란?

「대·중소기업 상생협력 촉진에 관한 법률」 제2조제2호에 따른 대기업 또는 대기업 계열사가 기업 등의 소모성 자재의 구입 및 관리를 대행하는 사업을 말한다.

3. 다른 법률과의 관계

공공기관의 장은 중소기업제품의 조달계약을 체결하거나 판로를 지원하는 경우에 다른 법률에 특별한 규정이 있는 경우를 제외하고는 이 법에서 정하는 바에 따른다.(구매법 제3조)

제2절 구매촉진 및 중소기업자간 경쟁

2.1 구매계획 및 구매실적

1. 구매증대

공공기관의 장은 물품·용역 및 공사(이하 "제품"이라 한다)에 관한 조달계약을 체결하려는 때에는 중소기업자의 수주(受注) 기회가 늘어나도록 하여야 한다. (구매법 제4조 ①항)

공공기관의 장은 「국가를 당사자로 하는 계약에 관한 법률」 제4조제1항에 따라 기획재정부장관이 고시[2]한 금액(이하 "기재부 고시 금액"이라 한다) 미만의 물품 및 용역(중기부장관이 지정한 중소기업자간 경쟁 제품은 제외한다)에 대하여는 아래 규정에 따라 중소기업자와 우선적으로 조달계약을 체결하여야 한다. (구매법 제4조 ②항)

가. 우선조달 계약

우선조달 계약은 다음의 방법에 따른다. 이 경우 공공기관의 장은 중소기업제품 공공구매 종합정보망(이하 "구매정보망"이라 한다)을 통해 중소기업자 여부를 확인해야 한다.

① 추정가격[3]이 1억 원 미만인 물품 또는 용역을 조달하려는 경우 : 소기업 또는 소상공인

---

[2] 기획재정부고시 제2022-32호에 따른 고시액 중 "세계무역기구의 정부조달협정상 개방대상금액"을 말하며 2022년 현재 적용 고시액은 물품 및 용역 2억 2천만 원, 공사 83억 원이다.

[3] 국가를 당사자로 하는 계약에 관한 법률 시행령 제2조 : 1. "추정가격"이라 함은 물품·공사·용역 등의 조달계약을 체결함에 있어서 「국가를 당사자로 하는 계약에 관한 법률」 제4조의 규정에 의한 국제입찰

간 제한경쟁입찰에 따라 조달계약을 체결하여야 한다. 단, 다음의 어느 하나에 해당하는 경우에는 중소기업자(중소기업중앙회는 제외한다.) 간 제한경쟁입찰에 따라 조달계약을 체결할 수 있다.

- ❶ 입찰참가자격을 갖춘 소기업 또는 소상공인이 3인 이하임이 명백하다고 인정되는 경우
- ❷ 입찰에 참가한 소기업 또는 소상공인이 2인 미만이거나 2인 이상이더라도 적격자가 없는 등의 사유로 유찰(流札)된 경우

※ 입찰참가자격을 갖춘 기업과 실제 입찰에 참가한 기업은 다른 개념이다.

② 추정가격이 1억 원 이상으로서 기재부 고시 금액[4] 미만인 물품 또는 용역을 조달하려는 경우 : 중소기업자 간 제한경쟁입찰에 따라 조달계약을 체결하여야 한다.

③ ①항 및 ②에도 불구하고 3인 이상의 제조 소기업 또는 소상공인(물품을 직접 제조하거나 용역을 직접 제공하는 소기업 또는 소상공인을 말한다.)이 중소기업협동조합과 함께 중기부령으로 정하는 공동사업을 통하여 제품화한 물품 또는 용역을 조달하려는 경우 : 해당 제조 소기업 또는 소상공인을 대상으로 제한경쟁입찰에 따라 조달계약을 체결할 수 있다. 다만, 공공기관의 장이 해당 조합에 요청하여 공동사업의 주체인 3인 이상의 제조 소기업 또는 소상공인을 추천받은 경우에는 추천받은 제조 소기업 또는 소상공인 중에서 지명경쟁입찰에 따라 조달계약을 체결하여야 한다.

참고사항   계약의 종류

국가, 지자체 및 공공기관의 계약방식은 다양하나 일반경쟁입찰, 제한경쟁입찰, 지명경쟁입찰, 수의계약을 중심으로 구분하여 설명하면 다음과 같다.

일반경쟁입찰은 자격 제한 없이 입찰에 참여하고자 하는 의사가 있는 모든 사업자가 참여할 수 있는 입찰 방식이고, 제한경쟁입찰은 참가자의 자격을 제한하여 참가자격을 충족하는 자만 경쟁에 참여시키는 방식이며, 지명경쟁입찰은 참가할 대상자를 지명(指名)하여 경쟁에 참여시키는 방식으로 제한경쟁입찰 보다는 지명경쟁일찰의 경쟁률이 낮다.

수의계약은 경쟁 자체가 없이 임의의 대상을 정하여 계약을 체결하는 방식이다.

지명경쟁입찰을 위해 제조 소기업 또는 소상공인이 조합으로부터 추천받을 수 있는 연간 횟수, 연간 계약 한도, 추천방법 및 기타 조달계약에 관하여 필요한 사항은 중기부장관이 조

대상여부를 판단하는 기준 등으로 삼기 위하여 예정가격이 결정되기 전에 산정된 가격을 말한다.

4) 기획재정부고시 제2022-32호에 따른 고시액 중 "세계무역기구의 정부조달협정상 개방대상금액"을 말하며 2022년 현재 적용 고시액은 물품 및 용역 2억 2천만 원, 공사 83억 원이다.

달청장과 협의하여 정한다. (구매령 제2조의2 ③)

중기부장관은 정부의 국고보조금을 100억 원 이상 수령한 기관 또는 법인이 보조사업과 관련하여 제품을 구매하려는 때에는 중소기업제품을 우선적으로 구매하도록 권고할 수 있다.

나. 우선조달 계약 예외

공공기관의 장은 다음의 어느 하나에 해당하는 경우에는 우선조달계약을 체결하지 않을 수 있다. (구매령 제2조의3 ①항)

① 제한경쟁입찰에 참가한 중소기업자가 2인 미만이거나 2인 이상인 경우에도 적격자가 없는 등의 사유로 유찰된 경우

② 다음의 어느 하나에 해당하는 용역 계약에 대해 비영리법인의 경쟁입찰 참가가 필요하다고 인정되는 경우

  ㄱ 학술, 연구, 조사, 검사, 평가, 개발 등 지적 활동을 통해 정책이나 시책 등의 자문에 제공되는 용역

  ㄴ 「초·중등교육법」 제23조제1항에 따른 교육과정 외의 학교 교육활동 위탁용역

  ㄷ 「국민건강보험법」 제41조에 따른 요양급여와 관련된 검체검사 위탁용역

  ㄹ 「보조금 관리에 관한 법률」에 따른 보조사업자가 보조사업 수행을 위해 위탁하는 용역

  ㅁ 그 밖에 중기부장관이 계약 목적을 달성하기 위해 비영리법인의 입찰참가가 필요하다고 인정하여 고시하는 용역

③ 다른 법령에서 우선구매 대상으로 규정하였거나 수의계약 또는 지명경쟁입찰에 따라 계약할 수 있도록 규정한 물품 또는 용역을 조달하려는 경우

④ 특정한 성능, 기술, 품질 등이 필요한 경우로서 우선조달계약의 방법으로는 해당 조달계약의 목적 달성이 불가능한 경우

⑤ ④항에 준하는 경우로서 중기부장관이 정하여 고시하는 경우에 해당하는 경우

공공기관의 장은 우선조달계약 외의 방법으로 조달계약을 체결하려는 경우 그 사유를 입찰공고문에 기재하거나 「전자조달의 이용 및 촉진에 관한 법률」에 따른 국가종합전자조달시스템 또는 「지방자치단체를 당사자로 하는 계약에 관한 법률 시행령」 제6조의2제2항에 따른 지정정보처리장치에 입력하여야 한다. (구매령 제2조의3 ②항)

2. 구매계획 및 구매실적

가. 구매계획 수립 대상기관

아래에서 정하는 공공기관의 장은 예산과 사업계획을 고려하여 회계 연도마다 해당 기관의 중소기업제품 구매목표 비율이 포함된 구매계획과 전년도 중소기업제품 구매실적을 해당 연도 1월 31일까지 중기부장관에게 통보하여야 한다. (구매법 제5조 ①항, 구매령 제3조)

① 국가기관인 경우에는 다음의 자

　ㄱ　기획재정부 · 교육부 · 과학기술정보통신부 · 외교부 · 통일부 · 법무부 · 국방부 · 행정안전부 · 국가보훈부 · 문화체육관광부 · 농림축산식품부 · 산업통상자원부 · 보건복지부 · 환경부 · 고용노동부 · 여성가족부 · 국토교통부 · 해양수산부 및 중소벤처기업부의 장관[5]

　ㄴ　국무조정실 · 인사혁신처 · 법제처 및 식품의약품안전처의 장

　ㄷ　국세청 · 관세청 · 조달청 · 통계청 · 우주항공청 · 재외동포청 · 검찰청 · 병무청 · 방위사업청 · 경찰청 · 소방청 · 국가유산청 · 농촌진흥청 · 산림청 · 특허청 · 질병관리청 · 기상청 · 행정중심복합도시건설청 · 새만금개발청 및 해양경찰청의 장

　ㄹ　감사원[6]장과 방송통신위원회, 공정거래위원회, 금융위원회, 국민권익위원회, 개인정보보호위원회 및 원자력안전위원회의 위원장[7]

② 지방자치단체인 경우에는 다음의 자

　ㄱ　특별시장 · 광역시장 · 특별자치시장 · 도지사 및 특별자치도지사

　ㄴ　특별시 · 광역시 · 특별자치시 · 도 및 특별자치도의 교육감

　ㄷ　시장 · 군수 · 구청장(자치구의 구청장을 말한다)

③ 특별법에 따라 설립된 법인인 경우에는 다음의 자

　ㄱ　「한국은행법」에 따른 한국은행

　ㄴ　「농업협동조합법」에 따른 농업협동조합중앙회

　ㄷ　「수산업협동조합법」에 따른 수산업협동조합중앙회

　ㄹ　「산림조합법」에 따른 산림조합중앙회

　ㅁ　「중소기업협동조합법」에 따른 중소기업중앙회(이하 "중소기업중앙회"라 한다)

　ㅂ　「상공회의소법」에 따른 대한상공회의소

---

5) 정부조직법상 19개 부 모두가 대상이다.

6) 정부조직법상 정부 조직은 19부, 4처, 20청, 2원, 6위원회로 구성되어 있으며 2원 중 국가정보원은 구매계획 및 구매실적 통보 대상기관이 아니다. 고위공직자 범죄수사처는 독립기관으로 정부조직법상 정부 조직이 아니다.

7) 정부조직법상 6개 위원회 모두가 대상이다. 국가인권위원회는 정부조직법상 위원회가 아니다.

④ 「공공기관의 운영에 관한 법률」 제5조에 따른 공공기관 중 공기업, 준정부기관 및 기타 공공기관

⑤ 「지방공기업법」에 따른 지방공사 및 지방공단

⑥ 「지방의료원의 설립 및 운영에 관한 법률」에 따른 지방의료원

나. 구매계획과 구매실적에 포함될 사항

구매계획에는 다음의 사항이 포함되어야 한다. (구매령 제5조 ①항)

① 총 구매액에 대한 중소기업제품 구매목표비율과 구매목표액

② 물품별·공사별·용역별 구매목표액

③ 우선구매 대상 기술개발제품의 우선구매 목표비율과 구매목표액

학습의 관점에서 ③항 이후의 내용은 인용을 생략한다.

구매실적에는 다음의 사항이 포함되어야 한다. (구매령 제5조 ②항)

① 구매계획에 포함되어야 하는 제품의 구매실적(제품의 구매실적이 처음의 목표에 미달하는 경우에는 그 사유를 포함한다)

② 전년도 공사의 구매실적이 1천억 원 이상인 공공기관은 중기부장관이 선정하여 고시[8]한 제품의 제품별 직접 구매실적

다. 구매계획 작성지침 및 작성

중기부장관은 구매계획의 이행 등 중소기업제품 구매를 촉진하고 공공기관의 효율적인 구매를 지원하기 위하여 공공기관의 중소기업제품 구매계획 및 구매실적의 작성 지침을 마련하여 공공기관의 장에게 통보하여야 한다. (구매법 제5조 ②항)

구매계획과 구매실적을 작성할 때에는 조달청장은 「조달사업에 관한 법률」과 같은 법 시행령에서 정한 정부 수요물자[9] 중 내자(內資)[10]와 수요기관의 장으로부터 위임받은 시설공사계약을 대상으로 하고, 그 밖의 공공기관의 장은 조달청장에게 구매를 의뢰한 계약과 자체에서 직접 구매하는 물품·용역 및 공사를 대상으로 하되 각각 구분하여 작성하여야 한다.

---

8) 중소기업자간 경쟁제품 및 공사용자재 직접구매 대상 품목 지정 내역(중소벤처기업부고시 제2024-8호)

9) 조달사업에 관한 법률에 따르면 "조달물자"란 수요물자와 비축물자(備蓄物資)로 나뉘며, 수요물자란 수요기관에 필요한 물자로서 조달청장이 국내 및 국외에서 구매·공급하는 물품 및 용역을 말한다.

10) 조달청 내자 구매업무 처리규정[조달청훈령 제1975호, 2021. 3. 3., 일부개정] - 제3조 제1호 1. "내자"란 국내에서 생산 또는 공급되는 물품, 일반용역 및 임대차를 말한다. 이에 대비되는 개념으로 "외자"가 있는데 조달청 외자 구매업무 처리규정 제2조 제1호에 따르면 "외자"는 조달사업에 관한 법률 시행규칙 제3조제1항의 '외국산 제품 등'으로 조달청에서 국제 상관례 등에 따라 구매·공급하는 물품과 용역을 말한다.

라. 구매목표비율

중소기업제품 구매목표비율은 해당 기관이 해당 연도에 구매할 제품의 구매 총액 대비 50퍼센트 이상으로 하여야 한다. 다만, 공공기관의 특성상 중소기업제품 구매비율을 50퍼센트 이상 달성하기 어려운 공공기관의 장은 중기부장관과 협의하여 구매목표비율을 따로 정할 수 있다. (구매령 제4조 ③항)

중기부장관은 공공기관별 연간 중소기업제품의 구매목표비율을 매년 4월 30일까지 공고하여야 한다.

마. 구매계획과 구매실적 공고 및 제출

중기부장관은 중소기업중앙회의 의견을 들어 국가에 대하여는 각 중앙관서의 장, 지방자치단체에 대하여는 행정안전부장관, 그 밖의 공공기관에 대하여는 관계 중앙행정기관의 장과 협의하여 구매계획과 구매실적을 종합하여 국무회의의 심의를 거쳐 공고하고, 이를 국회에 제출하여야 한다.

바. 이행점검 등

중기부장관은 구매계획 작성 대상 공공기관의 장에게 구매계획의 이행 점검 등을 위하여 중소기업제품 구매실적의 제출을 요구할 수 있으며, 이 경우 공공기관의 장은 특별한 사유가 없는 경우에는 이에 따라야 한다.(구매법 제5조 ④항)

중기부장관이 「조달사업에 관한 법률」 제9조제1항에 따른 통계를 활용하여 공공기관의 중소기업제품 구매실적을 확인할 수 있는 경우에는 그 확인으로 구매실적의 통보 및 제출을 갈음할 수 있다.(구매법 제5조 ⑥항)

중기부장관은 조달청장에게 구매실적의 확인을 위하여 필요한 통계의 제공을 요청할 수 있으며, 이 경우 요청을 받은 조달청장은 특별한 사유가 없으면 이에 따라야 한다.

2.2 중소기업자간 경쟁

구매법에서 정하는 공공기관이 특정 제품을 구매하기 위해 입찰 공고를 할 경우, 자격을 갖춘 중소기업자만 입찰에 참여하여 경쟁하게 하는 제도로 중소기업자끼리만 경쟁을 하는 제품을 중소기업자간 경쟁 제품(이하 "경쟁제품"이라 한다)이라 한다.

"중소기업자간 경쟁"은 앞서 학습한 "우선조달 계약", 앞으로 학습하게 될 "기술개발제품 우선구매제도"와 함께 구매법을 구성하는 큰 축이라 할 수 있다.

경쟁제품 지정 제도는 중소기업자의 조달시장 참여에 있어 아주 중요한 제도이다. 경쟁제품으로 지정된 제품은 중견기업이나 대기업이 입찰에 참여하지 못하고 중소기업자만 참여하는 중소기업자끼리 경쟁한다는 측면에서 경쟁제품으로 지정되느냐 아니냐는 입찰 경쟁환경을 결정짓는 핵심 제도라 할 수 있다.

1. 경쟁제품

가. 경쟁제품 지정

중기부장관은 중소기업자가 직접 생산·제공하는 제품으로서 판로 확대가 필요하다고 인정되는 제품을 경쟁제품으로 지정할 수 있으며, 경쟁제품의 유효기간 ― 3년 ― 이 끝나는 연도의 다음 회계연도가 시작되기 전에 중소기업중앙회 회장의 추천을 받아 관계 중앙행정기관의 장과의 협의를 거쳐 경쟁제품을 지정하고 고시해야 한다. (구매법 제6조 ①항, 구매령 제6조 ①항) 2023, 2024 기출

중앙회장은 위에 따라 경쟁제품을 추천하려는 경우에는 다음의 사항이 포함된 추천서를 제출해야 한다. (구매령 제6조 ②항)
① 추천하려는 제품의 추천 사유와 지정 필요성
② 추천하려는 제품의 제조·생산·판매 현황 및 전망
③ 추천하려는 제품이 중소기업자간 경쟁입찰 ― 제한경쟁 입찰 또는 지명하는 경쟁 입찰이 가능한지 여부
학습의 관점에서 ③항 이후의 내용은 인용을 생략한다.

중기부장관은 중앙회장이 제출한 추천서의 내용이나 추천된 제품에 관한 서류가 부실하거나 미흡한 경우에는 보완을 요구할 수 있으며, 경쟁제품의 지정을 추가하거나 제외하는 것이 특히 필요하다고 인정하면 경쟁제품 지정의 유효기간이 끝나는 연도의 다음 회계연도가 시작되기 전에도 불구하고 관계 중앙행정기관의 장과 협의하여 추가되거나 제외되는 경쟁제품을 따로 지정하여 고시할 수 있다. (구매령 제6조 ③항, ④항))

나. 경쟁제품 지정 제외

중기부장관은 경쟁제품을 지정하고자 하는 경우에는 미리 관계 중앙행정기관의 장과 협의

하여야 하며, 이 경우 관계 중앙행정기관의 장이 지정 제외를 요청한 제품에 대하여는 특별한 사유가 없으면 그 제품을 경쟁제품으로 지정하여서는 아니 된다. (구매법 제6조 ②항)

관계 중앙행정기관의 장은 경쟁제품의 지정 제외를 요청하려는 경우에는 다음의 사항을 고려하여 그 제외 사유와 제외 필요성 등을 적은 서면으로 요청해야 한다.
① 지정 제외를 요청하려는 제품이 중소기업자간 경쟁입찰이 가능한지 여부
② 지정 제외를 요청하려는 제품과 관련하여 중소기업자의 육성이 필요한지 여부

라. 경쟁제품 지정 유효기간
경쟁제품 지정의 유효기간은 다음의 구분에 따라 정한 기간으로 한다.
① 중기부장관이 중앙회장의 추천을 받아 관계중앙행정기관장과 협의를 거쳐 지정·고시된 경쟁제품 : 지정의 효력이 발생하는 날부터 3년
② 중기부장관이 관계중앙행정기관장과 협의하여 추가되거나 제외되는 경쟁제품으로 따로 지정·고시된 경쟁제품 : 지정의 효력이 발생하는 날부터 유효기간이 종료되는 날까지의 기간

위에서 규정한 사항 외에 경쟁제품의 지정 절차 등 경쟁제품의 지정에 필요한 세부사항은 중기부장관이 정하여 고시한다. (구매령 제6조 ⑦항)

2. 경쟁제품의 계약방법

가. 중소기업자간 경쟁
공공기관의 장은 경쟁제품에 대하여는 아래에서 정하는 특별한 사유가 없으면 중소기업자만을 대상으로 하는 제한경쟁 또는 중소기업자 중에서 지명경쟁(이하 "중소기업자간 경쟁"이라 한다) 입찰(이하 "경쟁입찰"이라 한다)에 따라 조달계약을 체결하여야 한다. (구매법 제7조 ①항)
① 이 법과 다른 법률에서 우선구매 대상으로 규정한 중소기업제품이나 수의계약에 따라 구매할 수 있도록 규정한 중소기업제품을 구매하는 경우
② 공공기관의 장이 조합[11]이 추천한 소기업 또는 소상공인과 수의계약을 체결하는 경우
③ 중소기업자간 경쟁입찰에 참가한 중소기업자 중 적격자가 없는 등의 사유로 유찰됨에 따라 중소기업자간 경쟁입찰 외의 경쟁입찰 방법으로 새로 입찰을 진행하려는 경우

---

11) 「중소기업협동조합법」 제3조에 따른 중소기업협동조합을 말한다.

④ 특정한 기술·용역이 필요한 경우 등 공공기관의 특별한 사정으로 인하여 중소기업자간 경쟁입찰 외의 방법으로 구매하려는 경우

공공기관의 장은 경쟁입찰 예외 사유에 해당하여 경쟁입찰 외의 방법으로 조달계약을 체결하려는 경우 그 사유를 입찰공고문에 기재하거나 「전자조달의 이용 및 촉진에 관한 법률」에 따른 국가종합전자조달시스템 또는 「지방자치단체를 당사자로 하는 계약에 관한 법률 시행령」 제6조의2제2항에 따른 지정정보처리장치에 입력하여야 한다. (구매령 제7조 ②항)

나. 조합 추천 수의계약

공공기관의 장은 경쟁제품에 대하여 다음의 어느 하나에서 정한 사유에 따라 조합이 추천하는 소기업 또는 소상공인과 수의계약을 체결할 수 있으며, 이 경우 해당 조합에 계약이행능력이 있고 구매조건에 맞는 소기업 또는 소상공인의 추천을 요청할 수 있다.(구매령 제8조)
① 「국가를 당사자로 하는 계약에 관한 법률 시행령」 제26조제1항제5호가목[12]
② 「지방자치단체를 당사자로 하는 계약에 관한 법률 시행령」 제25조제1항제5호[13]

이 경우 공공기관은 조합이 추천한 자 중에서 아래의 기준에 따라 가격을 결정하여 계약을 체결하여야 한다.
① 「국가를 당사자로 하는 계약에 관한 법률 시행령」 제30조제2항[14]
② 「지방자치단체를 당사자로 하는 계약에 관한 법률 시행령」 제30조제2항[15]

공공기관의 장으로부터 추천을 요청받은 조합은 신청을 받아 5인 이상의 소기업 또는 소상공인을 추천하여야 한다. 다만, 추천을 신청하는 소기업 또는 소상공인이 3인 또는 4인인 경우에는 신청인 수에 해당하는 소기업 또는 소상공인을 추천할 수 있으며, 추정가격이 2천만 원 미만인 경우에는 2인 이상의 소기업 또는 소상공인을 추천할 수 있다.(구매령 제8조 ③항)

---

12) 해당 규정의 전부는 독자가 확인하길 바라며 일부 내용을 인용하면 다음과 같다. 1. 추정가격이 2억 원 이하인 공사(전문공사의 경우 1억 원 이하) 2. 추정가격이 2천만 원 이하인 물품의 제조·구매계약 또는 용역계약 3. 추정가격이 2천만 원 초과 5천만 원 이하인 계약으로서 소기업 또는 소상공인과 체결하는 물품의 제조·구매계약 또는 용역계약
13) 「국가를 당사자로 하는 계약에 관한 법률 시행령」 제26조제1항제5호가목의 내용과 유사하며 지방자치단체에 필요한 내용이 추가되어 있다.
14) 각 중앙관서의 장 또는 계약담당공무원은 제26조제1항제5호가목에 따른 수의계약 중 추정가격이 2천만 원[여성기업, 장애인기업, 사회적기업 등과 계약을 체결하는 경우에는 5천만 원]을 초과하는 수의계약의 경우에는 전자조달시스템을 이용하여 견적서를 제출하도록 해야 한다.
15) 2인 이상으로부터 견적서를 제출받는 경우 및 제26조제3항에 따라 재공고 입찰을 실시하지 않고 수의계약을 체결할 수 있는 경우에는 지정정보처리장치를 이용해야 한다.

추천을 요청하는 공공기관, 추천을 하는 조합, 추천을 신청하는 소기업 또는 소상공인은 구매정보망을 이용해야 한다. (구매령 제8조 ④항)

소기업 또는 소상공인이 조합추천 수의계약으로 할 수 있는 연간 계약한도, 소기업 또는 소상공인이 조합으로부터 받을 수 있는 연간 추천한도, 추천방법 및 구매정보망 이용방법 등에 관한 세부 사항은 중기부장관이 정하여 고시한다. (구매령 제8조 ⑤항)

다. 계약이행능력심사(적격심사)

공공기관의 장은 경쟁입찰에서 적정한 품질과 납품 가격의 안정을 위하여 중소기업자의 계약이행능력을 심사(적격심사)하여 계약상대자를 결정하여야 한다. 다만, 구매의 효율성을 높이거나, 중소기업제품의 구매를 늘리기 위하여 필요한 경우에는 다음의 어느 하나에 해당하는 낙찰자 결정방법으로 계약상대자를 결정할 수 있다. (구매법 제7조 ②항)

① 「조달사업에 관한 법률」 제13조에 따른 다수공급자계약[16]

② 「국가를 당사자로 하는 계약에 관한 법률 시행령」 제17조 및 「지방자치단체를 당사자로 하는 계약에 관한 법률 시행령」 제17조에 따른 희망수량경쟁입찰[17]

③ 「국가를 당사자로 하는 계약에 관한 법률 시행령」 제18조 및 「지방자치단체를 당사자로 하는 계약에 관한 법률 시행령」 제18조에 따른 2단계 경쟁 등의 입찰[18]

④ 그 밖에 「국가를 당사자로 하는 계약에 관한 법률」 등 계약 관련 법령에서 정한 계약이행능력심사 외의 낙찰자 결정방법[19]

---

16) 마스(MAS : Multiple Award Schedule)라고도 불리는 계약방식으로 품질·성능 또는 효율 등이 같거나 비슷한 종류의 수요물자를 수요기관이 선택할 수 있도록 2인 이상을 계약상대자로 하는 계약을 말한다. 이 방식은 1인이 아닌 다수의 공급자를 선정해 선의의 가격과 품질 경쟁을 유도하고 수요기관의 선택권을 넓혀주는 장점을 갖고 있는 계약방식이다.
예를 들어 데스크탑 컴퓨터를 다수공급자계약으로 체결함으로써 수요기관은 다양한 성능 및 가격의 데스크탑 컴퓨터를 나라장터 종합쇼핑몰(www.g2b.go)을 통해 선택하고 조달할 수 있다.

17) 다량의 수요물품을 구매할 경우 그 수요량의 범위 내에서 입찰자가 공급할 희망수량과 그 단가를 입찰하게 하여 예정가격을 초과하지 아니하는 단가의 입찰자 중 최저가격으로 입찰한 입찰자로부터 순차로 수요물량에 도달할 때까지 입찰자를 낙찰자로 결정하여 구매하는 입찰제도를 말한다. 예를 들어 특정 성능의 노트북 컴퓨터 1만 대를 구매하고자 하는 경우 10개 사가 입찰에 참여하여 각각 납품가능한 금액과 수량을 제출하면 가격이 가장 낮은 순으로 목표 구매량 1만 대에 달할 때까지 낙찰자를 결정하게 된다.

18) 물품의 제조·구매 또는 용역계약(단순한 노무에 의한 용역으로서 재정경제부령이 정하는 용역의 계약을 제외한다)에 있어서 미리 적절한 규격 등의 작성이 곤란하거나 기타 계약의 특성상 필요하다고 인정되는 경우에는 먼저 규격 또는 기술입찰을 실시한 후 가격입찰을 실시할 수 있다고 규정하고 있으며, 예를 들어 수학여행 관련 여행사를 선정함에 있어 1단계로 규격 또는 기술입찰을 실시하여 수학여행 실시에 필요한 역량을 갖춘 업체인지를 평가하여 2인 이상의 적격자를 확정한 뒤 2단계로 적격자 중 낮은 가격을 제시한 자를 최종 낙찰자로 선정하게 된다.

19) 계약이행능력심사(적격심사)란 최저가 낙찰제의 폐해를 막기 위한 절차로 최저가 응찰자를 1순위로 선정

계약이행능력심사 외의 방법으로 낙찰자를 결정하는 등의 사유로 경쟁제품의 납품 가격이 현저하게 낮아지는 등 중소기업에 미치는 영향이 매우 큰 경우 중기부장관은 해당 공공기관의 장에게 낙찰자 결정방법 등에 관한 협의를 요청할 수 있으며, 협의를 요청받은 공공기관의 장은 특별한 사유가 없으면 협의결과를 반영하여야 한다. (구매령 제7조 ④항)

중기부장관은 관계 중앙행정기관의 장과 협의하여 계약 이행 능력에 대한 세부 심사기준을 정하여 고시하여야 하며, 세부 심사기준을 정할 때 중소기업자의 계약이행실적, 기술력 및 재무상태 등을 종합적으로 고려하여야 한다. (구매법 제7조 ④항, ⑤항)

공공기관의 장은 중소기업자간 경쟁입찰에서 중기부장관이 정하여 고시하는 세부 심사기준에 따라 예정가격 이하의 최저가격으로 입찰한 자의 순서대로 중소기업자의 계약이행능력을 심사하여 최종 낙찰자를 결정하여야 한다. 이 경우 중기부장관은 공동 수주(受注) 기회를 확대하기 위한 사항을 세부 심사기준에 반영하여야 한다. (구매령 제7조 ⑥항)

참고사항 예정가격과 계약이행능력심사

예정가격이란 계약담당공무원이 예산범위 내에서 구매가격으로 적정하다고 판단해 정한 가격으로 입찰을 위한 최고 상한금액 역할을 한다.

예정가격 이내에서 최저가격으로 입찰한 자를 대상으로 계약을 이행할 능력이 있는지 심사하는 과정을 계약이행능력심사 또는 적격심사라 한다.

최저가 입찰자를 대상으로 적격심사를 실시하되 적격 판정을 받지 못하면 다음 최저가 입찰자를 대상으로 적격심사를 실시하며 최종 적격 입찰자가 나올 때까지 심사를 실시한다.

라. 계약 이행 능력 세부 심사기준의 예외

조합 등 아래에서 정하는 자에 대하여는 계약 이행 능력에 대한 세부 심사기준을 따로 정하여야 한다.

① 해당 조합 조합원의 2분의 1 이상이 아래의 요건을 모두 갖춘 중소기업자(기본법에 따른 중소기업자로 한정한다)로 구성되어 있을 것. 다만, 제조공법이나 원자재를 기준으로 구성된 조합 등 중기부장관이 정하여 고시하는 조합으로서 경쟁제품을 생산하는 조

하지만 중기부장관이 고시하는 기준에 따라 계약을 이행할 수 있는 능력을 갖추고 있는지를 심사하고 일정 점수 이상일 때 최종계약을 체결하는 방식이다. 적격심사 결과 일정한 점수 미만인 경우 최종 낙찰자가 결정될 때까지 낮은 가격 기준 차순위자를 대상으로 적격심사를 실시하게 된다. 결국, 이러한 방식으로 낙찰자를 결정하는 방식 외의 모든 낙찰자 결정 방식을 말한다.

합원이 전체 조합원의 2분의 1 미만인 경우에는 해당 경쟁제품을 생산하는 조합원의 2분의 1 이상이 아래의 요건을 모두 갖춘 중소기업자로 구성되어야 한다.

ㄱ 경쟁제품을 직접 생산·제공할 수 있는 설비

ㄴ 다른 법령의 규정에 의하여 허가·인가·면허·등록·신고 등을 요하거나 자격 요건을 갖추어야 할 경우에는 당해 허가·인가·면허·등록·신고 등을 받았거나 당해 자격 요건에 적합할 것

ㄷ 보안측정 등의 조사가 필요한 경우에는 관계기관으로부터 적합 판정을 받을 것

② 경쟁제품의 품질관리 및 사후관리 기준을 마련하여 운영하고 있을 것

③ 조합이 중소기업자간 경쟁입찰에 참여하는 것을 허용한다고 정관에 명시되어 있을 것

④ 중기부장관이 공공구매 업무와 관련된다고 인정하는 교육을 연간 10시간 이상 이수한 상근임직원을 2명 이상 두고 있을 것

⑤ 그 밖에 입찰에 참여하는 조합이 중소기업자간 경쟁입찰을 하는 시장에서 차지하는 시장점유율 기준 등 경쟁입찰의 실효성을 높이기 위하여 공정거래위원회와의 협의를 거쳐 중기부령으로 정하는 사항에 적합할 것

마. 공동수급체 우대

공공기관의 장은 계약이행능력심사 후 계약상대자를 결정함에 있어서 소기업과 소상공인의 공동 수주 기회를 확대하기 위하여 5인 이상의 중소기업자로 구성된 공동수급체 중 아래에서 정하는 요건에 해당하는 공동수급체에 대하여 우대할 수 있다. (구매법 제7조 ③항)

① 소기업 또는 소상공인이 3인 이상 포함되어 있을 것

② 공동수급체를 구성하는 모든 중소기업자가 직접생산의 확인을 받은 기업일 것

3. 경쟁입찰 참여자격 등

가. 기업의 참여자격

중소기업자간 경쟁입찰에 참여할 수 있는 참여자격은 아래의 요건을 모두 충족해야 한다.

① 경쟁제품을 직접 생산·제공할 수 있는 설비

②「국가를 당사자로 하는 계약에 관한 법률 시행령」제12조제1항 각 호의 요건

ㄱ 다른 법령의 규정에 의하여 허가·인가·면허·등록·신고 등을 요하거나 자격 요건을 갖추어야 할 경우에는 당해 허가·인가·면허·등록·신고 등을 받았거나 당해 자격 요건에 적합할 것

ㄴ 보안측정 등의 조사가 필요한 경우에는 관계기관으로부터 적합 판정을 받을 것

ㄷ 사업자등록증을 교부받거나 고유번호를 부여받을 것

중소기업자간 경쟁입찰에 참여하려는 조합은 중기부장관이 정하는 절차에 따라 참여자격의 확인을 중기부장관에게 신청하여야 하며, 중기부장관은 이를 확인하여야 한다.

나. 조합의 참여자격

조합이 중소기업자간 경쟁입찰에 참여하려는 경우에는 다음의 요건을 모두 갖추어야 하며, 해당 조합이 생산하거나 제공하는 제품에 대해서만 중소기업자간 경쟁입찰에 참여할 수 있다. 다만, 공정한 경쟁을 위하여 중소기업자간 경쟁입찰에 2개 이상의 조합이 참여할 필요가 있다고 판단되는 경우에는 중기부장관은 해당 제품을 따로 고시할 수 있다.

① 해당 조합 조합원의 2분의 1 이상이 "기업의 참여요건"을 모두 갖춘 중소기업자(기본법에 따른 중소기업자로 한정한다)로 구성되어 있을 것. 다만, 제조공법이나 원자재를 기준으로 구성된 조합 등 중기부장관이 정하여 고시[20]하는 조합으로서 경쟁제품을 생산하는 조합원이 전체 조합원의 2분의 1 미만인 경우에는 해당 경쟁제품을 생산하는 조합원의 2분의 1 이상이 "기업의 참여요건"을 모두 갖춘 중소기업자로 구성되어야 한다.

② 경쟁제품의 품질관리 및 사후관리 기준을 마련하여 운영하고 있을 것

③ 조합이 중소기업자간 경쟁입찰에 참여하는 것을 허용한다고 정관에 명시되어 있을 것

④ 중기부장관이 공공구매 업무와 관련된다고 인정하는 교육을 연간 10시간 이상 이수한 상근임직원을 2명 이상 두고 있을 것

⑤ 그 밖에 입찰에 참여하는 조합이 중소기업자간 경쟁입찰을 하는 시장에서 차지하는 시장점유율 기준 등 경쟁입찰의 실효성을 높이기 위하여 공정거래위원회와의 협의를 거쳐 중기부령으로 정하는 사항에 적합할 것

다. 경쟁입찰 참여자격 취소 및 정지

중기부장관은 중소기업자간 경쟁입찰에 참여하는 중소기업자가 다음의 어느 하나에 해당하는 경우 참여자격을 취소하거나 1년 이내의 범위에서 정지할 수 있다. 다만, ①항부터 ③항까지의 어느 하나에 해당하는 경우에는 그 참여자격을 취소하여야 한다.

① 거짓이나 그 밖의 부정한 방법으로 참여자격을 취득한 경우

② 참여자격을 상실한 경우

③ 담합 등 부당한 행위를 한 경우

④ 그 밖에 중소기업자간 경쟁입찰 참여가 부적당하다고 대통령령으로 정하는 경우

　❶ "조합의 참여요건"을 모두 갖춘 조합(이하 "적격조합"이라 한다)이 중소기업자간 경쟁입찰에 참여하는 소속 조합원에게 하도급 행위를 하도록 조장하거나, 소속 조합원

---

20) 중소기업제품 공공구매제도 운영요령(중소벤처기업부고시 제2024-11호)

이 하도급 행위를 하는 것을 알면서도 적절한 조치를 하지 아니한 경우

ⓛ 적격조합이 중소기업자간 경쟁입찰에 참여할 때 기업의 참여자격 요건을 갖추지 못한 소속 조합원을 포함시킨 사실이 적발된 경우

ⓒ 「국가를 당사자로 하는 계약에 관한 법률 시행령」 제76조제2항 각 호[21] 또는 「지방자치단체를 당사자로 하는 계약에 관한 법률」 제31조제1항 각 호[22]에 해당하는 행위를 하여 중앙관서의 장 또는 지방자치단체의 장으로부터 입찰 참가자격 제한을 받은 경우

중기부장관은 참여자격을 취소 또는 정지하려면 청문을 하여야 한다.

참여자격 정지 기간과 참여자격 취득 제한 기간은 중기부령[23]으로 정하며, 공공기관의 장은 중소기업자가 참여자격 취소 및 정지 사유에 해당하는 사실이 있으면 중기부장관에게 그 사실을 통보하여야 한다. (구매령 제9조의2 ②항)

라. 경쟁입찰 참여자격 취득제한

참여자격을 취소한 경우에는 취소한 날부터 1년 이내의 범위에서 참여자격 취득을 제한할 수 있다. (구매법 제8조 ⑤항)

마. 경쟁입찰 참여제한

공공기관의 장은 중소기업자간 경쟁입찰의 공정한 경쟁을 위하여 다음의 어느 하나에 해당하는 중소기업을 영위하는 자의 참여를 제한하여야 한다. (구매법 제8조의2 ①항)

① 다음에 해당하는 기업으로부터 「상법」 제530조의2 및 제530조의12에 따른 분할·분할합병 및 물적분할에 의하여 설립되는 기업과 존속하는 기업이 같은 종류의 사업을 영위하는 경우에 해당하는 중소기업

ㄱ 대기업(분할 등에 의하여 설립되는 기업과 존속하는 기업 중 어느 하나가 분할일·분할합병일 또는 물적분할일이 속하는 연도의 다음 연도부터 4년 이내에 대기업이 되는 경우도 포함한다)

ㄴ 중소기업자간 경쟁입찰 참여자격 유지 또는 공공조달시장의 점유율 확대 등을 목적

---

21) 일부를 인용하면 다음과 같다. 1. 경쟁의 공정한 집행을 저해할 염려가 있는 자 2. 계약의 적정한 이행을 해칠 염려가 있는 자 3. 다른 법령을 위반하는 등 입찰에 참가시키는 것이 적합하지 아니하다고 인정되는 자
22) 일부를 인용하면 다음과 같다. 1. 계약을 이행할 때 부실·조잡 또는 부당하게 하거나 부정한 행위를 한 자 2. 경쟁입찰, 계약체결 또는 이행 과정에서 입찰자 또는 계약상대자 간에 서로 상의하여 미리 입찰가격, 수주 물량 또는 계약의 내용 등을 협정하거나 특정인의 낙찰 또는 납품대상자 선정을 위하여 담합한 자 4. 사기, 그 밖의 부정한 행위로 입찰·낙찰 또는 계약의 체결·이행과 관련하여 지방자치단체에 손해를 끼친 자
23) 참여자격 취소 및 정시 사유에 따라 최대 1년부터 최소 3개월로 정하고 있다.

으로 분할 등을 하였다고 중기부장관이 인정한 중소기업

② 대기업과 대통령령으로 정하는 지배 또는 종속의 관계에 있는 기업들의 집단에 포함되는 중소기업

　　❶ 기본법에 따른 지배 또는 종속의 관계

　　❷ 다음의 어느 하나에 해당하는 대기업과 중소기업의 관계

　　　　ⓐ 대기업의 대표·최대주주 또는 최다지분 소유자나 그 대기업의 임원이 중소기업의 임원을 겸임하고 있거나 중소기업의 임원으로 파견되어 있는 경우

　　　　ⓑ 대기업이 중소기업으로부터 그 중소기업의 주된 사업 및 영업활동 또는 거래의 주된 부분을 위임받아 수행하고 있는 경우

　　　　ⓒ 대기업이 중소기업에 그 중소기업의 발행주식총수 또는 출자총액(개인사업자의 경우에는 자산총액을 말한다)을 초과하는 금액에 해당하는 자산을 대여하거나 채무를 보증하고 있는 경우

　　　　ⓓ 대기업 또는 대기업과의 관계가 「중소기업기본법 시행령」 제3조의2제1항제1호가목[24]에 해당하는 자가 중소기업의 다른 주요주주(누구의 명의로 하든지 자기의 계산으로 의결권 있는 발행주식총수의 100분의 10 이상의 주식을 소유하거나 임원의 임면 등 해당 중소기업의 주요 경영사항에 대하여 사실상 지배력을 행사하고 있는 주주를 말한다)와의 계약 또는 합의에 의해 중소기업의 대표이사를 임면하거나 임원의 100분의 50 이상을 선임하거나 선임할 수 있는 경우

　　　　ⓔ 대기업이 중소기업에 경쟁제품을 생산하는 사업을 시작하는 데 드는 공장설립비(임차하는 경우 임차료를 말한다), 생산설비 설치비 등 총비용의 100분의 51 이상을 투자, 대여 또는 보증한 경우

③ 정당한 사유 없이 중소기업자간 경쟁입찰 참여제한 대상에 해당하는지 여부의 확인하기 위한 중기부장관의 조사를 거부한 중소기업

위 ①항에서 같은 종류의 사업은 경쟁제품을 생산하는 사업에 한정하고, 같은 종류의 사업범위 기준은 중기부장관이 지정하는 "경쟁제품"을 생산하는지 여부로 정한다.

중기부장관이 위 ①-❷에 따른 인정 여부를 결정할 경우 상속, 법원의 판결 등 불가피한 사유로 인한 분할 등 아래에서 정하는 사항을 종합적으로 고려하여야 한다.

　Ⓐ 상속, 법원의 판결 등 불가피한 사유로 분할 등을 하였는지 여부

---

24) 가. 단독으로 또는 친족과 합산하여 지배기업의 주식 등을 100분의 30 이상 소유하면서 최다출자자인 개인

ⓑ 분할 등에 의하여 설립되는 기업과 존속하는 기업이 지배 또는 종속의 관계에 있는 기업들의 집단에 포함되는지 여부

ⓒ 분할 등이 되는 기업이 분할일, 분할합병일 또는 물적분할일 이전에 중소기업자간 경쟁입찰에 참여하였는지 여부

ⓓ 분할 등에 의하여 설립되는 기업이 존속하는 기업으로부터 생산공장, 생산시설 등을 임차하거나 존속하는 기업과 공동으로 소유하고 있는지 여부

ⓔ 분할 등에 의하여 설립되는 기업 또는 존속하는 기업이 중소기업자간 경쟁입찰에 참여함으로써 공정한 경쟁을 해칠 우려가 있는지 여부

이 경우 중기부장관은 관계 공무원 및 전문가 등의 의견을 들을 수 있으며, 인정 여부의 결정에 관하여 절차 · 방법 등 필요한 사항은 중기부령으로 정한다.(구매법 제8조의2 ⑥항)

바. 경쟁입찰 참여제한 대상의 확인 신청

중소기업자간 경쟁입찰에 참여하려는 중소기업자(조합은 제외한다)는 중기부장관이 정하여 고시하는 절차에 따라 중기부장관에게 중소기업자간 경쟁입찰 참여제한 대상에 해당하는지 여부의 확인을 신청하여야 하며, 중기부장관은 이를 확인하여야 한다.

중기부장관은 경쟁입찰 참여제한 대상에 해당하는지 여부의 확인을 신청한 중소기업자에게 해당 중소기업의 자산 현황 및 경영 상태 등 필요한 자료의 제출을 요구할 수 있다. 이 경우 자료의 제출을 요구받은 중소기업자는 특별한 사유가 없으면 이에 협조하여야 한다.

중기부장관은 참여제한 대상에 해당하지 아니하는 것으로 확인을 받은 중소기업자에 대하여 거짓이나 그 밖의 부정한 방법으로 확인을 받았는지 여부를 조사할 수 있다.

4. 직접생산 확인 등

가. 확인기준

중기부장관은 다음의 사항을 고려하여 직접생산 여부의 확인기준을 정하고 이를 고시[25]하여야 한다. (구매법 제9조 ②항, 구매령 제10조 ④항)

① 주요 설비 및 장비

② 최소 공장 면적

---

25) 중소기업자간 경쟁제품 직접생산 확인기준(중소벤처기업부고시 제2024-13호)

③ 최소 필요 인원

학습의 관점에서 ③항 이후의 내용은 인용을 생략한다.

나. 직접생산 확인 및 직접생산확인증명서

공공기관의 장은 중소기업자간 경쟁의 방법으로 제품 조달계약을 체결하거나, 다음의 어느 하나에 해당하는 경우로서 추정가격이 1천만 원 이상인 제품 조달계약을 체결하려면 그 중소기업자의 직접생산 여부를 확인하여야 한다. 다만, 중기부장관이 직접생산을 확인한 서류(직접생산확인증명서)를 발급한 경우에는 그러하지 아니하다.

① 아래에 따라 경쟁제품에 대하여 수의계약의 방법으로 계약을 체결하는 경우

- ㄱ 「국가를 당사자로 하는 계약에 관한 법률 시행령」 제26조제1항제5호가목[26]
- ㄴ 「지방자치단체를 당사자로 하는 계약에 관한 법률 시행령」 제25조제1항제5호 또는 같은 조 제3항[27]

② 아래의 자와 경쟁제품에 대하여 수의계약의 방법으로 계약을 체결하는 경우

- ㄱ 중소기업으로 간주하는 특별법인
  - ⓐ 농업협동조합 등 특별법에 따라 설립된 법인
  - ⓑ 「국가유공자 등 단체설립에 관한 법률」에 따라 설립된 단체 중 상이(傷痍)를 입은 자들로 구성된 단체
  - ⓒ 「고엽제후유의증 등 환자지원 및 단체설립에 관한 법률」에 따라 설립된 단체
- ㄴ 「국가를 당사자로 하는 계약에 관한 법률 시행령」 제26조제1항제4호에 따른 수의계약 대상자
  - ⓐ 국가보훈처장이 지정하는 국가유공자 자활집단촌의 복지공장
  - ⓑ 「중증장애인생산품 우선구매 특별법」에 따라 지정받은 중증장애인 생산품 생산시설
  - ⓒ 「사회복지사업법」 제16조에 따라 설립된 사회복지법인

공공기관의 장이나 공공기관에 제품을 납품하려는 중소기업자는 필요한 경우 중기부장관에게 해당 제품에 대한 직접생산 여부의 확인을 신청할 수 있다. (구매법 제9조 ③항)

---

26) 해당 규정의 전부는 독자가 확인하길 바라며 일부 내용을 인용하면 다음과 같다. 1. 추정가격이 2억 원 이하인 공사(전문공사의 경우 1억 원 이하) 2. 추정가격이 2천만 원 이하인 물품의 제조·구매계약 또는 용역계약 3. 추정가격이 2천만 원 초과 5천만 원 이하인 계약으로서 소기업 또는 소상공인과 체결하는 물품의 제조·구매계약 또는 용역계약

27) 「국가를 당사자로 하는 계약에 관한 법률 시행령」 제26조제1항제5호가목의 내용과 유사하며 지방자치에 필요한 내용이 추가되어 있다.

중기부장관은 이에 따른 신청을 받은 때에는 직접생산 여부를 확인하고 그 결과를 해당 중소기업자에게 통보하여야 하며, 직접생산을 하는 것으로 확인된 중소기업자에 대하여는 유효기간 - 2년 - 을 명시하여 직접생산확인증명서를 발급할 수 있다. 다만, 해당 중소기업자에 대하여 직접생산 확인취소 사유에 해당하여 조사가 진행 중인 경우에는 직접생산 여부 확인을 보류할 수 있다. (구매법 제9조 ④항)

다. 직접생산확인증명서 재발급 및 재신청

직접생산확인증명서를 발급받은 중소기업자가 다음의 어느 하나에 해당하는 경우에는 직접생산확인증명서를 재발급받아야 한다.

① 상호가 변경된 경우
② 법인의 대표자가 변경된 경우
③ 영위 사업을 포괄 양도·양수한 경우

직접생산확인증명서를 발급받은 중소기업자가 다음의 어느 하나에 해당하는 경우에는 중기부령[28]으로 정하는 바에 따라 직접생산 여부의 확인을 재신청하여야 한다.

① 개인사업자의 대표자가 변경된 경우(포괄 양도·양수의 경우는 제외한다)
② 직접생산 여부에 관한 확인을 받은 공장을 이전한 경우
③ 영위 사업의 양도, 양수, 합병의 경우(포괄 양도·양수의 경우는 제외한다)
④ 그 밖에 중기부장관이 필요하다고 인정한 경우

재발급은 기존의 증명서가 유효한 상태에서 변경사항이 반영된 증명서를 재발급 받는 절차이며, 재신청은 중대한 변화로 인해 직접생산 여부를 처음부터 다시 확인하는 절차로 차이가 있다.

직접생산 여부의 확인 절차와 직접생산확인증명서의 유효기간 및 발급 등에 필요한 사항은 중기부령[29]으로 정한다.

---

28) 제7조(직접생산 여부의 확인 재신청 등) ① 법 제9조제5항에 따라 직접생산 여부의 확인을 재신청하려는 중소기업자는 그 사유가 발생한 날부터 30일 이내에 발급받은 직접생산확인증명서를 중앙회장에게 반납하고 제5조에 따라 신청하여야 한다.

29) 제5조(직접생산의 확인절차 등) ① 법 제9조제3항에 따라 직접생산 여부의 확인을 신청하려는 중소기업자는 법 제25조제2항에 따른 중소기업제품 공공구매 종합정보망(이하 "구매정보망"이라 한다)을 통하여 신청하여야 한다.

② 「중소기업협동조합법」에 따른 중소기업중앙회의 회장(이하 "중앙회장"이라 한다)은 제1항에 따른 신청을 받으면 해당 중소기업자가 법 제9조제2항 및 영 제10조제4항에 따른 직접생산 여부의 확인기준을 충족하였

라. 이의신청 등

중기부장관은 직접생산 여부 확인 통보에 대한 이의신청을 받은 날부터 10일 이내에 이의 신청에 대한 심사결과를 신청인에게 통지하여야 한다.

이의신청에 대한 결정 등에 필요한 사항은 중기부령[30]으로 정하고, 이 법에서 규정한 사항 외에 이의신청에 관한 사항은 「행정기본법」제36조(같은 조 제2항 단서는 제외한다)에 따른 다. (구매법 제10조)

마. 확인의 취소

중기부장관은 직접생산 확인을 받은 중소기업자에 대하여 직접생산 확인기준 충족 여부와 직접생산 이행 여부에 대하여 조사할 수 있다. (구매법 제11조 ①항)

중기부장관은 위에 따른 조사결과 중소기업자가 다음의 어느 하나에 해당되는 때에는 그 중소기업자가 받은 직접생산 확인을 취소하여야 한다. (구매법 제11조 ②항) 2022 기출

① 거짓이나 그 밖의 부정한 방법으로 직접생산 확인을 받은 경우

② 생산설비의 임대, 매각 등으로 직접생산 확인기준을 충족하지 아니하게 된 경우

③ 공공기관의 장과 납품 계약을 체결한 후 하도급생산 납품, 다른 회사 완제품 구매 납품 등 직접생산하지 아니한 제품을 납품하거나 직접생산한 완제품에 다른 회사 상표를 부 착하여 납품한 경우

④ 정당한 사유 없이 확인기준 충족 여부 확인 및 직접생산 이행 여부 확인을 위한 조사를 거부한 경우

는지를 현장 심사하여 제1항에 따른 신청을 받은 날부터 14일(토요일과 「관공서의 공휴일에 관한 규정」 제2조에 따른 공휴일은 제외한다) 이내에 확인하여야 한다.

③ 중앙회장은 제2항에 따른 현장심사 결과 해당 중소기업자가 직접생산 여부에 대한 확인기준을 충족하였다 고 인정하면 신청인에게 별지 제3호서식의 직접생산확인증명서를 발급하여야 한다.

④ 제3항에 따른 직접생산확인증명서의 유효기간은 발급일부터 2년으로 한다.

⑤ 제1항부터 제4항까지의 규정에 따른 직접생산 여부의 확인에 소요되는 비용의 일부 또는 전부는 직접생산 여부의 확인을 신청한 중소기업자가 부담하게 할 수 있으며, 비용 산정 및 납부 등에 관하여 필요한 사항은 중소벤처기업부장관이 정하여 고시한다.

30) 중기부령 제6조(직접생산 확인에 대한 이의신청의 절차 등) ① 법 제10조제1항에 따라 직접생산 확인결과 에 대하여 이의를 신청하려는 자는 다음 각 호의 서류를 첨부하여 수탁기관의 장에게 문서(전자문서를 포 함한다. 이하 같다)로 신청해야 한다.

1. 이의신청 사유

2. 세부 설명자료 또는 증거자료

② 수탁기관의 장은 제1항에 따른 이의신청을 받았을 때에는 해당 중소기업자에 대하여 다시 현장심사를 한 후 이의신청에 대한 결정을 해야 한다.

⑤ 직접생산확인증명서 재신청 사유에 해당하는 경우

직접생산확인증명서 재신청 사유에 해당한다는 것은 기존의 증명서의 효력이 무효가 된다는 의미이므로 당연 취소 사유라 할 수 있다.

중기부장관은 취소사유 ①, ③, ④항에 해당되는 경우에는 그 중소기업자가 받은 모든 제품에 대한 직접생산 확인을 취소하여야 하며, 취소사유 ②, ⑤항에 해당하는 경우에는 해당 제품에 대하여만 직접생산 확인을 취소하여야 한다. (구매법 제11조 ③항)

중기부장관은 직접생산 확인을 취소하고자 하는 경우에는 청문을 하여야 하며, 직접생산 확인 취소에 필요한 절차 등은 중기부령으로 정한다. (구매법 제11조 ⑦, ⑧항)

바. 직접생산확인증명서 반납 등

직접생산을 하는 것으로 확인받은 중소기업자는 직접생산 확인기준을 충족하지 아니하게 된 경우에는 중기부령[31]으로 정하는 바에 따라 해당 제품에 대한 직접생산확인증명서를 반납하여야 한다. (구매법 제11조 ④항)

사. 직접생산 확인신청 제한

직접생산 확인취소 사유에 해당하는 중소기업자는 직접생산 확인이 취소된 날부터 직접생산 여부의 확인을 신청하지 못하고, 그 대상과 기간은 다음의 구분에 따른다.

이 경우 직접생산확인증명서의 유효기간이 만료된 자에 대하여는 그 취소 사유에 해당함을 확인한 날부터 직접생산 여부의 확인신청을 제한한다. (구매법 제11조 ⑤항)

① 취소사유 ①항에 해당하는 경우에는 모든 제품에 대하여 1년
② 취소사유 ②항에 해당하는 경우로서 중소기업자간 경쟁입찰에 참여하거나 중기부령으로 정하는 기간 이내에 직접생산확인증명서를 반납하지 아니한 경우에는 직접생산 확인이 취소된 제품에 대하여 6개월
③ 취소사유 ③, ④항에 해당하는 경우에는 모든 제품에 대하여 6개월
④ 취소사유 ⑤항에 해당하는 경우로서 중기부령으로 정하는 기간 이내에 직접생산 여부의

---

31) 제7조(직접생산 여부의 확인 재신청 등) ② 법 제11조제4항에 따라 직접생산 확인기준을 충족하지 않게 되어 해당 제품에 대한 직접생산확인증명서를 반납하려는 중소기업자는 반납 사유가 발생한 날부터 30일 이내에 다음 각 호의 사항을 적은 문서를 중앙회장에게 제출하여야 한다.
1. 직접생산 확인을 받은 제품명(세부 품명 및 물품 분류번호를 함께 표기한다)
2. 반납 사유 및 반납 사유 발생일

확인을 재신청하지 아니하는 경우에는 직접생산 확인이 취소된 제품에 대하여 3개월 이내

공공기관의 장은 조달계약을 체결한 중소기업자의 직접생산 확인이 취소된 때에는 그 중소기업자와 체결한 계약의 전부 또는 일부를 해제하거나 해지하여야 한다. 다만, 계약 제품의 특성, 계약 이행 진도 및 구매 일정 등 특별한 사유로 계약 상대자의 변경이 불가능한 경우에는 그러하지 아니하다. (구매법 제11조 ⑥항)

5. 과징금

중기부장관은 다음의 어느 하나에 해당하는 자에 대하여 위반행위와 관련된 매출액의 100분의 30을 넘지 아니하는 범위에서 과징금을 부과할 수 있다.

① 거짓이나 그 밖의 부정한 방법으로 중소기업자간 경쟁입찰 참여제한 대상[32]에 해당하지 아니함을 중기부장관으로부터 확인받은 자

② 직접생산 확인취소 사유[33]에 해당하여 직접생산 확인이 취소된 자

중기부장관은 과징금을 부과하는 경우 그 위반행위의 종류와 과징금의 금액을 서면(과징금 부과 대상자가 원하는 경우에는 전자문서에 따른 통지를 포함한다)으로 자세히 밝혀 과징금을 낼 것을 과징금 부과 대상자에게 알려야 하며, 중기부장관의 통지를 받은 자는 중기부장관이 정하는 수납기관에 납부통지일부터 60일 이내에 과징금을 내야 한다. (구매령 제10조의2 ②, ③항)

과징금을 받은 수납기관은 과징금을 낸 자에게 영수증을 발급하고 과징금을 받은 사실을 지체 없이 중기부장관에게 통보하여야 하며, 중기부장관은 과징금을 내야 하는 자가 납부기한까지 이를 내지 아니하면 국세 체납처분의 예에 따라 징수한다.(구매법 제11조의2 ②항)

---

32) 참여제한 사유 중 "3. 정당한 사유 없이 중기부장관의 조사를 거부한 중소기업"의 사유로 제한 대상에 포함되는 경우는 제외한다.

33) 직접생환 확인취소 사유 중 "1. 거짓이나 그 밖의 부정한 방법으로 직접생산 확인을 받은 경우"와 "3. 공공기관의 장과 납품 계약을 체결한 후 하청생산 납품, 다른 회사 완제품 구매 납품 등 직접생산하지 아니한 제품을 납품하거나 직접생산한 완제품에 다른 회사 상표를 부착하여 납품한 경우" 만을 말한다.

6. 공사용자재 직접구매 증대

중기부장관은 경쟁제품으로 지정된 공사용 자재의 구매를 늘리기 위하여 필요한 조치를 할 수 있으며, 경쟁제품 중에서 공공기관이 발주하는 공사에 필요한 자재로서 공사의 품질과 효율성을 해치지 아니하는 범위에서 공공기관이 직접 구매하여 제공하기에 적합한 제품(이하 "직접구매 대상품목"이라 한다)을 관계 중앙행정기관의 장과 협의하여 선정하고, 고시하여야 한다. (구매법 제12조 ①, ②항)

아래에서 정하는 규모 이상의 공사를 발주하려는 공공기관의 장은 중기부장관이 고시한 직접구매 대상품목의 직접구매 여부를 검토하여 직접구매를 할 수 있도록 필요한 조치를 하여야 한다. 다만, 중기부장관이 관계 중앙행정기관의 장과 협의하여 직접구매를 이행할 수 없는 사유로 고시한 경우에는 그러하지 아니하다.
① 「건설산업기본법 시행령」에 따른 종합공사를 시공하는 업종에 해당하는 공사인 경우
   : 공사 추정가격이 40억 원 이상인 공사
② 전문공사[34]를 시공하는 업종에 해당하는 공사, 전기공사[35], 정보통신공사[36] 또는 소방시설공사[37] 등인 경우 : 공사 추정가격이 3억 원 이상인 공사

공공기관의 장이 위에 따른 공사를 발주하는 경우 직접구매 대상품목의 구매는 다음의 구분에 따른다.
① 다음의 어느 하나에 해당하는 경우 : 직접구매 대상품목을 해당 공사의 관급자재(官給資材)로 설계에 반영하여 직접 구매하여야 한다. 다만, ❶에 해당하는 경우로서 직접구매 대상품목을 구성하는 세부품목의 추정가격이 5백만 원 미만인 경우에는 해당 세부품목에 한정하여 직접구매를 하지 않을 수 있다.
   ❶ 직접구매 대상품목(❷에 해당하는 품목은 제외한다)의 추정가격이 4천만 원 이상인 경우
   ❷ 다음의 어느 하나에 해당하는 직접구매 대상품목으로서 추정가격이 1천만 원 이상인 경우
      ⓐ 국민의 재산과 신체의 안전, 에너지이용의 합리화, 기술개발촉진 및 환경보전 등과 관련된 법령에 따라 우선구매를 하여야 하는 품목

---

34) 「건설산업기본법 시행령」에 따른 전문공사
35) 「전기공사업법」에 따른 전기공사
36) 정보통신공사업법」에 따른 정보통신공사
37) 「소방시설공사업법」에 따른 소방시설공사

ⓑ 특별한 성능·규격·표시 등이 필요하다고 판단되어 중기부장관이 관계 중앙행
정기관의 장과 협의하여 지정한 품목

② 위 ❶, ❷의 어느 하나에 해당하지 아니하는 경우 : 직접구매 대상품목을 직접 구매할
수 있다.

공공기관의 장은 직접구매를 이행할 수 없는 사유가 있는 경우에는 입찰공고 시 그 사유를
공표하여야 하며, 이상에서 규정한 사항 외에 공사용 자재의 직접구매에 관하여 필요한 세부
사항은 중기부장관이 정하여 고시한다. (구매령 제11조 ③, ④항)

7. 소기업 및 소상공인 조달계약 특례

공공기관의 장은 경쟁제품 중에서 중기부장관이 지정한 물품 또는 용역에 대해서는 소기업
또는 소상공인만을 대상으로 하는 제한경쟁입찰에 따라 조달계약을 체결할 수 있다.

공공기관의 장은 셋 이상의 소기업 또는 소상공인이 조합과 함께 중기부령[38]으로 정하는
공동사업(이하 "공동사업"이라 한다)을 하여 경쟁제품에 해당하는 물품 또는 용역(이하 "물품
등"이라 한다)을 제품화한 경우 해당 물품 등에 대해서는 다음의 어느 하나에 해당하는 입찰
방법에 따라 조달계약을 체결할 수 있다.

① 해당 공동사업에 참여한 소기업 또는 소상공인만을 대상으로 하는 제한경쟁입찰
② 공공기관의 장의 요청에 따라 조합[39]이 추천하는 소기업 또는 소상공인(해당 물품 등을
납품할 수 있는 소기업 또는 소상공인을 말한다)만을 대상으로 하는 지명경쟁입찰

---

38) 제1조의2(공동사업) 「중소기업제품 구매촉진 및 판로지원에 관한 법률」 (이하 "법"이라 한다) 제7조의2제
2항 각 호 외의 부분 및 영 제2조의2제1항제3호 본문에서 "중소벤처기업부령으로 정하는 공동사업"이란
다음 각 호의 어느 하나에 해당하는 사업을 말한다.
1. 「중소기업진흥에 관한 법률」 제39조에 따른 협업지원사업의 대상 사업
2. 「중소기업협동조합법」 제3조에 따른 중소기업협동조합(이하 "조합"이라 한다)이 3인 이상의 소기업 또는
소상공인과 공동상표를 활용하는 사업
3. 조합이 보유하거나 3인 이상의 소기업 또는 소상공인이 공동으로 보유한 특허권을 활용하는 사업
4. 조합 또는 3인 이상의 소기업 또는 소상공인이 공동으로 참여하는 사업으로서 「중소기업 기술혁신 촉진법」
제9조제1항에 따른 기술혁신 촉진 지원사업의 대상 사업
5. 「산업표준화법」 제27조제2항에 따른 단체표준인증을 받은 물품 또는 용역의 생산·제공 사업
39) 「중소기업협동조합법」 제3조에 따른 중소기업협동조합을 말한다.

8. 중견기업 특례

공공기관의 장은 경쟁제품에 대해서는 중소기업자간 경쟁입찰을 통해 조달계약을 체결해야 함에도 불구하고 다음의 요건을 모두 충족하는 중견기업[40])에 대해 기본법에 따라 중소기업으로 보는 기간(3년의 유예기간)이 종료된 연도의 다음 연도부터 3년간 중소기업자간 경쟁입찰에 참여하는 것을 인정하여야 한다. 이 경우 중견기업의 참여는 그 규모나 횟수 등을 대통령령[41])으로 정하는 기준에 따라 제한할 수 있다. (구매법 제8조의3 ①항)

① 기본법 상 유예기간이 종료된 연도까지 연속하여 3년 이상 중소기업자간 경쟁입찰에 참여하여 납품한 실적이 있을 것
② 기본법상 유예기간이 종료된 연도의 매출액이 2천억 원 미만일 것

중소기업자간 경쟁입찰에 참여하려는 중견기업은 위 요건 모두 충족한다는 사실을 입증하는 자료를 첨부하여 중기부장관에게 참여자격의 확인을 신청하여야 하며, 중기부장관은 참여자격을 확인받은 중견기업에 대하여 거짓이나 그 밖의 부정한 방법으로 참여자격 확인을 받았는지 여부 및 참여자격을 부여받은 기간 동안 참여 제한기준[42])을 위배하여 중소기업자간 경쟁입찰에 참여하였는지 여부를 조사할 수 있다. (구매법 제8조의3 ②, ③항)

중기부장관은 참여자격을 확인받은 중견기업이 참여 제한기준을 위배하여 중소기업자간 경쟁입찰에 참여하였거나 참여자격 취소 및 정지 사유의 어느 하나에 해당하는 경우에는 그 참여자격을 취소하여야 하며, 참여자격을 확인 및 제한기준 위배와 관련한 확인·조사 및 확인의 취소 등에 관하여 필요한 사항을 정하여 고시한다. (구매법 제8조의3 ④, ⑤항)

---

40) 「중견기업 성장촉진 및 경쟁력 강화에 관한 특별법」 제2조제1호에 따른 중견기업을 말한다.
41) 구매령 별표1에 따르면 유예기간(3년) 간 연속하여 경쟁입찰에 참여한 금액 총액을 3으로 나눈 금액(기준금액)을 기준으로 유예기간이 종료한 날의 다음 날부터 1년 차는 기준금의 75%, 2년 차 50%, 3년 차 25% 이내의 범위에서 참여할 수 있다고 제한하고 있다.
42) 구매령 별표1에 따른 제한 기준을 말한다.

제3절 **기술개발제품 우선구매**

3.1 기술개발제품 우선구매

1. 기술개발제품

가. 우선구매 조치

정부는 중소기업자가 개발한 기술개발제품의 수요를 창출하기 위하여 이들 제품을 우선적으로 구매하는 등 필요한 지원시책을 마련하여야 하며, 중기부장관이나 관계 중앙행정기관의 장은 중소기업자가 개발한 기술개발제품의 구매를 늘리기 위하여 공공기관이나 아래에서 정하는 자에게 우선구매 등 필요한 조치를 요구할 수 있다. (구매법 제13조 ①항)

① 정부나 지방자치단체로부터 직접적 또는 간접적으로 출연금·보조금 등 재정지원을 받는 자

② 「사립학교교직원 연금법」 제3조에 따른 학교기관[43]

공공기관은 우선구매조치를 한 경우에는 그 대상 품목(규격을 포함한다), 계약방법 및 계약금액 등 우선구매조치를 한 내용을, 우선구매조치를 하지 아니한 경우에는 그 사유를 우선구매 등 필요한 조치 요구를 최초로 받은 날부터 60일 이내에 중기부장관이나 관계 중앙행정

---

43) 여기서 말하는 학교기관이란 사립학교인 유치원, 초·중·고등학교 및 대학교 모두를 칭하는 것으로 이해하면 된다.

기관의 장에게 각각 통보하여야 한다. (구매법 제13조 ③항, 구매령 제12조 ⑤항)

공공기관의 장은 총사업비가 500억 원 이상이고 국가의 재정지원 규모가 300억 원 이상인 대규모 국책사업을 실시하는 경우 중소기업 기술개발제품의 수요를 사전 검토하고, 중소기업의 참여방안을 마련하여야 하며, 사전 수요 검토, 중소기업 참여방안 마련 등에 관하여 필요한 사항은 중기부령으로 정한다. (구매법 제13조 ④, ⑤항)

나. 기술개발제품의 구매계획과 구매실적

중기부장관은 본서 구매법 "2.1.2.가 - 구매계획 수립 대상"인 공공기관의 장에게 회계연도마다 해당 기관의 우선구매대상 기술개발제품의 구매목표비율이 포함된 구매계획과 전년도 우선구매대상 기술개발제품의 구매실적을 해당 연도 1월 31일까지 통보하도록 요청할 수 있다. (구매령 제12조 ②항)

우선구매대상 기술개발제품의 구매목표비율은 중소기업 물품 구매액의 15퍼센트 이상으로 해야 한다. 다만, 공공기관의 사업목적상 또는 물품구매의 특성상 그 비율을 15퍼센트 이상으로 하기 어려운 공공기관의 장은 중기부장관과 협의하여 구매목표비율을 따로 정할 수 있다.

중소기업제품 구매목표비율	우선구매 대상 기술개발제품 구매목표비율
해당 연도에 구매할 제품 구매 총액의 50퍼센트 이상	중소기업물품 구매액의 15퍼센트 이상

중기부장관은 공공기관의 장과 협의하여 공공기관별 연간 우선구매 대상 기술개발제품의 구매목표비율을 매년 4월 30일까지 공고하여야 한다.

위에서 규정한 사항 외에 우선구매제도의 운영 등에 관한 사항은 중기부장관이 정하여 고시한다.

2. 우선구매 대상 기술개발제품

가. 우선구매 대상 기술개발제품 지정 및 고시

중기부장관은 중소기업 기술개발제품 중 성능인증을 받은 제품 등 아래에서 정하는 일정한 요건을 갖춘 제품(이하 "우선구매 대상 기술개발제품"이라 한다)을 지정하여 고시하여야 하며, 고시된 우선구매 대상 기술개발제품에 대하여 공공기관에 홍보하여야 한다. (구매법 제14조 ①항)

① 이 법에 따른 성능인증을 받은 제품

② 「조달사업에 관한 법률 시행령」 제30조제1항에 따라 우수 조달물품으로 지정된 제품

③ 「산업기술혁신 촉진법」 제16조제1항에 따라 신제품으로 인증된 제품

④ 「소프트웨어 진흥법」 제20조제1항에 따라 품질인증을 받은 것으로서 중기부령으로 정하는 기준에 해당하는 소프트웨어

⑤ 기타 중기부장관이 관계 중앙행정기관의 장과 협의하여 지정한 제품

우선구매 대상 기술개발제품을 구매하기로 계약한 공공기관의 구매 책임자는 고의나 중대한 과실이 입증되지 아니하면 그 제품의 구매로 생긴 손실에 대하여 책임을 지지 아니한다.

나. 우선구매 지원센터

중기부장관은 공공기관의 중소기업 기술개발제품 구매를 촉진하기 위하여 다음의 업무를 수행하는 기술개발제품 우선구매 지원센터를 설치·운영할 수 있다. (구매법 제13조의2)

① 우선구매 등 필요한 조치의 요구에 필요한 지원

② 우선구매 대상 기술개발제품의 홍보

③ 중소기업 기술개발제품의 구매를 위한 자문 및 협의

④ 그 밖에 중소기업 기술개발제품 우선구매 촉진에 필요한 업무

기술개발제품 우선구매 지원센터는 각 지방중기청에 설치하며, 기술개발제품 우선구매 지원센터의 장은 각 지방중기청의 공공구매업무 담당 부서의 장이 겸임하며, 업무의 수행에 필요한 담당 직원을 1명 이상 지정할 수 있다. (구매령 제12조의2)

3. 시범구매 제도

가. 시범구매

중기부장관은 우선구매 대상 기술개발제품의 구매를 활성화하고 창업기업의 원활한 판로 개척을 지원하기 위하여 별도의 평가 절차를 통하여 구매 대상을 선정하는 방식으로 공공기관의 기술개발제품 구매 의사결정을 대행하는 기술개발제품 시범구매제도(이하 "기술개발제품 시범구매제도"라 한다)를 운영할 수 있으며, 공공기관의 장은 기술개발제품 시범구매제도에 참여하기 위하여 노력하여야 한다. (구매법 제14조의2 ①항)

기술개발제품 시범구매제도에 참여할 수 있는 기업은 다음의 요건을 모두 갖춘 기업으로 한다.

① 중소기업자(조합은 제외한다)

② 우선구매 대상 기술개발제품 또는 중기부장관이 기술개발제품 시범구매제도에 참여할
수 있는 대상으로 고시한 기술개발제품을 개발한 자

기술개발제품 시범구매제도에 참여하려는 기업은 중기부령으로 정하는 신청서에 다음의
서류를 첨부하여 구매정보망을 통해 중기부장관에게 제출해야 한다.
① 신청 기업의 현황 자료
② 신청하려는 제품에 대한 설명서 및 규격서
③ 위 각각의 요건을 갖추었음을 증명하는 자료

기술개발제품 시범구매제도에 참여하려는 공공기관은 중기부령으로 정하는 신청서에 해당
공공기관의 현황 자료를 첨부하여 구매정보망을 통해 중기부장관에게 제출해야 하며, 중기부
장관은 이에 따라 신청을 받으면 다음의 사항을 평가하여 구매 대상을 선정하는 방식으로
공공기관의 구매 의사결정을 대행해야 한다. (구매령 제13조의2 ③, ④항)
① 제품의 혁신성 및 성장성
② 제품의 생산능력 및 품질관리 등 참여기업의 역량
③ 공공조달시장의 우선구매 가능성 등 시범구매 지원 필요성

중기부장관은 기술개발제품 시범구매제도에 참여하려는 공공기관의 신청에 따라 제품을
평가할 때에는 참여기업, 공공기관 및 관계 전문가의 의견을 들어야 하며, 기술개발제품의
평가 절차 및 세부기준 등에 관하여 필요한 사항은 중기부장관이 정하여 고시한다.

나. 시범구매 활성화
중기부장관은 기술개발제품 시범구매제도를 활성화하기 위하여 다음의 지원을 할 수 있다.
① 기술개발제품 시범구매제도를 통하여 구매하는 제품(이하 "시범구매제품"이라 한다)에
대한 성능보험사업 보험료율 우대 등의 지원
② 시범구매제품 중 국내외 시장 진출 가능성이 높다고 중기부장관이 인정한 제품에 대한
디자인, 정책자금, 국내외 시장 개척 및 판로지원

공공기관의 장이 시범구매제품을 조달청에 위탁하여 구매하는 경우 조달청장은 시범구매
제품의 원활한 구매·공급을 위하여 「국가를 당사자로 하는 계약에 관한 법률」 등 계약 관련
법령에서 정한 계약방법 중 기술개발제품 시범구매제도를 통하여 구매하는 제품의 원활한
구매·공급을 위하여 중기부장관이 조달청장과 협의하여 정하는 계약방법으로 계약을 체결

할 수 있다. (구매법 제14조의3 ②항, 구매령 제13조의3)

중기부장관은 기술개발제품의 구매 확대와 기술개발제품 시범구매제도의 활성화를 위하여 공공기관 및 아래에서 정하는 기술개발제품 인증 기관에 기술개발제품의 구매 및 인증에 대한 세부 현황 자료의 제출을 요구할 수 있다. 이 경우 자료의 제출을 요구받은 자는 특별한 사유가 없으면 이에 협조하여야 한다.

① 우선구매 대상 기술개발제품에 대한 인증 또는 지정기관
② 중기부장관이 기술개발제품 시범구매제도에 참여할 수 있는 대상으로 고시한 제품에 대한 인증 또는 지정기관

중기부장관은 위에 따라 공공기관 및 기술개발제품 인증 기관에 다음의 자료를 요구할 수 있다. (구매령 제13조의4 ②항)

① 공공기관의 기술개발제품 시범구매 계획 및 실적
② 기술개발제품 인증 기관의 우선구매 대상 기술개발제품 및 중기부장관이 기술개발제품 시범구매제도에 참여할 수 있는 대상으로 고시한 제품의 인증 및 지정 현황
③ 그 밖에 중기부장관이 기술개발제품의 구매 확대와 기술개발제품 시범구매제도의 활성화 지원에 필요하다고 인정하여 요구하는 자료

4. 현장검증형 기술개발제품

중기부장관은 중소기업 기술개발제품 중 제품이 사용되는 현장에서 성능·기술 검증이 필요한 제품(이하 "현장검증형 기술개발제품"이라 한다)에 대하여 설치, 성능·기술 검증 등을 원활하게 할 수 있도록 필요한 지원을 할 수 있으며, 공공기관의 장은 현장검증형 기술개발제품의 성능·기술 검증 및 구매촉진을 위하여 노력하여야 한다.(구매법 제14조의4 ①, ②항)

현장검증형 기술개발제품에 대하여 제품이 사용되는 현장에서 실시하는 성능·기술 검증(이하 "현장검증"이라 한다)의 지원을 신청할 수 있는 기업은 다음의 요건을 모두 갖춘 기업으로 한다. (구매령 제13조의5 ①항)

① 중소기업자(조합은 제외한다)
② 우선구매 대상 기술개발제품 또는 중기부장관이 현장검증이 필요하다고 인정하여 고시한 제품을 개발한 자

현장검증 지원을 받으려는 기업은 중기부령으로 정하는 신청서에 현장검증이 필요한 제품임을 증명하는 서류를 첨부하여 중기부장관에게 제출해야 하며, 중기부장관은 현장검증 신청에 따라 제출받은 서류를 검토하여 필요하다고 인정하는 경우 공공기관의 장에게 현장검증을 지원하도록 요청할 수 있고, 공공기관의 장은 현장검증 지원의 요청을 받으면 그 요청을 받은 날부터 30일 이내에 중기부장관에게 현장검증 지원 여부를 통보해야 한다.

현장검증 지원의 방법 및 절차 등에 관한 구체적인 사항은 중기부장관이 정하여 고시한다.

5. 전담기관

가. 전담기관 지정
중기부장관은 기술개발제품 시범구매제도 및 현장검증형 기술개발제품 구매 지원을 효율적으로 추진하기 위하여 기술개발제품 시범구매 및 현장검증형 기술개발제품 구매 지원업무를 전담하는 기관(이하 "전담기관"이라 한다)을 지정할 수 있다. (구매법 제14조의5 ①항)

전담기관의 지정요건은 다음과 같다.
① 구매법에서 정하는 중소기업의 국내외 시장 개척과 판로 거점 확보를 지원하기 위한 사업을 주된 업무로 하는 기관 또는 단체일 것
② 위의 업무를 수행할 전담조직 및 사무공간을 갖출 것

전담기관으로 지정을 받으려는 자는 중기부령으로 정하는 신청서에 위의 요건을 갖추었음을 증명할 수 있는 서류를 첨부하여 중기부장관에게 제출해야 하며, 중기부장관은 전담기관을 지정한 때에는 그 사실을 관보 또는 중기부 인터넷 홈페이지에 공고해야 한다.

중기부장관은 예산의 범위에서 전담기관의 운영에 필요한 경비를 지원할 수 있으며, 전담기관은 해당 연도의 사업계획과 전년도의 추진실적을 매년 2월말까지 중기부장관에게 제출해야 한다. (구매령 제13조의6 ⑤항)

나. 전담기관 지정 취소
중기부장관은 전담기관이 다음의 어느 하나에 해당하는 경우에는 지정을 취소할 수 있다. 다만, 제①항에 해당하는 경우에는 지정을 취소하여야 한다. (구매법 제14조의5 ③항)
① 거짓이나 그 밖의 부정한 방법으로 지정받은 경우
② 전담기관의 지정요건에 적합하지 아니하게 된 경우

③ 그 밖에 전담기관의 업무를 계속 수행하기 어렵게 된 경우

중기부장관은 위에 따라 전담기관의 지정을 취소하는 경우에는 청문을 하여야 한다.

3.2 기술개발제품 우선구매 지원사업

1. 성능인증

가. 성능인증

중기부장관은 중기부령으로 정한 중소기업 기술개발제품에 대하여 성능인증을 할 수 있으며, 이에 따른 성능인증을 받으려는 중소기업은 중기부장관에게 성능인증을 신청하여야 한다. (구매법 제15조 ①, ②항) 2022, 2024 기출

중기부장관은 성능인증 신청을 받으면 제품의 성능 차별성 검증을 위한 적합성 심사, 공장에 대한 심사와 제품에 대한 성능검사를 하고, 성능인증 기준에 적합하면 성능인증을 하여야 한다. (구매법 제15조 ③항)

위에 따른 성능인증의 유효기간은 성능인증을 받은 날부터 4년으로 한다. 다만, 중기부장관은 제품 상용화 등을 위하여 필요하면 그 유효기간을 4년 내에서 연장할 수 있다. 2022, 2023, 2024 기출

중기부장관은 성능인증을 받은 중소기업이 그 성능인증 제품이나 포장·용기 및 홍보물 등에 중기부령으로 정하는 표지를 사용하게 할 수 있다. 단, 성능인증을 받지 아니한 자는 성능인증 표지를 사용하여서는 아니 된다. (구매법 제15조 ④, ⑤항)

나. 성능인증서 재교부 신청 2023 기출

성능인증업체는 다음의 어느 하나에 해당하면 인증서의 재교부를 신청하여야 한다. 이 경우 ②항이나 ③항에 해당하면 공장에 대한 심사 및 제품에 대한 성능검사를 할 수 있다.

① 상호나 대표자가 변경된 경우
② 성능인증 심사를 받은 공장을 이전한 경우
③ 영업의 양도, 양수, 합병의 경우

④ 인증서의 분실·훼손 등 중기부장관이 필요하다고 인정하는 경우

다. 성능인증 취소 2022, 2023 기출

중기부장관은 성능인증을 받은 중소기업(이하 "성능인증업체"라 한다)이 다음의 어느 하나에 해당하면 인증을 취소할 수 있다. 다만, ①항에 해당하면 인증을 취소하여야 하며 이 사유로 성능인증이 취소된 자는 취소된 날부터 1년간 성능인증을 신청할 수 없다.

① 거짓이나 그 밖의 부정한 방법으로 성능인증을 받은 경우

② 성능인증 기준에 맞지 아니하게 된 경우

중기부장관은 위에 따른 처분을 하려면 성능인증업체로 하여금 지정된 일시와 장소에 출석하여 의견을 진술하게 하거나 문서로 내도록 할 수 있다. (구매법 제17조 ③항)

라. 성능인증 시험연구원

중기부장관은 제품의 생산 조건이나 품질에 대한 심사를 주된 업무로 하는 법인이나 단체로서 중기부장관의 지정을 받은 자(이하 "시험연구원"이라 한다) 또는 국가기관 소속 시험기관에게 성능검증을 위한 공장심사와 제품에 대한 성능검사를 대행하게 할 수 있다. 2022 기출

중기부장관이나 시험연구원은 성능인증을 하는 경우에는 공장에 대한 심사, 제품에 대한 성능검사 및 성능인증의 유지·관리에 필요한 비용을 아래에서 정하는 비용을 징수할 수 있다. (구매법 제15조 ⑦항, 구매령 제14조 ①항)

① 공장에 대한 심사를 위하여 출장하는 심사원(審査員)의 인건비 및 출장비

② 제품에 대한 검사를 위한 시험이나 성능검사 등에 드는 비용

③ 제품의 시험기준, 시험방법 등이 명시된 인증규격서 작성에 드는 비용

성능인증의 절차, 성능인증 기준, 시험연구원의 지정기준과 지정 절차, 그 밖에 필요한 사항은 중기부령으로 정하며, 인증 비용에 관하여 필요한 사항은 중기부장관이 정하여 고시한다. (구매법 제15조 ⑧항, 구매령 제14조 ②항)

중기부장관은 시험연구원이 다음의 어느 하나에 해당하는 경우에는 그 지정을 취소하거나 6개월 내의 기간을 정하여 업무의 정지 또는 제한을 명할 수 있다. 다만, 제①항이나 제②항에 해당하는 경우에는 그 지정을 취소하여야 한다. (구매법 제17조 ②항)

① 거짓이나 그 밖의 부정한 방법으로 지정을 받은 경우

② 업무정지 기간에 성능인증 업무를 한 경우

③ 시험연구원의 지정기준에 맞지 아니하게 된 경우

④ 정당한 사유 없이 성능인증 업무를 거부하거나 지연한 경우

중기부장관은 시험연구원 지정 취소 처분을 하려면 성능인증업체나 시험연구원으로 하여금 지정된 일시와 장소에 출석하여 의견을 진술하게 하거나 문서로 내도록 할 수 있다. (구매법 제17조 ③항)

마. 성능보험사업

다음의 어느 하나에 해당하는 자는 우선구매 대상 기술개발제품의 구매 때문에 공공기관이 입은 손해를 담보하는 것을 목적으로 하는 사업(이하 "성능보험사업"이라 한다)을 할 수 있다. (구매법 제18조 ①항)

① 「보험업법」 제2조제2호에 따른 보험업을 영위하는 자

② 「무역보험법」 제37조에 따른 한국무역보험공사

③ 그 밖에 다른 법령에 따라 보험사업을 할 수 있는 자

성능보험사업을 하는 자(이하 "성능보험사업자"라 한다)는 사업 운영에 필요하다고 인정하면 시험연구원 등 중기부령44)으로 정하는 기관이나 단체에 필요한 자료의 제공을 요청할 수 있다. 이 경우 필요한 자료의 제공을 요청받은 기관이나 단체는 정당한 사유가 없으면 이에 따라야 한다. (구매법 제18조 ①항)

정부가 성능보험사업을 하는 데에 드는 자금을 지원하는 경우 지정된 우선구매 대상 기술개발제품의 성능을 담보대상으로 하며, 담보대상 제품의 가액 중 아래의 비용을 성능보험사업의 담보 범위로 한다. (구매법 제18조 ②항, 구매령 제15조)

① 해당 제품의 수리 또는 교체 비용

② 그 밖에 손해배상을 위하여 필요한 비용으로서 중기부장관이 인정하는 비용

성능보험사업 운영에 관한 사항, 그 밖에 필요한 사항은 중기부장관이 정하여 고시하여야 한다. (구매법 제18조 ③항)

---

44) 제13조(성능보험사업자가 자료를 요청할 수 있는 기관 등) 법 제18조제2항에서 "시험연구원 등 중소벤처기업부령으로 정하는 기관이나 단체"란 다음 각 호의 기관이나 단체를 말한다.
1. 법 제15조제6항에 따른 시험연구원 또는 국가기관 소속 시험기관
2. 영 제13조 각 호의 인증제품 또는 지정세품의 인증기관 또는 지성기관

바. 성능인증 및 성능보험사업 지원

정부는 중소기업자가 성능인증을 위해 시험연구원 또는 국가기관 소속 시험기관으로부터 공장에 대한 심사 또는 제품에 대한 성능검사를 받는 경우에 이에 소요되는 비용과 성능보험사업을 하는 데에 드는 비용을 예산의 범위에서 지원할 수 있으며, 중기부장관은 성능인증과 성능보험사업의 추진상황을 고려하여 지원금을 나누어 지급할 수 있다.

중기부장관은 성능인증을 받은 중소기업이 시험연구원으로부터 성능인증에 필요한 제품검사 또는 공장심사를 받은 후 그 비용을 청구할 경우 그 비용의 일부를 지원할 수 있다. 이 경우 해당 중소기업은 성능검사의 결과가 명시된 성능검사 성적서 등을 중기부장관에게 제출하여야 한다. (구매령 제16조 ①항)

중기부장관은 성능인증과 성능보험사업을 하는 데에 드는 자금(이하 "지원금"이라 한다)을 지원하려면 시험연구원 및 성능보험사업자와 협약을 체결하여야 하며, 협약에는 다음의 사항이 포함되어야 한다.
① 사업의 과제와 내용
② 사업 수행 책임자
③ 지원금의 지급 등에 관한 사항
④ 협약의 변경에 관한 사항

성능인증에 든 비용을 지원받으려는 중소기업은 구매정보망을 활용하여 비용의 지원을 신청할 수 있으며, 지원금을 지급받은 시험연구원과 성능보험사업자는 그 지원금에 대하여 별도의 계정을 설정하여 관리하여야 하며, 성능인증과 성능보험사업에만 지원금을 사용하여야 한다. (구매령 제16조 ⑥, ⑧항)

중기부장관은 시험연구원과 성능보험사업자에 대하여 그 운영실태 등을 조사할 수 있으며, 지원금을 지급받은 시험연구원과 성능보험사업자가 정당한 사유 없이 용도 외의 목적으로 지원금을 사용한 경우에는 지원금의 지급을 중단하거나 이미 지급한 지원금의 전부 또는 일부를 회수할 수 있다. (구매령 제16조 ⑦항)

위에 따라 협약을 체결한 시험연구원 및 성능보험사업자는 매년 12월 31일까지 그 해의 사업 추진 실적과 다음 해의 사업계획을 중기부장관에게 제출하여야 한다. (구매령 제16조 ④항)

그 밖에 성능인증 및 성능보험사업의 지원에 관한 사항은 중기부장관이 정하여 고시한다.

2. 원가계산 지원

중기부장관은 공공기관의 장이 중소기업 기술개발제품에 대하여 적정가격으로 구매할 수 있도록 지원하기 위하여 중소기업의 요청에 따라 우선구매 대상 기술개발제품의 원가계산 비용의 일부를 예산의 범위에서 지원할 수 있다.(구매법 제20조 ①항)

중기부장관은 우선구매 대상 기술개발제품의 원가계산 결과가 공공기관의 기술개발제품 구매에 반영될 수 있도록 필요한 조치를 할 수 있으며, 공공기관의 장은 이렇게 결정된 원가계산 결과를 예정가격 산정 시 활용할 수 있다. (구매법 제20조 ③, ④항)

우선구매 대상 기술개발제품 등에 대한 원가계산에 든 비용을 지원받으려는 중소기업자는 구매정보망을 통하여 중기부장관에게 지원을 신청하여야 하며, 중기부령으로 정한 요건을 갖춘 원가계산용역기관이 발행한 것으로서 원가계산에 든 비용을 증명할 수 있는 서류 등을 제출하여야 한다. (구매령 제17조 ①, ②항)

원가계산 지원 신청 서류를 제출받은 중기부장관은 원가계산 결과와 비용의 적정성 등을 검토하여 해당 중소기업에 원가계산에 든 비용의 일부를 지원할 수 있으며, 이상에서 규정한 사항 외에 원가계산 지원에 관한 세부기준 및 절차 등에 관하여 필요한 사항은 중기부장관이 정하여 고시한다. (구매령 제17조 ③, ④항)

제4절	소모성 자재 납품업 지원

1. 우선계약	3. 종합지원센터
2. 실태조사	

1. 우선계약

공공기관의 장은 소모성 자재를 구입할 때 대규모 자재구매대행업자와 중소 소모성 자재 납품업자 간에 경쟁이 있는 경우 중소 소모성 자재 납품업자와 우선 계약을 체결하여야 한다.

2024 기출

2. 실태조사

중기부장관은 중소 소모성 자재 납품업자를 체계적으로 육성하기 위하여 중소 소모성 자재 납품업의 현황 및 실태에 관한 조사를 2년마다 실시하고, 그 결과를 공표할 수 있다.

중기부장관은 실태조사를 하기 위하여 필요한 경우에는 중소 소모성 자재 납품업과 관련된 기관 또는 단체 등에 대하여 자료의 제출이나 의견의 진술을 요청할 수 있다. 이 경우 자료의 제출이나 의견의 진술을 요청받은 기관 또는 단체 등은 특별한 사유가 없으면 요청에 따라야 한다. (구매법 제31조의4)

3. 종합지원센터

중기부장관은 중소 소모성 자재 납품업의 활동을 지원하기 위한 정보 · 상담 및 그 밖의 종합적인 서비스를 제공할 수 있는 중소 소모성 자재 납품업 종합지원센터(이하 "지원센터"라 한다)를 진흥법에 따라 설립된 중소기업제품 · 벤처기업제품 판매회사 내에 설치한다.

정부는 지원센터의 설치와 운영에 필요한 자금 등을 지원할 수 있으며, 중소 제조업체 또는 중소 소모성 자재 납품업자로부터 공급받아 납품하는 지원센터는 공공기관의 장이 소모성 자재 납품 계약을 체결함에 있어 중소 소모성 자재 납품업자로 본다.

제5절	**공공조달 상생협력 지원**

1. 상생협력 지원	2. 상생협력 활성화 지원

1. 상생협력 지원

중기부장관은 중소기업자의 혁신역량 강화 및 소재 · 부품 산업 육성, 국내 생산 중소기업 제품에 대한 공공구매 확대 등을 위하여 대기업 등이 중소기업자의 조달시장 납품을 지원하는 공공조달 상생협력 지원제도(이하 "상생협력 지원제도"라 한다)를 운영할 수 있다. (구매법 제20조의2 ①항)

가. 지원대상 선정

중기부장관은 다음의 어느 하나에 해당하는 방식으로 상생협력을 하는 대기업 또는 중소기업자를 상생협력 지원제도의 지원대상으로 선정하여 고시할 수 있다.

① 납품에 필수적인 제조시설 및 인력 등을 보유한 기업과의 상생협력

② 중소기업제품의 소재 · 부품을 국산화하기 위하여 이를 직접 생산하는 기업과의 상생협력

③ 우수한 기술 및 시공 역량 등을 전수받기 위하여 이를 보유한 기업과의 상생협력

④ 기타 중소기업자의 혁신역량 강화 등을 위하여 지원이 필요하다고 인정하는 아래의 상생협력

　㉠ 서로 다른 기술 또는 부품을 활용하여 제품을 생산하기 위하여 관련 기술을 보유한 기업과의 상생협력

　㉡ 기존 기술을 혁신하거나 새로운 사회적 · 경제적 가치를 창출할 수 있는 기술을 보유한 기업과의 상생협력

　㉢ 그 밖에 중소기업제품의 공공기관 납품을 촉진하기 위하여 지원이 필요하다고 인정하여 중기부장관이 정하여 고시하는 기업과의 상생협력

제
10
장

499

중기부장관은 상생협력 지원제도의 지원대상을 선정하려는 경우에는 참여기업과 관계 전문가의 의견을 들어야 한다. (구매령 제17조의2 ③항)

나. 지원대상 선정 기준

상생협력 지원제도 지원대상의 선정기준은 다음과 같다. (구매령 제17조의2 ①항)

① 대상 제품의 혁신성, 시장 전망 등에 따른 성장성이 충분할 것

② 사업계획이 명확하고 이행 가능성이 있을 것

③ 대기업 등과 참여기업과의 상생협력으로 기대되는 성과가 실현가능성이 있을 것

④ 그 밖에 중소기업자의 혁신역량 강화 등을 위해 중기부장관이 필요하다고 인정하여 고시하는 기준을 갖출 것

다. 지원대상 선정 신청

상생협력 지원제도의 지원대상으로 선정되려는 대기업 또는 중소기업자는 중기부령으로 정하는 신청서45)에 다음의 서류를 첨부하여 중기부장관에게 제출해야 한다.

① 사업 계획서

② 참여기업 간의 상생협력의 역할 분담, 권리 · 의무 등에 관한 협약

③ 선정 기준을 갖추었음을 증명하는 자료

라. 수행평가

상생협력 지원제도 수행평가는 다음의 평가로 구분하여 실시한다. (구매령 제17조의3)

① 중간평가 : 상생협력 지원대상의 공공조달시장 납품 성과와 협약 이행상황을 평가하여 계속 참여 여부를 결정하는 평가

② 완료 평가 : 공공조달시장의 납품 실적, 참여기업 간의 성과 배분 및 협약 이행 결과에 대한 평가

③ 연장평가 : 상생협력 지원대상의 참여 성과와 지속적인 상생협력 지원 필요 여부에 대한 평가

중기부장관은 수행평가를 위하여 필요하다고 인정하는 경우에는 상생협력 지원 대상자에게 공공조달시장의 납품 실적, 참여기업 간의 성과 배분 실적 등 수행평가에 필요한 자료를 제출하게 할 수 있으며, 수행평가의 방법, 기준 및 절차 등에 관하여 필요한 세부사항은 중기부령46)으로 정한다.

---

45) 제14조의2(상생협력 지원제도 지원대상의 선정기준 및 절차 등) ③ 영 제17조의2제2항에 따른 상생협력 지원제도의 지원대상 선정 신청서는 별지 제9호서식과 같다.

마. 선정취소 및 참여금지

중기부장관은 다음의 어느 하나에 해당하는 경우에는 지원대상 선정을 취소하고 5년간 상생협력 지원제도 참여를 금지하여야 한다. (구매법 제20조의2 ③항) 2024 기출

① 거짓이나 부정한 방법으로 상생협력 지원제도에 참여한 경우

② 중기부장관이 실시하는 상생협력 지원제도 수행평가에 따라 상생협력이 실패 또는 중단으로 결정된 경우

③ 지원대상으로 선정된 후 정당한 사유 없이 상생협력 지원제도 수행을 포기한 경우

④ 기타 상생협력의 중대한 위반 행위로서 아래에서 정하는 경우

➊ 정당한 사유 없이 참여기업 간의 상생협력 협약에 따른 의무를 위반하여 당사자에게 경제적인 손해를 끼치는 경우

➋ 협약 당사자에 대한 기술 침해행위 등으로 인하여 중기부장관으로부터 「중소기업기술 보호 지원에 관한 법률」 제8조의3제1항에 따른 시정 권고를 받은 경우

2. 상생협력 활성화 지원

중기부장관은 소재·부품 산업 육성 및 국내 생산 중소기업제품에 대한 공공구매 확대, 공공조달시장에서 특정 업체로의 편중 해소 등을 위하여 입찰 참여자격을 상생협력 지원대상으로 선정된 자만 참여할 수 있는 제품과 전체 조달계약 대비 제한을 적용하는 비중을 정하여 고시할 수 있으며, 중기부장관 및 관계부처의 장은 상생협력 지원대상으로 선정된 자에 대하여 공공 조달계약 시 우대하는 등 관계 법령에 따른 지원을 할 수 있다.(구매법 제20조의3)

중기부장관은 위에 따라 입찰 참여자격을 제한할 수 있는 제품과 전체 조달계약 대비 입찰 참여자격 제한을 적용하는 비중을 고시하려는 경우에는 기획재정부장관 등 관계 중앙행정기관의 장과 협의해야 한다. (구매령 제17조의5 제①항)

중기부장관은 상생협력 지원제도에 따른 상생협력을 통해 생산된 제품의 판로를 확대하기 위하여 공공기관 및 중소기업자에게 지원대상 및 해당 제품 목록을 구매정보망을 통해 제공

---

46) 제14조의3(상생협력 지원제도 수행평가의 방법 등) ① 영 제17조의3제1항 각 호에 따른 수행평가는 다음 각 호의 구분에 따른 시기에 실시한다.

1. 중간평가: 법 제20조의2제2항에 따라 지원대상으로 선정된 날부터 1년이 지난 후부터 매년 1회 이상

2. 완료 평가: 지원대상 사업의 종료일부터 90일 이내

3. 연장평가: 지원대상 사업의 종료 예정일부터 30일 이전까지

② 중소벤처기업부장관은 영 제17조의3제2항에 따라 제출받은 자료를 검토한 결과 필요하다고 인정하는 경우에는 상생협력 지원대상에 대한 현장 점검을 실시할 수 있다.

할 수 있다. (구매령 제17조의5 제②항)

중기부장관은 상생협력 지원제도 활성화를 위하여 관련 제품에 대한 공공구매 현황 및 국내 생산업체 등에 대한 조사를 실시할 수 있다. (구매법 제20조의3 제③항)

중기부장관은 상생협력 지원제도를 통한 소재·부품 산업 육성을 위하여 공공조달시장에 납품되는 제품 중 현황조사가 필요한 제품과 그 제품의 주요 소재·부품을 지정하여 공고할 수 있고, 지정된 제품을 구매하는 공공기관은 해당 제품의 주요 소재·부품에 대한 원산지 및 생산업체 등에 대한 정보를 납품 업체로부터 제공받아 중기부장관에게 제출하여야 한다. 이 경우 납품 업체는 소재·부품에 관한 정보 제공에 협조하여야 한다.

```
1. 공공구매지원 관리자          3. 중소기업자 품질보장 등
2. 하도급 중소기업 보호         4. 정보제공
```

1. 공공구매지원 관리자

중기부장관은 구매계획의 이행 등 중소기업제품 구매를 촉진하고 공공기관의 효율적인 구매를 지원하기 위하여 소속 공무원 또는 공공기관의 장이 추천한 중소기업업무 관련 담당자 등을 공공구매지원관리자로 지정하여야 한다. (구매법 제21조 ①항)

가. 공공구매지원 관리자 요건

공공구매지원 관리자가 될 수 있는 사람은 다음의 어느 하나에 해당하는 사람으로 한다.

① 중기부 소속 공무원

② 중기부장관의 요청에 따라 해당 공공기관의 장이 추천하는 사람으로서 계약 또는 중소기업 업무 관련자

③ 기타 중기부장관이 지정한 사람

나. 공공구매지원 관리자 임무

지정된 공공구매지원 관리자는 다음의 임무를 수행한다.

① 공공기관의 공공구매 증대 계획의 적절성 검토

② 우선적으로 조달계약 및 중소기업자 간 경쟁입찰 계약 및 발주의 적절성 검토

③ 공사용 자재의 직접구매 여부 조사

학습의 관점에서 ③항 이후의 내용은 인용을 생략한다.

다. 개선 권고 및 보고 등

지정된 공공구매지원 관리자는 해당 공공기관의 제품 발주계획 및 구매실적 등 중소기업제품 구매의 적정성을 검토하여 중기부장관에게 보고하여야 하며, 중기부장관은 해당 공공기관

의 장에게 이에 대한 개선을 권고할 수 있다. (구매법 제21조 ②항)

중기부장관은 위에 따른 권고를 할 때 그 실효성을 확보하기 위하여 필요한 경우 권고를 하는 날부터 1개월의 기간을 정하여 해당 입찰절차의 중지를 명할 수 있다. 다만, 입찰절차 중지 기간 중에 공공기관의 장이 권고를 이행한 경우 중기부장관은 해당 입찰절차의 중지를 해제하여야 한다.

위에 따라 권고를 받은 공공기관의 장은 권고를 받은 날부터 입찰절차를 중지하고 15일 이내에 그 결과를 중기부장관에게 통보하여야 한다.

중기부장관은 권고이행 여부에 대한 결과와 입찰절차 중지 명령에 대한 결과를 취합하여 국무회의의 심의를 거쳐 공고하고, 이를 국회에 제출하여야 한다. (구매법 제21조 ⑤항)

중기부장관은 중소기업제품 구매 비율이 중소기업제품 구매목표 비율(해당 기관이 해당 연도에 구매할 제품의 구매총액 대비 50퍼센트 이상) 이하인 공공기관에 대하여 그 사유를 조사하여 구매촉진을 위하여 필요한 조치를 할 수 있다. (구매법 제21조 ⑦항)

라. 공공구매 우수기관 우대 등

중기부장관은 공공기관의 중소기업제품 등의 구매실적과 상생협력 지원제도 활성화에 기여한 실적 등을 평가하여 공공구매 우수기관 및 공공구매 유공자, 관련 기업에 대한 포상 등 필요한 조치를 할 수 있다. (구매법 제21조 ⑥항)

중기부장관은 공공기관의 중소기업제품 및 상생협력을 통하여 생산한 것으로 중기부장관이 인정한 제품 등의 구매실적을 다음의 평가에 반영하도록 해당 기관·단체의 장에게 요구할 수 있다. (구매법 제21조 ⑧항)

① 「정부업무평가 기본법」 제14조제1항 및 제18조제1항에 따른 중앙행정기관 및 지방자치단체의 자체평가

② 「공공기관의 운영에 관한 법률」 제48조제1항에 따른 공기업·준정부기관의 경영실적평가

③ 「지방공기업법」 제78조제1항에 따른 지방공기업의 경영평가

2. 하도급 중소기업 보호

공공기관의 장은 아래에서 정하는 금액 이상의 제품을 제조·수리·시공하여 공공기관에 납품하거나 인도하는 계약을 체결한 원사업자가 납품 계약의 전부 또는 일부를 중소기업자에게 위탁한 경우 원사업자가 「하도급거래 공정화에 관한 법률」 등을 위반한 사실을 발견하면 관계 행정기관에 그 위반 사실을 통보하여야 한다. (구매법 제22조, 구매령 제19조)

① 물품의 제조나 수리의 경우 : 3억 원
② 다음의 어느 하나에 해당하는 경우 : 3억 원
  ㉠ 「건설산업기본법」에 따른 전문공사
  ㉡ 「전기공사업법」에 따른 전기공사
  ㉢ 「정보통신공사업법」에 따른 정보통신공사
  ㉣ 「소방시설공사업법」에 따른 소방시설공사
③ 「건설산업기본법」에 따른 종합공사의 경우: 50억 원

3. 중소기업자 품질보장 등

중소기업자는 공공기관에 제품을 공급하는 경우에는 그 기관이 요구한 품질을 보장하여야 하며, 공공기관은 경쟁제품에 대하여 중소기업자가 위에 따른 제품의 품질보장 의무를 위반하거나 계약을 이행하지 아니하는 등 공공기관이 제시한 조건에 미치지 못하는 경우에는 1개월 이상 2년 이하의 기간을 정하여 그 공공기관과의 계약체결을 제한할 수 있다. 이 경우 중기부장관에게 그 사실을 통보하여야 한다. (구매법 제23조)

중기부장관이나 조합을 관장하는 중앙행정기관의 장은 조합이 조합원의 원자재 확보, 품질 향상, 기술개발 및 판로개척을 위하여 실시하는 사업을 지원하는 등 필요한 조치를 할 수 있다. (구매법 제24조)

4. 정보제공

중기부장관은 공공기관의 구매효율성을 높이기 위하여 중소기업자 여부 등 대통령령으로 정하는 관련 정보, 중소기업자의 제품의 생산·제공 능력 및 계약실적 등에 대한 정보와 공공기관의 구매계획·발주 및 입찰과 낙찰 등에 대한 정보를 수집하여 공공기관과 중소기업자에게 제공하여야 한다. (구매법 제25조 ①항, 구매령 제20조 ①항))

학습의 관점에서 대통령령으로 정하는 관련 정보의 인용은 생략한다.

중기부장관은 위에 따른 정보의 수집과 제공을 위하여 구매정보망을 구축·운영하여야 하며, 정보의 수집과 제공을 위하여 공공기관의 장과 개인사업자 신용평가업 또는 기업신용조회업[47]을 하는 신용정보회사 및 구매정보망에 등록하기를 희망하는 중소기업자에게 필요한 정보의 제공, 자체 보유 정보망과 구매정보망과의 연계·협조 등을 요청할 수 있다.

이 경우 중기부장관의 요청을 받은 자는 개인정보의 보호, 정보보안 등에 관련된 특별한 사정이 없으면 그 요청에 따라 정보를 제공하여야 한다.

중기부장관은 공공기관과 중소기업자가 구매정보망을 자유롭게 활용할 수 있도록 필요한 조치를 하여야 하며, 정기적으로 또는 수시로 구매정보망에 등록된 중소기업자의 정보·자료를 검사하여 거짓인 정보나 자료를 제공한 것으로 확인된 중소기업자가 있으면 그 사실을 구매정보망이나 기획재정부장관이 고시하는 정보처리장치에 공개하고 해당 중소기업자에 대한 정보를 삭제할 수 있다. (구매령 제20조 ②, ③항)

중기부장관은 위의 거짓 정보를 제공한 사실을 공개하고 그 정보를 구매정보망에서 삭제할 필요가 있으면 해당 중소기업자에게 해명이나 소명자료 제출 등의 기회를 주어야 한다.

---

47) 「신용정보의 이용 및 보호에 관한 법률」 제2조제8호의2에 따른 개인사업자 신용평가업 또는 제8호의3에 따른 기업신용조회업

제7절 판로지원

1. 판로지원
2. 중소기업제품 전용 판매장
3. 국외 판로지원 계획

4. 국외 판로지원
5. 연계생산 지원 등

1. 판로지원

중기부장관은 중소기업의 국내외 시장 개척과 판로 거점 확보를 지원하기 위하여 다음의 사업을 실시할 수 있다. (구매법 제26조 ①항)

① 중소기업 제품의 국내 유통망 구축과 홍보·판매 또는 사후관리 지원에 관한 사업

② 중소기업의 국내외 전시·박람회 개최 또는 참가 지원에 관한 사업

③ 국내외의 거래알선과 상품홍보를 위한 정보망 구축 및 운영에 관한 사업

학습의 관점에서 ③항 이후의 내용은 인용을 생략한다.

중기부장관은 국내외 판로지원사업의 시행을 위하여 필요하다고 인정하면 아래의 기관이나 단체(이하 "판로지원기관"이라 한다)에 대하여 그 사업을 위탁하거나 관련 자료와 정보 제공 및 국내외 시장조사 등의 협조를 요청할 수 있다. (구매법 제26조 제②항, 구매령 제21조)

① 중소벤처기업진흥공단, 중소기업유통센터, 중소기업중앙회

② 대한무역투자진흥공사, 한국무역보험공사, 한국무역협회

③ 한국디자인진흥원, 산업연구원

④ 한국과학기술정보연구원, 정보통신산업진흥원

⑤ 한국산업기술진흥원, 한국산업기술시험원, 한국생산기술연구원

⑥ 대·중소기업·농어업협력재단

⑦ 기타 중기부장관이 필요하다고 인정하는 기관이나 단체

중기부장관은 위에 따라 사업을 위탁하는 경우에는 그 사업의 수행에 필요한 비용의 전부 또는 일부를 수탁기관에 지원할 수 있다. (구매법 제26조 ③항)

제 10 장

중기부장관은 중소기업의 경쟁력 강화를 위하여 필요하다고 인정하면 매년 시 · 도지사[48] 와 공동으로 국내외 판로개척을 위한 지원사업을 실시할 수 있다.

2. 중소기업제품 전용 판매장

중기부장관은 중소기업제품의 판매촉진 및 판로확대를 위하여 중소기업제품전용 판매장을 설치 · 운영할 수 있으며, 중소기업제품전용 판매장을 설치하는 경우 입지여건, 판매공간 등 중기부령으로 정하는 기준에 해당하는 시설이나 공간을 보유한 공공기관에 대하여 필요한 시설이나 공간의 제공을 요청할 수 있으며, 요청을 받은 공공기관은 특별한 사유가 없으면 이에 협조하여야 한다. (구매법 제26조의2 ①, ②항)

중기부장관은 중소기업제품전용 판매장의 설치 및 운영에 관한 업무를 진흥법에 따라 설립 된 중소기업제품 판매회사나 대통령령[49]으로 정하는 기관에 위탁할 수 있으며, 이에 따른 업 무를 위탁받은 중소기업제품 판매회사나 기관에 대하여 중소기업제품전용 판매장의 설치 및 운영에 필요한 자금 등을 지원할 수 있다.

국가와 지방자치단체는 중소기업제품전용 판매장에 입점한 중소기업자에 대하여 마케팅 활동에 드는 비용을 지원할 수 있다.

3. 국외 판로지원 계획

중기부장관은 매년 중앙행정기관, 지방자치단체 및 판로지원기관이나 단체의 중소기업 국 외 판로지원계획을 종합하여 공표하여야 한다.

중기부장관은 위에 따른 기관 또는 단체에 중소기업의 국외 판로지원계획의 수립 · 제출을 요청할 수 있으며, 이 경우 기관이나 단체의 장은 특별한 사유가 없는 경우에는 이에 따라야 한다. (구매법 제27조)

---

48) 특별시장 · 광역시장 · 도지사 및 특별자치도지사를 말한다.
49) 2024년 12월 현재 시행령에 별도의 규정은 없다.

4. 국외 판로지원

가. 수출 중소기업 및 유망품목 지원

중기부장관은 중소기업의 국외 판로 확대를 위하여 다음의 중소기업자 또는 품목을 지정하여 지원할 수 있다. (구매법 제30조 ①항)

① 내수 위주의 중소기업자 중 수출을 준비하거나 추진하는 자로서 다음의 요건을 모두 충족하는 중소기업자

- ㉠ 제조업, 제조업 관련 서비스업 또는 지식기반서비스업을 운영하는 중소기업자
- ㉡ 중기부장관이 정하여 공고하는 상시 근로자 수 또는 매출액의 성장률 기준을 충족하는 중소기업자

② 수출을 영위하는 중소기업자 중 수출이 유망하거나 미래 성장가능성이 있는 자로서 다음의 요건을 모두 충족하는 중소기업자

- ㉠ 제조업, 제조업 관련 서비스업 또는 지식기반서비스업을 운영하는 중소기업자
- ㉡ 중기부장관이 정하여 공고하는 상시 근로자 수 또는 매출액의 성장률 기준을 충족하는 중소기업자

③ 중소기업의 생산비중이 높은 품목 중 수출이 유망하거나 미래 성장가능성이 있는 품목으로서 다음의 선정기준을 고려하여 정한 품목

- ㉠ 최근 3년간의 수출증가율
- ㉡ 수출시장규모
- ㉢ 최근 3년간의 시장점유율 및 그 확대 가능성

학습의 관점에서 ㉢ 이후의 내용은 인용을 생략한다.

중기부장관은 수출 유망품목으로 지정된 품목을 주관하는 기관 또는 단체로 하여금 중소기업의 국외시장 공동 개척을 수행하도록 지원할 수 있으며, 이에 따른 기관이나 단체는 수출 중소기업 및 유망품목으로 지정된 중소기업자나 품목에 대하여 우선적으로 지원하여야 한다.

중기부장관은 위 기관이나 단체의 지원내용과 실적의 제출을 요청할 수 있다. 이 경우 지원내용과 실적의 제출을 요청받은 기관이나 단체는 특별한 사유가 없는 경우에는 이에 따라야 한다. (구매법 제30조 ④항)

수출 중소기업 및 유망품목으로 지정된 중소기업자나 품목의 지정 및 지원 절차 등에 관하여 필요한 사항은 중기부장관이 정하여 고시한다.

제
10
장

나. 수출입 동향 분석 및 공표

중기부장관은 중소기업의 국외 판로지원에 관한 정책을 수립하기 위하여 중소기업의 수출입 동향을 분석·공표하여야 한다. (구매법 제31조 ①항)

중기부장관은 수출입 동향 분석에 필요한 자료나 정보를 관세청 등 중앙행정기관, 지방자치단체, 그 밖에 한국무역협회 등 수출 관련 기관이나 단체에 요청할 수 있으며, 이 경우 기관이나 단체의 장은 특별한 사유가 없는 경우에는 이에 따라야 한다.(구매법 제31조 ①항)
중기부장관은 수출입 동향 분석을 중기부장관이 지정하는 기관이나 단체에 위탁할 수 있다.

5. 연계생산 지원 등

(1) 연계생산 지원

중기부장관은 중소기업제품의 생산과 판로개척을 지원하기 위하여 그 제조, 가공 또는 수리에 관한 수주·발주 정보를 수집하여 중소기업자에게 제공함으로써 중소기업자의 생산과 판로가 연계될 수 있도록 다음의 사항에 관한 사업을 시행한다. (구매법 제28조 ①항)
① 중소기업자의 수주·발주에 관한 거래알선
② 거래 알선을 위한 관련 업체에 관한 정보의 데이터베이스 구축
③ 그 밖에 중소기업자의 연계생산을 지원하기 위하여 필요한 사항

중기부장관은 중소기업자의 연계생산을 지원하기 위하여 필요하면 중소기업자 외의 자를 위 사업에 참여하게 할 수 있다. (구매령 제22조 ②항)

(2) 공동상표 지원

중기부장관은 다수의 중소기업자가 판매 활동을 강화하기 위하여 공동상표를 도입하거나 이용하려는 경우에는 다음의 사항을 지원할 수 있다. (구매법 제28조 ②항)
① 공동상표 개발 비용
② 공동상표 제품의 판매에 필요한 시설과 그 운영자금
③ 공동상표 제품의 품질향상 및 디자인 개발
학습의 관점에서 ③항 이후의 내용은 인용을 생략한다.

가. 지원 제외업종

공동상표 개발 비용 등을 지원받기 위해서는 하나의 공동상표에 5인 이상의 중소기업자가 참여하여야 하며, 중기부장관은 다음의 어느 하나에 해당하는 업종은 지원 대상에서 제외하여야 한다. (구매령 제23조 ①, ②항)

① 한국표준산업분류에 따라 무도장(舞蹈場), 골프장, 스키장, 주점(酒店), 욕탕(浴湯) 또는 기타 갬블링 및 베팅업을 운영하는 것으로 분류되는 업종

② 중기부장관이 중소기업의 건전한 육성을 위한 지원대상으로 적합하지 아니하다고 인정하여 고시하는 업종

나. 지원신청

공동상표 지원을 받으려는 중소기업자들은 다음의 어느 하나에 해당하는 자를 해당 공동상표에 관한 사업을 대표하는 자(이하 "상표대표자"라 한다)로 선정하여 그 상표대표자가 중기부장관이 정하는 공동상표지원신청서에 사업추진계획서와 공동상표 도입 및 이용에 관한 규약을 첨부하여 중기부장관에게 제출하도록 하여야 한다. (구매령 제23조 ③항)

① 조합

② 공동상표 사업을 대표하는 중소기업자

③ 중소기업자들이 공동상표에 관한 사업을 추진할 목적으로 설립한 법인

다. 지원중단 사유

중기부장관은 지원대상으로 선정된 공동상표가 다음의 어느 하나에 해당하면 그 지원을 중단할 수 있다. (구매령 제23조 ④항)

① 공동상표를 도입하여 이용하는 중소기업자(참여기업)가 지원 제외업종에 해당하는 업종을 운영하는 경우

② 참여기업의 수가 5개 미만으로 된 경우

③ 휴업이나 폐업 등으로 운영하지 아니하는 참여기업을 제외하면 참여기업의 수가 5개 미만으로 되는 경우

④ 특별한 사유 없이 1년 이상 공동상표 제품을 생산 또는 판매하지 아니하는 경우

⑤ 참여기업이 불량한 공동상표 제품을 판매하거나 소비자를 속여 소비자에게 피해를 준 경우

⑥ 상표대표자와 참여기업 간 또는 참여기업 상호간의 분쟁 등으로 공동상표사업의 정상적인 추진이 어렵다고 판단되는 경우

공동상표의 개발·홍보 등에 대한 지원에 필요한 세부 기준 및 절차는 중기부장관이 정하여 고시한다. (구매령 제23조 ⑤항)

(3) 물류현대화

중기부장관은 제조업을 하는 중소기업자가 생산한 제품 및 원자재·부자재에 대한 유통시설을 조성, 설치 또는 개선하는 사업과 이에 딸린 사업 등 물류현대화사업을 추진하는 경우 이를 지원할 수 있으며, 물류현대화사업의 지원내용은 자금지원, 지도·연수 및 정보 제공 등으로 한다. (구매법 제29조)

제8절   보 칙

1. 보고와 검사   3. 권한의 위임 · 위탁
2. 특별법인 등의 중소기업 간주   4. 벌칙

1. 보고와 검사

중기부장관은 이 법을 시행하기 위하여 필요하다고 인정하면 다음의 어느 하나에 해당하는 자에게 필요한 자료의 제출 및 보고를 요구할 수 있으며, 소속 공무원으로 하여금 해당 사무소와 사업장 등에 출입하여 장부 · 서류나 사업추진과 관련된 물건을 검사하도록 할 수 있다. (구매법 제32조)

① 우선적 조달계약, 우선구매, 구매계획 및 구매실적 작성 대상 공공기관의 장

② 직접생산 확인을 받은 중소기업자

③ 성능인증을 받은 중소기업자

학습의 관점에서 ③항 이후의 내용은 인용을 생략한다.

위에 따라 검사를 하는 공무원은 그 권한을 표시하는 증표를 지니고 이를 관계인에게 내보여야 한다.

2. 특별법인 등의 중소기업 간주

「국가를 당사자로 하는 계약에 관한 법률」 제7조 단서[50] 또는 다른 법률에 따라 국가와 수의계약의 방법으로 납품 계약을 체결할 수 있는 자로서 다음의 법인이나 단체는 제4조부터 제12조까지[51], 제22조[52], 제23조[53] 및 제25조[54]를 적용하는 경우 중소기업자로 본다.

---

50) 제7조(계약의 방법) ① 각 중앙관서의 장 또는 계약담당공무원은 계약을 체결하려면 일반경쟁에 부쳐야 한다. 다만, 계약의 목적, 성질, 규모 등을 고려하여 필요하다고 인정되면 대통령령으로 정하는 바에 따라 참가자의 자격을 제한하거나 참가자를 지명(指名)하여 경쟁에 부치거나 수의계약(隨意契約)을 할 수 있다.

51) 제4조(구매증대), 제5조(구매계획 및 구매실적의 작성), 제6조(중소기업자간 경쟁 제품의 지정), 제7조(경쟁제품의 계약방법), 제7조의2(소기업 및 소상공인에 대한 경쟁제품 조달계약에 관한 특례), 제8조(경쟁입

① 농업협동조합 등 특별법에 따라 설립된 법인

② 「국가유공자 등 단체설립에 관한 법률」에 따라 설립된 단체 중 상이(傷痍)를 입은 자들로 구성된 단체

③ 「고엽제후유의증 등 환자지원 및 단체설립에 관한 법률」에 따라 설립된 단체

④ 「민법」 제32조에 따라 설립된 사단법인 중 「장애인복지법」 제63조에 따른 장애인복지단체 또는 장애인을 위한 단체

⑤ 기타 아래의 법인이나 단체

　　❶ 국가보훈처장이 지정하는 국가유공자 자활집단촌의 복지공장

　　❷ 「중증장애인생산품 우선구매 특별법」 제9조제1항에 따라 지정받은 중증장애인생산품 생산시설

　　❸ 「사회복지사업법」 제16조에 따라 설립된 사회복지법인

진흥법에 따라 설립된 중소기업제품 판매회사는 공공기관의 장이 구매계획 및 구매실적을 작성함에 있어 중소기업자로 본다.

3. 권한의 위임·위탁

이 법에 따른 중기부장관의 권한은 그 일부를 소속 기관의 장 또는 시·도지사에게 위임하거나 다른 행정기관의 장에게 위탁할 수 있다. (구매법 제34조 ①항)

중기부장관은 다음의 업무를 중소기업중앙회 또는 진흥법에 따른 중소기업제품·벤처기업제품 판매회사에 위탁할 수 있으며, 업무를 위탁한 경우에는 위탁받는 기관과 위탁하는 업무를 고시해야 한다. (구매령 제27조 ①항, ②항)

① 조합의 중소기업자간 경쟁입찰 참여자격의 확인

② 직접생산 여부 확인의 신청 접수 및 그 확인과 직접생산확인증명서의 발급

③ 직접생산 확인 이의신청의 접수 및 그 이의신청에 대한 결정과 통보

학습의 관점에서 ③항 이후의 내용은 인용을 생략한다.

찰 참여자격), 제8조의3(중견기업의 중소기업자간 경쟁입찰 참여의 특례), 제9조(직접생산의 확인 등), 제12조(공사용 자재의 직접구매 증대)

52) 제22조(하도급 중소기업의 보호)

53) 제23조(중소기업자의 품질보장 등)

54) 제25조(중소기업자 등에 대한 정보의 제공)

중기부장관은 다음의 업무를 진흥법에 따른 중소기업제품·벤처기업제품 판매회사에 위탁한다. (구매령 제27조 ③항)

① 성능인증 신청의 접수

② 적합성 심사, 공장에 대한 심사 및 제품에 대한 성능검사

③ 중기부장관의 공장에 대한 심사, 제품에 대한 성능검사 및 성능인증의 유지·관리에 필요한 비용의 징수

학습의 관점에서 ③항 이후의 내용은 인용을 생략한다.

중소기업제품·벤처기업제품 판매회사는 상생협력 지원제도 수행평가 시 거짓 정보를 제공한 중소기업자의 정보를 삭제하려면 중기부장관에게 미리 보고해야 하며, 연도별 구매정보망의 운영 결과를 다음 연도 1월 31일까지 중기부장관에게 보고해야 한다.

다음의 어느 하나에 해당하는 사람은 「형법」 제129조부터 제132조까지의 규정을 적용할 때에는 공무원으로 본다. (구매법 제34조 ③항)

① 위탁한 업무에 종사하는 중앙회 또는 중소기업제품·벤처기업제품 판매회사의 임원과 직원

② 기술개발제품 시범구매 및 현장검증형 기술개발제품 구매 지원 전담기관에서 기술개발제품 시범구매 등의 업무에 종사하는 임원과 직원

4. 벌칙

가. 3년 이하의 징역 또는 3천만 원 이하의 벌금

다음의 어느 하나에 해당하는 자는 3년 이하의 징역 또는 3천만 원 이하의 벌금에 처한다.

① 거짓이나 그 밖의 부정한 방법으로 중소기업자간 경쟁입찰 참여제한 대상에 해당하지 아니함을 중기부장관으로부터 확인받은 자

② 거짓이나 그 밖의 부정한 방법으로 성능인증을 받은 자

나. 1년 이하의 징역 또는 1천만 원 이하의 벌금

다음에 해당하는 자는 1년 이하의 징역 또는 1천만 원 이하의 벌금에 처한다.

① 거짓이나 그 밖의 부정한 방법으로 직접생산확인증명서를 발급받은 자

② 공공기관의 장과 납품 계약을 체결한 후 하청생산 납품, 다른 회사 완제품 구매 납품 등 직접생산하지 아니한 제품을 납품하거나 직접생산한 완제품에 다른 회사 상표를 부착하여 납품한 자

다. 500만 원 이하의 벌금 2022 기출

성능인증을 받지 아니하고 성능인증 표지를 사용한 자는 500만 원 이하의 벌금에 처한다.

라. 300만 원 이하의 과태료

"보고와 검사" 규정에 따른 자료의 제출 또는 보고를 하지 아니하거나 거짓된 자료를 제출하거나 거짓으로 보고를 한 자 또는 검사를 거부·방해 또는 기피한 자에게는 300만 원 이하의 과태료를 부과한다. (구매법 제37조)

과태료는 대통령령 별표3에서 정하는 바에 따라 중기부장관이 부과·징수한다.

마. 양벌규정

법인의 대표자나 법인 또는 개인의 대리인, 사용인, 그 밖의 종업원이 그 법인 또는 개인의 업무에 관하여 벌칙 규정의 위반행위를 하면 그 행위자를 벌하는 외에 그 법인 또는 개인에게도 해당 조문의 벌금형을 과(科)한다.

다만, 법인 또는 개인이 그 위반행위를 방지하기 위하여 해당 업무에 관하여 상당한 주의와 감독을 게을리하지 아니한 경우에는 그러하지 아니하다. (구매법 제36조)

기출 및 연습문제

01 중소기업제품 구매촉진 및 판로지원에 관한 법률상 공공기관에 해당하지 않는 기관은?

① 중소기업중앙회
② 농업협동조합중앙회
③ 산림조합중앙회
④ 한국은행
⑤ 중소기업은행

> 해설 ⑤ 중소기업은행은 구매법에 따른 공공기관에 해당하지 않는다.

02 중소기업제품 구매촉진 및 판로지원에 관한 법령상 중소기업제품의 성능인증에 관한 설명으로 옳은 것은? 2022 기출

① 성능인증을 받은 제품이 성능인증 기준에 맞지 아니하게 된 경우 중소벤처기업부장관은 인증을 취소하여야 한다.
② 성능인증을 받지 아니한 자가 제품에 중소벤처기업부령으로 정하는 성능인증의 표지를 사용하면 과태료의 부과 대상이 된다.
③ 중소벤처기업부장관은 국가기관 소속 시험기관에게 제품의 성능 차별성 검증을 위한 적합성 심사를 대행하게 할 수 있다.
④ 성능인증의 유효기간은 성능인증을 받은 날부터 1년으로 한다.
⑤ 거짓으로 성능인증을 받아 그 성능인증이 취소된 자는 취소된 날부터 1년간 성능인증을 신청할 수 없다.

> 해설 ⑤
> ① 취소할 수 있는 것이지 취소해야 하는 것은 아니다.
> ② 500만 원 이하의 벌금에 처한다.
> ③ 중기부 장관은 성능인증 신청을 받으면 제품의 성능 차별성 검증을 위한 적합성 심사, 공장에 대한 심사와 제품에 대한 성능검사를 하여야 하는데 이 중 공장에 대한 심사와 제품에 대한 성능검사를 국가기관 소속 시험기관에게 대행케 할 수 있다.
> ④ 성능인증의 유효기간은 성능인증을 받은 날부터 3년으로 한다.

03 중소기업제품 구매촉진 및 판로지원에 관한 법률상 중소기업제품의 성능인증에 관한 설명으로 옳은 것은? 2023 기출

① 성능인증을 받은 중소기업은 상호가 변경된 경우 인증서의 재교부를 신청하여야 하나 대표자만 변경된 경우에는 인증서의 재교부를 신청하지 않아도 된다.
② 성능인증의 유효기간은 성능인증을 받은 날부터 2년으로 한다.
③ 성능인증의 유효기간은 연장할 수 없다.
④ 중소벤처기업부장관은 성능인증을 받은 중소기업이 성능인증기준에 맞지 아니하게 된 경우 인증을 취소할 수 있다.

⑤ 거짓으로 성능인증을 받았다는 사유로 성능인증이 취소된 자는 취소된 날부터 3년간 성능인증을 신청할 수 없다.

> **해설** ④
> ① 상호나 대표자가 변경된 경우, 성능인증 심사를 받은 공장을 이전한 경우, 영업의 양도, 양수, 합병의 경우, 인증서의 분실·훼손 등 중소벤처기업부장관이 필요하다고 인정하는 경우 모두 재교부 신청 사유에 해당한다.
> ② 성능인증의 유효기간은 성능인증을 받은 날부터 3년으로 한다.
> ③ 제품 상용화 등을 위하여 필요하면 그 유효기간을 3년 내에서 연장할 수 있다.
> ⑤ 취소된 날부터 1년간 성능인증을 신청할 수 없다.

04 중소기업제품 구매촉진 및 판로지원에 관한 법률상 중소기업제품의 성능인증에 관한 설명으로 옳지 않은 것은? 2024 기출

① 성능인증을 받으려는 중소기업은 중소벤처기업부장관에게 성능인증을 신청하여야 한다.
② 성능인증의 유효기간은 성능인증을 받은 날부터 3년으로 하며, 그 유효기간은 연장할 수 없다.
③ 중소벤처기업부장관은 성능인증을 받은 중소기업이 그 성능인증 제품이나 포장·용기 및 홍보물 등에 중소벤처기업부령으로 정하는 표지를 사용하게 할 수 있다.
④ 성능인증을 받은 중소기업이 거짓이나 그 밖의 부정한 방법으로 성능인증을 받은 경우 중소벤처기업부장관은 인증을 취소하여야 한다
⑤ 중소벤처기업부장관은 국가기관 소속 시험기관에게 공장에 대한 심사와 제품에 대한 성능검사를 대행하게 할 수 있다.

> **해설** ② 유효기간의 범위 내에서 연장할 수 있다. 단, 24년 출제 당시에는 유효기간이 3년 이었으나 24년 8월 개정 시행으로 유효기간 4년, 4년 이내의 범위에서 연장 가능하게 되었다.

05 중소기업제품 구매촉진 및 판로지원에 관한 법률에 대한 설명으로 옳지 않은 것은?

① 공공기관의 장은 중소기업자간 경쟁의 방법으로 제품 조달계약을 체결하는 경우로서 추정가격 1천만 원 이상의 제품 조달계약을 체결하려면 그 중소기업자의 직접 생산 여부를 확인하여야 한다.
② 중소벤처기업부장관은 직접 생산 확인 신청을 받은 때에는 직접 생산 여부를 확인하고 그 결과를 해당 중소기업자에게 통보하여야 하고, 직접 생산하는 것으로 확인된 중소기업자에 대하여는 유효기간을 명시하여 직접생산확인증명서를 발급할 수 있다.
③ 직접생산확인증명서를 발급받은 법인인 중소기업자의 대표자가 변경된 경우에는 중소벤처기업부령으로 정하는 바에 따라 직접 생산 여부의 확인을 재신청하여야 한다.
④ 직접생산확인증명서의 유효기간은 발급일부터 2년으로 한다.
⑤ 직접 생산 여부의 확인 통보를 받은 자가 그 결과에 대하여 불복하는 경우에는 통보를 받은 날부터 30일 내에 중소벤처기업부장관에게 이의신청을 할 수 있으며, 중소벤처기업부장관은 이의신청을 받은 날부터 10일 내에 이의신청 사항에 대한 심사 결과를 신청인에게 통보하여야 한다.

> **해설** ③ 개인사업자의 대표자가 변경된 경우에는 재신청해야 하지만, 법인사업자의 대표자가 변경된 경우에는 재발급 받는 것으로 족하다.

06 중소기업제품 구매촉진 및 판로지원에 관한 법률에 대한 설명으로 옳지 않은 것은?

① 중소벤처기업부장관은 거짓이나 부정한 방법으로 상생협력 지원제도에 참여한 경우에는 지원대상 선정을 취소하고 5년간 상생협력 지원제도 참여를 금지하여야 한다.

② 중소벤처기업부장관은 중소 소모성 자재 납품업자를 체계적으로 육성하기 위하여 중소 소모성 자재 납품업의 현황 및 실태에 관한 조사를 2년마다 실시하고, 그 결과를 공표할 수 있다.

③ 중소벤처기업부장관은 중소 소모성 자재 납품업의 활동을 지원하기 위한 정보ㆍ상담 및 그 밖의 종합적인 서비스를 제공할 수 있는 중소 소모성 자재 납품업 종합지원센터를 진흥법에 제69조에 따라 설립된 판매회사 내에 설치한다.

④ 거짓이나 그 밖의 부정한 방법으로 중소기업자간 경쟁입찰 참여 제한 대상에 해당하지 아니함을 확인받은 자에게는 1년 이하의 징역 또는 1천만 원 이하의 벌금에 처한다.

⑤ 거짓이나 그 밖의 부정한 방법으로 직접생산확인증명서를 발급받은 자는 1년 이하의 징역 또는 1천만 원 이하의 벌금에 처한다.

> **해설** ④ 3년 이하의 징역 또는 3천만 원 이하의 벌금에 처한다.

07 중소기업제품 구매촉진 및 판로지원에 관한 법률상 중소벤처기업부장관이 직접생산 확인을 받은 중소기업자에 대하여 조사한 결과 그 중소기업자가 받은 모든 제품에 대한 직접생산 확인을 취소하여야 하는 경우를 모두 고른 것은? (단, 업무의위탁은 고려하지 않음) 2022 기출

> ㄱ. 거짓으로 직접생산 확인을 받은 경우
> ㄴ. 생산설비의 임대로 직접생산 여부의 확인기준을 충족하지 아니하게 된 경우
> ㄷ. 공공기관의 장과 납품 계약을 체결한 후 직접생산한 완제품에 다른 회사상표를 부착하여 납품한 경우
> ㄹ. 정당한 사유 없이 확인기준 충족 여부 확인 및 직접생산 이행 여부 확인을 위한 조사를 거부한 경우

① ㄱ, ㄴ, ㄷ ② ㄱ, ㄴ, ㄹ ③ ㄱ, ㄷ, ㄹ
④ ㄴ, ㄷ, ㄹ ⑤ ㄱ, ㄴ, ㄷ, ㄹ

> **해설** ③ 직접생산 확인 취소사유는 아래와 같다. 이 중 ㉠, ㉢, ㉣의 사유에 해당하는 경우에는 그 중소기업자가 받은 모든 제품에 대한 직접생산 확인을 취소해야 하며, 나머지 사유에 해당하는 경우에는 해당 제품에 대하여만 직접생산 확인을 취소해야 한다.
>
> ㉠ 거짓이나 그 밖의 부정한 방법으로 직접생산 확인을 받은 경우
> ㉡ 생산설비의 임대, 매각 등으로 확인기준을 충족하지 아니하게 된 경우
> ㉢ 공공기관의 장과 납품 계약을 체결한 후 하청생산 납품, 다른 회사 완제품 구매 납품 등 직접생산하지 아니한 제품을 납품하거나 직접생산한 완제품에 다른 회사 상표를 부착하여 납품한 경우
> ㉣ 정당한 사유 없이 확인기준 충족 여부 확인 및 직접생산 이행 여부 확인을 위한 조사를 거부한 경우
> ㉤ 직접생산 확인 재신청 사유의 어느 하나에 해당하는 경우

정답

01 ⑤　　**02** ⑤　　**03** ④　　**04** ②　　**05** ③

06 ④　　**02** ③